—2023

你儒学发展报告

赵卫东 李 琳 ◉主编

山东友谊出版社·济南

图书在版编目（CIP）数据

国际儒学发展报告. 2022—2023 / 赵卫东，李琳主编. -- 济南：山东友谊出版社，2024. 8. -- ISBN 978-7-5516-3005-4

Ⅰ. B222.05

中国国家版本馆CIP数据核字第2024BK1820号

国际儒学发展报告 2022—2023

GUOJI RUXUE FAZHAN BAOGAO 2022—2023

责任编辑：王　苑
装帧设计：刘一凡

主管单位：山东出版传媒股份有限公司
出版发行：山东友谊出版社
　　　　　地址：济南市英雄山路 189 号　邮政编码：250002
　　　　　电话：出版管理部（0531）82098756
　　　　　　　　发行综合部（0531）82705187
　　　　　网址：www.sdyouyi.com.cn
印　　刷：济南精致印务有限公司

开本：710 mm×1000 mm　1/16
印张：21.5　　　　　　　　字数：350 千字
版次：2024 年 8 月第 1 版　印次：2024 年 8 月第 1 次印刷
定价：82.00 元

目　录

儒家访谈

儒学机构

Contents

Interview on Confucianism

Organization of Confucianism

中国儒学动态

中国儒学发展报告（2022—2023）*

山东大学哲学与社会发展学院　王占彬

时至今日，中国儒学已经迈入"繁星满天"的时代，学术成果和民间活动影响广泛。据统计，从2022年到2023年，以儒学为主题的学术论文有1000多篇，学位论文550多篇，话题涉及儒学的论文3万余篇，有关儒学的中文图书350余部。本文拟从三个方面概述2022年到2023年间儒学在理论和实践层面的创新动态，以展现这一时期儒家文化多元发展之样态。本文首先汇总近两年儒学在各领域的重要学术创新成果，然后概括国内外大型儒学会议的主题和内容，最后讨论"又一次的思想解放"的提出对儒学现代创新的价值作用，以及人工智能与儒家伦理的互动、对话。

一、中国儒学的研究进展与理论创新

（一）先秦儒学研究

近几年，各专家学者在先秦儒家人性论、伦理学、政治学等领域有诸多学术成果，具体如下：

1. 在人性论方面

山东大学特聘教授林安梧就先秦儒学"人性论"问题提出，儒家的人性既有"自然气性"，也有"道德觉性"。中国人文精神的生长是一个从"帝之令"到"天之命"，进而"道之德"的历程。"传经之儒"和"传心之儒"是儒学的两个脉络系统，人性论与"天地亲君师"关联。[①] 在人性论方面，统合孟荀一直是近期学

---

* 本报告未涉及港澳台儒学发展相关情况。

[①] 林安梧：《关于先秦儒学"人性论"的一些讨论——以孟子和荀子为核心的展开》，《齐鲁学刊》，2022年第1期。

术热点，这对充实儒家内圣外王之学有重要价值。

2. 在伦理学方面

有学者讨论了先秦儒家的祭祖礼仪。"称情立文"与"立中节制"是儒家祭祖礼仪立制的两个主要原则，礼是表达内心真情实感的外在形式，诚与敬是践履祭礼的两个核心要求，儒家祭祖礼仪以涵养个体道德情感与构建人文主义信仰为两大价值旨归。[①] 李建华、肖潇讨论了先秦儒家"乐通伦理"问题，指出"乐通伦理"观的核心意涵包括"乐"与"伦理"相通的基础为自然情感，"乐通伦理"的本质属性为道德。[②] 这表明礼乐制度产生之根据乃是人的自然情感，礼乐之损益应当本于人之情。

3. 在政治哲学方面

党圣元、刘伟对先秦儒家文道观展开论述，认为先秦儒家文道观本质上是"道"，即以"德""性"为本体和本原概念派生出的用以制约、规范"文"与"道"的关系，用以形塑"文"的价值共同体。[③] 李祥俊对儒家理想人格的两种类型和衍变展开讨论，认为从内圣外王的视域看，先秦儒家包含主体的自我创造的理想人格和主观的自我认同的理想人格两种类型，即存在着两种类型的内圣外王。[④] 孔新峰讨论了先秦儒家的德性政治理论，提炼出先秦儒家德性政治理论的七条原理性认知。[⑤] 这都从不同角度阐释了儒家特有的道德政治观。

4. 在比较哲学方面

云龙讨论了先秦儒家、道家哲学的原初"物"论，认为先秦儒家、道家哲学依"存在实现论"的个性特质，孕育出一种不同于西方哲学知识论意义上的原初

---

① 陈延斌、王伟：《情深而文明：先秦儒家祭祖礼仪及其借鉴价值》，《中州学刊》，2023年第10期。

② 李建华、肖潇：《先秦儒家"乐通伦理"对现代伦理文明建构的影响》，《江苏社会科学》，2023年第5期。

③ 党圣元、刘伟：《试论先秦儒家文道观的建构》，《社会科学辑刊》，2023年第4期。

④ 李祥俊：《从内圣外王看儒家理想人格的两种类型及其衍变》，《南京大学学报（哲学·人文科学·社会科学）》，2023年第1期。

⑤ 孔新峰：《先秦儒家德性政治理论的初步重构》，《孔子研究》，2022年第3期。

"物" 论论域。^①欧阳祯人从儒墨比较的维度论述禅让制的思想内涵，认为禅让制的思想应该萌生于孔子，形成于七十子，衰落于战国中后期强势 "礼" 学崛起的过程之中。^②先秦诸子思想存在众多相通之处，开展各家之对话有助于儒家思想的丰富和发展。

（二）宋明理学研究

1. 在程朱理学方面

近几年，陈来在朱子学研究方面有一系列重大成果。他探讨了李退溪对朱子哲学的发展及其在理学史上的地位。退溪对朱子学内在不圆满之处给出了积极的解决方案，表明了朝鲜理学的完全成熟，意味着朱子学获得新的生机和活力，推动了东亚儒学的进一步发展。^③陈来讨论了朱子学的 "气未用事" 思想。朝鲜时代的性理学比起中国的朱子学更为重视 "气不用事" 对 "未发" 理解的重要性，与 "未发" 相关的讨论也更为深入。^④陈来认为 "未发" 如果从性去理解，可称为主性派，从心去理解则是主心派。正是对这些问题的讨论，形成了朱子学内部的不同观点或派别，这一过程也使得朱子哲学体系中的各种逻辑可能性得以渐次展开。^⑤翟奎凤在文章中讨论了程颐 "圣人本天，释氏本心" 思想及后世儒者对此句的引申和解说，认为过于强调 "本天" 与过于强调 "本心" 可能都有所偏，"本天" 与 "本心" 可以统一起来。但是，心与天也不能等同起来，才能使得主体既不失能动性，又具有敬畏心，避免主体性、个体性的膨胀与傲慢。^⑥由此可见，心与性、心与天的关系问题仍是理学研究之核心问题。

---

① 云龙：《"曲成万物而不遗"——先秦儒家、道家哲学的原初 "物" 论论域》，《哲学动态》，2023 年第 8 期。

② 欧阳祯人：《在儒墨的比较中看禅让制的思想内涵与价值》，《河北大学学报（哲学社会科学版）》，2023 年第 4 期。

③ 陈来：《论李退溪对朱子哲学的发展及其在理学史上的地位》，《东岳论丛》，2023 年第 6 期。

④ 陈来：《东亚哲学研究朝鲜朱子学关于 "气未用事" 的讨论》，《世界哲学》，2022 年第 3 期。

⑤ 陈来：《论朱子学 "未发之前气不用事" 的思想》，《哲学研究》，2022 年第 1 期。

⑥ 翟奎凤：《本天与本心：宋明时期的儒佛之辨与朱王之争》，《江西社会科学》，2022 年第 1 期。

2. 在心学研究方面

欧阳祯人认为阳明心学是先秦儒学合乎逻辑的发展，走的也是一条从心性到政治之路。王阳明的最终目标就是天地万物一体之仁，这种路数与孔、曾、思、孟完全一致，与儒家经典《尚书·尧典》、郭店简《唐虞之道》所展现出来的政治理想也完全一致，故阳明心学是对中华文化真正的追随，是中华文化合乎逻辑的发展。[①]云龙讨论了阳明心知论，认为阳明一方面将"虚灵知觉"贞定为创生实现义的主宰原则，另一方面又揭示出创生主宰之"知"的本原根柢是一念"真诚恻怛"之"情"。[②]李承贵讨论了王阳明对儒家君子人格内涵的发展和当代启示。诚信务实、独立道中、身任天下等美德是王阳明君子人格的主要品质，这些人格要素具有内在的关联性，成为王阳明人格谱系中的中间环节和主体内容。[③]阳明心学彰显了个体精神的活泼性、独立性，对现代文明建设仍有重要启发。

3. 在伦理学方面

杨国荣论述了理学中的伦理思想，认为理学既关乎成就人的问题，也与成就行为相关。理学的考察不仅涉及普遍天理的制约，而且要求通过德性完善以担保行为的正当性。[④]吴根友、刘思源讨论了宋明儒的"一体之仁"与儒家的"共生主义"，认为宋明儒发展出三种"共生"思想，可与现代"共生主义"接榫，为应对现代性问题提供中国古典的思想资源。[⑤]殷慧讨论了宋明礼教思想之特性，通过分析张载、二程、朱熹、王阳明的思想，认为宋明礼教思想与宋明理学相伴发展，表现出义理化、主体化和民众化等特性。[⑥]刘增光讨论了理学中的天人关系与消极伦理，认为以儒学为主流的中国哲学的实在论与道德论是以气论和仁学

---

① 欧阳祯人：《阳明心学是先秦儒学合乎逻辑的发展》，《孔子研究》，2023年第2期。

② 云龙：《阳明心知论及其对朱子"虚灵知觉"的创造性转进》，《社会科学战线》，2023年第4期。

③ 李承贵：《心学色调的君子——王阳明对儒家君子人格内涵的发展及其当代启示》，《孔学堂》，2022年第2期。

④ 杨国荣：《理学的伦理思想略论》，《道德与文明》，2023年第1期。

⑤ 吴根友、刘思源：《宋明儒的"一体之仁"与儒家式的"共生主义"》，《孔学堂》，2022年第3期。

⑥ 殷慧：《宋明礼教思想的展开及其特性》，《孔子研究》，2022年第4期。

为核心的。① 吴根友也讨论了戴震"分理"说的两个原则，指出戴震将宋明儒提倡的"理欲之辨"转化成"无私之论"，将宋明儒主流的心性修养之学转向人我之间的伦理关系学说。此一伦理学说彰显了伦理学与政治哲学之间的内在联系。② 这些论说都体现了儒家政治的伦理化、伦理的政治化特征。

4. 在人性论方面

沈顺福讨论了天理与儒家人类本质论。他认为传统儒家的人性论是一种关于人的本质的理论，人性概念到了宋明理学时期，发展为天理概念，人性论转变为天理说，理学家用超越的天理来定义人的本质。③ 吴震分析了明清之际人性论述的思想转变，认为这一时期的性善观念出现了思想变异现象，与人性相关的道德问题渐与天理观剥离，而与气、情、才等观念形成紧密联结，转化出气善、情善等各种新观念。④ 吴震也讨论和反思了戴震哲学的方法论，认为"基于人性具体差异性的伦理诉求"是戴震思想的一大理论特色。⑤ 由此可见，明清人性论的转变是当今值得关注的话题。

5. 在其他研究方面

张卫红探讨了禅宗与宋明理学不同论域中的"光景"义理与实践问题。通过论述朱子和阳明的"光景"说，张卫红认为"光景"是佛教和宋明儒学的工夫实践中值得重视的工夫阶段和心灵景象。⑥ 李存山讨论了刘蕺山喜怒哀乐说与儒家气论的发展，认为刘蕺山的新气论既是理学内部理气合一思想趋势的发展，也是他对于先秦儒家气论思想资源创造性的再发现，具有返本开新的意义。⑦ 杨泽波在文章中指出，宋明儒学对儒家学理存在"严重误判"，出现了天理实体化、

---

① 刘增光：《天人关系与儒家消极伦理——以理学为中心的思考》，《哲学动态》，2023年第11期。

② 吴根友：《戴震"分理"说的两个原则与诸新命题及其理论贡献》，《道德与文明》，2022年第5期。

③ 沈顺福：《天理与儒家人类本质论》，《江淮论坛》，2021年第6期。

④ 吴震：《明清之际人性论述的思想转变及其反思》，《道德与文明》，2022年第2期。

⑤ 吴震：《戴震哲学的方法论反思》，《哲学研究》，2022年第9期。

⑥ 张卫红：《禅宗与宋明理学的"光景"说发微》，《世界宗教研究》，2023年第4期。

⑦ 李存山：《刘蕺山喜怒哀乐说与儒家气论之发展》，《哲学研究》，2022年第11期。

门庭狭窄化、人欲污名化的问题，儒学今后的发展应该自觉回头补课，接着明清讲，而不是接着宋明讲。[1] 赵金刚探讨了宋明理学中的"孔颜乐处"精神，揭示出"孔颜乐处"本身的提出与"理学回应佛教对人的生存处境的处理"有关，汉唐经学在人的心灵安顿上的回应无法应对佛教的挑战，使得理学家借用儒家原有思想资源对这一问题深入诠释，发展了新的境界论。[2] 从这些研究可以看出，在佛教的影响下，宋明理学对先秦儒学的继承既有合理性的阐发，又有不合本旨之处，这方面的研究成为当下儒学研究的重要一环。

（三）近现代儒学研究领域

1. 在儒学史的综合研究方面

张庆熊探讨了唯识宗的心性学说及其对宋明儒学和近现代儒学的影响。他认为，通过对唯识宗"八识"和"心性"概念的梳理，我们能清楚地认知宋明以来儒家心性学说的发展历程，同时能看到唯识宗在中国思想史发展上的功过。[3] 陈立胜分别阐释了先秦儒家、宋明理学和现代新儒家中"内""外"与"内圣外王"的象征意义。他认为在现代新儒家建构第三期儒学格局中，"内圣外王"一词兼含"定性""定向""综合"三义于一身。[4] 桑兵讨论了经学与经学史研究之旨趣，认为厘清经、经学与经学史的联系及分别，是认识经学之于今日中国乃至人类未来命运的关键所在。[5] 李祥俊也讨论了儒家思想中的自我之自由。他认为儒家思想中关于自由的独特理解，可以划分为主体自我的自由和主观自我的自由两个层面。近现代学者从多方面反省儒家思想中的自我的自由，批判与弘

---

[1] 杨泽波：《宋明抑或明清：关于儒学第三期发展学理起点的再思考》，《华东师范大学学报（哲学社会科学版）》，2022年第3期。

[2] 赵金刚：《孔颜乐处与宋明理学的展开》，《世界宗教研究》，2022年第4期。

[3] 张庆熊：《八识与心性——唯识宗的心性学说及其对宋明以来儒学的影响》，《复旦学报（社会科学版）》，2022年第5期。

[4] 陈立胜：《儒家思想中的"内"与"外"——"内圣外王"何以成为儒学之道的一个"关键词"？》，《现代哲学》，2023年第2期。

[5] 桑兵：《经学与经学史研究旨趣》，《学术研究》，2022年第1期。

扬的倾向并存。① 以上论点对儒学史的整体研究在反思现代儒学之发展方面具有启发意义。

2. 在现代新儒学思想研究方面

吴震讨论了张东荪对现代中国哲学的批判性建构。通过梳理张东荪的学术思想的发展与演变，吴震认为语言具有基础性的意义，可以使哲学成为某种语言哲学，然而此语言哲学对现代中国哲学的重构是否成功，仍是一个值得省思的问题。② 吴震也讨论了熊十力哲学及其与宋明理学的交汇。熊十力的"本体""仁体"思想是近代"心学"的典型形态，对于接续儒学在近代中国的"一线之绪"以重建中国哲学作出了重要贡献。③ 刘丰讨论了刘泽华与20世纪的中国思想史研究。刘泽华自觉地承袭了思想史与社会史相结合的方法，也将此方法推向了极致，这是因为他提出的王权主义理论将思想史与社会史完全融为一个整体。④ 由上可知，对近现代新儒学家思想的研究，是重构当代儒学、使儒学返本开新的重要任务。

二、有关儒学的学术会议与热点话题

（一）国际性儒学大会

积极开展国际儒学会议、加强中外文明交流对话是儒学走向世界，进而增强文化自信的重要任务。近两年，国际性的大型儒学会议不断增多，尤其是新冠疫情消退以后，中国继续充当开展国际儒学会议的舞台中心。例如2022年8月15日，由尼山世界儒学中心主办的"儒家人文思想暨第三届国际青年儒学论坛"在山东邹城开幕。论坛以"儒家人文思想"为主题，来自国内外的近40位学者围绕儒家人文精神、孟子思想等学术议题进行深入对话。2022年9月9日，由

---

① 李祥俊：《儒家思想中的自我的自由》，《江汉论坛》，2023年第6期。
② 吴震：《现代中国哲学的批判性建构：以张东荪中西哲学比较研究为例》，《社会科学》，2024年第2期。
③ 吴震：《从本体到仁体——熊十力哲学及其与宋明理学的交汇》，《甘肃社会科学》，2022年第4期。
④ 刘丰：《刘泽华与20世纪的中国思想史研究》，《文史哲》，2023年第6期。

国际儒学联合会、清华大学联合主办的"2022和合文明论坛"在清华大学举办，来自美国、德国、英国、日本等国家和地区的嘉宾围绕"和合共生·迈向数字文明新时代"的主题进行了研讨。2022年11月29日，"2022和合文化全球论坛"在浙江台州举办。论坛以"和合文化与促进共同发展"为主题，同步设置日本东京、西班牙马德里分会场以及中、日、西三国连线环节。2023年11月9日至10日，第十届东亚书院与儒学国际学术研讨会暨中国书院学会2023年年会在浙江杭州万松书院举行，会议主题为"东亚儒学与书院文化"。2023年11月11日，由《孔子研究》编辑部举办的"儒学的世界化——海外儒学"学术研讨会在山东济南召开，会议以"儒学的世界化：海外儒学的发展现状与未来走向"为主题。2023年11月18日至19日，"东南亚儒学与中华文化"国际学术研讨会在华侨大学举行，新加坡－印尼泗水分会场同步开幕。此次研讨会以"东南亚儒学与中华文化"为主题，围绕"东南亚儒学的发展与传承""东南亚儒家礼俗文化研究"等九个专题展开了深入探讨和交流，来自海内外近十个不同国家和地区的专家学者分享了学术成果。这些会议都体现了儒学的国际影响力不断扩大，中华文明走向世界的脚步不断向前迈进。

（二）国内大型儒学会议

国内儒学会议在研究领域和形式上更加丰富多元、特色鲜明。例如2022年11月19日至20日，"新时代中国哲学的处境、问题和使命"学术研讨会暨中国哲学史学会2022年年会在北京召开，会议由中国哲学史学会、中国政法大学共同主办，诸多学者对儒家哲学的重要议题展开了研讨和交流。2022年11月26日，由山东大学易学与中国古代哲学研究中心、中国周易学会、《周易研究》编辑部联合主办的首届生生哲学高端论坛在线上召开。生生哲学对当下如何处理人与自然的关系问题具有启发意义。2022年12月3日至4日，复旦大学哲学学院主办的第六届两岸儒学工作坊举办，主题为"儒学研究之视域交融"。2023年4月6日，由尼山世界儒学中心（中国孔子基金会秘书处）举办的《中国儒学年鉴》工作会议在山东济南召开。同月，颜炳罡教授与李琳副教授主编的《国际儒学发展报告2020—2021》由山东友谊出版社出版发行。该书对2020年到2021年儒学研究及其发展进行了整体考察和梳理，总结分析了国内外儒学的发展状况和传播动态。2023年6月10日至11日，"传统与创新：儒商精神与中国式现代化企业家精神"学术研讨会在上海财经大学举行，来自国内外著名高校、企业的60余位专家学者及企业家代表就儒商问题展开跨学科、跨领域的交流对话。2023年8月22日至23日，第三届儒学史学术研讨会暨河北省董仲舒研究会2023学术年会在河北衡水董子学园召开，此次会议直播在线观众达30余万人次。2023年10月16日，《儒学百科全书》编纂出版工作座谈会在山东济南举行。《儒学百科全书》是由尼山世界儒学中心、中国孔子基金会、曲阜师范大学联合实施的重大课题项目，该项目自2022年10月启动，设置了通论、断代、专经专题、比较专题等30余个板块，预计2024年年底完稿。2023年10月20日至22日，2023年中国哲学史学会年会在山东济南召开，会议以"反思与重建：中国哲学的历史性与生成性"为主题，由中国哲学史学会、山东大学哲学与社会发展学院、山东大学易学与中国古代哲学研究中心联合主办，共有2场大会报告、27场分论坛和9场青年学者论坛，主要讨论了儒家哲学的相关问题，来自全国各机构的200余名学者参加了会议。2023年10月21日，由国家社科基金社团活动资助，国际儒学联合会、山东大学主办的"儒学论坛（2023）：儒道互补与国家治理国际学术研讨会"在山东济南召开。2023年11月24日，在习近平总书记考察曲阜、发表弘扬中华优秀传统文化重要讲话十周年之际，"文化传承发展与建设中华民族现代文明"学术研讨会暨第十届全国儒学社团联席会议在山东曲阜召开，全国各地80余家儒学机构代表350余人参会。开幕式上举行了《中国儒学年鉴》赠书仪式，该书全面反映了国内外儒学研究和发展的整体概况，由颜炳罡教授担任主编，目前已顺利出版2022年和2023年两卷。2023年11月25日至26日，由北京航空航天大学主办的"儒学传统与现代性——第六届现代新儒学青年学者论坛"在北京召开。2023年12月2日至3日，由山东大学易学与中国古代哲学研究中心主办的"儒学、新儒学与后新儒学：当代儒学发展的省察与反思"学术研讨会在山东济南召开。2023年12月23日，由山东大学易学与中国古代哲学研究中心、中国周易学会、《周易研究》编辑部联合主办的第二届生生哲学论坛在山东济南召开。国内重要会议的大规模开展意味着儒学的"繁星满天""百花齐放"局面在新的时期继续维持。

（三）儒家哲学学派

近几年，作为大陆新儒家的重要代表，生活儒学的影响力继续扩大。随着人与自然和谐共生观念不断深入人心，生生哲学所包含的儒家"生生之谓易"思想一直是学术热点，具体体现在以下两个方面：

1. 生活儒学和情感儒学

黄玉顺讨论了儒学"心性"概念的哲学本质和蒙培元的"中国心性论"。蒙培元的"中国心性论"将中国传统哲学的儒道佛等都归入"心性论"，既归纳了各家心性论的共性，又特别强调了儒家心性论之特性。[1] 刘丰也讨论了蒙培元在朱子哲学研究方面的贡献，认为蒙培元发展出情感哲学与境界理论，还从境界说转出了生态说，将朱子哲学以及中国哲学的诠释推向了一个新的维度。[2] 黄玉顺也探讨了生活儒学的本体论问题，认为我们需要追溯到"前本体"即"前存在者"的存在或生活，即生活论或生活存在论为本体论奠基，本体论再为形下学奠基。由此，生活儒学建构了普遍性的"变易本体论"和指向现代性的"超越本体论"。[3] 郭萍探讨了李泽厚、蒙培元的情感主体理论，认为情感主体理论是一种主体哲学的论说，无法有效摆脱主体哲学的普遍困限，但这种情感主体理论蕴含的生存论意味也预示着新的理论可能，正在成为中国哲学主体观念重建的一个方向。[4] 程志华、邓广煜探讨了"情感儒学"的基础概念。情感、自由、理性

①黄玉顺:《儒学"心性"概念的哲学本质及其当代转化——蒙培元"中国心性论"述评》,《浙江社会科学》, 2023年第6期。

②刘丰:《蒙培元先生朱子哲学研究的贡献》,《中国哲学史》, 2023年第2期。

③黄玉顺:《本体与超越: 生活儒学的本体论问题》,《河北大学学报(哲学社会科学版)》, 2022年第2期。

④郭萍:《当代中国哲学的情感主体理论——以李泽厚、蒙培元为中心》,《清华大学学报(哲学社会科学版)》, 2024年第2期。

是"情感儒学"的基础概念，它们在儒学语境下的各自含义、相互关系是"情感儒学"之可能的基础。[①] 由上可知，挖掘和阐发儒学中的生存本身和本源情感问题是当代儒学转型的重要方向。

2. 生生哲学

林安梧撰文探讨了"存有三态论"与《易经》之"生生哲学"。"生生哲学"是充满了可能性、发展性的哲学，强调共生共长、共存共荣，将会为现当代哲学带来更多的实存反思，迎向"文明互鉴"下的哲学交谈。[②] 林忠军也认为，《易传》天人观根植于人体，是通过对人体的解释完成的，这是中国古代天人之学的表现形式，也是中国早期儒家哲学的显著特点。《易传》生生哲学与老子哲学都重视人体，但出发点不同，生生哲学更与西方的生命哲学相异。[③] 曾繁仁认为，《周易》是中国古代哲学与美学的源头之一，包含着古代先民特有的以"生生为易"为内涵的诗性思维，是一种东方式的生态审美智慧，影响了整个中国古代的审美观念与艺术形态。[④] 苟东锋认为"生生"观念体现了部分学者对中国哲学"底本"的更切近的把握。"生生"无法脱离"名名"问题，"生生""名名"两不相离是中国哲学"底本"的基本形态，从"底本"入手可视为研究中国哲学的一道法门。[⑤] 因此，《易传》的生生理论影响着中国人的审美观和世界观，对生生思想的诠释是儒学研究的重要组成部分。

三、"又一次的思想解放"与文化儒学的发展

（一）马克思主义与儒学之结合

新的时期，文化强国事业强力推进，国家推出新的中华优秀传统文化发展

---

① 程志华、邓广煜：《情感·自由·理性——"情感儒学"的基础概念》，《周易研究》，2022年第4期。

② 林安梧：《"生生哲学"与"存有三态论"的构成——以〈易传〉为核心的哲学诠释》，《周易研究》，2023年第5期。

③ 林忠军：《〈易传〉"生生"哲学之我见》，《周易研究》，2023年第3期。

④ 曾繁仁：《试论〈周易〉的"生生为易"之生态审美智慧》，《南方文坛》，2023年第6期。

⑤ 苟东锋：《"生生"与"名名"——论中国哲学的"底本"》，《哲学分析》，2022年第6期。

规划。2023年6月2日，习近平总书记出席文化传承发展座谈会并发表重要讲话，提出"'第二个结合'是又一次的思想解放"，这标志着中华优秀传统文化的弘扬和发展进入全新阶段。2023年6月7日，首届文化强国建设高峰论坛在深圳召开，习近平总书记致贺信。2023年10月7日至8日，全国宣传思想文化工作会议召开，首次提出"习近平文化思想"。这些重要会议为"两创""两个结合"方针提供了思想基础和理论指导。中华优秀传统文化以儒学为主体，儒家优秀文化在中国特色社会主义社会中能起到良好的道德教化作用。马克思主义基本原理同中华优秀传统文化相结合，成为又一次的思想解放。在现代社会，儒学可以吸收马克思主义的一些内容，将自己发展为现代化的儒学，适应现代民主、科学的要求，满足人民追求美好生活的要求。"第二个结合"包含着马克思主义与儒家文化的结合，这就要求我们对二者的内在逻辑进行廓清。有学者认为，文学艺术与儒家会通的文化基础在于对"人"的价值肯定与"人本"精神，这不仅是以儒学为主流的中华优秀传统文化的核心实质，也是马克思主义基本原理的价值底蕴。[①] 也有学者认为，马克思主义和儒家思想的关系经历了从"格义"到"会通"，再迈入"两个结合"的过程，即先是以"儒"格"马"的比附诠释，进而在"马""儒"会通中同构契合，最终实现马克思主义基本原理和包括儒家思想在内的中华优秀传统文化有机结合与创新发展。[②] 还有学者认为，孔子与马克思在人类发展的不同历史时期与不同地缘分别创建、阐发了"一多不分生生论哲学"。孔子儒学与马克思哲学汇合，是人类的哲学新启蒙与文明新形态的方向。[③]又有学者探讨了郭沫若在儒学与马克思主义关系方面的思考，以此为"第二个结合"提供有益借鉴。五四新文化运动期间，郭沫若表达了对孔子学说的强烈认同，这种文化认同成为郭沫若实现儒家文化的现代转化与马克思主义中国化

[①] 李伟：《"文""儒"会通与优秀传统文化"两创"的实践动力》，《孔子研究》，2023年第5期。

[②] 武东生、林世昌：《从"格义""会通"到"两个结合"——马克思主义与儒学关系发展的历史进程》，《马克思主义理论学科研究》，2023年第8期。

[③] 田辰山：《从孔夫子到马克思：哲学新启蒙与文明新形态》，《孔子研究》，2023年第3期。

的思想基础。这种探索对于当前中国特色社会主义文化建设，仍具有不可低估的启示意义和借鉴价值。^①因此，马克思主义和儒学的结合要求我们运用马克思主义的科学方法，坚持马克思主义的世界观，来审视儒学、创新儒学，同时以儒学之精华丰富和补充马克思主义。我们不仅要以马克思主义审视儒学，而且要以马克思主义丰富儒学，即一方面以马克思主义之科学方法改造儒学，另一方面以马克思主义赋予儒学以现代性的内容，使儒学发展为新时代的儒学，以适应现代社会之需要。新时代的儒学是被马克思主义激活的儒学，新时代的马克思主义是被儒学补充的马克思主义，二者相互革新，形成良性循环。儒学能在现代社会继续发挥价值理性的作用，成为中华民族现代新文化的重要组成部分，必然要与马克思主义基本原理相结合。

（二）尼山世界文明论坛

尼山世界文明论坛自2010年开始举办，是以开展世界不同文明对话为主题，以学术性与民间性、国际性与开放性相结合为特色的国际文化学术交流活动，目的是弘扬以儒家思想为重要代表的中华优秀传统文化。2022年9月26日至28日，第八届尼山世界文明论坛在山东曲阜举办，主题为"人类文明多样性与人类共同价值"，来自22个国家和地区的800余位专家学者参与了研讨。本届论坛设有1个主论坛、13个平行分论坛，以及系列研讨交流活动。其间，还举办了首届尼山世界儒商文化论坛，来自美国、德国、澳大利亚、日本等国的80余位儒学家、企业家聚焦"中华优秀传统文化与新时代工商文明互融共通"话题，展开交流对话。论坛上举行了第十七届联合国教科文组织"孔子教育奖"颁奖典礼暨中外青年学生"孔子文化周"启动仪式，并举行了中华儒学经典著作集成《儒典》的新书发布会，通过了《第八届尼山世界文明论坛共识》。2023年9月26日至28日，第九届尼山世界文明论坛在山东曲阜举行，主题为"全人类共同价值与人类命运共同体——加强文明交流互鉴　共同应对全球挑战"，1600余位中

---

① 张明：《五四前后郭沫若对孔子儒学与马克思主义关系之思考》，《理论学刊》，2022年第1期。

外嘉宾齐聚孔子故里展开文化交流。尼山世界儒商文化论坛也同时举办，主题为"传统与未来：儒商精神与中国式现代化"，专家学者们深入阐发了儒商的价值追求，为应对当今经济发展困境、构建人类命运共同体展开深入研讨。由山东社会科学院、山东大学、尼山世界儒学中心主办的尼山世界儒学高峰论坛也如期召开，主题为"儒家文化圈与东亚现代化"，来自中国、美国、韩国等国家和地区的40余位专家学者发表讲话，探讨儒家文化对东亚现代化的独特价值。2023年9月28日，值孔子诞辰2574周年，由尼山世界儒学中心、中国孔子基金会主办的2023全球"云祭孔"大型网络直播活动圆满举行，来自海内外60余所孔庙、文庙、书院、孔子学堂等文化机构，70余家媒体百余个直播平台积极参与，通过跨平台、多形式、集群式直播，全方位呈现海内外祭孔盛况，多形态展示中华礼乐文化的时代魅力。

（三）民间儒学活动

儒学的发展和创新不仅要"顶天"，还要"立地"，开展民间儒学活动、发挥儒家道德教化的优势是弘扬儒学的重要目标。2022年8月16日，尼山世界儒学中心联合研究生院2022级中华优秀传统文化专项研究生开学典礼在山东邹城举行，来自16所共建院校的380名专项研究生参加活动。2022年9月24日，《典籍里的中国》第二季在中央电视台综合频道首播，对《礼记》《诗经》等经典典籍进行了情景化呈现和通俗化解读。2023年1月24日，中国首档世界遗产揭秘互动纪实节目《万里走单骑——遗产里的中国》第三季第六期在浙江卫视播出，使观众得以走进曲阜，探访世界文化遗产"三孔"圣地。2023年3月25日，由尼山世界儒学中心、中国孔子基金会、山东省教育厅等联合主办的"第二届儒家经典跨语言诵读大会年度盛典"在山东济南举行。2023年6月20日，尼山世界儒学中心（中国孔子基金会秘书处）"国学进社区"活动启动仪式在济南市市中区舜华社区孔子学堂举行。2023年8月17日，尼山世界儒学中心联合研究生院2023级中华优秀传统文化（包括儒学）专项研究生开学典礼在山东邹城举行。2023年11月10日，大型文化综艺节目《宗师列传·唐宋八大家》播出，通过实景演绎等形式，呈现了唐宋八大家的风采，让人们感受到唐宋儒者的精神气象。2023年11月18日至19日，全国首届中华优秀传统文化进校园校长高峰论坛在河南郑州举行，来自全国各地约600位代表共同探讨《论语》中的治理之道。论坛上还进行了第六届"相约《论语》·文化中国——世界读书日 人人读《论语》"大型公益活动启动仪式，倡导全国1000余万民众在2024年4月23日共同诵读《论语》。2023年11月20日，第二届全国新儒商年会暨企业高质量发展论坛在广西桂林举办。2023年11月28日至29日，由国际儒学联合会会员联络委员会、中共衢州市委宣传部等单位联合举办的"国际儒联之友——'南孔圣地·崇贤有礼'国际儒联会员走进衢州活动"在浙江衢州开展，近40家国际儒学联合会团体会员单位和50多位代表参加此次活动。2023年12月17日，第二届全球儒商湾区论坛暨粤港澳大湾区品牌发布会举办。

（四）人工智能与儒家伦理

近几年，人工智能发展突飞猛进，话题热度不断上升，尤以2022年11月30日，OpenAI研发的一款聊天机器人程序ChatGPT的发布为代表。人工智能与儒家伦理相关联的问题引起了儒家学者的强烈关注，在学术界多有探讨。有学者在心性和道德两个维度揭示了儒学与人工智能的冲突，认为儒家所强调的直接呈现道德意义的"心体"和作为道德根据的"性体"与人工智能道德设计的工程基础发生冲突，使其陷入了"道德封限""道德他律""道德表演"等困境，将否决人工智能成为完全道德行为体的可能。基于生物基础的人工道德设计作为一种折中方案，在通向完全道德行为体的道路上具有更大潜力。[①] 也有学者探讨了人与机器如何共生的问题，认为在NBIC时代，科技的一个发展趋向是用机器增强人体。从"脑机接口"到"人造子宫"，再到"护理机器人"，机器（人工智能）似乎一步步接管了人类地盘。未来人间会出现"越来越多的机器，越来越少的人"的现象，人类将学会与机器共存。儒家对美好人生的规划不会因此失效，

---

① 方贤绪、冷少丰：《从"心体"与"性体"看人工智能设计中的完全道德行为体问题》，《天津大学学报（社会科学版）》，2023年第6期。

相反，这样的时代给儒家一个机会去除近代以来加在它头上的污名。① 也有学者在法治层面探讨此问题，认为中国式法治现代化着眼于对法家儒家等本土法治文化的充分自信，致力于聚焦人工智能等未来法治前沿问题研究，不断提升中国法治的话语权和影响力。② 还有学者认为智能机器发展出独立自主意识会导致巨大的伦理困境，对此，我们一方面要划定人工智能的发展范围，对其领域进行相关的礼法规定，另一方面要注重培养智能技术的主体——人的道德责任感，使其肩负起对人类和整个社会的责任。③ 因此，在这个高速发展的时代，儒家必然要思考"如何与人工智能共存"的问题，这要求我们不断完善人工智能相关的法律法规，以儒家伦理的礼仪制度为人工智能的发展提供引导和规范。

结语

　　近两年关于儒学的研究成果和会议活动可谓硕果累累、蔚为大观，体现了儒家文化在"顶天"和"立地"两个层面的全方位进步。在学术论撰方面，各专家学者在先秦儒学、宋明理学、近现代儒学三大领域进行了不同角度的分析和阐述，方向多样，内容多元。在先秦儒家的人性论、伦理学、政治哲学、比较哲学方面，宋明理学的程朱理学、阳明心学、人性论方面，近现代新儒家的思想研究方面，都有值得称道的理论成果。与此同时，国内外重大会议也多种多样，话题热度不断攀升。国际性大型会议有10余场——以尼山世界文明论坛为代表，国内重大会议有20多场——以中国哲学史学会年会和"儒学论坛（2023）：儒道互补与国家治理国际学术研讨会"为代表，且参与人数实现了新的突破，国际影响力逐年增加。此外，儒家理论创新方面也取得了新的成就，比如大陆新儒家

---

① 方旭东：《越来越多的机器，越来越少的人——NBIC 时代儒家伦理面临的变局与机遇》，《周易研究》，2023年第3期。

② 刘玄龙、王宝磊：《中国式法治现代化的演进逻辑——从儒法文化、百年法治和人工智能谈起》，《社会科学家》，2022年第12期。

③ 李转亭：《儒家视角下人工智能发展的伦理困境及对策研究》，《当代中国价值观研究》，2022年第3期。

的重要代表——生活儒学的影响力继续扩大；同时，人与自然和谐共生观念被不断强调，使《易传》的生生哲学成为意义重大的学术热点。

国家对儒学发展提供了更多助力，不断推动儒学的创造性转化、创新性发展。习近平总书记在文化传承发展座谈会上提出"'第二个结合'是又一次的思想解放"，这为马克思主义与儒学的进一步融合提供了强大动力。世界儒学研究高地——尼山世界儒学中心主办了诸多大型儒学活动，在学界和民间都有着与日俱增的影响力。一些儒学方面的民间活动和电视节目也对儒学的传播和普及有重要推动意义，如全国首届中华优秀传统文化进校园校长高峰论坛、《典籍里的中国》第二季等。另外，在儒家伦理与人工智能的关系问题上，诸多学者提出了自己的担忧和相应的方案，指出社会应当通过创新儒家伦理，为人工智能的发展提供有益指导。

综上所述，随着学术研究的继续深入、社会活动的不断开展，儒家文化将不断与时代精神有机结合、深沉互动，从历史的深海浮出新时代的水面。

儒学与马克思主义相结合的学理依据和学术支撑
——以近四十年来《孔子研究》所载相关观点为中心

尼山世界儒学中心（中国孔子基金会秘书处）文献期刊部　常樯

　　"两个结合"，即"把马克思主义基本原理同中国具体实际相结合、同中华优秀传统文化相结合"，是中共建党百年以后我国哲学社会科学界探讨的一个重要的理论话题，这个重要论断最早由习近平总书记于2021年7月1日在庆祝中国共产党成立100周年大会上提出。此后，在中共二十大等重要场合，总书记对"两个结合"又作出重要阐发。"把马克思主义同中华优秀传统文化相结合"这个"第二个结合"是一个新提法，社会各界关注颇多，讨论热烈。针对"第二个结合"，总书记在2023年6月2日召开的文化传承发展座谈会上作了全面系统的阐发，指出"'第二个结合'是又一次的思想解放"。紧接着，在2023年6月30日，在中央政治局第六次集体学习时，总书记又强调了两个"决不能抛弃"，指出"我们决不能抛弃马克思主义这个魂脉，决不能抛弃中华优秀传统文化这个根脉"。由此来看，"第二个结合"其实就是"魂脉"与"根脉"的结合，二脉合一，才能更好推动马克思主义中国化。

　　总书记的重要讲话，顺应时代发展大势，符合中国实际，不仅拥有深厚的历史根基，还拥有充足的学理依据和坚实的学术支撑。回望改革开放以来，我国哲学社会科学界有关研究成果可知，此前，相关学者围绕马克思主义与中国传统文化之关系问题，曾作过许多深入而广泛的讨论，其中不乏真知灼见。可以说，习近平总书记以上重要讲话和重大论断，把专家学者昔日在"象牙塔"中产生的理性思考和"一家之言"，结合新形势、新局面、新探索，有机地转化为党和国家的重大文化战略，使之迸发出新的生命活力。

　　儒学是中国传统文化的主干和主流，这是学界公认的一点。探讨中华优秀传统文化与马克思主义相结合的问题，就不能不谈儒学与马克思主义相结合的问题。《孔子研究》杂志创办于1986年，是刊发关于儒学及中华优秀传统文化研究成果的专业性学术期刊。笔者通过研读该刊近四十年来所发表的有关文章发现，早在二三十年前，便有学者曾专门围绕马克思主义与儒学之关系问题、儒学及中华优秀传统文化的时代价值问题作过一系列理论探讨，这些探讨在当下仍然具有很大的参考价值和启发意义。立足中国特色社会主义新时代，梳理这些理论探讨，必将进一步加深我们对"第二个结合"的理解和认知，从而更加坚定建设中华民族现代文明的自觉和自信。本文拟以《孔子研究》近四十年来（1986—2023）所刊发的文章（以20世纪八九十年代为主）为考察对象，对关于儒学与马克思主义相结合的若干精彩观点作一梳理，以期展示其必要的学理依据和学术支撑。

一、"第二个结合"的关键是马克思主义与儒学的结合

　　中华优秀传统文化博大精深、源远流长，儒学创始人孔子距今不过2500多年，我们说孔子是中华文化的源头当然不合适，但说他是承前启后、返本开新的集大成者，应该没有问题。关于儒学在中华文化中的地位，相关论述有很多，这里仅引用两位学者的观点。1986年，毛礼锐先生在《孔子研究》创刊号上发文指出："孔子创立了儒家学派，其学说对中国古代哲学、政治、经济、文化、教育以及社会生活、风俗习惯的影响之大，是中国历史上其他任何思想学说所不能相比的。"[①]1992年，《孔子研究》刊登李泽厚先生的一篇发言稿，其中，李先生强调："儒学是中国文化的主流。"李先生还补充说，这是他发表《孔子再评价》[②]一文后一直坚持的观点。之所以这样讲，他解释说："我以为，儒学作为中国文

---

①　毛礼锐：《进一步深化对孔子的研究》，《孔子研究》，1986年第1期。

②　李泽厚：《孔子再评价》，《中国社会科学》，1980年第2期。

化的主流，主要还不在它有许多大人物，如孔、孟、程、朱、陆、王等等；而更在于它在历史上对形成中国民族的文化心理结构（或称之曰国民性、民族性格）方面起了决定性的作用。"①

再看习近平总书记有关重要论述。在二十大报告中，总书记指出："中华优秀传统文化源远流长、博大精深，是中华文明的智慧结晶，其中蕴含的天下为公、民为邦本、为政以德、革故鼎新、任人唯贤、天人合一、自强不息、厚德载物、讲信修睦、亲仁善邻等，是中国人民在长期生产生活中积累的宇宙观、天下观、社会观、道德观的重要体现，同科学社会主义价值观主张具有高度契合性。"这段话的中心词是"中华优秀传统文化"，范围很广，但其中提到的"天下为公"等十个词，却无不出自儒学的核心价值理念。在文化传承发展座谈会上，总书记指出："中华优秀传统文化有很多重要元素，比如，天下为公、天下大同的社会理想，民为邦本、为政以德的治理思想，九州共贯、多元一体的大一统传统，修齐治平、兴亡有责的家国情怀，厚德载物、明德弘道的精神追求，富民厚生、义利兼顾的经济伦理，天人合一、万物并育的生态理念，实事求是、知行合一的哲学思想，执两用中、守中致和的思维方法，讲信修睦、亲仁善邻的交往之道等，共同塑造出中华文明的突出特性。"这段话的中心词同样是"中华优秀传统文化"，但其中涉及的"重要元素"，无不出自儒学体系。所以，我们可以说，儒学就是中华优秀传统文化的主干和主流。

如果说"谈马克思主义与中华优秀传统文化相结合的问题就是谈马克思主义与儒学相结合的问题"这一观点太绝对的话，那么我们退一步，完全可以说，实现马克思主义与中华优秀传统文化相结合的关键，就是实现马克思主义与儒学相结合。

一些重要学者曾就此问题发声，表达类似观点。王学典先生在研读二十大报告后，针对"两个结合"，有一个深刻的体会，那就是："马克思主义与中华优

① 李泽厚：《儒学作为中国文化主流的意义》，《孔子研究》，1992年第1期。

秀传统文化相结合，不是与道教相结合，也不是与佛教相结合，更不是与那些民间信仰相结合。符合马克思主义的需要并能与马克思主义深刻结合的，应该是以儒家文化为代表的传统思想。"① 再往前追溯，同样有学者表达类似观点。吴光先生在接受笔者采访时，曾指出，探讨马克思主义与儒家的关系，就涉及了马克思主义中国化的问题，他把马克思主义中国化分成三个阶段——马克思主义教条化阶段、马克思主义法家化阶段、马克思主义儒家化阶段。② 此后，在 2022年 12 月线上召开的第九届全国儒学社团联席会议上，吴先生于致辞中又强调，今天，马克思主义中国化就是马克思主义儒家化。

由此可见，探讨儒学与马克思主义的关系问题，是探讨中华优秀传统文化与马克思主义的关系、探讨马克思主义中国化中的极其重要的内容。在正式介绍《孔子研究》有关文章及观点之前，笔者还想再分享一下在采访汤一介先生时，他对儒学与马克思主义关系问题的看法。汤一介先生认为，马克思主义与儒学的相通之处有三点：一是都有明确的社会理想；二是都不是空洞的理论，都重视实践；三是都是从社会关系的角度来定义人。同时，他也指出了二者各自的缺点：马克思主义一是很少讲个人道德，二是不重视传统；儒学一是不重视科学论证和逻辑论证，二是不重视法治。③ 马克思主义与儒学之间存在相通之处，说明二者之间存在契合性，有对话乃至结合的理论基础；二者之间又存在差异性，说明二者同时也有互补乃至融合为一的必要。关于马克思主义与儒学之异同的话题，许多学者都曾作过探讨，无不有利于人们加深相关认知。

二、"中国特色"离不开儒学等古代文化

《孔子研究》创刊之时，中国改革开放大幕拉开尚不足十年，邓小平同志也

---

① 王学典：《东方历史文化传统与中国式现代化路径的选择》，《济南大学学报（社会科学版）》，2023年第 3 期。

② 常强编著：《孔子学堂微访谈》，济南：山东大学出版社，2016 年版，第 74 页。

③ 常强编著：《孔子学堂微访谈》，济南：山东大学出版社，2016 年版，第 33—34 页。

在1982年召开的中共十二大上明确提出"建设有中国特色的社会主义"。从此，"中国特色"便成为包括学术界在内的各行各业议论的一个焦点。什么是"中国特色"、何以有"中国特色"这样的追问，不仅需要政治家回答，同时也需要思想理论家发表自己的专业见解。

在1986年《孔子研究》创刊号上，时任中国孔子基金会名誉会长的谷牧同志在发刊词中明确指出："今天的文化是由以往文化发展而来的。古代文化中所包含的有利于社会发展、反映人民要求的进步因素，不会随着时间的流逝而失去光彩。"他还强调研究孔子文化要做到"沙里淘金""古为今用""推陈出新""百家争鸣"。[①] 这篇发刊词对日后的儒学研究无疑将起到不可忽视的指导作用。

在这一期的《孔子研究》上，刊登了一组笔谈，其中，有三位著名学者都提到了"中国特色"与中国传统文化的密切关联，值得我们注意。侯外庐先生发表《孔子研究发微》，指出："在今天，我们要建设有中国特色的社会主义新文化，决不能离开包括儒学在内的全部民族历史文化的深厚土壤，当然，我们也还要尽力吸取外国一切优秀文化来丰富我们的新文化。"[②] 这样的表述兼具历史性与前瞻性，也兼具主体性与开放性，其实就是表达了"不忘本来、吸收外来、面向未来"的文化观。冯友兰先生发表《一点感想》，指出："我们要建设有中国特色的社会主义社会，其所以有中国特色，就是因为它对古代文化有所继承。"[③] 冯先生直接把"中国特色"与"古代文化"联系在了一起，而这个"古代文化"当然包括孔子思想、儒学在内了。毛礼锐先生发表《进一步深化对孔子的研究》，指出："党中央要求我们努力进行具有中国特色的社会主义现代化建设。既然是中国式的现代化，就离不开民族的固有特色，这就需要了解历史，掌握事物的因袭关系。割断历史、否定历史是不利于现代化建设的。尤其是精神文明的建设，

---

① 谷牧：《孔子研究》发刊词，《孔子研究》，1986年第1期。

② 侯外庐：《孔子研究发微》，《孔子研究》，1986年第1期。

③ 冯友兰：《一点感想》，《孔子研究》，1986年第1期。

更是离不开继承有价值的传统文化和道德风尚。"①毛先生在文中不仅指出现代化建设不能割断历史、否定历史，而且还提出了"中国式的现代化"这个概念。

1995年年底，中国孔子基金会学术委员会与中央党校有关部门共同组织召开了"马克思主义和儒学"学术研讨会。会上，有学者如陈亚军先生，曾对"中国特色的社会主义"这个概念作了解读。他认为，"'社会主义'主要是指经济政治制度而言的，'中国特色'则是指中国的文化传统而言的，特别是指其中属于观念形态的独具特色的价值体系（群体与个体相统一）和人生境界而言的"②。这个观点与上面几位先生特别是冯友兰先生的理解是一致的，简直就是对冯说的"照着讲"。

1995年，余敦康先生以《我也介绍一篇文章》为题在《孔子研究》上发文，专门介绍了罗荣渠先生发表于《东方》杂志1994年第6期上的一篇文章，名曰《人文忧思的盛世危言》。余先生坦言，读罢此文，他获益匪浅，还引用罗文原话，指出，对中国特色的研究，目的就在于开发中国丰富的文化资源。罗文原话很有见地，观点清晰，指向明确，故笔者把余文所引罗文原话也摘录于此："人们常常谈到中国有丰富的自然资源，事实上真正丰富的是我国的文化资源。这在世界有独具的优势。离开了我们的悠久而博大的文化传统，就谈不上懂得中国的国情。我们一直强调要探索具有中国特色的社会主义现代化道路，如果忽视了发展中的文化要素，则所谓的中国特色就只是一句空话。"③这样的观点，在倡导文化自信、历史自信的今天，仍对我们有很大的启发性，我们显然不能说它已过时。

重要学术观点一旦得到政治家及其智库团队的关注、肯定与采纳，或者与政治家的宏观战略思考产生某种程度的契合，便会闪现出更为耀眼的思想光芒，同时，这些学术观点也将使政治决策、国家战略拥有更加坚实的学理根据。在

---

① 毛礼锐：《进一步深化对孔子的研究》，《孔子研究》，1986年第1期。

② 乔清举：《"马克思主义和儒学"学术研讨会述要》，《孔子研究》，1996年第1期。

③ 余敦康：《我也介绍一篇文章》，《孔子研究》，1995年第2期。

文化传承发展座谈会上，习近平总书记再次复述了他2021年3月到福建武夷山朱熹园视察时说的话："如果没有中华五千年文明，哪里有什么中国特色？如果不是中国特色，哪有我们今天这么成功的中国特色社会主义道路？"我们完全可以把这段话看作是对三十多年前侯外庐先生等专家学者有关"中国特色"论述的明确回应和充分肯定，同时，总书记还在此基础上，进一步把今日中国的成功归功于"中国特色"，更加彰显出中华文化、中华文明在推进中国特色社会主义事业中的独特作用。

三、儒学与马克思主义应"双向反思""双向互动"

儒学与马克思主义相结合的过程，其实也是二者相互对话、相互交流、相互理解、相互学习的过程。徐远和先生较早提出东西方文化应"双向交流"，他在1988年第4期的《孔子研究》上发文探讨此问题，值得关注。尽管在徐先生的文章中，西方文化是指西方现代化成果，而不是指马克思主义，但他的观点仍然具有可借鉴性，毕竟马克思主义也属于广义上的西方文化。他认为，"从世界文化发展的角度看，东西方文化是双向交流的过程""（中国）在吸收西方文化的过程中，就需要不断地对东方文化自身进行反思"。[①]在若干年后，徐先生关于"双向交流"、文化"反思"的观点，得到了"共鸣"。尽管我们不知道带来这种"共鸣"的双方学者之间是否存在必然的承继关系，但他们在本质上却呈现出了一脉相继性和一以贯之性。关于这种"共鸣"，笔者下文将谈到。

把执政党的指导思想与传统中国官方主流意识形态放在一起进行比较，并从理论上阐释二者融合的必要性和具体路径，这是20世纪八九十年代，中国孔子基金会和《孔子研究》关注主流思想文化并试图引领学术潮流的一项重要举措。前面已提到，1995年年底，中国孔子基金会学术委员会与中央党校有关部门共同举办"马克思主义和儒学"学术研讨会。以这样的主题召集专家学者展

---

① 徐远和：《东西方文化的双向交流》，《孔子研究》，1988年第4期。

开学术研讨，不仅需要有很强的学术敏感性，而且还需要对当下政治思想和官方政策有所关切。在会上，周继旨先生和许全兴先生都提到，在处理马克思主义与儒学之关系上，要采取"双向反思"的态度——"既要反思马克思主义者对待儒学态度；也要反思历史上捍卫儒学的人们对于马克思主义的态度"[1]。在这次会议上，大多数学者都认为马克思主义与儒学、中国传统文化是可以结合的。葛荣晋先生的观点颇具代表性，他明确提出二者的"双向互动"，并指出这便是马克思主义中国化过程。葛先生的原话是："马克思主义与儒学是可以结合的，结合的动力在于现实社会实践的需要，不在于理论自身；结合点的选择也应有（应为'由'，作者注）社会实践决定。结合不是拼盘，而是一个整纲；不是外在的联合，而是内在的整合；不是引马入儒和援儒入马，而是双向互动的。结合的结果是中国化的马克思主义，结合的过程是马克思主义的中国化的过程。"[2] 葛先生的这些高论，对于今天我们理解并推进马克思主义中国化，仍然具有不容小觑的指导性。

这次会议上，还有学者就马克思主义中国化的理论成果——毛泽东思想与中国传统文化的关系进行了阐发，明确指出，毛泽东思想便是马克思主义与中国传统文化相结合的产物，这种结合，不仅仅是吸收了中国传统文化中语言、词汇方面的东西，而且还有儒家的本质的、深层的东西。如王国轩先生指出："毛泽东吸收了儒家的思想，丰富了马克思主义，使这个学科有了很大的发展。"田广清先生则更明确指出："毛泽东思想有两个源头，一个是马克思主义，一个是中国传统文化。毛泽东思想的一些内容，其实是对传统文化的继承与发展。"[3] 我们回头来客观研究毛泽东思想，很容易便能发现，毛泽东思想一定是在汲取中华优秀传统文化，特别是儒家思想中的某些理念和元素之基础上产生的，毛泽东思想把根基深深扎在了中国传统文化的沃土之中。《孔子研究》能够在20

---

[1] 乔清举：《"马克思主义和儒学"学术研讨会述要》，《孔子研究》，1996年第1期。

[2] 乔清举：《"马克思主义和儒学"学术研讨会述要》，《孔子研究》，1996年第1期。

[3] 乔清举：《"马克思主义和儒学"学术研讨会述要》，《孔子研究》，1996年第1期。

世纪90年代刊登关于"第二个结合"（虽然没有也不可能提到这个词）的观点，明确指出中国传统文化，特别是儒学，对党的指导思想产生了重要作用，不可谓不具有理论魄力和学术创见。这样的见解，对于我们学习和理解一切马克思主义中国化的理论成果，对于我们认识和把握马克思主义在不同历史时期与中国传统文化的"双向互动"，都具有重要的启发意义。

四、马克思主义与中国实际相结合包括两个方面

在创刊后的十多年中，《孔子研究》曾多次就儒学、中国传统文化与马克思主义的关系，就弘扬中国传统文化，就"国学热"等话题，刊发专业文章或组织笔谈，大大深化了学术界对相关问题的认识和理解。

在1995年第2期《孔子研究》上，时任该刊主编的辛冠洁先生以《应该更加积极开展中国传统文化研究》为题，在"传统文化问题笔谈"专栏中发文，明确指出："只有马克思主义与中国传统文化相结合，才能衍生出适合中国国情的社会主义新文化，而中国传统文化绝不会，也不可能代替马克思主义。没有哪一个人会去做以中国传统文化代替马克思主义的傻事，即便想做，也永远办不到。"①

1996年第3期《孔子研究》专门刊发了一篇名为《关于马克思主义与儒家文化之间关系的思考》的长文，该文被安排在了该期的第一篇。在这篇文章中，作者刘宏章先生总结吸纳之前有关研究成果，对马克思主义与儒家文化（即儒学）之关系作了系统阐述。文章指出，自20世纪初马克思主义传播到中国以后，就一直存在着与中国本土文化，特别是与儒家文化关系的问题，"就马克思主义方面来说，在大多时间里，对儒家文化的全盘否定，是其基本的态度"。新中国成立后，"在'左'的思潮的影响下，虽然有着百家争鸣的方针，但实际上只有马

---

① 辛冠洁：《应该更加积极开展中国传统文化研究》，《孔子研究》，1995年第2期。

克思主义的一家独尊，儒家文化等同于封建主义，只能作为批判对象而存在"①。而到了改革开放以后，情况就发生了重大变化，中国要进行社会主义现代化建设，此时便不能再忽视或否定中国传统文化的存在与价值了，因为"在世界上没有那（应为'哪'，作者注）一个国家的现代化是在否定自己文化传统的基础上建成的。同时，建设有中国特色的社会主义包括了经济、政治、文化三个方面，缺一不可。……弘扬中国优秀传统文化，是建设有中国特色的社会主义的一个重要内容"②。

在笔者看来，刘宏章先生的这篇文章中，探讨马克思主义与儒学的异同、马克思主义与中国实际相结合的两个话题是重中之重，直到今天仍然值得我们学习借鉴。

刘先生认为马克思主义与儒学的差异之处体现在四个方面，限于篇幅，这里不再转引原文，只作简单概括。四点差异是：第一，马克思主义是一个严密完整的思想体系，而儒学因内部存在不同派别而不是一个严密完整的思想体系；第二，马克思主义是一种革命的批判的学说，而儒学是一种只适合于守成的学说；第三，马克思主义强调斗争性，而儒学把统一、和谐看成是最重要的；第四，马克思主义把人性看成经济关系的体现，而儒学则主张一种普遍的超阶级的人性。至于马克思主义与儒学的相同之处，刘先生根据张岱年先生《中国文化与文化论争》一书中的观点，将其归纳为唯物论、无神论、辩证法、历史观中的唯物论因素、民主主义、人道主义和大同的社会理想七个方面，在此基础上，刘先生又将其归为三类——哲学世界观、政治思想和社会理想。③

关于马克思主义与中国实际相结合的话题，刘先生的论述颇为细致深刻，他直接把马克思主义中国化分成两个方面的内容，认为"中国实际"本身就包括了"本民族的传统文化"。他说："马克思主义与中国实际相结合，包含了两个

---

① 刘宏章：《关于马克思主义与儒家文化之间关系的思考》，《孔子研究》，1996年第3期。
② 刘宏章：《关于马克思主义与儒家文化之间关系的思考》，《孔子研究》，1996年第3期。
③ 刘宏章：《关于马克思主义与儒家文化之间关系的思考》，《孔子研究》，1996年第3期。

方面的内容，一是与中国的革命与建设的实际相结合，一是与本民族的传统文化相结合。这是马克思主义与中国实际相结合这一方针的完整的内容。只有实现了这两个结合，也才能够实现马克思主义的中国化。所以，马克思主义与中国优秀传统文化相结合，是马克思主义与中国实际相结合这一方针的题中应有之义。"[1] 在这段话中，刘先生明确表达了"两个结合"的观点，这里的"两个结合"与习近平总书记所倡导的"两个结合"，在本质上完全一致。遗憾的是，那时候，这样的高论还只能停留在文字上，只能作为"一家之言"隐藏在见仁见智的众多学术论文之中，倘若能够将其吸纳到党和国家的文化方针中，那将不仅是中国传统文化之大幸事，更是中国特色社会主义现代化建设之大幸事。但历史不能假设，我们只能借鉴过往，立足当下，面向未来。今天再看，这段论述的时代价值，就在于为我们深入贯彻落实习近平总书记"两个结合"重要指示提供了必要的理论佐证和学术支持。

五、创造"人类最完善的思想文化体系"

王国轩先生在1988年第4期《孔子研究》上发文，认为"未来世界不可能只有一种文化、一种文化思潮，而需要多样性的文化，文化的多样性，有着人们的欣赏心理基础，一个人不能一生只吃一样饭，只唱一支歌，民族文化愈是具有独特性，愈对异域人具有吸引力"[2]。这是很有见地的一个观点，我们完全有理由相信，人类未来的文化家园，必定是"百花园""百果园"，必然会百花齐放、硕果累累。但多样性也好，多元化也罢，不同文化之间也不是相互孤立的，不可能仅仅做到"各美其美"，它们之间还应该互动互鉴、交流对话，甚至还很有可能结合在一起并产生新的文化样态。此后，有学者就提到了在中国建构新文化的问题。

1992年第4期《孔子研究》设计了一组笔谈，其中有几篇文章值得我们格外

---

① 刘宏章：《关于马克思主义与儒家文化之间关系的思考》，《孔子研究》，1996年第3期。

② 王国轩：《传统文化思想的命运与未来》，《孔子研究》，1988年第4期。

关注。钱逊先生以《面向生活，关注人生，接近人民，致力普及》为题发文，指出要依托中国传统文化中的丰富思想资源，建立"新的人生哲学"。他认为，中国传统文化与现实生活相结合，要解决两个方面的问题，一方面是"剔除传统中封建性的方面，发掘出其中所含有的普遍性的内容，并赋予它以新的时代内容"，另一方面是"向广大群众做通俗的介绍和宣传"，并强调前者是"提高"，后者是"普及"，二者相辅相成、相互促进。① 通过文章题目我们就能看出，钱先生在以学者的身份强调传统文化普及传播的重要性，他的观点对于我们理解弘扬中华优秀传统文化的"创造性转化、创新性发展"方针，对于今天我们大力开展中华优秀传统文化普及应用工作，很有启发性。署名"竹戈"的作者在这期笔谈中发文，表达了和钱逊先生类似的观点，他认为，"传统文化是一个无所不包的大体系，就传统哲学而言，至今仍然具有强大生命力，仍然发挥积极作用的是人生哲学层面"，还指出，传统文化"需要经过创造性转换才能与新时代相适应"。② 这里点出了传统文化"创造性转换"的问题，与今天的文化"两创"方针可谓一以贯之。此外，另一位署名"佑骥"的作者在笔谈中也把儒学当作"人生哲学"，并认为这一部分内容可参与"新思想文化体系建构"，他说："我以为中国传统思想文化，特别是其主体儒学，说到底是'为己'（古之学者为己）和'爱人'统一之学，也就是如何作人之学，亦即人生哲学。"③

在这里，笔者更想强调的是，在以上这组笔谈中，竹戈和佑骥还都提到了在中国流行的三大文化思潮的互动与融合问题，他们都认为，马克思主义、西方文化和中国传统文化在中国将长期并存，三者必须进行互动、对话，相互包容，相互理解，进而融合产生出一种新的思想文化体系。竹戈指出，这三大思潮的冲突、碰撞与融合构成了20世纪中国文化史的主旋律，"三大文化潮流已经形成了谁也消灭不了谁，但又相互依赖的三足鼎立之势"。他认为，不同体系的文化相

---

① 钱逊：《面向生活，关注人生，接近人民，致力普及》，《孔子研究》，1992年第4期。

② 竹戈：《三大文化思潮健康互动》，《孔子研究》，1992年第4期。

③ 佑骥：《中国传统思想文化在新文化建构中的位置》，《孔子研究》，1992年第4期。

互融合是完全可能的，在中国历史上有儒释道三教的融合，在国际上，如日本，也成功实现了中国文化、西方文化和本土民族文化的融合。基于此，他主张人们要"以宽松而平静的心态，冷静而理智的情感，客观而务实的精神去寻找新文化的生长点"。[①] 佑骧也把以儒学为主体的中国传统思想文化、以民主和科学为核心的近现代思想文化和指导中国取得革命胜利的马克思主义当作当代中国思想文化的三种主要构成成分，并认为绝大多数中国人头脑中都是这三根"弦"并存，"差别仅仅是有的人这根'弦'粗一些，有的人那根'弦'粗一些"。佑骧更是强调："如何尽快地把上述这三种思想文化成分融会贯通，作成一个统一的思想文化体系是摆在中国人民和理论界面前一项带有战略性质的任务。这统一的思想体系一旦形成了，建立起来了，将是迄今为止人类最完善的思想文化体系，因为它是由人类思想文化精华凝聚而成。"[②] 这个说法让人读来很是振奋，不仅指出了三种思想文化在当代中国互动融合的必然性和必要性，而且把三者融合的结晶称作"人类最完善的思想文化体系"。试想一下，立足当下，能够为三大思潮的有机融合尽绵薄之力，促使"人类最完善的思想文化体系"尽快降生，将是一项多么有意义、多么神圣、多么值得自豪的文化事业啊！

此后，在1995年第2期《孔子研究》上，又组织了一次"传统文化问题"笔谈。牟钟鉴先生发文，又谈到了三种文化的关系问题，不过，他的表述与上面不同，他把三种文化概括为社会主义文化、西方欧美文化、中国传统文化。牟先生指出："三大文化体系之间有冲突，但更多的是会通；未来的中国新文化体系将从这三大文化体系的良性互动中产生。"他接着又谈到了三种文化的未来发展问题，说："马克思主义在政治上居于主导地位，它面临着如何创造性地发展和应用，更具有现代中国的特色的问题。中国传统文化是现代中国文化发展的历史根基，它面临着如何开发资源、推陈出新、创造性地转化，使之适应当代和未来社会的问题。西方文化是中国文化发展的营养和借鉴，它面临着如何介绍、改造，把

---

① 竹戈：《三大文化思潮健康互动》，《孔子研究》，1992年第4期。

② 佑骧：《中国传统思想文化在新文化建构中的位置》，《孔子研究》，1992年第4期。

其中优良成分吸收过来，并使之中国化的问题。"① 在这里，牟先生针对中国传统文化，明确提出"创造性地转化"问题，应当说，这个观点与今天我们倡导的传统文化"两创"方针是一脉相承的。由此可见，以往的学术见解在今天已上升为党和国家的文化方针，指导着未来很长时期内我国传统文化事业的发展。

上面几位学者在文中都作了建设新文化（如钱逊先生所谓的"新的人生哲学"、佑骧所谓的"新思想文化体系"和"统一的思想文化体系"、牟钟鉴先生所谓的"未来的中国新文化体系"）的畅想，而在与钱逊等先生的同期笔谈中，还有一位学者也发表了类似观点。徐远和先生指出："只有充分借鉴和吸收包括儒学在内的传统文化的全部优秀成果，才能创造适合时代需要而又具有民族特色的新文化。"② 与前面几位学者不同的是，徐先生集中着眼于儒学与时代的融合来发表见解，他更加关注儒学在新文化建构中所产生的作用，以及儒学的命运走向。他强调："儒学某些思想必须融入当代思想的大潮，即与当代思想发展的总趋势相适应，才能发挥其应有的作用。这是儒学（严格地说是儒学的片断思想）在新时代发生作用的特点。既然儒学不是单独发生作用，而是要融入时代思潮才能发挥作用，那它就不再是本来意义上的儒学，而成了未来新的综合文化的有机组成部分。从这个意义上说，儒学获得了'新生'，但新生儿不是儒学，而是具有民族特色的新文化。"③ 由此可知，从某种意义上说，在整个中国传统文化体系中，儒学在参与建构新文化时将扮演更加关键的角色，甚至可以说，没有儒学的参与，"具有民族特色的新文化"这个概念便不能立得住。

经过以上文章的分析，我们已基本上可以明确，推动儒学与马克思主义相结合，促进中国传统文化、西方文化与马克思主义的融合，目的是要创造一种新文化，而正是由于这种新文化吸收了本国本民族的文化，特别是吸收了儒学的精华，所以我们才将其称为"具有民族特色的新文化"（或曰"有中国特色的社会主

---

① 牟钟鉴：《当审判官，还是做探索者？》，《孔子研究》，1995 年第 2 期。

② 徐远和：《儒学在现代社会生活中的定位》，《孔子研究》，1992 年第 4 期。

③ 徐远和：《儒学在现代社会生活中的定位》，《孔子研究》，1992 年第 4 期。

义新文化"）。以上几位在《孔子研究》上发文的前辈学者是冷静理性、与时俱进的，他们头脑中既不存在文化虚无主义，也不幻想文化复古主义，从弘扬中国传统文化的角度看，他们是尊古不复古、守正不守旧，既要传承更要创新，他们的文化理想很明确，那就是要催生出一种新的文化形态，一种有机融合各种积极成分和有益元素的新文化，用今天的话说，就是要建设"中华民族现代文明"。

六、进入21世纪后关于儒学与马克思主义相结合问题的有关讨论

进入21世纪以后，《孔子研究》的用稿风格发生了比较明显的变化，多刊用那些论述丝丝入扣的纯学术性文章，与意识形态关系密切的话题讨论得相对偏少了，关于儒学与马克思主义相结合的话题，很少再见诸该刊。笔者认为，导致这种现象出现的一个重要原因，就是以往关于这一问题的讨论已比较多，观点表达已相对比较充分，学界已很难再产出新观点、新见解。同时，管中窥豹，我们也可看到，这一现象在很大程度上契合了"思想家淡出，学问家凸显"的重大学术转向。

考察这一时期《孔子研究》所载文章，可以发现，学界相关讨论的总体特征有三：其一，绝大多数学者都认同儒学与马克思主义相结合的必然性和必要性，为实现二者结合积极建言献策，并普遍认识到"主张'以儒学取代马列主义'、'儒化共产党'、'儒化中国'的只是少数人"[1]；其二，学者乐意结合中国共产党的最新执政理念、最新话语体系（如社会主义核心价值观、和谐社会、中国特色社会主义理论体系）来阐释儒学与马克思主义相结合的问题，并且，"儒学"与"中华优秀传统文化"两个概念往往是混为一谈的；第三，在儒学专业期刊上发文，学者更容易表现出对儒学及中国文化的"温情与敬意"。

2008年10月，中共中央党校哲学教研部与中国孔子基金会共同主办了"2008马克思主义与儒学高层论坛"，会后，《孔子研究》刊载了论坛综述，这是近二十

---

① 王杰、顾建军：《2008马克思主义与儒学高层论坛综述》，《孔子研究》，2009年第1期。

年来少有的集中刊载关于儒学与马克思主义相结合话题的文章的情况。其中，方克立先生指出，马克思主义与儒学的关系是主导意识与支援意识的关系，马克思主义的一元主导地位越明确越巩固，就越能以开放的胸襟吸收中国传统文化的精华。① 张岂之先生指出，中华优秀传统文化是中共十六大提出的社会主义核心价值观的渊源。② 李翔海先生认为，与时代的要求相适应的、内化为中华民族精神的儒家思想之精华，是当代中国和谐社会建设之内在动力的重要组成部分。③ 在这次会议上，一些学者还提到了"儒学现代化"的问题。郭齐勇先生认为，儒学与中国现代化有着不解之缘，儒学的主要精神与价值理念仍然是当今中国人的安身立命之道。④ 高春花女士指出，儒家文化作为中华民族的生活样式，要想在时代演进中保有独特性，就必须紧密结合现代生活实践进行现代转换，只有以时代主题和问题意识为价值坐标，"死"的传统才能变为指导现代社会的"活"的精神。⑤ 刘余莉女士谈到了中国特色社会主义理论体系与儒学的关系问题，她指出，马克思主义、中华优秀传统文化和当代人类一切文明进步的理论成果，构成了中国特色社会主义理论体系的思想来源，"中国特色"尤其体现在中国的传统文化特色上，中国特色社会主义理论体系中所体现的治国理念，与中国传统文化中的治国理念是相传承的。⑥ 这个观点，明显与20世纪八九十年代有关专家提出的观点是一以贯之的。

这次论坛举办十年后，黄玉顺先生在《孔子研究》上发文，总结"十年来儒学变迁之大势"，并展望其未来发展。他同样指出了"儒学现代化"的问题。在文中，黄先生确认："中国思想领域的百年格局就是这样的三元格局：儒家、自由主义、马克思主义。"并强调，他这里所说的"儒家"，最具代表性的就是20世

---

① 王杰、顾建军：《2008马克思主义与儒学高层论坛综述》，《孔子研究》，2009年第1期。

② 王杰、顾建军：《2008马克思主义与儒学高层论坛综述》，《孔子研究》，2009年第1期。

③ 王杰、顾建军：《2008马克思主义与儒学高层论坛综述》，《孔子研究》，2009年第1期。

④ 王杰、顾建军：《2008马克思主义与儒学高层论坛综述》，《孔子研究》，2009年第1期。

⑤ 王杰、顾建军：《2008马克思主义与儒学高层论坛综述》，《孔子研究》，2009年第1期。

⑥ 王杰、顾建军：《2008马克思主义与儒学高层论坛综述》，《孔子研究》，2009年第1期。

纪兴起的"现代新儒家"。他指出，谈儒学十年变迁的大势，实际上就是谈儒学三派——"原教旨主义儒学""自由主义儒学"和"马克思主义儒学"当中，哪一派成为各种传播媒介的儒学主流话语，哪一派占据了儒学话语权方面的优势地位。黄先生还预测了儒学的未来图景："结构上的三元格局还会长期存在下去，直到中国社会现代转型的完成。"他还提醒我们："中国社会所面对的远不是所谓'后现代状况'，而是'走向现代性'的问题。……儒学要避免被时代所抛弃的命运，就必须接受现代文明价值；为此，儒学自身首先需要现代转型，即实现儒学现代化，成为某种'世界儒学'，或者'人类儒学'，而非某某主义的儒学。"①

2022年，《孔子研究》刊发高长武先生的文章《对马克思主义与中华优秀传统文化关系的新揭示新回答》。该文跳出"儒学"畛域，站在传承发展整个中华优秀传统文化的角度，梳理了党的十八大以来，以习近平同志为核心的党中央对马克思主义与中华优秀传统文化关系问题的有关论述，认为，"党的十八大以来，以习近平同志为核心的党中央坚持历史唯物主义的大历史观，在总结党领导人民进行革命、建设、改革正反两方面历史经验基础上，在回答新时代党和国家发展遇到的一系列重大理论与实践问题、推进新时代中国特色社会主义的伟大实践中，把对马克思主义与中华优秀传统文化内在关系的认识和回答推进到了新高度"②。该文显然是在全国理论界热议"第二个结合"的时代背景下刊发的高论，有助于我们进一步理解中国特色社会主义新时代十年间的主流思想话语体系的丰富与确立过程。

2023年，《孔子研究》刊发吴文新先生的文章《公道民本：融通马克思主义与中华文化的本体基础》。该文指出，"公道民本"是"中华民族理想社会的灵魂"，这种"价值本体""构成了马克思主义与中华文化相遇、结合之后通过复杂的交会而实现融合、贯通及至新生的本体基础，成为中华文明新形态和马克思主义新形态的本体基础"。吴先生指出，"公道民本"是"源于天人合一的社

---

① 黄玉顺：《儒学之当前态势与未来瞻望》，《孔子研究》，2018年第4期。
② 高长武：《对马克思主义与中华优秀传统文化关系的新揭示新回答》，《孔子研究》，2022年第5期。

会历史整体观"，在中华气学、中华理学、中华心学、中华实学等学派思潮中都有其理论表现。① 我们由此可知，所谓的"公道民本"，正是源自儒学；更进一步说，中华文明新形态和马克思主义新形态的本体基础，也是源自儒学。可见，儒学在建构中华文明新形态（或曰"中华民族现代文明"）、推进马克思主义时代化中国化中扮演着重要的角色。

结语

关于儒学与马克思主义相结合，笔者在此打个不是完全恰当但可以说明问题的比方：经过研读以上专家学者相关高论，我们认识到，推动儒学与马克思主义相结合，不是要在中国开一个马克思主义的"分店"，也不是简单地把马克思主义这个"商店"里的"商品"放到中国传统文化的"商店"里去卖，而是要把包括马克思主义、中国传统文化等所有"商店"里的"精品"都汇总在一起，建立一个新的"商店"，这便是"中华民族现代文明"。这个新的"商店"的建立，才是我们的理想和目标。

概而言之，本文梳理了近四十年来《孔子研究》杂志所刊发的有关儒学、中国传统文化与马克思主义之关系问题的文章，对一些重要观点作了归类总结与简单评论。通过翻阅该刊所登载的相关重要文章，我们更加认识到，"中国特色"之"特"，恰恰体现在对中国传统文化的传承和弘扬上，没有中华优秀传统文化，"中国特色社会主义"这个概念便很难成立。儒学是中国传统文化的主流和主干，谈马克思主义与中国传统文化的结合，其实一定意义上是谈马克思主义与儒学的结合。马克思主义与中国实际相结合，包括马克思主义与中国革命和建设的实践相结合、马克思主义与中国本民族文化相结合两个方面，后者也是马克思主义中国化不可或缺的一部分。今天我们要努力推动马克思主义、中华优秀传统文化、西方文化三者的有机融合，并在此基础上创造一种新文化，而

---

① 吴文新：《公道民本：融通马克思主义与中华文化的本体基础》，《孔子研究》，2023 年第 5 期。

正是由于这种新文化吸收了本国本民族的文化，特别是吸收了儒学的精华，所以我们才称其为"具有民族特色的新文化"。就儒学本身而言，也面临一个现代化的问题，儒学现代化与中国现代化密切相关。

笔者做这些梳理工作的目的在于回溯过往，以此为基础，历史地、全面地了解习近平总书记关于"两个结合"，特别是"第二个结合"有关重要论述的文化背景，为当下大力推进马克思主义与中华优秀传统文化的有机结合找到学理依据和学术支撑，进而引导人们进一步坚定文化自信、历史自信，继续沿着推动中华优秀传统文化创造性转化、创新性发展的道路前行，为建设社会主义文化强国和中华民族现代文明作出新贡献。

儒家"人禽之辨"思想研究述论 *

山东大学儒学高等研究院　王闻文

"人禽之辨"是中国哲学史上一个重要的问题,其所关涉的主题是"人何以为人",或者说人与动物有何区别、何种程度上的区别等内容。因为依照中国传统的思想来说,人是有其独特性的,是不同于其他生物且优于其他生物的,乃万物之灵,如《尚书·泰誓》所说:"惟天地万物父母,惟人万物之灵。"① 即是强调这一点。所以,先贤们便极为重视"人禽之辨"的问题,如钱穆先生所说:"至谓中外人文思想,无不自'人禽之辨''君子小人之辨'开始,此论实是门面语。"② 足见此辨的重要性和必要性。早在先秦,甚至更早的时候,中国先哲们就已经注意到这一点,并对之加以探讨。历史地看,在中国哲学史上,对"人禽之辨"的讨论主要可以分为三个阶段,即先秦时期、两汉时期以及宋明清时期。虽然先哲们讨论此问题的旨归是一致的,即都是要说明人与禽兽不同的问题,但其阐述的路径及关注的重点还是存在一定的差异。正是这种论证的差异性,才使得后来的诸多学者从不同角度展开对先哲有关"人禽之辨"思想的讨论,并且,随着时代的发展,对"人禽之辨"的讨论不再仅仅拘囿于"人禽"思想本身,而是从科技伦理、人机之辨等角度展开对这一问题的阐发。这无疑丰富了"人禽之辨"这一古老话题的内涵,使之在当今时代呈现出新的形态。职是之故,为了更好地理解"人禽之辨"的内涵及其发展,我们很有必要对其思想本身的内涵

* 本文为山东省2023年中华优秀传统文化"两创"专项课题"中华优秀传统文化视域下的高校立德育人的时代路径探索"(CTL202307013)阶段性成果、2023年山东大学儒学高等研究院研究生科研项目"朱熹心性论与人禽之辨思想研究"阶段性成果。

① [清]阮元校刻:《十三经注疏》,北京:中华书局,1980年版,第180页。

② 钱穆:《致徐复观书三十一通》,见《钱宾四先生全集》第53册,台北:联经出版事业公司,1998年版,第348—349页。

和发展以及后来的诸多学者的相关讨论作一番述论。

一、"人禽之辨"问题的缘起及其发展

对"人禽之辨"的讨论，学界常将目光聚焦于孟子，认为他是论证"人禽之辨"的先行者。其实早在孟子之前，就有人对这一问题进行了阐发。晏子是较早关注"人禽之辨"问题的人，他在《晏子春秋》中明确谈及人禽之别："凡人之所以贵于禽兽者，以有礼也。"①即是将是否有礼视为人与禽兽不同的地方。之所以如此，是因为礼是一种规范，人需要在此规范下进行实践，如果超越礼的界限，则有悖于人伦，而动物则没有此礼的规范，其行为可以说是随意的。质言之，晏子是以社会行为（礼）作为区别人与禽兽的标准，这对之后儒者言"人禽之辨"有着奠基作用。此外，孔子对此问题也有所关注，他认为"鸟兽不可与同群，吾非斯人之徒与而谁与"②，即认为人不能同鸟兽群生，不然则为非类。言外之意，即是说人与动物是不同的。接着，孔子又进一步论证人何以不同于动物："子游问孝。子曰：'今之孝者，是谓能养。至于犬马，皆能有养。不敬，何以别乎？'"③这里，孔子以孝养父母为例来反观人与动物之异。从形式上看，我们孝养父母和喂养犬马并无太大差别，但不同之处在于我们对父母的"养"乃是发自内心的诚敬之养。易言之，即内心之敬是区别人与禽兽的关键。晏子、孔子等人对"人禽之辨"的阐述，可以说开启了儒家思想史上有关这一问题的讨论，但还不是特别系统，只是意识到人是不同于动物的，并没有深入地讨论二者之间何以不同。

孟子是先秦时期第一个明确提出和论证"人禽之辨"的思想家，他对二者的不同作了详细讨论："人之所以异于禽兽者几希，庶民去之，君子存之。舜明于

---

① 张纯一校注：《晏子春秋校注》，北京：中华书局，2014年版，第6页。
② ［清］刘宝楠：《论语正义》，北京：中华书局，1990年版，第723页。
③ ［清］刘宝楠：《论语正义》，北京：中华书局，1990年版，第48—49页。

庶物，察于人伦，由仁义行，非行仁义也。"① 在孟子看来，人与禽兽之间的差别并不是很大，乃是在于"几希"处，此"几希"即是其所阐发的"仁义礼智"等德性。进而，孟子将之作为其人性论的起点，以论证人性何以异于物性的原因，并阐发其性善之学说和修养之工夫。可以说，"人禽之辨"不仅构成了孟子哲学的基础，亦是儒家阐发道德哲学理论的基石，对后世的儒者尤其是宋儒，产生了极为重要的影响。

在"人禽之辨"的问题上，荀子也有过相关论述，主要是从肯定和否定两个维度出发，其曰："人之所以为人者，何已也？曰：以其有辨也。饥而欲食，寒而欲暖，劳而欲息，好利而恶害，是人之所生而有也，是无待而然者也，是禹、桀之所同也。然则人之所以为人者，非特以二足而无毛也，以其有辨也。"② 荀子首先肯定的是人确实天生具有生理欲望——这是不可否认的，但是，毕竟动物也具有这样的欲求或行为，故此，从这一方面来说，人和动物并没有差别。然而，荀子从"辨"的角度展开说明人和动物的区别——我们人所以为人，并不在于是无毛且直立行走的两足动物，而在于懂得去"辨"。那么，所辨为何呢？在荀子看来，所要"辨"的内容即是"礼"："夫禽兽有父子而无父子之亲，有牝牡而无男女之别，故人道莫不有辨。辨莫大于分，分莫大于礼，礼莫大于圣王。"③ 也就是说，动物虽然具有同人一样的父子等关系，但只是有其名而无其实，人的"实"表现在"有辨"上，通过"辨"将这些伦理之名贯彻下来，进而由辨至分，"分"所体现的是人可以对自己的行为作某种判别，而"分"的背后，又需要礼来支撑，所以，荀子最后将礼也纳入"人禽之辨"的标准中。

"人禽之辨"这一论题发展至汉唐时期，其内涵得到进一步发展，一方面延续先秦以仁义礼等作为区分人禽的标准的做法，如《礼记·郊特牲》④ 中所说：

① [清]焦循：《孟子正义》，北京：中华书局，1987年版，第567—568页。

② [清]王先谦：《荀子集解》，北京：中华书局，1988年版，第78页。

③ [清]王先谦：《荀子集解》，北京：中华书局，1988年版，第79页。

④ 有关《礼记》诸篇成书年代的问题，学界多有争论，不过近年来，学界的研究成果大多认为《礼记》成书于汉代，所以本文在征引的时候，也将《礼记》作为汉代文献，沿用学界通论，特此说明。

"男女有别，然后父子亲；父子亲，然后义生。义生然后礼作，礼作然后万物安。无别无义，禽兽之道也。"①这里以男女之"别"作为起点，由之延伸至对仁、礼的界定，其意同样在于以"义"作为人与禽兽分判的标准。另一方面，汉唐时期开始着重寻找人与禽兽的相同之处，"汉代以来的新现象则是在动物身上寻找与人同质的因素。诸如乌鸟反哺、羊羔跪乳、虎狼之仁、蜂蚁之义之类的仁禽义兽典故不断被学者所提及"②。这里所透露的是对禽兽具有人之"特质"的肯定，即不再将禽兽视为无情无爱、不讲仁义诸德之物，而是认为它们同人一样，也具有情感，也懂得孝道仁道等，如《礼记·郊特牲》甚至说："禽兽，仁之至，义之尽也。"③认为禽兽也具有仁义等德性。如此一来，就异于先秦之认知。

宋明时期，理学家们继续围绕"人"这一主题展开讨论，一方面承续先秦儒者的论断，凸显人在天地间的重要地位；另一方面则将重点放在对既往理论的修正上，即从道德与否的视角重新看待人与禽兽的差别，这主要体现在对人禽之别问题的开新上。理学家们试图从新的视角去审视人禽之别，一方面，他们吸收借鉴了先秦诸儒的观点，也将仁义视为人所具有的德性；同时，他们也借鉴了汉唐儒者从"同"的视角审视人与动物关系的做法，并从"气"的维度思考二者关系。另一方面，他们更系统地从形上的角度去分析人禽的同异问题，不再局限于从具象化和经验性的层面看待这一论题，如他们常从"理气""反思"等角度来重新思考人和动物的差异。这其中，朱熹颇具代表性，他在人禽问题上，并没有完全承袭先秦乃至汉唐的理路，而是在最开始就提出了相反的意见。具体来说，朱子之论"人禽之辨"主要是在"理—气"的视域下展开的，进而又从人性、物性的视角进行详细的分析。也就是说，从"理"的视角来看，朱子认为，由于天下之物皆是禀此"一理"，所以并没有太大差别，至于现实中人和物

---

① [清]朱彬：《礼记训纂》，北京：中华书局，1996年版，第405页。

② 杨柳岸：《人禽之辨的基本结构与功能——以孟子、朱子和船山为中心》，《中国哲学史》，2020年第3期。

③ [清]朱彬：《礼记训纂》，北京：中华书局，1996年版，第398页。

或人和人之间的区别，在于禀气不同，即其所谓："论万物之一原，则理同而气异。"①"以其天命流行，只是一般，故理同；以其二五之气有清浊纯驳，故气异。"②在朱子看来，所禀之气有清有浊、有偏有正，所以会有人性、物性之别。不过朱子又有"气同理异"的说法，此说法主要是基于理、气赋予人物之后使之产生的差别："以气言之，则知觉运动人物若不异；以理言之，则仁义礼智之禀，非物之所能全也。于此，则言气同而理异者，所以见人之为贵，非物之所能并。"③从气同的层面来说，人物皆具有生理本能；而从理异的层面来说，人所禀受之理为全，物所禀受之理非全，以此角度再次说明人物之异。更为重要的是，在"人禽之辨"的问题上，朱子又提出了"推"的思想。"推"所要表达的是人与物无论是理同气异还是理异气同，人在现实层面总是呈现出某种"自觉性"和"反思性"，这是人所独具而物则没有的特性。换句话说，人能够在原有的天理禀赋之下，主动去践行和充实天理，而物（禽兽）则只是顺之而为。可以说，此种论证维度和方法为此话题提供了新的论证视角，也更加深化了这一问题的内涵，并影响了后来的诸多学者，如船山、戴震等人。

二、先秦至汉唐"人禽之辨"思想研究

学界对先秦"人禽之辨"的讨论主要集中于孔子和孟子，当然也涉及之前的一些哲学家。如陈科华在《春秋以前的人禽关系观》一文中，主要从图腾崇拜、星象文化、占卜文化、"皇天无亲"等四个方面对春秋之前的"人禽之辨"作了检讨，认为"人禽之辨"作为一个历史的过程，经历了由对"血缘关系价值"的自觉，到对"经验理性价值"的自觉，再到对"道德理性价值"的自觉三个历史阶段，而每个阶段又无不打上了图腾崇拜的烙印。④

---

① [宋]黎靖德：《朱子语类》，北京：中华书局，1986年版，第57页。
② [宋]黎靖德：《朱子语类》，北京：中华书局，1986年版，第57页。
③ [宋]黎靖德：《朱子语类》，北京：中华书局，1986年版，第59页。
④ 陈科华：《春秋以前的人禽关系观》，《伦理学研究》，2017年第3期。

　　李海兆则将视野框定在先秦儒家，主要讨论孔子、孟子、荀子的人禽思想，并从政治、经济、文化等多个层面分析了儒家为什么要判别人禽的问题。在他看来，儒家区分人禽不但是为了彰显人的地位，同样也是为了寻找人与动物和谐相处的方式。① 另外，王正也基于先秦儒家发展的历史，对先秦"人禽之辨"作了概述。他从孔子开始谈起，认为"孔子首先从人伦的角度指出了人和禽兽的差别所在。孟子在孔子的基础上进一步突出了人禽之辨的意义……荀子则认为，人之所以为人的特性在于人的社会组织性"，并分析了道家和墨家的人禽思想，认为"与儒家不同，道家从根本上取消人禽之辨，而墨家则认为，人禽的差异在于人能进行后天的努力"。② 这对于我们理解先秦时期的"人禽之辨"有诸多帮助。孙玉权等人在《孔子"人禽之辨"探析》一文中，专门对孔子的"人禽之辨"作了阐释，从"类"的视角出发去分析孔子何以认为人与禽兽不同，并指出孔子的"人禽之辨""旨在人有'仁'与'知'，而其重则在'仁'。通过明辨人与禽兽之不同，彰显人之所以为人、人之所以高贵"。③ 李智福在《人之发现与类之自觉：晚周诸子"人禽之辨"勘会》中，对孔子、曾子、孟子、荀子、墨子、老子、庄子等人的人禽思想进行分析，指出其"人禽之辨"的内涵及意义，深化了我们对"人禽之辨"问题的理解。④ 李玥蒙在其硕士学位论文中也主要以孔孟荀为例，阐述了先秦儒家的"人禽之辨"问题。在他看来，三位先哲的"人禽之辨"思想各有侧重，具体来说，孔子的"人禽之辨"表达了人的道德性即"仁"乃是人之异于禽兽的关键之处，孟子的"人禽之辨"在于他将人区分于禽兽之根本定义为四端之心，荀子的"人禽之辨"则要说明人的独特之处在于人的"群""分"之能力。⑤ 任奇霖在《先秦文献中的动物观念研究》一文中，从"动物观念"的视角来分析先秦时期诸子的"人禽之辨"思想，并通过对儒家"人禽之辨"这个哲学命

① 李海兆：《先秦"人禽之辨"思想研究》，山东大学硕士学位论文，2011年。

② 王正：《先秦儒家人禽之辨的道德哲学意义》，《云南社会科学》，2015年第2期。

③ 孙玉权、贺更粹、王甬：《孔子"人禽之辨"探析》，《理论界》，2012年第5期。

④ 李智福：《人之发现与类之自觉：晚周诸子"人禽之辨"勘会》，《诸子学刊》，2017年第1期。

⑤ 李玥蒙：《先秦儒家"人禽之辨"理论研究——以孔孟荀为例》，河北大学硕士学位论文，2023年。

题的辨析，来关注动物在儒家抉发"人"的主体价值方面的重要作用①，这为我们理解"人禽之辨"提供了一个新的视角。

自孟子提出"人之所以异于禽兽者几希"之后，诸多学者都尝试对这句话及其所涉及的"人禽之辨"问题作出解释，故此，研究成果也多是集中在对孟子"人禽之辨"的研究上。并且，与孟子"人禽之辨"密切相关的一个概念——"性"，也是讨论这一话题所不可绕开的。如冯友兰先生在分析孟子性善论的时候，就严格辨别了孟子所言之性的内涵，在他看来，"若人之性专指人之所以为人，人之所以异于禽兽者而言，则谓人性全然是善，亦无不可。盖普通所谓人性中与禽兽相同之部分，如孟子所谓小体者，严格言之，非人之性，乃人之兽性耳。若只就人性言，则固未有不善也"②。冯先生以性为切入点，来说明人与禽兽的差异，认为人性为善，禽兽或不能为全善，此为异，而所谓同者，其实是生理本能之类。概言之，即是说人禽之性虽有相似处，但差异的地方更为显要。张岱年先生也是从孟子性善论思想入手，去审察人禽之别的问题。在张先生看来，孟子之性善论非断定人本性皆善，而"是说人之所以为人的特殊要素即人之特性是善的。孟子认为人之所以异于禽兽者，在于生来即有仁义礼智之端，故人性是善"③，即以人具有仁义之性来作为其区别于禽兽的标准。

徐复观先生在《中国人性论史·先秦篇》中，详细讨论了中国思想史上诸子百家的人性思想，其中也探讨了孟子"人禽之辨"的问题。在徐先生看来，孟子所言之"几希"，是把握人区别于禽兽的关键，并认为此"几希""本身却是含有无限扩充的可能性"④，又指出，孟子是从人异于禽兽的"几希"处言性善的。王钧林教授在《中国儒学史 先秦卷》中，也辟专节讨论孟子的"人禽之辨"。在他看来，孟子是通过人与禽兽的区别来界说"性"的，并认为"孟子人禽之辨

---

① 任奇霖：《先秦文献中的动物观念研究》，南京师范大学硕士学位论文，2019年。

② 冯友兰：《中国哲学史》（上），见《三松堂全集》第二卷，郑州：河南人民出版社，2001年版，第361页。

③ 张岱年：《张岱年文集》第二卷，北京：清华大学出版社，1990年版，第225页。

④ 徐复观：《中国人性论史·先秦篇》，上海：上海三联书店，2001年版，第143页。

的一个显著的特点在于强调人善端的'扩而充之'"①，这也是从性入手，以其是否具有仁义诸德及是否为善作为判别二者的条件。与之类似，杨海文在对孟子的主体定位进行讨论的时候，着重分析孟子的"人禽之辨"与"圣我之辨"。在他看来，"孟子断定人在本质上不同于禽兽，但每一个人又与圣人属于同类。这一主体定位，既突出了人的绝对优越性，也表现了人的普遍平等性，同时蕴涵了人在禽兽与圣人之间丰富而又持久的两极性张力"。②申鹏宇在阐释性善论的缘起及意义的时候，也对孟子的"人禽之辨"作了分析。在他看来，"人禽之辨"是孟子性善论的一个关键点，是其展开性善论的一个基础，孟子论"人禽之辨"是为了找到人性不同于动物性之所在，以突出人的价值。③赵金刚同样认为，孟子"人禽之辨"所要强调的是"人在根本上不同于动物的地方在于人有四端之心这一'善端'，即成就善的潜能，而动物则没有四端之心"，所以四端之心是人所以为人的关键，孟子之论"人禽之辨"便是要说明人性本善及人与禽兽的不同。④

　　同上文之论，宋立林教授在讨论孟子性善论思想的时候，指出孟子所说的"人禽之辨"是其性善论思想的一个环节，即"人性由人禽之辨而显"，借此显示人异于禽兽的地方，即"此层面是楷定人性的外延"。⑤毛术芳在研究孟子的性善论思想的时候，主要是从其"人禽之辨"入手。她认为，"人禽之辨"是孟子性善论体系的起点，对"人禽之辨"的理解关涉对孟子性善论之"性"的真实含义的把握。孟子从人之真实存在出发主张"性善"，人禽之别贯穿其中。⑥景林希对孟子"人禽之辨"的研究则主要是以进化论思想为参照，指出当下生物学与科技的发展，使传统的"人禽之辨"的观点面临挑战，故而需要根据科学的发展

---

① 王钧林：《中国儒学史　先秦卷》，广州：广东教育出版社，1998年版，第202页。

② 杨海文：《在禽兽与圣人之间——略论孟子的主体定位观》，《东方论坛》，2003年第1期。

③ 申鹏宇：《孟子性善论的缘起、论证及其意义》，《东方论坛》，2012年第2期。

④ 赵金刚：《辩性善——理解孟子性善论含义的三个维度》，《国际儒学（中英文）》，2024年第1期。

⑤ 宋立林：《孟子性善论的五重层次》，《燕山大学学报（哲学社会科学版）》，2022年第1期。

⑥ 毛术芳：《从"人禽之辨"看孟子的性善论》，北京师范大学硕士学位论文，2006年。

对之予以重新阐释。在他看来，"通过分析孟子对'可欲之谓善'的定义，梳理孟子重'生'与重'义'的思想，结合进化论对'生'与'义'的解释提出二义善恶观"，可以对孟子"人禽之辨"的思想作出新的阐释。①

徐冰在分析孟子"人之所以异于禽兽者几希"这句话的时候，着重探究了"几希"的内涵和作用。在她看来，虽然较之禽兽，人的情感直觉中具有"是非之心"的价值自觉反思力，但一个现实中的人是否真的拥有对此价值自觉能力的自觉，是否能成为一个真正意义上的人而非沦于禽兽，则需要一个"由仁义行"的不断实践生成的过程，并没有一个抽象的、与动物相区别的"人"存在。这个过程需要经历从"自发的直觉"，到"对象化的自觉"，再到"非对象化的自觉与直觉统一"三个阶段。②曹喜博、关健英对孟子这一思想的研究，主要是针对此命题所涵摄的维度来说的，认为孟子"通过对人是道德的存在、伦理关系的存在和精神的存在，分别从道德形而上维度、社会伦理关系的现实维度和人的精神境界维度阐明了人的规定性和价值"，从而断定人是不同于禽兽且高于禽兽的。③张红珍、郭德静从孟子"人禽之辨"与人格价值关系出发，指出孟子"通过'人禽之辨'突出强调人类的伦理道德是人之为人的本质，并且使人'最为天下贵也'；进而在'圣我之辨'中，主张'圣我同类'"，强调孟子"人禽之辨"的人格价值。④丁增云、陈焱则主要从"人禽之辨"在孟子思想中的地位入手，分析了孟子这一思想与其其他思想的关联。作者指出孟子的"'人禽之辨'是串联性善、尽心、义利、养气、王霸等思想内容的轴心线索"，并从"人禽之辨"与孟子的心性思想、政治思想与圣人观三方面来展开论述。⑤

不同于上述学者从人禽之异的视角来解读孟子"人禽之辨"的思想，李细成

---

① 景林希：《孟子"人禽之辨"新论——以进化论为参照视域》，武汉大学硕士学位论文，2022年。

② 徐冰：《释"几希"：情感直觉与自觉——"人禽之辨"辨于何处》，《中国哲学史》，2021年第1期。

③ 曹喜博、关健英：《孟子"人禽之别"命题中关于人存在的三个维度》，《伦理学研究》，2018年第3期。

④ 张红珍、郭德静：《论孟子的"人禽之辨"、"圣我之辨"与人格价值》，《齐鲁学刊》，2010年第2期。

⑤ 丁增云、陈焱：《论"人禽之辨"在孟子思想中的轴心地位》，《安徽农业大学学报（社会科学版）》，2012年第6期。

另辟蹊径，认为孟子"人禽之辨"强调的是"人人之异"而非"人禽之异"，即将"人禽之辨"的旨要归于人与人之间的差异，而不再仅仅强调人与禽兽的不同："与其说孟子的'人禽之辨'是在阐发'人禽之异'，还不如说是在阐发'人与人之异'。"① 这里，作者想说明的是孟子讲"人禽之辨"是为了警醒人要自爱地知性养性、尽性成性。唐锦锋在《孟子"人禽之辨"思想片论》中则强调，我们不能仅仅看到孟子"人禽之辨"对人与禽兽差异的论述，还要注意到"人禽之同"的问题，这样才能更为全面地理解孟子这一思想。②

此外，还有学者从进化论伦理学的视角阐证孟子的"人禽之辨"。如王觅泉在《进化论伦理学视野下的孟子人禽之辨》一文中，分别从孝悌与"人禽之辨"、恻隐之心与"人禽之辨"，以及心之官则思与"人禽之辨"三个方面分析了孟子"人禽之辨"的内涵及其不足。在作者看来，从进化论伦理学的视野来看，孟子之言"孝悌以及四端都不足以作为区分人禽的充分条件，但是孟子思想中仍然有能够支持人禽之辨的慧见，那就是人心有根据'理义'而'思'的能力，这是禽兽没有发展出来的"，所以，就此而言，孟子的"人禽之辨"还是可以成立的。③赵杰从比较的视角分析了孟子与保罗人性论的特质及意义，认为孟子"人禽之辨"的提出是为了论证性善论。④郭坦也从比较的视角阐释了孟子与康德的"人禽之辨"，指出孟子的"人禽之辨"在于说明人与动物的区别在于四端之心、人与人的区别在于品格的塑造，并提出了养心寡欲等方法。⑤也有学者从"君子"视角分析孟子的"人禽之辨"思想，认为孟子之言"人禽之辨"，除了要辨别人与禽兽的差别外，其意还在于要说明庶民与君子之别，并突出如何成为君子的问题。孟子的"人禽之辨"彻底打破了"君子"指称对象的贵族性与血缘传承性，

---

① 李细成：《孟子"三辨之学"平议》，《北京科技大学学报（社会科学版）》，2021年第2期。

② 唐锦锋：《孟子"人禽之辨"思想片论》，《武夷学院学报》，2016年第11期。

③ 王觅泉：《进化论伦理学视野下的孟子人禽之辨》，《天津大学学报（社会科学版）》，2016年第3期。

④ 赵杰：《从比较研究的立场看孟子与保罗人性论的特质及意义》，《周易研究》，2017年第3期。

⑤ 郭坦：《孟子与康德，"人禽之辨"》，《文化发展论丛》，2015年第1期。

使君子作为一种理想人格形象而具有了普遍适用性。①

以上对孟子"人禽之辨"思想的研究，多是基于孟子的人性论，将孟子谈人禽之别与孟子的性善论相关联，或是认为孟子以性善来区分人与禽，或是认为人禽之别是孟子言性善的基础和出发点。总的来说，这些研究确实注意到孟子"人禽之辨"的核心所在，不过鲜有注意到孟子是如何分析人能具备善而物不能的缘由。

除此之外，还有学者对这一论题的作用和新形态进行了探讨。刘强从"人禽之辨"与传统孝道、传统礼制、性善论等方面谈论了"人禽之辨"在其中的作用，并认为儒家的"人禽之辨"乃是"中国传统文化之始基"。②杨泽波教授利用这一古老的话题，结合当下社会之境况，从新的方面阐释了"人禽之辨"的内涵。在他看来，孟子辨人禽之别，意在指明道德为人所独有，禽兽则无。这一思想又可分为性和心两个方面，孟子认为，人之所以与禽兽有别，关键即在人有四端之心，禽兽则无。此外，他还结合"忠犬八公"等例子来说明以往以人仁物不仁等德性辨别人禽之异是不合适的。③

除了对孟子的研究外，也有学者注意到其他先哲的思想。如路杨在其论文《荀子"人禽之辨"思想研究》中，重点讨论了荀子的"人禽之辨"思想，指出荀子对人禽的划分主要有两个层面，即先天层面和后天层面。从前者来看，"人作为整体异于禽兽之处在于'能群'"，而从后者来看人类社会，"礼是符合人类'能群'本质的生活方式"，因此，人们需要后天的修养工夫来保持人的本质。④张亨先生也是将孟荀的"人禽之辨"思想加以对比，认为"孟子从自觉我是'人'的价值层面指证此一作为道德主体的'善性'乃内在于人……才真能显现人的高贵性和异于万物的'特质'，反观荀子由人之不异于动物处识'性'，二者完全属

① 彭鹏、何善蒙：《观象设教：儒家君子人格的培养径路探析》，《东岳论丛》，2022年第6期。

② 刘强：《"人禽之辨"：中华传统文化之始基》，见郭齐勇主编：《儒家文化研究》第十一辑，长沙：岳麓书社，2020年版，第1—31页。

③ 杨泽波：《新"人禽之辨"》，《云南大学学报（社会科学版）》，2017年第3期。

④ 路杨：《荀子"人禽之辨"思想研究》，《爱知论丛》，2022年第2期。

于不同的范畴，固已彰彰明甚"。① 曾暐杰在《"狌狌之上"或是"狌狌之后"——孟荀"人禽之辨"的意义、根源与转向》一文中，结合生物学和经济学来讨论荀子的"人禽之辨"思想，并以孟子为参照，认为就此命题而言，荀子是从后天演化的路径着眼，"希望透过后天人类文化开展的无限可能性去面对人禽之间的连续性；文化使人类在'人禽的连续结构'中开创了不连续性——亦即突破禽兽限制，而能够在兽性中发展道德秩序，而这也正是人之所以为人可贵之处"。②

　　另外，与"人禽之辨"紧密相关的话题，即"人的本质"问题，同样引起诸多学者的讨论。如李明友在《儒家人本主义评价》一文中，指出"儒家人本主义将人的道德属性作为区别人和动物的根本标志，也以此作为确定人的价值的基本标准，这就形成了儒家人本主义的价值观"，亦是从道德的维度划分人禽。③ 李坚在《先秦儒家论人的本质》一文中，通过对先秦儒家学派的三位主要代表人物——孔、孟、荀思想的论述，指出三位先哲虽然在揭示人的本质问题上，方法不尽相同，但都意在强调人的社会性，认为"社会属性是决定人之所以为人的本质属性"。④ 黄玉顺教授在《人是什么？——孔子面对"攸关技术"的回答》一文中，从"攸关技术"对人的本质的威胁出发，分析了人的肉体、心灵与攸关技术的关系，并得出"唯有孔子的'天本主义'才是人类防止人性沦亡、人道泯灭的最后防线"的结论。⑤ 杨国荣教授在《中国哲学中的人性问题》一文中，通过梳理和探讨中国哲学中对人性的讨论，也是从"人何以为人"的视角去分析人与禽兽的不同，并指出人的本质问题。⑥

　　在上述的研究成果中，学者们也逐渐将研究视野扩大，探讨的角度逐渐多

① 张亨：《荀子对人的认知及其问题》，《台大文史哲学报》第二十二期，1971年。
② 曾暐杰：《"狌狌之上"或是"狌狌之后"——孟荀"人禽之辨"的意义、根源与转向》，《中国学术年刊》第四十二期，2020年。
③ 李明友：《儒家人本主义评价》，《浙江学刊》，1989年第3期。
④ 李坚：《先秦儒家论人的本质》，《辽宁大学学报（哲学社会科学版）》，1991年第5期。
⑤ 黄玉顺：《人是什么？——孔子面对"攸关技术"的回答》，《孔子研究》，2021年第4期。
⑥ 杨国荣：《中国哲学中的人性问题》，《哲学分析》，2013年第1期。

样化,突破了之前只研究孟子"人禽之辨"思想的局限,无疑是一大进步,这为全面理解这一思想提供了诸多材料。

三、宋明清哲学"人禽之辨"思想研究

"人禽之辨"问题发展到宋明清时期,其讨论的角度更加多样化,不再固守传统的路数,而多是从理气的视角展开分析,学界对这一问题的研究也多是基于此。从目前学界研究成果来看,对于宋明清儒者"人禽之辨"的研究主要集中于朱子、船山等人,其中尤以朱子为重。

学界目前对朱子"人禽之辨(人物之异)"的研究多是基于"理气"思想,即朱子所说的"理同气异"。在朱子看来,人与物(禽兽)的不同只是由于禀气的差异(虽然之后有所改变)。钱穆先生虽未专门讨论朱子"人禽之辨"的问题,但他亦在谈论朱子之理气的时候,牵涉到对这一问题的看法。在钱先生看来,朱子虽然言万物乃是一理同受,强调万物是平等、一样的,但实则更重视气对人物之性的作用。他分析道:如何万物是由理做主,那么或许就不会有贤愚和人禽的分别,所以气似乎更为重要。如此一来,在朱子,则表明气是决定人禽之别的关键。[1]冯友兰先生在《中国哲学史》(下)中,也主要从理气视角去分析朱子的人禽问题。[2]同时,冯先生在《新原人》中曾指出:"人生是有觉解底生活或有较高程度底觉解底生活。这是人之所以异于禽兽,人生之所以异于别底动物的生活者。"[3]又说:"人与禽兽是同有某些活动底,不过禽兽虽有某活动而不了解某活动是怎样一回事,于有某活动时,亦不自觉其是在从事于某活动。人则有某活动,而并且了解某活动是怎样一回事,并且于有某活动时,自觉其是在从事于某活动。例如人吃,禽兽亦吃。同一吃也,但禽兽虽吃而不了解吃是怎样一

---

① 钱穆:《朱子新学案》,北京:九州出版社,2011年版,第271页。

② 冯友兰:《中国哲学史》(下),见《三松堂全集》第三卷,郑州:河南人民出版社,2001年版,第334—338页。

③ 冯友兰:《贞元六书》,见《冯友兰文集》第六卷,长春:长春出版社,2017年版,第9页。

回事，人则吃而并且了解吃是怎样一回事。人于吃时，自觉他是在吃。禽兽则不过见可吃者，即吃之而已。它于吃时未必自觉它是在吃。由此方面说，吃对于人是有意义底，而对于禽兽则是无意义底。"[1] 即把是否"有觉解"作为人与动物不同的关键所在，这一点可以说是看到了人禽之别的关键，其实也是人"能不能推"的问题。

　　牟宗三先生虽然判定朱子是"别子为宗"，将其排除在儒家正统之外，但他有关朱子的研究论述，却在其思想中占据显要地位。在朱子"人禽之辨"的问题上，牟先生亦曾有所关切，认为朱子之言人禽之别多与明道类似，故而在讨论此问题时，也多将二人比照联系。在他看来，明道和朱子有同又有异，同在都以理同解释人物之性的相同，以气异阐释人物之别，异在二者所言"性体"有别，即"在明道处，理既为其体又为其性之同只能是本体论地圆顿言之，或艺术性的圆照言之是如此，而在朱子则成断定地言之，为其存在之理即等于为其性，故理同即性同，此性同是断定语也"[2]。特别值得注意的是，牟先生在探讨明道和朱子"人禽之辨"问题的时候，注意到了"推"在其中的作用，如其所言："明道于前条即继之曰：'人则能推，物则气昏，推不得。'此即朱子所谓'气异'也。……本体论地言之，是平等，所谓'理同'。"[3]"明道言能推不能推固直接是表示气异，然其所以能推之积极根据则在道德的实体性的本心，而本心即性，即此道德创造之真几也。物不能推，正是表示物无此道德创造真几之性也。此正是自性体上立人物之别。"[4] 这一论断，实在是把握到了明道与朱子论人禽之别的关键，不过其论证角度则有待商榷。

　　陈来教授在这一问题上，作过较为详细的论证。他于《朱子哲学研究》第六章《理气同异》中，顺着"理同气异""理有偏全""气异理异""枯槁有性"的脉

①冯友兰：《贞元六书》，见《冯友兰文集》第六卷，长春：长春出版社，2017年版，第10页。
②牟宗三：《心体与性体》，长春：吉林出版集团有限责任公司，2013年版，第58页。
③牟宗三：《心体与性体》，长春：吉林出版集团有限责任公司，2013年版，第53页。
④牟宗三：《心体与性体》，长春：吉林出版集团有限责任公司，2013年版，第58页。

络梳理了朱子是如何从理气这对范畴区分人和物的同异的。[①] 在他看来，朱子承接二程和李侗的理路，以理同气异区别人禽，但这一看法是存在问题的。他又指出，随着朱子思想的成熟，他对前一观点作了修正，即又从物之禀受理气不全来说明物是低于人（性）的。陈来教授所论，确实看到了朱子在"人禽之辨"这一问题上的缺陷及发展，对于研究朱子"人禽之辨"这一问题有所裨益。

蒙培元先生在《朱熹哲学十论》中，辟专节讨论了朱子的"人禽之辨"问题。蒙先生从朱子的"生态学"思想入手，去探究朱子在"生"的意义上是如何区别"人物之同异"的问题的。他首先指出朱子不是站在人类中心主义的立场去看待这一问题，而是从"整个生态学的立场去回答这些问题"[②]，也即是我们通常所理解的以同一生命体去看待万物（包括人类）。接着，蒙先生指出朱子论"人禽之辨"的两个原则，即"理同气异"和"气相近而理不同"，并认为朱子用偏全说明理之异，用粹驳说明气之异。尤其值得一提的是，在阐释这一问题的时候，他注意到了朱子在论证人何以优于动物时所提出的"动物只通的一路"的思想。在分析完理气之作用后，蒙先生进一步总结道，对朱子之别人物之同异，可从"生理"（天命之性）和"生气"（气质之性）两个方面去说明。

同蒙先生一样，王中江教授也是从"生态性"着手去探究儒家的仁爱和"人禽之辨"的关系。王教授通过梳理中国哲学史上有关"人禽之辨"的论述，指出儒家的"人禽之辨"其实都属于儒家的"人类认同"意识，也即自觉地将人与禽兽分开的意识，以此突出人的重要性。但是，此做法并不妨碍儒家公共之爱的思想。[③] 赵景晨在研究朱子"仁学"思想的时候，亦是基于"生态性"视角，不过他主要是从生态伦理学的视域去诠释朱子的仁学，并从"朱子以生言仁"和"以爱言仁、以公言仁"两个层面对之加以阐释，尤其在第二个层面上着重分析了朱

---

① 陈来：《朱子哲学研究》，上海：华东师范大学出版社，2000年版，第124—154页。

② 蒙培元：《朱熹哲学十论》，北京：中国人民大学出版社，2010年版，第185页。

③ 王中江：《儒家"仁爱"精神的"人类性"和"生态性"》，见贾磊磊、孔祥林主编：《第一届世界儒学大会学术论文集》，北京：文化艺术出版社，2009年版，第50—59页。

子是如何论证人禽之同异的，并且，在阐释朱子爱物的方法即"推己及物"时，看到了"推"字在朱子仁学思想中的作用。①

张立文教授在《朱熹思想研究》中讨论了何为朱子的"性"的问题。他开门见山地指出，"性"在朱子，"既指人性，也指物性"②。然后，沿着这一理路去分析人性和物性的异同，以此说明"人禽之辨"的问题。同时，张先生也是从朱子论理气之于人的禀受和作用来分析其所判别的人物同异问题，同的方面大抵也是从理之同来论，而在人物之异方面，张先生主要是以能否"全其性"作为区分人性、物性的标准，这实则是对人的主体性、人的自我觉醒的阐发。

沈顺福教授从"天理与儒家人类本质"的视角讨论了人何以区别于动物的问题。他从先秦儒家以"仁义之性"区别人与动物，谈到宋明理学家以"天理"作为二者不同的标准，并着重阐释了中国哲学史上"人禽之辨"的标准由"性"到"理"的转变，看到了"天理"在区别人禽问题上的作用。在他看来，宋明理学诸子，特别是程朱一系高扬"天理"，是为区别人禽作出的重要贡献，"普遍天理的出场彻底改变了人类顺从本性的自然行为的本质"，因为在此之前，人们"仅仅根据自身的自然好恶来决定自己的行为"，却"无法确保它的合理性与正当性"，所以人们的"好恶行为需要被超越"，而实现这一超越，则需要天理辅助来完成。这样一来，人与动物的区别就不仅仅在于"某个具体的、形而下的存在如语言等，而在于人的存在中内含了某种超越的实体以及对此实体的领悟。正是对这个超越实体的领悟将人类从自然人、经验人转变为超越性存在，人因此而区别于动物"。③

杨柳岸根据中国哲学史的发展脉络，通过梳理、比较孟子、朱子、船山有关人禽同异的论述，来阐发"人禽之辨"的基本结构和功能。在他看来，"儒家关于人的独特性与道德性的讨论存在两个径路，一是从价值的内在根据，二是从

---

① 赵景晨：《朱熹仁学生态性研究》，厦门大学硕士学位论文，2019年。
② 张立文：《朱熹思想研究》，北京：中国社会科学出版社，2001年版，第340页。
③ 沈顺福：《天理与儒家人类本质论》，《江淮论坛》，2021年第6期。

价值的发生场"。杨氏在论述朱子"人禽之辨"的时候，主要是从理气的视角去阐发朱子的人禽之别，即认为朱子是以禀气之不同来判定人和物的不同，并进一步指出，朱子把"作为一切价值之总根源的天理作为人与禽兽之通性，而将生命的机能性作为区别人禽的界线。于是，人与禽的本质差别并不在于本具道德性上，而在于能否朗现道德性上"。^① 程强虽然也是基于朱子理气来分析其人禽思想，但他认为朱子此说是同于告子而异于孟子："朱子既推翻在'性'上辨人禽，与孟子实犹水火。"因为在他看来，朱子之论"性"非孟子之言性，此见解与前述有所不同。^② 钮则圳于《朱子"道心人心说"新探——与孟子"人禽之辨"比较》一文中，也以孟子和朱子为对象，比较了二者"人禽之辨"的关联，认为朱子道心人心"杂于方寸之间"的关系与孟子所言人禽间的"几希"差别具有极强的相似性，道心人心实质上可对应于孟子所言之"大体""小体"，道心人心说与"人禽之辨"都可以导向道德选择以及成圣工夫的问题。^③ 学者吕政倚在《人性、物性同异之辨——中韩儒学与当代"内在超越"说之争议》一文中，从"内在超越"的视角出发，着重探讨了韩国儒者韩元震和李栐对于朱子"人性、物性"同异之论的观点，并就之分析了朱子的"人禽之辨"思想。^④ 胡雨章在《朱子思想中"人与万物的差异"》一文中也是基于理气来分析朱子的"人禽之辨"问题，不过其落脚点主要是在 "气异理异"上，认为前人多忽略此点，故而在"理同与气异""气质、形气与心""人心与物心""差异与意义"等四个方面展开讨论。^⑤ 笔者本人在《论朱子"人禽之辨"的内涵及其逻辑》中，重点讨论朱子是如何论证人和禽兽的同异的。在笔者看来，朱子在"人禽之辨"这一问题上，不完全同

---

① 杨柳岸：《人禽之辨的基本结构与功能——以孟子、朱子和船山为中心》，《中国哲学史》，2020年第3期。

② 程强：《孟子人性说的特异处》，《船山学刊》，2011年第3期。

③ 钮则圳：《朱子"道心人心说"新探——与孟子"人禽之辨"比较》，《商丘师范学院学报》，2019年第1期。

④ 吕政倚：《人性、物性同异之辨——中韩儒学与当代"内在超越"说之争议》，台湾政治大学哲学研究所博士学位论文，2017年。

⑤ 胡雨章：《朱子思想中"人与万物的差异"》，《中国哲学史》，2021年第2期。

于先秦诸子的论点，而是从理气的视角出发并借助心性等概念，解释了人与禽兽何以不同。① 以上这些对朱子"人禽之辨"思想的研究，深化了我们对于朱子对人禽的看法及论证角度乃至朱子哲学的认知与理解。

然而，在对朱子"人禽之辨"的研究中，大多数学者是基于理气的视角对之加以分析的，抑或是从仁之生态性的角度去阐释，极少有从"推"这一视角去理解朱子此思想，虽然牟宗三先生、蒙培元先生在一些论述中的确注意到此点，同时也存在着未能将之与朱子其他思想较好地关联起来的遗憾，不过两位先生之言还是为我们从"推"的视角讨论朱子的"人禽之辨"思想奠定了基础。

笔者对朱子"人禽之辨"思想作过较为全面研究，硕士学位论文便是以《朱子"人禽之辨"思想研究》为题，从理气、心性等角度展开对朱子"人禽之辨"问题的分析。其中，笔者注意到"推"在朱子"人禽之辨"中的内涵及其作用。在笔者看来，朱子是从反思、扩充和觉解等角度理解"推"之义，并将之作为"人禽之辨"的关键。② 此外，笔者在另外一篇文章《"推"的伦理意蕴及道德自觉性——朱子论"人禽之辨"的新视角》中，从"推"的伦理意蕴及道德自觉性着眼，分析朱子"推"的内涵及其与"人禽之辨"的关系，较为细致地梳理和阐发了朱子的"人禽之辨"思想。③

除了以上对先秦至宋代"人禽之辨"的讨论外，还有一些学者注意到明清学者对"人禽之辨"的说法，主要是以船山为中心，并且与其礼学思想相关联。如皮学军较为详细地论述了王夫之有关禽兽的思想，分别从"女祸""庶民""夷狄""民脂民膏""盗贼""见利忘恩"等六个方面，指出王夫之所论禽兽所指为何，并得出在王夫之看来，"凡是不符合儒家伦理纲常和自己不认可的人或事物、行为"都可以"禽兽"视之的结论。④ 陈力祥亦关注到船山的"人禽之辨"思想，

① 王闻文：《论朱子"人禽之辨"的内涵及其逻辑》，《社会科学论坛》，2023年第5期。

② 王闻文：《朱子"人禽之辨"思想研究》，山东大学硕士学位论文，2023年。

③ 王闻文：《"推"的伦理意蕴及道德自觉性——朱子论"人禽之辨"的新视角》，《甘肃理论学刊》，2024年第1期。

④ 皮学军：《试析王夫之"禽兽"论思想的渊源》，《船山学刊》，2009年第4期。

他主要是从其礼学入手，去分析"礼"在船山"人禽之辨"思想中的地位和作用，认为"船山礼学思想的本质特征之一即礼以分殊辨别人与禽"，即是说船山乃是以礼作为辨别人禽的准则。① 李秀娟等人以两世界与三进路为中心与切入点，讨论了船山"人禽之辨"何以可能的问题。②

对清代"人禽之辨"问题的研究，学者们还注意到"人禽之辨"与"夷夏观念"的关系问题。如黄庆林在《论清末守旧派的"夷夏观"》中指出："清末守旧派的'夷夏观'以'人禽之辨'为基点，要求人严名教之大防，克己省心祛除功利之心，反对学习西方，避免邪说诬民以致廉耻沦亡而'以夷变夏'，试图借助先进的交通工具促进中华文明的输出，最终达到'以夏变夷'、将圣道远播海外的结局。"③ 也有学者通过与天主教灵魂观进行比较，以凸显明清儒士的人禽思想，这将使"人禽之辨"这一问题的讨论延伸至中西比较的视域下。④

除此之外，也有学者注意到戴震等人的"人禽之辨"思想，认为戴震是把人看作具体的理性动物，人之所以不同于动物，在于人能将"认识能力发挥到最大的极限"，而动物则只会顺本性而为。⑤ 吴晓番在《清代思想中的"人禽之辨"》一文中，集中分析了清代哲学家戴震、焦循、龚自珍等人的"人禽之辨"思想。在作者看来，"清代学者在讨论人禽之辨的过程中，放弃了理学话语，也放弃了严格的道德主义倾向；他们普遍地从知识理性主义立场和欲望、功利等感性存在方面界定人的本性"，以此说明清代"人禽之辨"的新发展。⑥ 明清时期，特别是船山、戴震的"人禽之辨"思想，对于理解和补充传统的"人禽之辨"思想有诸多帮助。

---

① 陈力祥：《从礼以分殊辨别人禽管窥船山"礼"性》，《船山学刊》，2008年第3期。

② 李秀娟、陈力祥：《论王船山的人禽之辨何以可能——以两世界与三进路为中心》，《衡阳师范学院学报》，2021年第4期。

③ 黄庆林：《论清末守旧派的"夷夏观"》，《社会科学家》，2010年第4期。

④ 王定安：《天主教灵魂观与明清儒士：从"人禽之别"到"人禽之辨"》，《现代物业》，2012年第4期。

⑤ 张立文：《戴震哲学研究》，北京：人民出版社，2014年版，第119页。

⑥ 吴晓番：《清代思想中的"人禽之辨"》，《泰山学院学报》，2010年第1期。

四、"人禽之辨"的新形态——"人机之辨"研究

在对"人禽之辨"的讨论中，一些学者还注意到"人机之辨"的问题，即将对人与禽兽区别的思考延伸至人与机器差异的范围，并结合人禽之异来讨论在当前科技高速发展的时代背景下，人如何保持其所以为人的特质而不被机器异化的问题。在对这一问题的讨论中，孙向晨、董平、郭海鹏、吴根友、谌衡、戴茂堂等人的观点较具代表性，他们都围绕着儒家的"人禽之辨"是否同样对"人机之辨"有效展开讨论。

在孙向晨教授看来，传统的"人禽之辨"对我们面对未来的"人机之辨"是有一定帮助的，但随着技术的发展，人们所面临的现实问题将大大超过普通的"人机之辨"。孙教授特别提到比"人机之辨""更具挑战性的是基于'基因编辑'和'人机嵌合'的技术对人类自身的改造"，因为这是对儒家传统的"人禽之辨"的突破和"对人类既有的文明的根本性颠覆"。基于此，他提出要利用中国文化传统中的"知止"智慧去应对这种危机。①

与之类似，吴根友教授也从传统的"人禽之辨"入手，肯定了儒家对人与禽兽差异的辨别，以此高扬人类的存在价值与意义，使人在伦理上高于禽兽，同时也肯定了人类文明的价值与意义。但他在面对科技的高速发展所带来的种种便利时，也对其所滋生出的各种弊端表示了担忧，主张应该"守护人类文明底线，警惕技术文明对人类的'异化'"，从而使人的价值得以继续保持。②谌衡对此问题的思考主要是基于教育学的视角。他认为无论是"人禽之辨"还是"人机之辨"，二者都旨在彰显在人的价值困境中，"显露人之为人的道理"，并指出"人性论中的性情、道德、向善以及感通是'人禽之辨'与'人机之辨'的关键"。③

---

① 孙向晨：《人禽之辨、人机之辨以及后人类文明的挑战》，《船山学刊》，2019年第2期。
② 吴根友：《儒家的"人禽之辨"对机器人有效吗？》，《船山学刊》，2019年第2期。
③ 谌衡：《从"人禽之辨"到"人机之辨"——人工智能时代教育的成"人"属性》，《全球教育展望》，2021年第10期。

董平教授则从"人禽之辨"与"人机之辨"的基础、目的着手，探讨二者的异同。在他看来，儒家的"人禽之辨"是基于万物一体的理念而确立的，这与科技发展背景下的"人机之辨"的基础不同，但在目的上，二者却有契合之处，即都是要"实现人的自我立法而享有人道生存的庄严与崇高"，并表达了机器的发展应该遵循"人类社会的基本生存法则，并把人道价值奉为最高价值"的希冀。也就说，"人机之辨"同样应该符合"人禽之辨"所预设的目的。①

在这一问题上，与前面几位学者略有差异的是戴茂堂教授。他虽然同样是基于儒家的"人禽之辨"展开对"人机之辨"的讨论，但与上述学者担心机器取代或者威胁到人类不同，他更多是肯定人的价值和地位，把讨论的重心转移到人自身上来。在他看来，机器人或其他模仿人的机器不足以被称为"人"，一个重要的原因即在于机器没有"自我意识"，无法对自己的行为作出道德判断，故而他指出，"与其担忧机器人带来社会伦理问题，不如拷问人是否建立起了自己的自我意识，是否敢于正视自己的不完美并愿意接受教化"。②

可以说，对"人机之辨"的考虑，是将儒家"人禽之辨"思想用于当下，以古老的论题来反思当下科技为人类所带来的挑战和机遇的问题，而上述学者对这一问题的觉察和论述，为我们以现代化视角看待"人禽之辨"这一古老话题提供了诸多有益的材料。

结语

先贤们对"人禽之辨"的讨论无疑体现了他们对人的本质、人的存在、人的价值的思考，因为，人毕竟不是也不能仅仅是追求"活着"的存在者，而是有着对诗和远方的追求的存在者。为了凸显人的这一价值，我们必然需要追问人为什么是人以及人与禽兽等物的差异在哪儿，乃至人是如何高贵于它们的。从古

①董平：《"人禽之辨"与"人机之辨"：基础与目的》，《船山学刊》，2019年第2期。
②戴茂堂、左辉：《人何以为人？——从"人禽之辨"到"人机之辨"》，《船山学刊》，2019年第2期。

至今，对这一问题的发问和思考从未停止，所以"人禽之辨"作为一个古老的话题，其内涵和意义并没有随着时代的发展而消减，其作用更不会陷入"失语"的状态，相反，随着时代的发展，其内涵将不断得到丰富和完善，其价值同样也会愈发彰显，而我们通过研究先哲们对于这一问题的阐发，不仅可以体悟他们思考"人禽之辨"的境域，而且更能促进我们反思在当今时代，人是以何种形态或者何种意义生存的。对这一问题的讨论，当今学者仍在继续，并且又从不同的角度去思考，深化了对"人禽之辨"的认识，而通过回顾与总结人们对于这一问题的研究，对我们更为全面、深刻地理解这一命题必定多有助益。

近三十年儒学"气"之研究方法述评

山东大学儒学高等研究院　李铮

"气"含义广泛，日常言谈、学术文本都频繁使用之。长久以来，这种使用往往是直接的、自然的，在丰富的语境里、在与其他汉字的种种组合中，人们似乎对之表现出一种默会的理解。然而，在近代，随着中西文明越发全面地交汇，人们对"气"的理解悄然改变，而学界更是难以再安于自然地理解与直接地使用，一些带有近代色彩的问题开始出现。从被"日用而不知"到横亘于途，从安顿于以往整体思想世界到孤立地面临新的探问，发问方式和研究方法的变化，也体现出或内在或外在的思维方式、动机目的的变化。本文聚焦于儒学中的"气"，搜罗近三十年来国内外的相关研究，综述种种研究方法，并作简要评析。

这里有两点需要说明：为什么要聚焦于儒学？又为什么关注"方法"（而不是结论）？之所以聚焦于儒学，是因为儒学作为中国传统思想的集中表达，在文明对话、思想碰撞的过程中，是比较有代表性的。并且，由于儒学的论题域很广，从自然到人事，方方面面争鸣不断、和而不同，其巨大的包容性本身就有利于我们更全面地观照"气"，在对象之确立、方法之取径、价值之关切等方面，可以兼看兼听，避免流于一偏。在上述两个前提下，儒学关于"气"的种种知行成果——无论是言谈思辨的还是践履体贴的，都可资利用。之所以关注"方法"而非具体的结论，是因为没有独立于方法的结论，种种结论不断被提出又不断被超越，背后还可能有着复杂且异质的多方面因素，这些因素在结论中或许被有意无意地隐去，而关注"结论之方法"或能使之昭显，从而实现更为周全的理解。

总的来说，研究方法的变迁有两条线索：一是传统的文本诠释方法从较多地套用西方近代科学与哲学的概念、理论、框架，转变为反思这种套用并重视中国的独特语境；二是多学派与跨学科方法呈现出越来越丰富的态势。

一、从套用概念到重视语境

第一条变迁的线索，可以简单总结为从套用概念到重视语境。当然，概念套用的背后，也能体现出对理论、框架等的套用，而所谓的重视语境，虽然也难免使用种种概念、理论、框架，但这种使用不是生搬硬套式的，而是经过了颇多的文本语境或社会语境之探讨。再者是"重视语境"所带来的不只是具体概念与理论的更新，在更根本的层面上来说，它是一种发问方式与理解方式的变化。

（一）反思科学主义与唯物主义

早期，西方近代科学和哲学的"物质""本原""本体"等概念在"气"的研究中占据主导地位，并与科学主义、唯物主义紧密结合，"气"之内涵经由这些移植而来的概念被重构。这种做法较早可以追溯到严复。[①]

20世纪80年代，张岱年在《中国古典哲学概念范畴要论》中说："气，是中国古代哲学中表示现代汉语中所谓物质存在的基本观念。"[②]尽管张岱年指出了"物质"一词是"后起的名词"，但是他还是在论述中直接使用了这一概念，并且，由于受到科学相关概念的影响，张岱年还通过"气"与粒子、波的比较来进一步描述"气"之内涵。至于"物质"义以外的情况，如孟子的"浩然之气"，张岱年则认为这是基于"气"之"本来含义"的"推广含义"。[③]带着上述观点，张岱年整理罗列了从先秦时期到明清时期有关"气"的主要文本，尤其关注王充、张载、王夫之、戴震等哲学家对"气"的唯物主义阐释。张岱年在文献整理和基本解释层面贡献很大，然而也受到了一些批评，如张岱年对中国哲学的很多概念大多是单独解释的，尚不太涉及彼此之间的关联，因而缺乏体系感。但有趣的是，张岱年恰恰又指出，建立一个整洁的概念和范畴体系，可能是一种过于武断的

---

① 参见［英］耶方斯：《名学浅说》，严复译，上海：上海社会科学院出版社，2017年版。

② 张岱年：《中国古典哲学概念范畴要论》，见《张岱年全集》（增订版），北京：中华书局，2017年版，第35页。

③ 张岱年：《中国古典哲学概念范畴要论》，见《张岱年全集》（增订版），北京：中华书局，2017年版，第45页。

倾向。[①]

1990年，李存山《中国气论探源与发微》一书出版，他在该书中指出："气论是中国古代的自然观，是中国古代素朴唯物主义学说的大宗、主流。"[②] 他将"气"归为客观实在与物质范畴，还以此论点将气论与古希腊原子论、西方近代科学之粒子、场概念作对比。李存山的独到之处在于，他提出"气论作为一种不同于原子论的物质观，并非中国文化特有的产物，而是人类认识长河中必然出现的一种形态"[③]，认为原子论自身的逻辑具有"不完全性"，需要一种非原子论的物质观与之互补。

21世纪初，曾振宇的《中国气论哲学研究》问世，明确反思了中国思想研究对"本原""本体""本体论"这些来自西方的语词不假思索地直接使用。他指出，要留意削足适履、方枘圆凿的危险。[④] 而经过一番细致入微的讨论之后，曾振宇得出结论："本原"一词可以使用，因为"探讨世界本原"是世界性的、普遍性的哲学命题；"本体"一词则不可直接使用，需要再讨论讨论，因为中国哲学中的本体与现象是一体的，"道不离器""理在气中"，这不同于西方的二元论。[⑤] 曾振宇对此具有独到的反思意识，后来，他在关于严复论"气"的一篇论文中指出："严复援'西学'入气论……其（指气）原有的哲学抽象性、普遍性的程度大大降低，原有的哲学'本原'意义大大弱化，中国本土哲学概念的内在'韵味'大大丧失。"[⑥]

杨儒宾身处台湾而观察大陆学界，更为明确地指出：新中国学者的中国哲学史书写中，往往会有专章讨论持唯物主义立场的气论哲学家（如冯友兰、侯外

[①] Lian Cheng, *Reviewed Work(s): Key Concepts in Chinese Philosophy by Zhang Dainian and Edmund Ryden*, Vol. 63, No. 2 (*The Journal of Asian Studies*, May, 2004), 501-502.

[②] 李存山：《中国气论探源与发微》，北京：中国社会科学出版社，1990年版，第3页。

[③] 李存山：《中国气论探源与发微》，北京：中国社会科学出版社，1990年版，第10页。

[④] 曾振宇：《中国气论哲学研究》，济南：山东大学出版社，2001年版，第1页。

[⑤] 参见曾振宇：《中国气论哲学研究》，济南：山东大学出版社，2001年版，第一章。

[⑥] 曾振宇：《响应西方：中国古代哲学概念在"反向格义"中的重构与意义迷失——以严复气论为中心的讨论》，《文史哲》，2009年第4期。

庐），而所谓气学的谱系，也是被建构出来的。[①] 林月惠在评论性文章中更是详细地说明，"气学"论述是与唯物论、启蒙思潮、现代性等论述相结合的，尤其是在宋明理学中，与"理学""心学"并立的"气学"，其理论建构与现代性思潮更是密不可分。带着这个意识，人们不仅可以更全面地理解中国大陆之"气学"论述，也将有助于理解韩国朝鲜时代的"实学"与日本江户时代的"古学"，因为它们共同面对着现代性问题。[②]

由此可见，如果在这样的范围内研究"气"，与其说是研究"气"本身，不如说还是在研究"理学"，"气学"在这个论域之内并不具备理论独立性。如果想追求独立性，应该重审"气学"之定位，如荒木见悟建议将其定位于自然科学，而林月惠提出了不同看法，认为中国儒者的真正关怀始终是成德之教，因此，将"气学"定位于自然科学不太合适，定位于自然哲学才更为妥当，比如，当我们研究戴震的"血气心知"的时候，就不能只把它当成生理学概念，而应该同时注意到其社会学、伦理学指向。[③]

论述至此，我们可以看到，早期"气学"论述笼罩在科学主义、唯物主义以及与之相关的一套概念之中，也看到了对此的反思。这种反思或是从内在的逻辑理路入手（如曾振宇），或是联系到了外部环境，指出理论建构与社会、文化、时代思潮的种种关联（如林月惠）。

（二）用"如何理解"替代"是什么"

在科学主义和唯物主义的影响下，人们共有的一个发问方式是"气'是'什么"，这个问题又可以分为两种理解，一种是想要找出"气"所指的具体对象是什么，一种是思考把"气"归于何种既有范畴之内。无论是哪种理解，这种发问方式都已经预设了答案呈现的方式，从而限制了对"气"作多元理解的可能性。

---

① 杨儒宾：《异议的意义——近世东亚的反理学思潮》，台北：台湾大学出版中心，2012年版，第85—86页。

② 林月惠：《"异议"的再议——近世东亚的"理学"与"气学"》，《东吴哲学学报》，2016年第8期。

③ 林月惠：《"异议"的再议——近世东亚的"理学"与"气学"》，《东吴哲学学报》，2016年第8期。

随着对既有概念、理论、框架的反思意识越来越强，新的探索逐渐用"如何理解"这种新的发问方式替代了"是什么"这种旧的发问方式。这种对"理解"的追求，具有自觉的语境意识。

杨儒宾对"气"的研究，便不再围绕着"物质"等概念打转，而是从"气"的感通性特质入手，从儒家特有的工夫论角度入手，去尝试"理解"。这样的方式带来了新发现，比如，杨儒宾注意到，日本学者贝原益轩的"气学"思想有着很鲜明的自然哲学（尤其是医学）身体论之因素。[①]顺着这个思路，一种崭新的探索将可以打破以往传统研究领域之间的隔阂，比如理学与医学之隔阂，这正如林月惠的评论：杨儒宾试图将"气—身体"视为一种论述儒学的新典范。[②]从外部视角来看，如果说"追求现代性"是以前学者建构"气学"的动因，那么"反思现代性"则是杨儒宾转向的契机。

杜维明注意到，中国本体论的一个基调是相信"存有的连续性"。中国式宇宙具有荣格所说的"很明显的精神生理结构"，这种宇宙不是由静态的实体构成的，也没有思维与物质的二分，因此，"气"也就不会局限在笛卡尔式二元论的思维之内，不能被简单地理解为"暴露的物体""原始数据"或"非价值取向的事实"之类的东西，进一步说，科学家们也就不能利用既有的方式去分析研究和控制操作它。"气"不在传统经验科学的研究领域内，它为我们提供的是一种别样的认识论——通过对比、想象、暗示等方式，去理解现实的多样性。所有生命形式都是由"气"形成的，包括人、动物、植物甚至是石头，这些宇宙中所有的生命形式构成了有机的连续体，同处于一个生生不息的宇宙转化过程，此即所谓"物吾与也"。[③]

韩国学者郑宇珍（Woojin Jung）也指出，西方的"本体"概念不适用于"气"，如果还要使用这一概念，则需要重新界定其内涵："气"的本体论是指"气"与

①杨儒宾：《异议的意义——近世东亚的反理学思潮》，台北：台湾大学出版中心，2012年版，第321页。
②林月惠：《"异议"的再议——近世东亚的"理学"与"气学"》，《东吴哲学学报》，2016年第8期。
③［美］杜维明：《存有的连续性：中国人的自然观》，刘诺亚译，《世界哲学》，2004年第1期。

世界的关系或"气"所描绘的世界形象。进一步，郑宇珍关注到"气"与心灵的关系，认为气不能被客观准确地捕捉到，不能被还原，而只能活生生地作为一个整体展现出来。郑宇珍的一个让人印象深刻的做法是比较了西方脉搏图与中国脉诊图，前者通过音谱（音之高低与节奏被呈现为均匀不连续的数学比例）力求对脉搏的速度、力度作客观记录，后者则通过图画来表现整体性的主观感受之景象。比如，脉诊中所谈的"疾缓"，就不是能够量化把握的东西，它们其实是一种"气势"，是在具体的、动态的生命情境中呈现的，虽然没有所谓的"客观性"，却是鲜活的。可见，"'气'揭示了'客观视角'错过的真相"。①

美国学者巴瑞·艾伦（Barry Allen）同样认为将西方概念与中国思想简单地对等起来是站不住脚的。他指出，不能在西方知识论（epistemology）的层面上理解中国思想，因为西方知识论是基于西方本体论（ontology）的，这些思路并不适合中国传统。但是巴瑞·艾伦依然选择从"知识"（knowledge）的角度来理解中国思想，他规避了具有西方中心主义色彩的"知识论"（epistemology）一词，而使用了"关于知识的理论"（theories of knowledge）这种表达。②在巴瑞·艾伦看来，中国的知识关怀不是要知道"What is in the world"，而是要知道"What the world is becoming"，这种知识不追求确定具体的物（或对象，objects），而是关注世界中物（things）与物之间的关系，它意在更加谙熟地理解人们生活于其中的整个世界，正如其书名中的"融于万物"。③巴瑞·艾伦也提及了自己部分的问题意识来源与研究动机，即要思考在后现代主义思潮下，如何在反思西方理性主义（rationalism）的同时，避免陷入明显的相对主义与虚无主义，如果传统的真理观是站不住脚的，那么应如何理解"知识"的价值。④

巴瑞·艾伦的具体研究虽然没有直接明确地涉及"气"，但是其观点与思路

---

① 정우진，「기의 존재론적 고찰 - 마음을 중심으로 -」，『철학』No. 123(2015): 27-46.

② Barry Allen, *Vanishing into Things: Knowledge in Chinese Tradition*. Harvard University Press, 2015: 3.

③ Barry Allen, *Vanishing into Things: Knowledge in Chinese Tradition*. Harvard University Press, 2015: 10-11.

④ Barry Allen, *Vanishing into Things: Knowledge in Chinese Tradition*. Harvard University Press, 2015: 5-6.

非常有借鉴意义。周靖于书评文章中分析了巴瑞·艾伦所使用的"物"（things）概念——巴瑞·艾伦本人使用"感应"概念来解释之，而周靖指出，也可以从"气"概念入手，即气是万物之基，既通物理之物，亦通精神之物，而且永远处于"becoming"的状态，不会作为本质性对象被捕捉。① 如果可以由"气"来理解"物"，那么"气—物"互释应该也是可以尝试的。

还有一些重视中国文化语境的学者，但其研究又面临着来自其他角度的批评。如美国学者葛立珍（Jane Geaney），她的做法是深入阅读战国时期的一手文本，从"感官认识论"角度入手，通过区别"sensation""sense perception""sense discrimination"的不同，指出中国早期认识论是独特的。② 涉及"气"时，她通过对文本的理解来下判断，虽然具有回避西方哲学范式的意识，但由于只通过少量的文本作出具有普遍意味的判断，故稍有以偏概全之嫌。③

又如法国学者弗朗索瓦·于连（François Jullien），他指出了中国的独特性，即中国思想中没有与现实分离的理想形式（ideal forms）、原型（archetypes）或纯粹本质（pure essences）等观念，并且还更具慧眼地看到，中国本土的一些区分也是有问题的。比如，他发现许多古代思想家的文本有共同之处，由此反思，长久以来为人们所惯用的儒家、道家、兵家、法家等区分，可能会制造一些研究和理解的误区。这些看法对于理解"气"具有启发意义，但是，在"重视中国语境"这一问题上，于连似乎有些"矫枉过正"了，以至于被批评为持有中西二分的文化本质主义立场，过分的"理论先行"影响了研究。④

---

① 周靖：《评艾伦〈融于万物：中哲传统中的知识概念〉》，"哲学书评"微信公众号，2016 年 4 月 18 日。

② 葛立珍区分了 sensation（对感觉资料直接的、私人的认识）、sense perception（对感觉资料的解释）、sense discrimination（介于前两者之间，直接感觉与解释的程度都适中）三种不同的感官认识风格，指出战国哲学的风格是最后一种，这种风格在分类和命名事物的过程中，具有整体性和动态性的特点。[Xinyan Jiang, *On the Epistemology of the Senses in Early Chinese Thought* (review), Vol. 55, No. 3(*Philosophy East and West*, July, 2005), 489−493.]

③ Brian Bruya, *On the Epistemology of the Senses in Early Chinese Thought* (review), Vol. 10, No. 1(*China Review International*, Spring, 2003), 157−164.

④ Jeffrey L. Richey, *Reviewed Work(s): A Treatise on Efficacy: Between Western and Chinese Thinking by François Jullien*, Vol. 64, No. 2(*The Journal of Asian Studies*, May, 2005), 446−448.

二、从单一文本诠释法到多学科方法

如果说上一节的内容中，无论是生搬硬套概念还是探索适合语境的概念，从更宏观的方法论层面来说都是文本诠释法的话，那么换到另一条线索，将可以看到种种不同学科的方法开始逐渐被用于"气"之研究。有一点需要说明，还有一些间接用于"气"之研究的方法，以及一些本是用于其他主题之研究的方法，由于对"气"之研究可能较有启发借鉴意义，故而在这里也一并介绍。

所谓"多学科方法"，具体来说，还可以细分为不同学科以及同一学科内部的不同流派。比如，同样是哲学学科，现象学流派和语言哲学流派的方法却是大异其趣的。对于种种方法，本节粗略地以"哲学、史学、其他"的标准来分类讨论，之所以这样操作，只是为了便于铺陈材料，而无意于在它们之间制造明确的区分。①

（一）"现象学阐释"与"从语言到思想论证"

上文郑宇珍的思路已经表现出现象学色彩，而杨儒宾在评"和辻哲郎论'间柄'"时，也指出其思想具有现象学意味。根据杨儒宾的论述，和辻哲郎所谓"志向的体验"之"志向"，可以理解为"意向性"（intentionality）。② 比如，当一个人感受到寒气时，并不是说明有一股寒气在他之前或之外，而是已经先有某物为之所感了。虽然这是一种"心理事实"，但他所感受到的寒气不能被视为主观的。和辻哲郎引用了海德格尔的话："存在"（ex-sistere）意味着"往外而在"。这正是"意向性"的重要特征。

刘胜利也利用现象学讨论"气"且研究颇深。他通过对梅洛－庞蒂现象空间观与现象身体观的解读，提出了一种区别于客观科学的"现象科学"。在"现象科学"中，知觉主体与被知觉对象并不是完全分离的。相对于客观科学，"现

---

① 很多方法与理论是处于交叉地带的，如科技哲学经由历史转向而出现了科技史研究方向。

② 杨儒宾：《异议的意义——近世东亚的反理学思潮》，台北：台湾大学出版中心，2012年版，第412页。

象科学”是一种中道科学、具身性科学、个体性科学、价值性科学。① 运用现象科学的思路，刘胜利尝试对“元气论”作现象科学阐释。他指出，一直以来，“气论”的现代阐释采用的多是朴素唯物论、客观实在论等范式，然而，这种阐释其实面临很多难题，比如它无法解释“精神或道德的起源机制”，也无法说明“物质与精神的统一机制”。刘胜利以中医相关文本和思想为材料进行具体分析，他指出，尤其是中医的“气”，更是面临上述问题，因为中医的“气”是“质料与形式的综合”。要解决这些难题，不妨从“气”的“客观实在论理解”回到“现象场”，回到“原初知觉经验”，这样才有可能找回“气”被观念化之前的原初意义，亦即那种综合的、统一的、整体的意义。②

刘胜利以中医经络研究发现的“循经感传”现象为例作进一步说明。在中医经络的相关实证研究中，受试者能体验到沿着经络路线出现的感觉传导现象，即通常所说的“气感”。这种气感无法单纯用生理学解释，因为它是一种复杂的主观感觉现象；也无法单纯用心理学解释，因为无论主观差异有多大，其循经感传路线都具有循经性（即其身体循行路线与古典经络循行路线基本一致），这种稳定的循经性，表现出了一定的客观性。由此，刘胜利说明了“气感”是不可完全还原的“现象”，这种现象只能由“现象身体”于“现象空间”中体验。③ 总之，刘胜利对“元气论”的现象科学阐释，表明了现象存在论可以成为一种研究“气”的新范式。

与语言哲学相关的一些研究方法迥异于现象学阐释法。如果说上述包括现象学方法在内的种种都是“就思想谈思想”，那么语言哲学里面则有一种“从语言到思想”的论证方式（language-to-thought argument）。早在20世纪80年代，陈

① 刘胜利：《身体、空间与科学——梅洛 - 庞蒂的空间现象学研究》，南京：江苏人民出版社，2015年版，第326—328页。

② 刘胜利：《身体、空间与科学——梅洛 - 庞蒂的空间现象学研究》，南京：江苏人民出版社，2015年版，第359页。

③ 刘胜利：《身体、空间与科学——梅洛 - 庞蒂的空间现象学研究》，南京：江苏人民出版社，2015年版，第359—360页。

汉生（Chad Hansen）在《中国古代的语言与逻辑》（*Language and Logic in Ancient China*）中就明确使用到了这种论证方式。后来，弗雷泽（Chris Fraser）以陈汉生为对象，评述了这种方式。① 简单来说，这种论证方式的第一步是分析文本所展现出来的语言现象、语法特征（而非文本的内容），第二步是将文本的语言现象进行概括总结并归于某种语言理论假说，最后基于"语言影响思想"的主张，进一步把对语言的分析成果延伸到思想领域。

具体来看，陈汉生发现古代汉语名词与英语质料名词（mass nouns）语义相似，于是尝试用"质料名词假说"来理解古代汉语名词。通过文本案例分析，他认为古代中国语言理论是一种唯名论，这种语言的唯名论导致了集合论的世界观，即个别事物与整体的关系是"part-whole"，而不是"element-set"。诸如普遍性（universals）、本质（essences）、概念（concepts）、意义（meanings）、洛克式观念（Lockean ideas）或柏拉图式形式（Platonic forms）等，集合论的世界观是不使用的。以"马"为例，"一匹具体的马"就是"具体的马之总和"中的一匹，除此之外，没有普遍的"马"概念。

利用"质料名词假说"下的具体论述来研究"气"，可以从个体化（individuation）原则（即名词的所指能否划分为单个项目）、形式特征（formal features）原则（即名词的所指是否具有相对固定的形式特征）等方面入手，来考察中国古代思想是如何使用"气"这个词的，并进一步研究是如何理解"气"的。有的主张便是"利用'质料名词假说'来研究'气'很有说服性。因为'气'难以个体化、不具有固定形式特征的特点，符合'质料名词'所指之特点，'气'是那种用来指称哲学对象的名词，在逻辑上讲像是一种'材料'"②。

后来，随着"质料名词假说"逐渐被抛弃，又有一种"种名词假说"（hypothesis of generic terms）被讨论到：如果"A"是一个种名词，那么"XA"就

---

① Chris Fraser, *Language and Ontology in Early Chinese Thought*, Vol. 57, No. 4(*Philosophy East and West*, October, 2007), 420-456.

②［英］罗伯特・沃迪:《亚里士多德在中国》，韩小强译，南京: 江苏人民出版社，2019年版，第85页。

是"X 种 A"。举个例子，若 A 是"水果"，X 是"红色"，那么 XA 就是"红色水果"。葛瑞汉（Angus Charles Graham）就提倡用这种假说来替代"质料名词假说"在相关哲学研究中的应用。①

然而，无论具体的假说是那一种，从总体上来看，我们都要重视弗雷泽对"从语言到思想"这种论证方式的批判。他指出，使用名词的方式与看待事物的方式虽然有关，但是实际上并没有必然联系。比如，"使用质料名词来指代某物，并不意味着我们就必须将该物视为无结构的整体或不能划分为可数单位的东西"②。简言之，"从语言到思想"这一方式，只具有启发意义，不具备严肃性。如果极端化，这种方式还可能导致一种语言决定论，需要警惕。

（二）科技史与新文化史研究

如果再换一个角度来思考，还可以认为，上文介绍的种种方法，多偏向于在学理性文本内部进行考索、阐释，虽然有的研究具有发展的眼光，考察了"气"概念的发展史，但本质上仍是在追求一种纯粹、理想、内在的概念与逻辑的脉络（内史）。③ 与之不同，这一小节将介绍一些不仅是内史（也不仅是外史）的、具有多元面向的历史性研究，具体来说，即是科技史的内外史综合的眼光与近来蓬勃发展的新文化史研究。④

美国学者席文（Nathan Sivin）的研究具有开创性，他明确反对西方中心主义，批评李约瑟问题的发问方式，主张对中国思想及整体社会、历史作情境化的理

---

① ［英］罗伯特·沃迪:《亚里士多德在中国》，韩小强译，南京:江苏人民出版社，2019 年版，第 77 页。

② Chris Fraser, *Language and Ontology in Early Chinese Thought*, Vol. 57, No. 4(*Philosophy East and West*, October, 2007), 420-456.

③ 对这一研究方法的批评可见于葛兆光的文章:"这样的叙事脉络忽略了古代思想世界具体的历史环境、政治刺激和社会生活，也使得中国思想史常常出现后设的有意凸现或者无意删削，并且由于脉络化而线索变得很单一。因此，新思想史研究，应当回到历史场景，而在思想史与知识史、社会史和政治史之间，也不必人为地画地为牢。"（葛兆光:《道统、系谱与历史——关于中国思想史脉络的来源与确立》，《文史哲》，2006 年第 3 期。）

④ 见［德］薛凤、［美］柯安哲编:《科学史新论:范式更新与视角转换》，吴秀杰译，杭州:浙江大学出版社，2019 年版，第 11 页。

解。① 以往的科学史研究，要么是脱离背景研究思想，要么是只关注社会背景而忽略科学家本人的所思所行。简言之，内史方法和外史方法各自为政、互不结合，或者说只作了机械的、表层的并置式结合，而没有真正融为一体。席文的创新之处就在于他将思想、思想之应用、创造并阐述思想的社会过程作为一个单一现象来研究。② 从席文对于"气"的评论中也可以反窥这种研究方法，他认为"'气'搭建了从人文思想到国家宇宙观，再到明晰的自然科学之间的过渡桥梁"。③

韩国学者金永植（Yung Sik Kim）在这种方法路径下，集中研究了朱熹的"自然哲学"（有意规避使用"自然科学"）。金永植发现，在朱熹的文本中，"气"在很多时候算不上一个专门概念，"朱熹与他的对话者使用这个术语时完全是理所当然的样子"，"气"常常被朱熹直接拿来用于讨论其他成问题的概念，如"理""心""性"等。因此，金永植指出，要想真正把握"气"，就要把它放在与其他概念的关系中去理解。④

他认为朱熹重"格物"，"气"在其哲学中是"构成世上一切物体与现象（不仅是有形物质而已）的基础要素"。气之"精爽""灵"的部分构成了"心"，如此"心—气"交互，还能作更广泛的延伸，即世界之"气"、他人之"心"都是交互感通的。金永植举例说明，卜筮体现了天地之气相感通，祭祀体现了今人与祖先之气相感通。能关注到这些内容，其科学史之方法特色可见一斑。通过对朱熹所思所行的细致研究与体会，金永植还指出，朱熹并不是承认超自然事物的存在，只是他力图将各种现象（包括超自然的）都用"气"来解释，使之合理化。⑤

---

① Chu Pingyi, *Science in Ancient China: Researches and Reflections* (review), Vol. 60, No. 2 (*The Journal of Asian Studies*, May, 2001), 538－540.

② Mary Tiles, *Medicine, Philosophy and Religion in Ancient China: Researches and Reflections* (review), Vol. 50, No. 2(*Philosophy East and West*, April, 2000), 308－309.

③ Geoffrey Lloyd, Nathan Sivin, *The Way and the Word: Science and Medicine in Early China and Greece*. Yale University Press, 2002: 201－202.

④ ［韩］金永植：《朱熹的自然哲学》，潘文国译，上海：华东师范大学出版社，2003年版，第38页。

⑤ ［韩］金永植：《科学与东亚儒家传统》，台北：台湾大学出版中心，2014年版，第20页。

对于朱熹来说，用"气"来解释现象即是最终的解释，此外再也不需要更进一步的追问和分析了，也即他满足于一种"常识性"的自然知识。①

金永植的探索并不止步于此，他还更进一步寻求朱熹如此建构自己的知识体系的动机与目的。为什么朱熹希望其学术领域尽可能宽广？金永植给出了三种可能性较大的答案：其一，《参同契》的内容涵盖万物且深奥精微，这挑战了朱熹的智性好奇与自尊；其二，作为官员和学者，朱熹希望提升自己的威望、自信，并且自觉有责任为人们提供各种问题的答案或指明学习的道路；其三，朱熹尊崇古人，认为古人的知识水准很高，自己有责任收集整理、阐扬圣道。② 由此可以发现，这种思考角度能带来全新且异质的理解，如果只是通过对与"气"相关的学术文本作学理性阐释，是难以获得这种理解的。

如果持有一种较广的视野，考虑到儒家的广泛关怀与学者普遍的儒学背景，我们对儒学之"气"的研究就可能关注到相对新颖的材料，这些材料曾经或许被简单地描述为技术的、医学的等等，但随着多元研究方法的加入，我们不仅会对材料所谈的具体内容产生新的理解，而且对这些材料本身的理解也会发生变化。

德国学者薛凤（Dagmar Schäfer）细致研究了宋应星及其文本，通过观照这位学者的生活世界、理想追求、文本生成过程，来把握其人与其时代的思想脉搏。她尤其重视原初的语境，提防现代语词与范畴对思想的遮蔽，试图揭示非结构化的文化性、历史性因素。③ 在考察了宋应星所处时代的社会环境（匠人与商人的情况）、政治环境（宦官乱政、武官越位升职等）与其家庭状况、科举经历、为官经历后，薛凤指出，宋应星追求的是一种"治"之状态，他在书写中，试图用"气"解释所有知识——如果知识都能统一于"气"，那么一种"秩序"也就达成了，进而有助于实现"治"之理想。

---

①［韩］金永植：《科学与东亚儒家传统》，台北：台湾大学出版中心，2014年版，第128页。

②［韩］金永植：《科学与东亚儒家传统》，台北：台湾大学出版中心，2014年版，第23—26页。

③［德］薛凤：《工开万物：17世纪中国的知识与技术》，吴秀杰、白岚玲译，南京：江苏人民出版社，2015年版，第5页。

薛凤还注意到宋应星书写的细节，并从中探寻技术性以外的社会性、思想性信息，如用到了笔记体，部分文字描述会配以图画等等。还有一点值得关注，虽然在宋应星的文本中，"气"占据很重要的位置，但是他不像其他学者那样引用谈"气"之大家的论述，比如张载。作者推测，宋应星是有意为之，意在追求一条自由之路，想要直接从自己对自然的探索中生成知识。这颇能引人反思：历史上不同时期出现的关于"气"的文本，彼此之间有必然的逻辑脉络或思想联系吗？所谓"气学"之谱系，如果要建构它，是基于什么样的论证和动机呢？薛凤在这里其实暗示了一种可能：一个学者或许只是出于个人的理想、关切与独特的问题意识来使用一个概念，此概念是嵌于这个学者的整体文本语境和生活语境中的。在这种情况下，共时性分析显然比历时性分析更合适，甚至，历时性分析还可能会陷入对"连续性""总体性"的虚构之中，在不同"话语"之间强行制造一种"想象的共谋关系"而遮蔽了"非连续性"与"断裂"的眼光。[①]

在薛凤之后，左娅也试图从历史认识论的角度，进入"嵌于文化和历史背景的具体知识生产过程中"，她选择的研究对象是沈括与其《梦溪笔谈》。她注意到北宋是一个典型的"体系（system）的时代"，而沈括的文本与思想的独特性则在于"非体系性"。追求成体系的知识，是为了追求一种对整体秩序的理解，而沈括对于"非体系性"的侧重，与其参与政治活动的情况有关。左娅认为参与变法的沈括与王安石有观点上的冲突，他在《梦溪笔谈》中试图表达一种抵抗性的知识论立场。[②]

沈括还是一个"经验主义者"（左娅是有反思意识地使用这个词的），"非体系性"与"经验主义"正是相符的，因为真正的经验主义者，不能在没有足够证据的情况下盲目追求体系的建立，很多时候，经验事实只是以零散的、非体系性的方式呈现。了解了沈括知识思想的特点和语境，进而可以如此思考"气"——

---

① ［法］米歇尔·福柯：《知识考古学》，董树宝译，北京：生活·读书·新知三联书店，2021年版，第3—4页。

② Ya Zuo, *Shen Gua's Empiricism*. Harvard University Press, 2018: 18.

既然王安石论"气""阴阳""五行"时会追求体系性[1]，那么沈括这种"非体系性的经验主义"是如何谈"气"的？

皮国立将研究对象定位于民国时期，这一时期最值得注意的问题之一便是中西思想的碰撞。皮国立在新文化史的大方向之下，具体从事医学史研究，他指出医学史研究的棘手之处，在于过于专精于医学则容易忽略历史，而不懂医学全凭历史又难以深入考察并且容易误读。为了平衡二者，皮国立采取"重层医史"的论述方式以求兼顾内外。[2]

民国时期，细菌学说极大影响了中国传统思想（尤其是医学思想）对"气"的理解，皮国立聚焦于"气与细菌"，探讨中国人对"气"之理解的变化。由于采取"重层医史"法，他不仅关注学界的动向（如章太炎"以气释菌"），也关注民间大众的状况（如医案），所用的材料非常多元，尤其是发掘了基层社会文化史的"论外桃源"[3]，将报刊、商品广告等也纳入了文本研究范围。皮国立认为，在与细菌学说的互动探讨中，古典思想也作出了新诠释，"气"展现出的种种实用知识价值（尤其是具有贴近身体感的日常实用性质），也说明它并不只是虚无缥缈的哲学论述。[4]

（三）"民间直觉"、认知科学与数字化方法

上文已经提到，金永植认为朱熹满足于一种"常识性"的自然知识，皮国立关注到了基层社会文化史，这其实能够引起一种反思——过往对"气"的研究多是上层的，关注的是精英知识，而缺乏下层的民间视野，在后者这一广阔的领域中，专业的、学术的、理论思辨性质的东西产生的影响或许是很小的，民间往往

---

① 陈昊：《跨语际的历史知识论与重构北宋知识的历史图景》，《中华文史论丛》，2020年第1期。

② 皮国立：《气与细菌的近代中国医疗史——外感热病的知识转型与日常生活》，台北：台湾医药研究所，2012年版，第XXII页。

③ 皮国立：《气与细菌的近代中国医疗史——外感热病的知识转型与日常生活》，台北：台湾医药研究所，2012年版，第270页。

④ 皮国立：《气与细菌的近代中国医疗史——外感热病的知识转型与日常生活》，台北：台湾医药研究所，2012年版，第320页。

有一套自己的直觉理解。

以中国传统医学为例，其中的很多所谓"术语"，本质上就是日常用语①，"气"在《黄帝内经》中就已经呈现出丰富的面貌。在这种情况下，如果只是对一处又一处的"气"作孤立的理解，甚至将所有带"气"的语句收集起来，强行分类，指出"气"有若干意义，虽然对于理解有初步的帮助，但总体上来说，依然是浮于表面的、机械的、费力不讨好的，因为其没有看到"气"的真正使用方式。实际上，要想整全地理解"气"，或者说"体贴"这一概念，就要对日常生活的方方面面都有体会，而这就要求将视野"回落"到民间。"知识的碎片化与细分知识之间的隔离，实际上会导致一种无知，只有在一个融合的、更广泛的现实视野中，才能解决这种困难"②，这也正如程乐松所指出的，在中国古代思想的研究中，对关键性语词的概念性预设要有充分的自觉，一个语词或许可以被概念化，但这并不等同于这个语词本身具有概念性，有的时候，有必要让语词回归经验，凸显其"非概念性"。③

加拿大学者森舸澜（Edward Slingerland）也看到了这一点，并进一步反思学界基于"中国—西方"二分法所"制造"的差异论，并不符合民间日常生活的真实情况。他在批判文化本质主义偏见时指出，中国和西方的思维模式并不是绝对对立的，西方并不是强二元论思维，中国也并不是强整体论思维。④这在民间直觉中是很容易得到证明的。不难发现，强硬的笛卡尔主义或截然不分的整体思维，无论是对于民间的中国人还是对于民间的西方人，都是难以理解和违背直觉的。视野的改变带来方法的改变，森舸澜分析了一些画作，而葬礼、神话、

① Andrew Koh, *The Pope and the Yellow Emperor: The Interconnected Body*, Vol. 70, No. 2 (*Philosophy East and West*, April, 2020), 424-446.

② Andrew Koh, *The Pope and the Yellow Emperor: The Interconnected Body*, Vol. 70, No. 2 (*Philosophy East and West*, April, 2020), 424-446.

③ 程乐松：《在语词与概念之间的"自然"——兼论中国古代思想研究的概念化方法》，《哲学动态》，2023年第1期。

④ Bongrae Seok, *Mind and Body in Early China: Beyond Orientalism and the Myth of Holism by Edward Slingerland* (review), Vol. 70, No. 3(*Philosophy East and West*, July, 2020), 1-6.

图腾、宗教、艺术等民俗内容，都可以被纳入研究视野。

森舸澜对于民间直觉的关注还与一种方法密不可分，即认知科学的方法。如果说文化本质主义关注不同文化的思想特质，认知科学与心理学则重在探寻人类认知结构与方式的共同性与普遍性。比如心智理论（Theory of Mind，简称 ToM），就基于生物物种的同一性来立论，主张一种弱的身心二元论是普遍的、跨文化的、直觉的、自发的民间观念（folk notions）。森舸澜认为，比起环境、语言、文化的差异性，这种生物物种具身的同一性，无疑是更为根本的。实际上，对差异性的理解也恰恰依赖着同一性，"共同体验的身体是通往文化他者的桥梁，在这基础上，才能进一步说明这一共享的认知结构如何可以通过文化、语言和历史得到丰富，进而演变成相当独特的——但最终仍然是可以理解的——形式"[1]。

最后，在技术操作层面上，森舸澜还使用到了语料库数字化（digital）定量分析法，利用计算机技术与统计学工具，研究概念与概念之间的相关性和概念内涵的发展变化趋势。他指出，如此方法有利于克服学者自己的诠释中不可避免的主观偏见问题。[2] 这也体现了数字化方法在人文学科中的价值。[3]

总的来说，森舸澜的跨学科研究方法非常有借鉴意义，他将文本诠释与数字化技术结合，将认知科学研究与文化研究结合。虽然森舸澜的具体研究对象是"身心关系"而不是"气"，但是他指出，这些方法与思路具有可操作性、可复制性，对跨文化比较研究具有普遍的启发性。[4] 而且，"气"本身也是身体观与

---

[1] Edward Slingerland, *Body and Mind in Early China: An Integrated Humanities-Science Approach*, Vol. 81, No. 1(*Journal of the American Academy of Religion*, March, 2013), 6-55.

[2] 森舸澜在这里批评了上文提到的弗朗索瓦·于连（François Jullien）与葛立珍（Jane Geaney）。他认为，于连的主观偏见尤其严重，只从少量文本推出普遍性论断；而就算谨慎如葛立珍，使用了大量文本，也不能避免此问题。

[3] 需要注意的是，森舸澜也解释道，数字化方法并不能完全替代传统的文本诠释，在模型构建、程序编码的最初期，对文本最基本的理解、识别、判断工作，以及各项之间如何分类、各部分具体如何设计以及所依何据，都是需要咨询人文学科专家意见的。

[4] Edward Slingerland, *Body and Mind in Early China: An Integrated Humanities-Science Approach*, Vol. 81, No. 1(*Journal of the American Academy of Religion*, March, 2013), 6-55.

身心关系等主题中的重要内容，因此，在"气"的研究中，这些方法应当也是值得尝试的。

结语

从套用概念到重视语境，从单一的文本诠释法到多学科方法的嵌入，国内外学界对儒学之"气"的形形色色的研究与探讨，同时也在丰富着我们对儒学本身的理解。一方面，不同的方法牵连着不同的关注对象与研究材料，不断拓宽着儒学的视野，比如挖掘"道问学"的智识主义传统、关切"儒学在民间"之维。另一方面，不同的取径又暗与时代思潮相连，体现着儒学的时代活力与价值，比如"气学"回应现代性问题的丰富潜力、"中国—西方"框架的变迁与儒学诠释的互动①。在当代，诠释传统总是不可能彻底回避现代语境的，对此，中西观念的"格义"、西方概念的"本土化"和现代诠释，要在同一阶段"毕其功于一役"。

当在各种方法、理论、框架以及与之相关的种种思潮或关切中沉浮之时，在具体运思之际，还应有一个警惕——不能全然为方法所牵缚。虽然诠释无法回避语境，但在试图进入"气"的"大千世界"时，"无法回避语境"与"刻意追随语境"毕竟是不同的，忠实的文献阅读始终都是宝贵的源头活水。

① 与之相关的有费正清的"冲击—回应"说、列文森的"传统—现代"说、柯文的"中国中心观"、许华茨对"中国""西方"概念的反思，以及学界对"自我—他者"思维与文化本质主义的反省。（部分内容见汪培玮：《勾勒"传统"：欧洲汉学学术传统一瞥》，《国际儒学论丛》，2022年第2期。）

溯源传统，复兴儒学
——儒家哲学的同一性问题述论

山东大学儒学高等研究院　姚凯文

韩愈在《原道》中云："斯吾所谓道也，非向所谓老与佛之道也。尧以是传之舜，舜以是传之禹，禹以是传之汤，汤以是传之文、武、周公，文、武、周公传之孔子，孔子传之孟轲。轲之死，不得其传焉。荀与杨（扬）也，择焉而不精，语焉而不详。"[①] 道统问题的衍发是为了应对佛道对儒学的冲击、儒学内部主流学派的划分及儒学学术传承等很多亟待解决的问题。今时今日，儒家哲学面临越来越多、形式各样的挑战，更需要重申儒学的同一性问题。然而，这个同一性主张与韩愈、朱子等人所建构的"道统"并不完全一致——强调排他性的儒学在过去的时代中经过实践检验，证明是不可取的，儒学复兴需要非排他性的包容胸怀，需要在时代中与其他哲学理论相互影响、相互交融，进而实现儒学文化的自身价值。此外，强调解释一切的"无限儒学"也是不可取的，只有怀揣边界感，才能有对"信仰界限"的敬畏之心，才能够在界限内更好地使儒学的理论层次得到不断深化，得到充分发展，从而圆满地达成复兴儒学的目标。期盼儒学复兴，绝不是要求它"借尸还魂"般地"复活"，也绝不可能要求儒学再成为"包治百病"的灵丹妙药，因此，复兴儒学需要在何种程度上认识、把握同一性问题，进而因应时代发展的需要，是亟须解决的问题。

一、儒家哲学同一性聚焦的必要性

（一）思想理论界的同一性

人格同一性问题是西方传统形而上学的重要研究领域，可以追溯至古希腊

[①]［唐］韩愈著，刘真伦、岳珍校注：《韩愈文集汇校笺注》，北京：中华书局，2010年版，第4页。

哲学家赫拉克利特及其学生克拉底鲁对于人是否能够两次踏入同一条河流的讨论[①]，这一问题经过中世纪神学哲学关于灵肉关系问题讨论的积淀，在洛克、莱布尼茨、费希特、谢林、黑格尔、尼采、霍克海默、阿多诺、哈贝马斯等西方近现代哲学家的推敲中焕发出了新的光彩。在中国古典哲学中，围绕着形神关系作为人格同一性范畴的核心问题，也有过许多讨论，譬如在先秦的《易传·系辞传》和《庄子》中即有对形神关系的讨论，汉代刘安的《淮南子》和桓谭的《新论》又对该问题进行了新的阐发。佛学在传入中国后，为适应本土文化，主张以"阿赖耶识"作为人轮回转世的基点，确立了人格同一性的前提，客观上推动了佛教的传播发展。除却人格同一性问题，在日常直观中，我们也能把握同一性的种种现象。譬如在进化论视角中，鸟类在进化之路上尽管曾有很多种类的产生与灭绝，但其始终有着能与其他物种区分的独特性的关键表征；又譬如在认识论层面，儿童不可能见识过所有类型的杯子，但他还是能够很快地判断出一个物体是不是拥有杯子的类属性……其实绝不仅是经验性的形而下的"器"存在着同一性困境，思想理论也可以用同一性问题加以理解把握。思想理论本身作为一种观念形态，是人的意识的产物，而人本身也是时空的物质存在，人的想法不可能跳出所处时代的窠臼，正因如此，自古至今的思想理论发展才是日新月异的。那么，当思想理论从旁枝末节依次向主干根茎逐步变易，这棵理论之树还是原来的树吗？如果把这棵理论之树上变易过的枝条拿来扦插而长成新的理论之树，那么这棵新的理论之树与原来的理论之树，究竟哪一棵才是真正的理论之树？思想理论界中也存在着普鲁塔克的"忒修斯之船"（The Ship of Theseus）。

（二）儒家哲学的同一性

孔子之后，其后学即根据对孔子思想理论的不同理解，进行了儒家的派别划分。《韩非子·显学》中曾记载："自孔子之死也，有子张之儒，有子思之儒，有颜氏之儒，有孟氏之儒，有漆雕氏之儒，有仲良氏之儒，有孙氏之儒，有乐正

[①] 参考［古希腊］柏拉图：《克拉底鲁篇》，见《柏拉图全集》（增订版）第5册，王晓朝译，北京：人民出版社，2017年版。

氏之儒。……故孔、墨之后，儒分为八，墨离为三，取舍相反不同，而皆自谓真孔、墨，孔、墨不可复生，将谁使定后世之学乎？"①孔子殁后不久，儒家学派内部即进行了如此特点鲜明的分化。徐复观先生把早期儒家的分化归因为其门人对于性与天道问题有着不同看法，这些差异促使孔门分为三派：从曾子、子思到孟子的以天命、尽心理论为中心的一派，以《易传》为中心的一派，以及以礼的传承为中心的一派。②刘光胜先生则更加细致地剖析其分化原因是后学对仁义阐释的矛盾、对六经选择的歧异、政治理想的不同、思想核心的转换与理论建构的差异。③早期儒家尽管派别分化现象已现，却仍然属于"和而不同"的学术群体，但如今儒家哲学已绵延两千余年，其间经历了思孟学派、汉唐经学、宋明理学、清代朴学、现代新儒学等阶段的发展，不同向度、不同层次的学术分歧已在经年累月中进行了指数型叠加，仅近年来儒学理论之创构，就有各种各样的形态模式，如情感儒学、乡村儒学、心性儒学、生活儒学、政治儒学等。随着社会的发展与互联网的普及，儒家内部理论体系的张力越来越大，可以毫不夸张地说，儒家内部的儒学理论之间的差别比儒学与道学、佛学甚至西方自由主义哲学之间的理论差距还大。

儒家哲学理论的发展，看起来是到了"百'儒'争鸣"的阶段，这似乎是令人欣喜的一件事，但现实情况却是儒学的发展路径和儒学的话语独特性被日渐消解，儒学研究越来越陷入一种混乱、模糊的学术探讨之中，逐步沦为一种"借他人酒杯，浇自己块垒"的工具，甚至还动辄被拿来作为思想斗争的利器，屡次走早已被学界否定的"上行路线"。黄玉顺先生也认为，当前"儒学已沦为各派思想斗争的一种话语工具；换言之，人们是在用儒家的话语来表达截然不同的甚至截然相反的价值观念和价值立场"。④因此，明确儒家哲学同一性问题，找

① 梁启雄：《韩子浅解》，北京：中华书局，2009年版，第491—492页。

② 徐复观：《中国人性论史·先秦篇》，北京：九州出版社，2020年版，第174—175页。

③ 刘光胜：《"儒分为八"与早期儒家分化趋势的生成》，《清华大学学报(哲学社会科学版)》，2015年第2期。

④ 黄玉顺：《儒学之当前态势与未来瞩望》，《孔子研究》，2018年第4期。

到理论同一性的灵魂与大脑，剔除"挂羊头卖狗肉"之流在儒家哲学建构中的混淆影响并找到适合儒学重建与复兴的康庄大道就显得十分必要。

当然，这里需要明确一下，笔者对于儒家哲学同一性的聚焦不是要为儒学找到某种一定之规并使之推广开来，而是期望找到儒学之所以被称为儒学的特征所在。换句话说，是希望找到儒学传统的核心精髓并加以继承，而不是希求传统儒学的复活。譬如现在的程序员会直接对前辈编写的代码简要更改，使之能够正常运行，但在一次又一次的累积加工之后，不仅代码会变得重复臃肿，程序员查找错误或进行更改的难度也会随之增加。对于儒学理论来说亦是如此，如果我们总是着眼于过去的儒家学者留下的"代码"，对这些"代码"进行一次又一次的剪辑整合，而让"原本敞开的、绵延生长着的儒学传统变成一个个'过去的''现成化的'儒学理论的拼接。这实质上也就将儒学传统锁定在了'过去'的维度上，再无法开显出新的可能性，如此一来无疑是宣布了儒学传统的终结"①。因此，我们须在溯源儒学传统的基础上，使儒学的生命力进一步得到强化。

二、儒家哲学同一性聚焦的传统溯源

儒家哲学的同一性问题，其实在唐宋时期的哲学中就已有所体现——在唐宋政治变革与儒释道三教融合的时代背景之下，士大夫群体积极致力于道统说的建构。道统的"道"是儒道，主要指孔孟之道，而"统"既有正统的含义，也有传统的意味。道统之说首创于韩愈，他在《原道》中说："斯吾所谓道也，非向所谓老与佛之道也。尧以是传之舜，舜以是传之禹，禹以是传之汤，汤以是传之文、武、周公，文、武、周公传之孔子，孔子传之孟轲。轲之死，不得其传焉。荀与杨（扬）也，择焉而不精，语焉而不详。"②他认为，"仁义"是儒家道统所传

① 郭萍：《论儒学传统与传统儒学》，《人文天下》，2018年第17期。
②［唐］韩愈著，刘真伦、岳珍校注：《韩愈文集汇校笺注》，北京：中华书局，2010年版，第4页。

之主旨。尽管韩愈关于荀子与扬雄的论述有待商榷，但也基本上清楚地勾画了儒学传统传承的脉络，为道统学说的长久发展奠定了理论基础。在历史的发展中，韩愈的道统说也由抵制佛道这一首要目的，逐渐转向对于儒学传统传承的脉络剖析方面，并在这种解释的基础上，将注意力转移到儒家"正统"传承体系的系统性建设上来。在北宋前期，范希文（仲淹）、胡翼之（瑗）、石守道（介）、欧阳永叔（修）等人继承韩愈的道统学说并掀起了一场儒学复兴运动。到了南宋，朱子在《中庸章句序》中提到："'允执厥中'者，尧之所以授舜也。'人心惟危，道心惟微，惟精惟一，允执厥中'者，舜之所以授禹也。尧之一言，至矣尽矣，而舜复益之以三言者，则所以明夫尧之一言，必如是而后可庶几也。"[1]道统的中心思想被朱子归纳为"人心惟危，道心惟微，惟精惟一，允执厥中"十六字心传，并在其理论体系内部不断提炼出"中"的主旨。陆象山对于道统传承内容的理解则与之不同，其自认为继承了孟子之学，其学说也把重心放在孟子对于"心"与道德的建构之上。朱子弟子黄直卿（榦）在《圣贤道统传授总叙说》中也系统概括了程朱理学的道统传承，道统之论便经由朱子及其弟子的阐释而愈发彰显出了强大的影响力，并逐步成为儒学领域中不可绕过的话题之一。

唐宋时期道统说的提出有着许多动因，除去排辟佛老的目的之外，郭畑先生认为还有"以系谱的建构来确立新儒学的历史正当性，为儒学转型寻求新的思想资源，抬高儒学的知识权力以限制政治权力"等原因。[2]沈顺福先生认为道统的提出是为了系统总结"儒家的核心内容，包括儒家精神、儒家方法、儒家形式、适用范围……是儒家发展的一个标志性成果"。[3]彭永捷先生则认为儒家道统由认同意识、正统意识和弘道意识等儒学内部因素推动。认同意识指的是儒学学者只有自觉自愿地在理智与情感层面对儒家道统有所认同，才会去讨论这

①朱杰人、严佐之、刘永翔主编：《朱子全书》第二十四册，上海：上海古籍出版社，合肥：安徽教育出版社，2002年版，第3673—3674页。
②郭畑：《韩愈倡立道统的三个动因》，《中华文化论坛》，2015年第3期。
③沈顺福：《人性的历程——中国古代儒家哲学的基本问题及其历史演变》，济南：山东人民出版社，2020年版，第195页。

一问题；正统意识指的是儒学学者针对儒家内部学派林立、分歧凸显的现状，有各自认同的正统传承谱系并对之加以捍卫，其中还包含卫道意识；而弘道意识则是指儒学学者将自己视为道统的传承者，希望自己能够把儒学思想继承下来并传接下去。[①]总而言之，道统问题的衍发是为了应对佛道对儒学的冲击、儒学内部主流学派的分立以及儒学学术的传承发扬等诸多亟待解决的问题。然而今时今日，儒家哲学面临越来越多、形式各样的挑战，更是亟须重申儒学的同一性问题，只是这个同一性主张与韩愈、朱子等人所建构的"道统"并不完全一致。

三、复兴儒学的关键问题

在厘清儒家哲学同一性问题的必要性及其历史渊源之后，我们还需要明确复兴儒学的关键问题是什么，剖析过往道统可能存在的问题，再对现代儒学本身加以审视，从而在对儒家哲学同一性问题的深入思考的基础上，进一步弄清儒家哲学这一理论系统如何在当代经世致用。

首先，韩愈、朱子等儒学先贤建构的道统论作为承载儒家价值理想的重要工具，承继了儒家从上古流传下来的传统，帮助完成了"为往圣继绝学"的历史使命，但是另一方面，道统论也有很多掣肘儒学发展的消极因素。第一，道统本身就是既肯定变又否定变的——肯定历时性方面自尧舜以来儒学在传承中不断弘扬发展的成果，但又否定共时性方面对于同时代非"正统"思想的吸收或融合发展的状况。并且道统的提出，实际上是出于一种零和博弈的思想，在客观上激化了儒学与佛、道理论之间的矛盾，不利于发展出更加经世致用的文化理论。实际上，从汉代到清代的两千多年间，外儒内法一直是我国政权统治的应用思想，仁政与法治也一直是稳固封建王朝统治的两大重要手段。第二，道统的解释权长期掌握在统治者与少数精英知识分子手中，通过科举制等多种形式，逐渐衍生出一种独特的文化霸权并沦为钳制大众思想的工具，类似百家争鸣的文

---

① 彭永捷：《论儒家道统及宋代理学的道统之争》，《文史哲》，2001年第2期。

化景观自汉朝之后也再未重现。所以，那种片面强调"回到孔夫子"的所谓儒家"原教旨主义"是需要商榷的，而那种要求全盘西化的陈词滥调，也随着中华民族崛起于东方而彻底过时。一直以来，"孔孟程朱学脉正统主要是在基础性与主体性意义上而不是决定性与排他性意义上讲的"①，强调排他性的儒学在过去的时代中经过实践检验，被证明是不可取的，同一性共识基础上的儒学复兴需要非排他性的包容胸怀，需要在时代中与其他哲学理论相互影响、相互交融，进而实现儒学文化的自身价值。

其次，西方哲学史上有过针对经验论和唯理论的旷日持久的讨论。一方面，经验论主张用经验对人类的认识论、历史观、方法论甚至本体论进行大全式的无限解释，但最终在休谟那里导向普遍怀疑主义；另一方面，唯理论也用一种形而上学的建构，试图解释物质与意识世界的一切，但经由笛卡尔、斯宾诺莎、莱布尼茨等哲学家的打磨，这种传统的形而上学逐渐沦为一种独断论的迷思。康德著《纯粹理性批判》的目的之一，便是对知识作出限定，以便为信仰留出地盘——"形而上学起源于人类理性试图超越自身有限性而通达至高无上的自由境界的最高理想，以往的哲学企图使形而上学成为像自然科学那样的科学则是南辕北辙"②。在承认了人的理性是有限度的，并不能解释一切的基础上，慎重避免形而上学领域的无序扩张，这种澄清前提、划定界限的批判哲学，也成了西方哲学史上的一个重大的历史转折点。正如康德对西方哲学知识论所做的卓越工作一样，我们也应该对儒学解释的边界进行划分——实际上，我们可以看到一些儒学研究者不停地跨越儒学解释的边界去试图解释经济学、环境学等非人文社科领域的问题，甚至还想用儒学解释乃至解决自然科学如温室效应等问题。应该承认，某些领域的建构需要以实证性的现代科学为主导去干预，即在温室效应这一问题上，采取的应对手段应该是"环境学＋"而非"儒学＋"。尽管儒学和其他学科的交叉研究是有意义的，但强调解释一切的"无限儒学"也是不可取

① 李明、高巧玲：《正统儒学简史》，济南：山东人民出版社，2021年版，第8页。
② 张志伟主编：《形而上学的历史演变》，北京：中国人民大学出版社，2010年版，第127页。

的，只有怀揣边界感，才能有对"信仰界限"的敬畏之心，才能够在界限内更好地使儒学的理论层次不断深化、充分发展，进而实现复兴儒学的目标。

再者，儒家研究也存在对于"经"的诠释学的理解问题。譬如从先秦时期的"五经""六经"，到唐代的"九经""十二经"，再到宋代的"十三经"，这中间有很多不足以被称为"经"的章句。而且，由于"经"是对"道"的阐释而非"道"本身，所以各"经"之间往往有互为矛盾之处，但部分儒学研究却似乎进入了迷"经"的窠臼。① 殊不知，动辄以"经"为放之四海而皆准的金科玉律而忽视主客观环境之变易的观念方法是不可取的。此外，还存在对"经"的解释无边界的问题，我们总是不自觉地处于伽达默尔所说的"前见"环境之中，在诠释活动里"时时地理解自我，文本只是提供了一个中介，通过文本所表达的内容，我们来比照和验证自我的感知"。② 因此，我们总是有一种脱离文本、陷入自身环境的倾向，不可避免地由学经、解经走向视域融合的诠释学领域，而我们对于传统的"经"的理解，既是在加厚"经"也是在解构"经"，"经"的观念则在千百年间、在这样反复矛盾的过程中不断翻新。这样的翻新当然是脱离了泥古的诠释，但又容易对诠释的边界进行无休止的模糊与拓展。

最后，儒学的复兴还需要因应时代。在古代，儒家思想作为一种意识形态，在维护封建王朝统治中起到了重要的作用，但是在近现代以来的历史发展中，儒学却在走下坡路，原因之一便是儒家所依赖的自给自足的小农经济与近现代的社会发展状况不匹配。自工业化以来，整个世界的经济、政治与文化都发生了翻天覆地的变化，再沿着老路走只能是刻舟求剑。徐复观先生曾在其政治儒学的立场下，强调了"强化儒家思想的批判功能，力图赋予儒学一种现代的经世意义"③ 的重要性，但正如杨国荣先生所警示的："儒学在某一方面的体现和儒

---

① 黄玉顺：《"离经"未必"叛道"——儒家"经典诠释"略说》，《广西师范大学学报（哲学社会科学版）》，2022年第4期。

② 景海峰：《从解经学走向诠释学——儒家经学现代转化的哲学诠释》，《清华大学学报（哲学社会科学版）》，2022年第4期。

③ 陈少明：《走向后经学时代》，广州：中山大学出版社，2020年版，第98页。

学的本身或儒学的本来形态,应当加以区分。以儒学的某一个方面作为儒学的全部内容,往往很难避免儒学的片面化。……不能因为儒学在历史中曾出现不同侧重或趋向而把某种侧重当作儒学的全部内容或本然形态,儒学在具体衍化过程中的侧重与本来意义上的儒学不应简单加以等同。"① 因而经世致用的"用"的层面,可以是全方位、多层次的,没必要一定集中在政治或者某一个具体领域,而经世致用首先要"经世",然后才能"致用",在主动阅历世事的基础上贴近现实生活,从世事中来到世事中去,才能够帮助儒学在实践领域发挥作用。实际上,儒学在新的时代似乎也找到了适合自己发展的土壤,从而作为一种优秀传统文化,浸润到社会现实中去。诚然,复兴儒学的要求可能不限于此,但期盼儒学复兴绝不是要求其"借尸还魂"般地"复活",也绝不是要求儒学成为"包治百病"的灵丹妙药,因此,儒学复兴需要在何种程度上把握同一性,进而因应时代发展的需要,是亟须解决的重点问题。

四、溯源传统、复兴儒学的时代意义

(一)儒家哲学发展的现代性呼唤

同一性问题讨论的基础环境需要儒家哲学的长久存续,理论之树倾倒之后也就不存在思想理论界的"忒修斯之船"问题了。如果短颈的长颈鹿不能适应变化的环境,就会被自然淘汰,那么同理,部分不能适应现代环境的前现代性儒家哲学,也会被时代淘汰。侧重社会文化竞争的社会达尔文主义当然是不应当被推崇的,因为我们需要文化的多样性来促进思想的解放与文化的创新,但现实就是按照"优胜劣汰"的自然模式演进变化着的,所以我们需要跟随现代性脚步进行改革的方向是不容置疑的。

顺应现代性是儒家哲学发展的一条必由之路,学界也针对儒学与现代性的问题进行了很多有意义的讨论。陈来先生认为,"之所以儒家伦理在近代转型

---

① 杨国荣:《再思儒学》,济南:济南出版社,2019年版,第17页。

中和转型后始终处于被关注的角色，这有必然性，即根源于道德性与现代性的分裂，以及要求克服这种分裂的内在要求。一方面对传统道德性的普遍性格及其超越时空的普遍价值要有深切了解，另一方面对于现代化对道德性的侵害要有提防和警惕"①。黄玉顺先生认为，"儒学本然地蕴涵着现代性。儒学的现代性不仅源于中国社会的现代转型，而且基于儒学自身的基本原理，即'仁→义→礼'的理论建构。这个原理要求根据正义原则（义），包括超越差等之爱而追求一体之仁的正当性原则、顺应特定时代的基本生活方式的适宜性原则，来'损益'即变革社会规范及其制度（礼）"②。成中英先生认为，"当前儒学能否面对现代性与后现代性的同时挑战，既克制现代性的工具理性，又基于理性建立整体的价值观点；既超越个体化的自由任性，又能在群体性中激励个体的创新，应是儒学当今追求的方向"③。李翔海先生则站在批判性的角度，认为"这一主张隐含着以特定时期西方文化的民族性充任人类文化之时代性的理论内涵，轻忽乃至抹杀了非西方民族文化传统的超越性与继承性，并以将西方式现代性看作封闭而完备的价值系统为前提。……必须摒弃机械地持守时代性之一维的僵硬思维模式，而从时代性与民族性两个维度对文化问题予以更完整的关照"④。徐陶先生在其《儒学与现代性关系之论争：西方视角的范式转换》一文中以历史为线索，梳理了西方学者研究儒学与现代性关系的他者之境，强调我们需要主动探索和构建受儒家文化濡染的现代化，不断开拓中国特色社会主义道路，同时要有清醒的探究精神和实验精神，认识到儒家式现代化模式本质上与西方现代性理论都只是一种理论蓝图，最终的评判标准是其能否真正促进中华民族复兴

---

① 陈来、杨颖编著：《流光日新》，济南：山东画报出版社，2021年版，第219页。

② 黄玉顺：《论儒学的现代性》，《社会科学研究》，2016年第6期。

③ 成中英：《论儒学的真诚性与创发性——兼评当代儒学的"三偏"与"三正"》，《哲学研究》，2016年第6期。

④ 李翔海：《对中国现代哲学研究中"时代性"观念的反省》，《南京大学学报（哲学·人文科学·社会科学版）》，2006年第6期。

和人民共同幸福这样一种实践层面上的衡量尺度。① 在这里，学者们争论的焦点似乎不是判定儒家哲学现代性前进道路是否正当，而是对这样一条前进的理论道路的具体勾画，这也从侧面反映了儒学需要积极回应现代性呼唤的紧迫性。

（二）回应现代性呼唤的时代意义

儒家哲学与现代性并不是对立的关系，儒家哲学回应现代性呼唤能够帮助其自身在新时代更好地顺应世界潮流，使其能够从实践中来，到实践中去，在实践中焕发新的生机与活力。在历史的长河中，儒家哲学曾在很长一段时间内占据主流文化的地位，其实质内容也随着王朝的更迭而发生着各种各样的变化，但其对儒家道统的抽象性继承却有力地维系了中国儒学传统的绵延不绝。因此，复兴儒学不应该只回应现代性呼唤而"向前看"，还需要溯源传统而"往回看"。

正如欧阳康先生所说："对儒学的历史命运的认识不能代替对儒学现状的具体考察和分析，对儒学历史与现状的认识不能取代对儒学未来的科学预见。因此可以说，没有对儒学的历史与现实的全面了解和正确分析，不可能有对儒学未来的科学预见。"② 当然，即使我们了解并理解了儒学的历史和现实，也未必能准确预见儒学的未来，但我们还是要对儒学的历史与现实有个清晰的理路。这一理路需要我们分析儒家哲学的同一性所在，避免无休止的界限扩张——这才是儒学回应现代性呼唤的前提。换句话说，只有对儒家哲学进行传统上的溯源与审视，才能向前迈出现代化的步伐，而且在这样一种步伐中，既要警惕儒家哲学在其与各式各样思想的冲突融合中被解构殆尽，又要警惕儒家哲学固执于原始"本本儒学"的思维范式，否则这种儒家哲学要么会迈出"非我"的步伐，要么会迈出过于"本我"的步伐，从而无法在现代性冲击中行稳致远。儒家哲学可以说是中华传统文化的主流，然而目前，儒家哲学实际上尚未在已有的领域静水流深地发挥出应有之力，未来在新时代的"复兴之路"上，儒家哲学应是大有可为的。

---

① 徐陶：《儒学与现代性关系之论争：西方视角的范式转换》，《文史哲》，2021年第5期。

② 欧阳康：《哲学研究方法论》（第二版），武汉：华中科技大学出版社，2022年版，第562页。

朱子学视域中主体意志的作用及其苦行主义影响

山东师范大学齐鲁文化研究院　蓝法典

朱子学以"小学"之践履反证"大学"之格物、以主体意志的"应当"维系理世界与气世界的做法造成了两种消极影响。首先，因理世界与气世界之间的关联太过薄弱，道德律令在现实世界中的普遍有效只能塌缩为主体意志的强撑，并在明初社会转化为一种苦行精神的流行，明初吴与弼一系的理学思想就是最好的范例。其次，由于朱子对理气关系的说明本质上是失败的，无法在主体意志之外为理世界之主宰给出充分的说明，同时又忽略了主体在服膺理之权威性的过程中感受到的压抑与孤独，所以朱子学对于理世界的强调只是以权力的姿态推行自己对于形而上世界的话语认知，潜在地具有与君主权力合流的可能性。

一、意志心的由来及作用

朱熹自幼苦读《四书》，他说："某少时读四书，甚辛苦。"[1]"《大学》《中庸》《语》《孟》诸文字皆是五十岁已前做了。五十已后，长进得甚不多。"[2] 其中，《大学》主要扮演了"求道入学"的方法与门径的角色。然而，朱子一方面认为：

> 学问须以《大学》为先，次《论语》，次《孟子》，次《中庸》。《中庸》工夫密，规模大。[3]

---

① 朱杰人、严佐之、刘永翔主编：《朱子全书》第十七册，上海：上海古籍出版社，合肥：安徽教育出版社，2002年版，第3427页。

② 朱杰人、严佐之、刘永翔主编：《朱子全书》第十七册，上海：上海古籍出版社，合肥：安徽教育出版社，2002年版，第3439页。

③ 朱杰人、严佐之、刘永翔主编：《朱子全书》第十四册，上海：上海古籍出版社，合肥：安徽教育出版社，2002年版，第419页。

另一方面又说:

> 某于《大学》用工甚多。温公作《通鉴》，言："臣平生精力，尽在此书。"某于《大学》亦然。《论》《孟》《中庸》，却不费力。①

对待最简单也最初级的《大学》，朱熹说自己"平生精力，尽在此书"，对待义理最复杂的《中庸》，朱熹却说"却不费力"，这令人不解。因为《中庸》作为《四书》中难度、规模最大的一部经典，理应花费朱熹最多精力才对。

朱熹如此评价自己的学术工作，并非没有缘故。从思想传承的角度看，他希望通过《大学》发扬小程"涵养须用敬，进学在致知"的思想宗旨，为儒家成圣成贤之学作出普遍性的方法解释，促成圣贤之学的现实化，这是他的目的。从理论需要看，"格物穷理"之学不仅包含《中庸》"已发""未发"之学在内，还将《中庸》"修道之谓教"的宗旨进一步技术化了，而之所以采取这样的处理方式，是因为朱子思想体系内理世界与气世界之间的关联太过薄弱，故不得不极度依赖行为主体的意志挺立。这一点留待下文再论，让我们先从朱子对《大学》一书的定位谈起。

首先，朱熹反复强调《大学》是纲领之书，如"亚夫问《大学》大意。曰：'《大学》是修身治人底规模。如人起屋相似，须先打个地盘。地盘既成，则可举而行之矣。'"②其次，《大学》八条目以"格物致知诚意正心"最为重要，如其所谓"《大学》一篇却是有两个大节目：物格、知至是一个，诚意、修身是一个。才过此二关了，则便可直行将去"③，而"格致诚正"中又以"格物""诚意"最为

---

① 朱杰人、严佐之、刘永翔主编：《朱子全书》第十四册，上海：上海古籍出版社，合肥：安徽教育出版社，2002年版，第430页。

② 朱杰人、严佐之、刘永翔主编：《朱子全书》第十四册，上海：上海古籍出版社，合肥：安徽教育出版社，2002年版，第420—421页。

③ 朱杰人、严佐之、刘永翔主编：《朱子全书》第十四册，上海：上海古籍出版社，合肥：安徽教育出版社，2002年版，第496页。

关键，因为"格物者，知之始也；诚意者，行之始也"[①]。再次，以"格物""诚意"为基础，剩余之事全在自我砥砺，《大学》重处都在前面。后面工夫渐渐轻了，只是揩磨在"[②]，而以《大学》为基础，《论语》《孟子》《中庸》及其他诸经提供的不过是互相照应、彼此印证的作用，所谓"《大学》是为学纲目。先通《大学》，立定纲领，其他经皆杂说在里许。通得《大学》了，去看他经，方见得此是格物致知事，此是正心诚意事，此是修身事，此是齐家治国平天下事"[③]。

基于这三条理由，《大学》在朱子思想中处于最初级的入门工夫却又是最重要的根本工夫的地位也就水落石出了。朱子希望借《大学》确立一种围绕践履展开的工夫体系，涵摄知行两面，将对天理的认知体现为日常的居敬涵养，并以此"纲领"范围儒家经典与诸子学说，也即将儒家追求的道德理想国与圣人境界方法化、技术手段化，但这一目的如何达成、效果如何，还需另论。让我们再看几条朱子对小学、大学的区分，他说：

> 古者初年入小学，只是教之以事，如礼乐射御书数及孝弟忠信之事。自十六七入大学，然后教之以理，如致知、格物及所以为忠信孝弟者。[④]

> 小学是直理会那事。大学是穷究那理，因甚恁地。[⑤]

[①] 朱杰人、严佐之、刘永翔主编：《朱子全书》第十四册，上海：上海古籍出版社，合肥：安徽教育出版社，2002年版，第488页。

[②] 朱杰人、严佐之、刘永翔主编：《朱子全书》第十四册，上海：上海古籍出版社，合肥：安徽教育出版社，2002年版，第421页。

[③] 朱杰人、严佐之、刘永翔主编：《朱子全书》第十四册，上海：上海古籍出版社，合肥：安徽教育出版社，2002年版，第422页。

[④] 朱杰人、严佐之、刘永翔主编：《朱子全书》第十四册，上海：上海古籍出版社，合肥：安徽教育出版社，2002年版，第268页。

[⑤] 朱杰人、严佐之、刘永翔主编：《朱子全书》第十四册，上海：上海古籍出版社，合肥：安徽教育出版社，2002年版，第269页。

小学者，学其事；大学者，学其小学所学之事之所以。①

小学是事，如事君、事父、事兄、处友等事，只是教他依此规矩做去。大学是发明此事之理。②

在朱子看来，小学与大学的区别只在于"事""理"的侧重不同。小学时期，人只模仿他人依照规矩学做洒扫应对、忠信孝悌之事，而大学则重在理会何以如此之理，也即所以然之理。打个比方来说，小学与大学学习的都是同一本教材，小学只是囫囵吞枣地去行，大学则是讲明其中的道理，是为知。《大学》一书的作用就在于从纲领的角度驾驭这两种致力方向，使之有序展开。《中庸》所言"性""道""教"的内容虽然重要，但其间道理不仅肇端于"格物穷理"，而且也唯有在人与事的"格物"互动中才能得以呈露。所以，朱子解释"格物"为"格，至也。物，犹事也"③，又作格物补传谓：

所谓致知在格物者，言欲致吾之知，在即物而穷其理也。盖人心之灵莫不有知，而天下之物莫不有理，惟于理有未穷，故其知有不尽也。是以《大学》始教，必使学者即凡天下之物，莫不因其已知之理而益穷之，以求至乎其极。至于用力之久，而一旦豁然贯通焉，则众物之表里精粗无不到，而吾心之全体大用无不明矣。此谓物格，此谓知之至也。④

显然，"格物"不是呆板地见物就格的意思，而是明确以"如礼乐射御书数

---

①朱杰人、严佐之、刘永翔主编：《朱子全书》第十四册，上海：上海古籍出版社，合肥：安徽教育出版社，2002年版，第269页。

②朱杰人、严佐之、刘永翔主编：《朱子全书》第十四册，上海：上海古籍出版社，合肥：安徽教育出版社，2002年版，第269页。

③［宋］朱熹：《四书章句集注》，北京：中华书局，1983年版，第4页。

④［宋］朱熹：《四书章句集注》，北京：中华书局，1983年版，第6—7页。

及孝弟忠信之事"为背景展开的"先行后知"过程，它指的是面对经典与传统所具有的典范与规矩义，行为者通过模仿与探究的后天学习实现自我与历史的结合，也即从"已知之理"而"益穷之"，最终实现主体视域内的"表里精粗无不到""全体大用无不明"的主客合一状态。重点在于"典范""模仿"的方式为自我提供了必不可少的"进入"经典与传统的渠道，并将其转化为自我之所是，或者说，通过践行理而先成为"所是"，继而知其理而明晓自我之"所是"。

正因有了"小学"这一段在先的工夫，朱子格物致知的宗旨才能够行之有效。理由在于，当人们有了行的基础之后，大学的致知是对自己已有之自我进行其何以如此的认知，意味着对自我的肯定，但如果一个人没有经历过小学阶段，却要他通过明理去践行，也即先知后行，那么这意味着一个人通过接受道德律令的要求来改变自己，意味着自我的否定。后者与前者根本不是一回事，难度也大得多。朱熹说："格物是梦觉关。诚意是善恶关。"① 从懵懵懂懂不知所以然之"行"，到"行"之所以然的理性呈现，这便是"梦"与"觉"的差别，而在理性知晓的基础上，主体意志是否能够贯彻"理"的要求去实践，便有了"善""恶"的道德区别。显然，重视以践履方式进入经典，这是朱子《大学章句》的根基所在，也是朱子对孔子出孝入悌，"行有余力，则以学文"（《论语·学而》）思路的革新。小学与"行"不仅是大学与"格物致知"的必要前提，所谓"'格物'两字，只是指个路头，须是自去格那物始得。只就纸上说千千万万，不济事"②，同时也是"格物致知"的首要目的，也即"穷理"只是为勤勉的道德践履附加上天理的律令意义。学习者最后是否能够穷究出"天理"的内容，对于朱子而言其实并不关键，关键的是以践履的方式去"穷"这一行为的指向。所以，朱子极为不满象山重觉悟的思想，并不是因为二人在本体层面上存在水火不容的认知，

---

① 朱杰人、严佐之、刘永翔主编：《朱子全书》第十四册，上海：上海古籍出版社，合肥：安徽教育出版社，2002年版，第480页。

② 朱杰人、严佐之、刘永翔主编：《朱子全书》第十四册，上海：上海古籍出版社，合肥：安徽教育出版社，2002年版，第426页。

而是因为觉悟之说破坏了践履的首要意义，对朱子理论几乎造成了釜底抽薪的摧毁，所谓"若但知收放心，不做工夫，则如近日江西所说，则是守个死物事。故《大学》之书须教人格物致知以至于诚意、正心、修身、齐家、治国、平天下，节节有工夫"[①]。

然而，进入穷理阶段后，如果强调的只是在主体视域内通过合一的方式体会理的支配性，倒也没有什么问题，问题出在"所以然之理"的内容具有丰富的多重含义，但朱子一方面秉持天理实在论，另一方面又有妥善处理"理"的各种歧义，而只是含混地以"所以然"表达众多有差别的理。譬如，如果宇宙万物皆为天理气化流行之显现，那么"格物穷理"也就变成了格"物"何以存在之理；如果物为事，天理就体现为人在伦理规范中何以要如此做之理，"格物穷理"穷的就不是"物"何以存在之理，而是"事"应然如此之理，两种理都可以被理解为就某种现象追究背后原因的意思。朱子利用"所以然"追求原因的逻辑作用去指称理世界的重要性，目的在于说明内含于气世界之中的理世界所具有的统摄力，进而塑造儒家话语对于人的权威性，但"所以然"固然可以被分析为因果关系，形式的因果却并不足以说明内容的多样。所以，如果区分理之内容与理之方向，那么朱子看重的是能够表现理之支配性的后者，也即原因的方向作用为"理"提供了结构上的支撑，能够更好地说明理世界与气世界之间的一致性，但如果朱子想要转为从内容层面进一步论证"理"的支配性是确凿无疑的，那么他就会遇到难以解决的困难。

朱子立足于小学的特征及"穷理"涉及的含混亦间接导致阳明误认为他的"格物"乃是一意向外，但就朱子本意而言，他非但没有将"格物穷理"理解为一意向外的认知之学，反而特别强调"自家身心"与"格物"相契合，只不过这种契合不是心本论的意思，而是"理"如何于人心发挥支配作用的意思。朱子说：

---

① 朱杰人、严佐之、刘永翔主编：《朱子全书》第十七册，上海：上海古籍出版社，合肥：安徽教育出版社，2002年版，第3435页。

"格物"二字最好。物，谓事物也。须穷极事物之理到尽处，便有一个是，一个非，是底便行，非底便不行。凡自家身心上，皆须体验得一个是非。①

首先，"是非"可以指涉客观事物的真、伪，也可以关乎价值评价的对、错，但这段话中的"穷极事物之理到尽处"并不是横向地搜罗穷究事物方方面面之理，而是纵向地穷究非对象化的"理"之于人心的作用，因为朱子用穷极到尽处来形容"是非"，又强调这种穷尽需要自家身心的体验，所以不可能指"真伪"，而只能是"对错"。其次，"凡自家身心上，皆须体验得一个是非"，考虑到朱子尤为强调学习与践履的工夫路径，所以他是将自我降格为被"是非"支配的对象，也即塑造自我对"是非"权威性的认同。如此一来，此处之"理"便不是实在之理，不是讲述有关"是非"的道理，而是"是非"这一判断标准本身，是旨在呈现"理应如此"这一秩序作用的虚名。从所以然跨越到所当然，"理"的支配性就表现为"应当"，一个无内容、无根据的指向。既如此，所谓"穷极事物之理到尽处"之"尽"，指的便是主体在诸物诸事的践履磨砺中对"是非""应当"的权威性进行反复体认的意思，像朱子说："格物，是穷得这事当如此，那事当如彼。"②

朱子认为内向反省必须架构在外向穷理的基础上，因为唯有如此，才能确保所体会出的"应当"是天理层次上的"应当"，而不是"我欲如何"的"应当"，也即用天理高高在上的逻辑地位充任有关"应当如此"的理由说明。经由阳明学的反驳，我们现在可以知道，这种方法与心学强调自身觉悟的主旨相差甚远，朱子的方法更倾向于通过在生活中反复体味"应当"对于人心的支配而打造主体对话语权威的服从性。这一形式的"应当"就像是一个高高在上的不可被进一

---

① 朱杰人、严佐之、刘永翔主编：《朱子全书》第十四册，上海：上海古籍出版社，合肥：安徽教育出版社，2002年版，第463页。

② 朱杰人、严佐之、刘永翔主编：《朱子全书》第十四册，上海：上海古籍出版社，合肥：安徽教育出版社，2002年版，第464页。

步解释的神圣物一般，它的出现源于天理实体对于人心的作用，不是代表着权威性，而是自身就是权威性。朱熹曾与学生问答：

> 问："格物则恐有外驰之病？"曰："若合做，则虽治国平天下之事，亦是己事。'周公思兼三王，以施四事。其有不合者，仰而思之，夜以继日，幸而得之，坐以待旦。'不成也说道外驰！"又问："若如此，则恐有身在此而心不在此，'视而不见，听而不闻，食而不知其味'，有此等患。"曰："合用他处，也着用。"又问："如此，则不当论内外，但当论合为与不合为。"先生领之。①

"合做""合为"是"应当"的意思。面对问者恐向外驰逐、恐悬空冥想的担忧，朱子试图引导他得出的答案是，既不存在人我之别，也不存在内外之别，为人处世只论应当与不应当，也即在"应当"的意义上，"格物穷理"不分内外，主体所要做的事情就是成为"应当"表达自身的工具。然而，虽然为人处世只论"应当"与否，但人永远也不可能成为"应当"自身，"应当"总是在人心与事物的接触过程中体现出"是非"作用，所以，为了保持"应当"的朗现，人就必须在不停的"格物"中反复触及"应当"，又反复体认"应当"的存在，于家国天下中履行"应当"的责任。这是一个周而复始、无穷无尽、循环印证的自新过程。

需要解释的是，中和新说后，朱子以贯穿动静之心兼顾动时察识、静时涵养两面，一改之前中和旧说重察识而轻涵养的毛病。有人认为，"应当"的无穷体认与印证似乎偏重察识，与朱子中年之后察识、涵养并重的理路不合。实则不然。中和新说虽标志着朱子思想的一大转折，奠定了他理气二元的思想规模，但新说并未彻底导致朱子工夫进路的转变，而只是为其偏重动察的工夫进路补上了如何处理"未发"与"静"的理论短板。他在《中和旧说序》中说：

---

① 朱杰人、严佐之、刘永翔主编：《朱子全书》第十四册，上海：上海古籍出版社，合肥：安徽教育出版社，2002年版，第468页。

　　余蚤从延平李先生学，受《中庸》之书，求喜怒哀乐未发之旨，未达而先生没。余窃自悼其不敏，若穷人之无归。闻张钦夫得衡山胡氏学，则往从而问焉。钦夫告余以所闻，余亦未之省也，退而沉思，殆忘寝食。一日，喟然叹曰："人自婴儿以至老死，虽语默动静之不同，然其大体莫非已发，特其未发者为未尝发尔。"自此不复有疑，以为《中庸》之旨果不外乎此矣。……乾道己丑之春，为友人蔡季通言之，问辨之际，予忽自疑，斯理也，虽吾之所默识，然亦未有不可以告人者。今析之如此其纷纠而难明也，听之如此其冥迷而难喻也，意者乾坤易简之理，人心所同然者，殆不如是……则复取程氏书，虚心平气而徐读之，未及数行，冻解冰释，然后知情性之本然，圣贤之微旨，其平正明白乃如此。而前日读之不详，妄生穿穴，凡所辛苦而仅得之者，适足以自误而已。①

　　朱子性格喜动厌静、偏于急躁，如其自谓"向来讲论思索，直以心为已发，而日用工夫，亦止以察识端倪为最初下手处，以故阙却平日涵养一段工夫，使人胸中扰扰，无深潜纯一之味，而其发之言语事为之间，亦常急迫浮露，无复雍容深厚之风"②，所以自从跟随李延平学习以来，一直不懂什么叫"未发"之前气象。在与张栻结识后，湖湘学派的学风与他的性格不谋而合，所以才有"自此不复有疑"的喟然之叹。然而，依刘述先的分析，这只是朱子的个人错觉，"但朱子并不了解，五峰所谓察识实乃察识本心之发见而当下体证之，是先识仁之体，是肯认一本心，非察于喜怒哀乐之已发也"③，而是将本心发用的随时省察理解为从意念情感的"已发"中捕捉本心之"未发"，这显然是搞错了对象的南辕北

　　①朱杰人、严佐之、刘永翔主编：《朱子全书》第二十四册，上海：上海古籍出版社，合肥：安徽教育出版社，2002年版，第3634—3635页。

　　②朱杰人、严佐之、刘永翔主编：《朱子全书》第二十三册，上海：上海古籍出版社，合肥：安徽教育出版社，2002年版，第3131页。

　　③刘述先：《朱子哲学思想的发展与完成（增订本）》，台北：台湾学生书局，1984年版，第100页。

辙之举，并且加剧了朱子对延平思想的困惑，所以他才会在与蔡季通论学时感到"今析之如此其纷纠而难明也，听之如此其冥迷而难喻也，意者乾坤易简之理，人心所同然者，殆不如是"。然而，由于湖湘学派与朱子性格皆有偏向动察的特点，所以朱子最终也依张栻对胡宏的转述，将"心"理解成完全后天的、"已发"的产物，以动中察识为工夫来理解古人所谓的本性、本心、天理。中和旧说本质上是一种经验意义的归纳总结，缺乏本体方面的说明，类似于阳明所说的"冥行妄作"，所谓"古人所以既说一个知又说一个行者，只为世间有一种人，懵懵懂懂的任意去做，全不解思惟省察，也只是个冥行妄作，所以必说个知，方才行得是"①。只凭后天的强探力索，从经验中归纳本体，自然会造成朱子那般飘荡无依的感受，所以他必须解决这个问题，在自己的主体世界中找到通往本体的方法。这一方法不必是李延平的"未发"气象，因为延平的教诲只是引导朱子思考本体的思想路标，朱子也并不以理解延平为最终目的，而只是因为自己在践履之中缺乏与延平教诲对应的经验体会而感到困惑，所以他需要为自己的强探力索寻求属于自身的理由以充任当下行为的根据。

朱子的中和新说改变了心为"已发"的结论，变"已发"之心为统领"未发""已发"之心，但是没有改变对"未发""已发"的理解，仍延续了之前"特其未发者为未尝发尔"的经验立场，只是扩大了"心"的统摄范围，变受制于"已发"之心为主宰"已发""未发"之心。这一主宰的出现是朱子在经验世界中寻找到的本体证据，使其能够不至于在经验浪潮的翻滚中随波逐流而失去自我，至于这一主宰，则是一方面源于理世界的支撑，一方面源于主体意志的坚定，二者的结合就是"涵养须用敬"。在《与湖南诸公论中和第一书》中，朱子检讨了自己之前由于"目心为已发、性为未发"，致使"日用功夫全无本领"②，又谓：

---

① 吴光、钱明、董平等编校：《王阳明全集》，杭州：浙江古籍出版社，2011年版，第5页。
② 朱杰人、严佐之、刘永翔主编：《朱子全书》第二十三册，上海：上海古籍出版社，合肥：安徽教育出版社，2002年版，第3130页。

按《文集》《遗书》诸说，似皆以思虑未萌、事物未至之时，为喜怒哀乐之未发。当此之时，即是此心寂然不动之体，而天命之性，当体具焉。以其无过不及，不偏不倚，故谓之中。及其感而遂通天下之故，则喜怒哀乐之性发焉，而心之用可见。以其无不中节，无所乖戾，故谓之和。①

由此可知，中和新说"思虑未萌、事物未至之时，为喜怒哀乐之未发"与中和旧说"人自婴儿以至老死，虽语默动静之不同，然其大体莫非已发，特其未发者为未尝发尔"在"未发"的含义上并没有本质性的差别，都是从经验状态的角度指称心思意念。不过，旧说由于确认了外向动察的方向，所以朱子寻不到未发处，认为"未发"不过是"未尝发"，人之所知全部都是自"已发"而向"未发"的探究，但新说不再认为"未发"是一个无法认知的状态，而是"思虑未萌、事物未至"，未与外物相接触的状态。这就为朱子苦苦寻觅的"未发"之前气象划定了可以被人从经验视角捕捉到的区域，这一区域的划定是以中和旧说"大体莫非已发"的否定性形式界定的。然而，朱子只是在形式上开辟了这一"未发"区域，但无论是经验上，还是他本人，都很难以肯定的方式指称这一区域，如果可以，我们也就不必用"思虑未萌、事物未至"的否定性修辞来界定它了。朱子之所以没有将未发进一步提升为超出经验界的本体，是因为他的思路仍围绕着如何开辟本体的经验场所的思路展开，所以即便提出中和新说，朱子也并没有摆脱中和旧说的基本框架，而只是从中作了重心的调整。故而在《与湖南诸公论中和第一书》中，朱子既承认"未发之前不可寻觅，已觉之后不容安排"，相当于变相承认了"未发"的形式义，同时又强调要对这一形式的本体区域多加"平日庄敬涵养之功"，而"随事省察，即物推明，亦必以是为本"。② 但问题在于，

①朱杰人、严佐之、刘永翔主编：《朱子全书》第二十三册，上海：上海古籍出版社，合肥：安徽教育出版社，2002年版，第3130—3131页。
②朱杰人、严佐之、刘永翔主编：《朱子全书》第二十三册，上海：上海古籍出版社，合肥：安徽教育出版社，2002年版，第3131页。

既然"未发"只是形式上的心理状态划定，那么"庄敬涵养"的后天工夫去哪里做呢？

在《答张钦夫》中，朱子更详细地陈述了自己的中和新说。他写道：

> 然比观旧说，却觉无甚纲领，因复体察，得见此理须以心为主而论之，则性情之德、中和之妙，皆有条而不紊矣。然人之一身，知觉运用，莫非心之所为，则心者，固所以主于身，而无动静语默之间者也。然方其静也，事物未至，思虑未萌，而一性浑然，道义全具，其所谓中，是乃心之所以为体而寂然不动者也。及其动也，事物交至，思虑萌焉，则七情迭用，各有攸主，其所谓和，是乃心之所以为用，感而遂通者也。然性之静也而不能不动，情之动也而必有节焉，是则心之所以寂然感通、周流贯彻而体用未始相离者也。然人有是心而或不仁，则无以著此心之妙；人虽欲仁而或不敬，则无以致求仁之功。盖心主乎一身而无动静语默之间，是以君子之于敬，亦无动静语默而不用其力焉。未发之前，是敬也固已主乎存养之实；已发之际，是敬也又常行于省察之间。方其存也，思虑未萌而知觉不昧，是则静中之动，复之所以"见天地之心"也；及其察也，事物纷纠而品节不差，是则动中之静，艮之所以"不获其身，不见其人"也。有以主乎静中之动，是以寂而未尝不感；有以察乎动中之静，是以感而未尝不寂。寂而常感，感而常寂，此心之所以周流贯彻而无一息之不仁也。①

在这段话中，朱子赋予了"心"跳出经验世界的权利，将此前的"已发"之心诠释为"知觉运用之心"，而将新说所悟之心诠释为"主宰之心"，也即"心者，固所以主于身，而无动静语默之间者也"。由于"主宰"的功能是驾驭动静而不受制于动静，所以在此基础上，朱子以主宰之心与知觉运用之心的关系来贯穿

① 朱杰人、严佐之、刘永翔主编：《朱子全书》第二十一册，上海：上海古籍出版社，合肥：安徽教育出版社，2002年版，第1418—1419页。

"已发"与"未发"、形上与形下。"主宰之心"的出现是"未发"这一形式上的本体区域的功能性体现，换句话说，我们不可能在经验世界中找到"事物未至，思虑未萌"的时刻，所以"未发"仍要在"已发"中体现，而区别于"已发"的标志即在于心的"主宰"功能在后天的彰显，因而"知性"对应于瞬息万变的大千世界，而"主宰"对应于理世界的绝对支配。

朱子不仅把"心"知性化了，而且也意志化了。意志化的心作用于变化无休的经验世界，就显现出虽动静纷扰，却各有分寸，各有所以然、所当然之理的样子，最终它将返归"知性化"的自身，也即被格物穷理指向的世界自身。这也是他自信得出"然性之静也而不能不动，情之动也而必有节焉，是则心之所以寂然感通、周流贯彻而体用未始相离者也"结论的原因。

可以看出，相较于中和旧说，朱子改变的就是在开辟"未发"的形式意义的基础上加入了"主宰"的功能，并且在"主宰"的意义上去谈所以然的问题。"主宰"并不是因探求经验世界何以如此的目的而被引入的，而是由于朱子感到本体一段的工夫缺失，为了寻求"乾坤易简之理，人心所同然者"何以可能而被引入的。所以，一方面，意志化的心是朱子为"应当"寻找到的属于自身的理由，另一方面，"理"并不一开始就对应于天地万物的存在之理，而是对应于在散漫无章的后天世界中寻求自我主宰的方向。另外，既然"未发"只是形式的划分，"主宰"只是一个功能的体现，那么它们都不对应于理的具体内容，而只是标识"所以然"自身以及"所当然"自身，也即作为权威的"应当"自身。关于"庄敬涵养"于何处用力的问题，朱子既认为"盖心主乎一身而无动静语默之间，是以君子之于敬，亦无动静语默而不用其力焉"，那么"敬"对应于"主宰之心"的修养工夫，自然也就不拘束于"已发""未发"，而是贯穿动静的持之以恒的工夫。

然而仔细说来，虽然朱子用"有以主乎静中之动，是以寂而未尝不感；有以察乎动中之静，是以感而未尝不寂"一语来表达贯穿动静、圆融无碍的境界，但这两句话实际表达的是同一个意思，前者强调的是主宰静中之动，其主宰的对象是动，而后者强调的是察乎动中之静，其主宰的对象还是动，这也就意味着虽然朱子提倡贯穿动静的"敬"之工夫，但"敬"的工夫只有"动"这一个对象。由于"未发"作为对人心理状态所作的形式上的划分并没有得到工夫的照管，朱子并没有改变他动察的基本思路，而只是在动察中加入代表"未发"的"敬"以象征理世界的净洁空阔，发挥"应当"的意志作用来补上理论的最后一块短板。于是，无论是涵养，还是动察，实际上都服务于"敬"的目的，涵养是涵养此"敬"之心态不松懈，动察是警诫此"敬"之发用不丧失。打个比方来说，"敬"就相当于唯一一扇通往理世界的大门，它的开阖完全取决于主体自心的意志，打开则人与本体就接得上，关上则人就完全陷入经验世界的昏闭之中，所以"敬"可以说是包括涵养、动察、格物、穷理等细节在内的唯一工夫，所谓"'敬'字是彻头彻尾工夫。自格物、致知至治国、平天下，皆不外此"①。

在《答张钦夫》中，朱子本此立场，开启了对中和旧说以及湖湘之学的清算。他说：

> 熹向来之说固未及此，而来喻曲折，虽多所发明，然于提纲振领处似亦有未尽。又如所谓"学者先须察识端倪之发，然后可加存养之功"，则熹于此不能无疑。盖发处固当察识，但人自有未发时，此处便合存养，岂可必待发而后察、察而后存耶？且从初不曾存养，便欲随事察识，窃恐浩浩茫茫，无下手处，而豪釐之差、千里之缪将有不可胜言者。此程子所以每言孟子才高，学之无可依据；人须是学颜子之学，则入圣人为近，有用力处。其微意亦可见矣。且如"洒扫应对进退"，此存养之事也，不知学者将先于此而后察之耶，抑将先察识而后存养也？以此观之，则用力之先后判然可观矣。②

在这段话中，朱子为"存养"赋予了"洒扫应对"之事，以契合他关于"未

---

① 朱杰人、严佐之、刘永翔主编：《朱子全书》第十四册，上海：上海古籍出版社，合肥：安徽教育出版社，2002年版，第570页。

② 朱杰人、严佐之、刘永翔主编：《朱子全书》第二十一册，上海：上海古籍出版社，合肥：安徽教育出版社，2002年版，第1420页。

发"的新理解。从中，我们更可确信，朱子一方面圈定了一个形式的"未发"以遮盖自身理论的缺陷，另一方面却只是用新发现来诠释他旧思路的合理性。在他的理论中，"未发"也好，天理本体也罢，对应的其实都只是小学阶段的行为模仿以及相关的权威与服从关系。对于朱子而言，"未发"之静并无意义，也没有什么工夫可做，只是一心思意念与本体的遥相呼应而确立的敬的心理状态，而察识也只有被动模仿而不自知与自知"敬"而主动印证的差别。

从自我意识的角度看，无论是朱子的中和旧说还是新说，他思想的转折与变迁始终固执地围绕着内心深处的欲求展开。他需要一个理由以使自己能够坚信，即便最普通的日常践履亦可以使其所欲求的圣贤形象照入当下的世界，而不至于陷入茫然无措的自我迷失之中。表面上，朱子追求的是成为话语的支配对象，让天理朗现于现实，但实际上，中和新说的理路与延平教诲相差甚大，他只是在寻找一个可以支配这些话语的方法，以证成天理与现实的支配关系。这不是说李延平的看法代表了天理世界，而是说天理世界究竟是什么样子，恐怕不如"天理"本身的权威地位来得重要。所以，如果我们将古人口中的本体理解为一个能够客观印证的对象，或者说，如果我们依据阳明学、牟宗三的批评，认为朱子根本搞错了孟子学、湖湘学派的思想，那么这种批评也只有在孟子学、阳明学的思想体系中才具有正面意义。问题不在于朱子是不是正确理解了延平和湖湘学派，而在于为什么他明明搞错了问题的重点，却仍然对此涣然自信，感受到了"本体"意义的充沛。更荒谬的是，如果我们认为朱子是错的，那么深受朱子学影响的诸位学者明明走上了一条错误的求圣之路，却为什么又对此深信不疑，并且仿佛真的从中触摸到了理世界的净洁空阔似的。当然，朱子哲学自有其可取之处，这是他能够得到旁人认同的核心原因，但从自我意识的角度看，话语与自我的关系及其运作机制才真正发挥了作用。

这从侧面说明，首先，思想作为一种话语，对自我意识理解自身的机制作用是不分对错的；其次，本体也好，工夫也罢，它们本质上都是在为自我提供话语的功能，也即为其创造一个属我的话语世界而安置自我对"己之所是"的疑问；

再次，对错的评价只意味着人们生活在不同的话语评价体系之中，并且将自我得到抒发的权力意识再一次灌注到历史对象的评价之中，也即我们忽略了朱子自我意识的需要，而将其置换为评价者的自我意识。进一步说，当我们对历史对象作出好坏、对错的评价时，便意味着我们正沿着话语提供的渠道进一步将自己打造成一个具有历史向度的存在物，并使原本局限于自我意识内部的历史我因此种评价而得到承认，可以置身于话语描绘的自我之所是之中。

对于朱子而言，一方面，他所体会的本体仅仅对他有意义，而在探求过程中，他在话语的重复之中创造了自己之所是；另一方面，当他的自我意识话语化而成为他人必须学习的对象时，创造的意义便消失了，后来者只是在欲求圣贤之学的过程中渴望将自我意识打造成朱子的复制品。所以，即便朱子提到"人也不解无个发明处。才有些发见处，便从此挨将去，渐渐开明。只如一个事，我才发心道，'我要做此事'，只此便是发见开明处了，便从此做将去"①，这种说法回应的也只是他的自我意识，而不可能得到象山、阳明的肯定。结合前文所论，我们已经能够知道，这里的"我要做此事"指的是朱子对"应当"的渴望，而"应当"为朱子提供的是理世界与自我的遥接。然而，理世界自身没有意义，它只是自我在欲求话语过程中的形而上表达，真正有意义的是描述理世界的话语。当朱子在经验世界中确立了"应当"作为理世界的代表时，"我要做此事"说的就只是他需要迫切地进一步理解话语对于自我的意义，重新塑造自我之所是。这种塑造并没有造成经验的内容变更，而只是促使自我去重新理解自己的过往并"确认"自己究竟"是什么"。这与朱子经由中和新说而发生的改变是一样的，他对于自我之所是的确认就是自己"应当是"。尽管朱子的自我意识试图将自己打造成理世界的话语存在物，但一方面，"是"标识的一切只是一种话语的幻想，另一方面，朱子也没有办法在内容的层面上充实它，而只能确立一个面朝这一方向的自我意志。所以，自我必须以回到经验世界，通过不停的践履来印证自

---

① 朱杰人、严佐之、刘永翔主编：《朱子全书》第十四册，上海：上海古籍出版社，合肥：安徽教育出版社，2002年版，第467—468页。

己的确因"应当是什么"的方式而确信自身。然而，由于"应当"总需要得到印证的缘故，"自我"与"应当"之间的这套权威服从体系也总须以无间断的创造、印证、再创造、再印证为标示，揭示出一个无止境的欲求过程。

二、理世界与气世界的关联

接下来，让我们从朱子思想中的理世界出发，进一步佐证上述结论。延续张载、小程的思想，朱子同样区分了形而上的理世界与形而下的气世界，他认为理气之间是理在气先、理在气中的关系，如其所谓"理未尝离乎气。然理形而上者，气形而下者。自形而上下言，岂无先后"[1]，"理与气本无先后之可言。但推上去时，却如理在先，气在后相似"[2]，又谓："天下未有无理之气，亦未有无气之理"[3]，"若理，则只是个净洁空阔底世界，无形迹，他却不会造作。气则能酝酿凝聚生物也。但有此气，则理便在其中"[4]。依朱子的表述，理气之间与其说是"先后"，倒不如说是"高下"的关系。《朱子语类》载：

> 问："太极不是未有天地之先有个浑成之物，是天地万物之理总名否？"曰："太极只是天地万物之理。在天地言，则天地中有太极；在万物言，则万物中各有太极。未有天地之先，毕竟是先有此理。"[5]

---

① 朱杰人、严佐之、刘永翔主编：《朱子全书》第十四册，上海：上海古籍出版社，合肥：安徽教育出版社，2002年版，第115页。

② 朱杰人、严佐之、刘永翔主编：《朱子全书》第十四册，上海：上海古籍出版社，合肥：安徽教育出版社，2002年版，第115—116页。

③ 朱杰人、严佐之、刘永翔主编：《朱子全书》第十四册，上海：上海古籍出版社，合肥：安徽教育出版社，2002年版，第114页。

④ 朱杰人、严佐之、刘永翔主编：《朱子全书》第十四册，上海：上海古籍出版社，合肥：安徽教育出版社，2002年版，第116页。

⑤ 朱杰人、严佐之、刘永翔主编：《朱子全书》第十四册，上海：上海古籍出版社，合肥：安徽教育出版社，2002年版，第113页。

　　在周敦颐《太极图说》中，"太极"不仅是宇宙万物之总名，而且是宇宙万物之全体自身，其动而生阳、静而生阴、动极而静、静极复动的性质即是宇宙生化不息之动力所在①，因而我们也可以将太极之动视为宇宙之开端。但这么说也不准确，因为动而静、静而动是太极自身无有休止的循环过程，并没有任何一个"动"之开始可被确认。所以，太极所标识的宇宙万物之全体，不仅指向空间之全体，而且包括时间之全体，涵括了宇宙万物之开端与终结在内。虽然阴阳之道可以下贯为"刚柔""仁义"等性质②，但本质上说，它是不能够被个体化、具象化而背离"全体"的根本立场的。然而，随着朱子将太极推进为理一分殊、物物一太极的关系，太极之全体义便转换为如何普遍地呈现自身的意义，而太极之动静义也变成了"通而复""复而通"的格物穷理过程，即所谓"诚者，圣人之本，物之终始，而命之道也。其动也，诚之通也，继之者善，万物之所资以始也。其静也，诚之复也，成之者性，万物各正其性命也"③。在此基础上，"动静阴阳之理已悉具于其中"④，"理"指的便不是动静之自身，而是何以动、何以静这一更高一层的本体主宰。又如朱子在《延平答问》中说："问：'太极动而生阳'，先生尝曰：'此只是理，做已发看不得。'熹疑既言'动而生阳'，即与复卦一阳生而'见天地之心'何异。窃恐'动而生阳'，即天地之喜怒哀乐发处，于此即见天地之心……先生曰：'太极动而生阳'，至理之源，只是动静阖辟。至于终万物、始万物，亦只是此理一贯也。……今欲作两节看，切恐差了。"⑤由此可见，朱子是硬生生地将太极之全体义从中劈开，分为"未发""已发"两段，从而为理世界让出位置。

---

　　①［宋］周敦颐著，陈克明点校：《周敦颐集》，北京：中华书局，1990年版，第4页。

　　②［宋］周敦颐著，陈克明点校：《周敦颐集》，北京：中华书局，1990年版，第7页。

　　③朱杰人、严佐之、刘永翔主编：《朱子全书》第十三册，上海：上海古籍出版社，合肥：安徽教育出版社，2002年版，第72页。

　　④朱杰人、严佐之、刘永翔主编：《朱子全书》第十三册，上海：上海古籍出版社，合肥：安徽教育出版社，2002年版，第73页。

　　⑤朱杰人、严佐之、刘永翔主编：《朱子全书》第十三册，上海：上海古籍出版社，合肥：安徽教育出版社，2002年版，第328—329页。

可以看到，"太极"与"理"在朱子哲学中具有不同的功能特征。"太极"既指全体大用义，又兼具何以要如此的根本理由之义，而后者便为"理"。朱子特别强调"太极"和"理"这两个负责不同功能的专名之间的一致，用前者的至全至大充任后者至高至上的理由，在此基础上，"理在气中"才有了发挥的余地。换句话说，朱子不仅要强调太极即理，而且还要将太极纳入现实之中以兑现它的现实性，从理即太极的角度再次论证二者的一致。如此一来，因说明高下之别的目的，朱子先转过头去讲先后的问题，再转过头来讲理气之间的主宰与被主宰，而"未有天地之先，毕竟是先有此理"所兼具的"起源"与"根据"两个面向，就被融合在一个观念之中了。但朱子为了凸显"理"，在与陆象山的太极之辩中，就已显现出捉襟见肘，其所谓"不言无极，则太极同于一物，而不足为万化之根；不言太极，则无极沦于空寂，而不能为万化之根"①，故"无极而太极"只是"无形而有理"②，被象山讥讽为"叠床架屋"③。

所以，朱子的理气关系说到底也只是理之主宰的自我实现与普遍适用。问题在于，如果"太极"生化万物乃是自身的实现需要，而被生化的万物各具一太极，那么被生化的万物自身亦同时代表着"太极"自我实现的需要，这将最终导致多个太极并存的难题。譬如在朱子那著名的"月映万川"的比喻中，每个池塘、每条河流映照出多个月亮的共存，那么多个太极可以共存吗？当一多矛盾进一步激化为万物为自我实现的需要而在普遍适用的意义上产生矛盾时，谁能够代表太极呢？于是，太极的自我实现此时就必须让位于多个自我的共存，要么失去为整个宇宙提供生化功能的意义而塌缩为为单个自我的存续提供意义，要么承认全体之共存意义而否定单个自我的有意义。这两种太极，一为整个宇宙滚动向前的生生不息，一为单个自我的求生与生存，显然不能被归结为同一性质

---

① 朱杰人、严佐之、刘永翔主编：《朱子全书》第二十一册，上海：上海古籍出版社，合肥：安徽教育出版社，2002年版，第1560页。

② 朱杰人、严佐之、刘永翔主编：《朱子全书》第十七册，上海：上海古籍出版社，合肥：安徽教育出版社，2002年版，第3116页。

③〔宋〕陆九渊著，钟哲点校：《陆九渊集》，北京：中华书局，1980年版，第27页。

的东西。我们不能说，太极正是以多个自我的竞争来实现生生不息，所以这两者之间没有矛盾，因为这要么说的是太极之全体讲的是竞争下的共存，太极之个体讲的是自我生存的不容置喙，要么说的是个体只能以辩证的方式、理性的狡计的方式、自我否定的方式才能真正实现太极。既如此，那么太极本身就存在"生生不息"与"自我否定"的内在冲突，不可能因为理之主宰的关系而在个体身上呈现出太极自身的全体大用，而落在现实之中，它则要求个体只能以自我毁灭这一无法做到的方式来延续自身。

所以，尽管朱子希望这种处理可以起到同时解释"理"何以能主宰且何以主宰现实的作用，但"理"与"太极"异名同实的关系却矛盾重重。既如此，则不妨说，朱子只是创造了一个"净洁空阔"的理世界作为现实世界的使用手册，并且强调这一世界的秩序义不仅是超越且永恒的，"如万一山河大地都陷了，毕竟理却只在这里"①，而且像太极那样具有无可辩驳的涵括一切存在于内的普遍性，也即它是一个兼具一致性与完备性的系统。但自哥德尔不完全性定理已从数学角度证明了二者无法兼备于同一个系统之后，朱子的这个设想能否行得通，恐怕就要打上一个问号了。他要么只能承认理气关系至多保住理的主宰性，即系统解释的一致性，却不是普遍有效的，要么只能承认理气关系在涵摄宇宙全体在内的语境中无法给出"理"的说明，即寻求完备性的同时无法保证系统自身的一致性。朱子的理世界既然是有缺陷的，那么理世界与气世界之间的关系也就十分脆弱，只是以"人心"，甚至可以说是"人心"的意志的强撑，来维系这一脆弱关联。他说："心之理是太极，心之动静是阴阳。"②这里的"心之理""心之动静"即指向人的意志对行为的绝对支配。理世界的高高在上解释了为什么在朱子工夫论中，心只能作为意志与"应当"相结合，重复无尽地践履与印证——

---

① 朱杰人、严佐之、刘永翔主编：《朱子全书》第十四册，上海：上海古籍出版社，合肥：安徽教育出版社，2002年版，第116页。

② 朱杰人、严佐之、刘永翔主编：《朱子全书》第十四册，上海：上海古籍出版社，合肥：安徽教育出版社，2002年版，第218页。

因为"心"作为形而下者，不可能成为那净洁空阔的理世界，而只能起到连接理世界与气世界的桥梁作用，即完全依靠人的意志，服从那一无内容、无根据的"应当"的权威性，从而实现两个世界的连接。《朱子语类》又载：

> 问："天地之心，天地之理。理是道理，心是主宰底意否？"曰："心固是主宰底意，然所谓主宰者，即是理也，不是心外别有个理，理外别有个心。"①

问者所谓理是道理，心是主宰，这是从功能上区别心和理。对于主体而言，这种区别是必要的，因为在主体视域内，无论是"我欲如何"，还是"理应如何"，都需要意志在现实中发挥主宰的功能。然而在朱子视野内，为了将"理应如何"区别于个体私欲的"我欲如何"，他必须在原理上和形式上同时作出区分。原理上的做法就是托举一个净洁空阔的理世界，譬如这段话中，朱子强调的"心固是主宰底意，然所谓主宰者，即是理也"，而形式上的做法则是一方面强调在践履中对天理权威性的体贴与服从，一方面以克制气质之偏为体贴天理的落脚处。但严格说来，与理世界相较，所有的气质都是需要被克服的东西。

因而朱子虽然承认有所谓气质之性，并以气之清、浊对应圣贤、愚众，但如果要贯彻理的本体地位，就不能不否认"气"的自性，也即气质之性有意义。譬如，他一方面认为"天命之性，非气质则无所寓。然人之气禀有清浊偏正之殊，故天命之正，亦有浅深厚薄之异，要亦不可不谓之性"②，一方面又认为"性只是理。气质之性，亦只是这里出。若不从这里出，有甚归着。如云'人心惟危，

---

① 朱杰人、严佐之、刘永翔主编：《朱子全书》第十四册，上海：上海古籍出版社，合肥：安徽教育出版社，2002年版，第117页。
② 朱杰人、严佐之、刘永翔主编：《朱子全书》第十四册，上海：上海古籍出版社，合肥：安徽教育出版社，2002年版，第196页。

道心惟微’，道心固是心，人心亦心也。横渠言：‘心统性情。’”①

从这两段文字看，固然可以说，从气的角度审视理，理即是“清”，而气之自身即是浊，但朱子并没有贯彻这一思路，而是坚持认为理、气之间是“寓”的关系。那么，气之“清”就相当于说气之自性趋近于无，而“寓”之关系亦趋近于无。在这个意义上，“性只是理。气质之性，亦只是这里出”才说得通。但这也导致了另一个问题，那就是“气之浊”是怎么出现的。朱子的一些论述，譬如“理在气中，如一个明珠在水里。理在清底气中，如珠在那清底水里面，透底都明；理在浊底气中，如珠在那浊底水里面，外面更不见光明处”②，“气质之性，便只是天地之性。只是这个天地之性却从那里过。好底性如水，气质之性如杀些酱与盐，便是一般滋味”③，基本致力于从气之自性趋近于无的角度论述完美的理气关系。然而，如果朱子没有办法妥善解决“浊”的疑问，又秉持“天地间只是一个道理。性便是理。人之所以有善有不善，只缘气质之禀各有清浊”的立场④，那么“浊”起到的主要作用首先便是成为理世界的主宰对象，成为理世界认知自身的一面镜子，其次才是为现实世界以及“恶”的存在提供一个实然性质的解释，所以朱子才会将人的践履磨砺解释为“磨镜”：“致知乃本心之知。如一面镜子，本全体通明，只被昏翳了，而今逐旋磨去，使四边皆照见，其明无所不到。”⑤但这又否定了“浊”的实然性质是有意义的，因而“浊”大概只是朱子推崇理世界的附属品，在谈及“理”之支配性时，“浊”才有存在的必要。同样，气之“清”如同太极一样，也只是变相形容“理”之权威的代名词。这就

---

① 朱杰人、严佐之、刘永翔主编：《朱子全书》第十四册，上海：上海古籍出版社，合肥：安徽教育出版社，2002年版，第195页。

② 朱杰人、严佐之、刘永翔主编：《朱子全书》第十四册，上海：上海古籍出版社，合肥：安徽教育出版社，2002年版，第203页。

③ 朱杰人、严佐之、刘永翔主编：《朱子全书》第十四册，上海：上海古籍出版社，合肥：安徽教育出版社，2002年版，第197页。

④ 朱杰人、严佐之、刘永翔主编：《朱子全书》第十四册，上海：上海古籍出版社，合肥：安徽教育出版社，2002年版，第196页。

⑤ 朱杰人、严佐之、刘永翔主编：《朱子全书》第十四册，上海：上海古籍出版社，合肥：安徽教育出版社，2002年版，第462页。

造成了从表面看，清、浊，理、气，善、恶虽具有由二元对立融合为一的可能性，但实际上存在的却只有"理"的绝对支配与二元的绝对对立，气世界并未因理世界的介入与说明而得到充分的理解，相反，它处在被贬抑、排斥的地位。既如此，那么理世界与现实世界的关联自然也就无法被保证而总是处在摇摇欲坠的状态中。

让我们再看一段朱子对性、情、心、气关系的详细陈述：

"性，便是合当做底职事，如主簿销注，县尉巡捕；心，便是官人；气质，便是官人所习尚，或宽或猛；情，便是当厅处断事，如县尉捉得贼。情便是发用处。性只是仁义礼智。所谓天命之与气质，亦相衮同。才有天命，便有气质，不能相离。若阙一，便生物不得。既有天命，须是有此气，方能承当得此理。若无此气，则此理如何顿放。天命之性，本未尝偏。但气质所禀，却有偏处，气有昏明厚薄之不同。然仁义礼智，亦无阙一之理。但若恻隐多，便流为姑息柔懦；若羞恶多，便有羞恶其所不当羞恶者。且如言光：必有镜，然后有光；必有水，然后有光。光便是性，镜水便是气质。若无镜与水，则光亦散矣。谓如五色，若顿在黑多处，便都黑了；入在红多处，便都红了；却看你禀得气如何，然此理却只是善。既是此理，如何得恶。所谓恶者，却是气也。孟子之论，尽是说性善。至有不善，说是陷溺，是说其初无不善，后来方有不善耳。若如此，却似'论性不论气'，有些不备。却得程氏说出气质来接一接，便接得有首尾，一齐圆备了。"……或问："若是气质不善，可以变否？"曰："须是变化而反之。如'人一己百，人十己千'，则'虽愚必明，虽柔必强'。"[①]

首先，朱子将性解释为"便是合当做底职事"，其中的"职事"是为迁就主

---

① 朱杰人、严佐之、刘永翔主编：《朱子全书》第十四册，上海：上海古籍出版社，合肥：安徽教育出版社，2002年版，第192—194页。

簿、县尉等喻体而使用的说法，实际说的是"理在气中"的意思，而最能体现出"理"的意义的是"合当"两个字，也即"应当"。既然理、气乃是两个世界，而理世界对气世界的阐释效力又是薄弱的，那么理世界对气世界的作用就只体现在气世界本身的运行与价值律令的结合上，也即从气世界看，一个人援助落井的孩子只是物理运动，但这个运动加上"应当"之后，就具有道德意义。尽管朱子同时还用理气范畴去解释春夏秋冬的季节变化、天体的运行等等，但这都是不相干的衍伸，可以抛开不管，因为真正能够促使"理"与儒家传统道德精神相契合的只有"应当"。但是，这里的"应当"是无根据、无理由的，它的作用只在于为某种行为提供应该这么做的"权威性"，而其具体内容则是由儒家经典话语填充的。所以理世界是朱熹对先秦儒家话语体系进一步抽象的产物，但当缺乏理想的政治世界做背景时，它与现实世界的联系基本上就完全凭借个体意志的强撑。

其次，这段话对四端之情的诠释与朱子《孟子集注》中"恻隐、羞恶、辞让、是非，情也。仁、义、礼、智，性也。心，统性情者也"的观点一致[1]，代表了他思想的最终结论。四端之情与"仁义礼智"的最大差别，在于前者依赖于环境的刺激，有过与不及之患，而后者则代表了恒久不变的价值秩序，完全遵守"应当"的法则。区别性与气之关键就在于"应当"与"不应当"，唯有"应当"才涵括了"已发""未发"两面。然而，如果我们问"何以应当"，那么朱子对于理世界的解释就又回到了太极动而生阳、静而生阴的那一套说辞里，譬如朱子曾这样解释道：

> 所以然之故，即是更上面一层。如君之所以仁，盖君是个主脑，人民土地皆属它管，它自是用仁爱。试不仁爱看，便行不得。非是说为君了，不得已用仁爱，自是理合如此。试以一家论之：为家长者便用爱一家之人，惜一

---

①［宋］朱熹：《四书章句集注》，北京：中华书局，1983年版，第238页。

家之物，自是理合如此，若天使之然。每常思量着，极好笑，自那原头来便如此了。又如父之所以慈，子之所以孝，盖父子本同一气，只是一人之身，分成两个，其恩爱相属，自有不期然而然者。其它大伦皆然，皆天理使之如此，岂容强为哉！且以仁言之：只天地生这物时便有个仁，它只知生而已。从他原头下来，自然有个春夏秋冬，金木水火土。初有阴阳，有阴阳，便有此四者。故赋于人物，便有仁义礼智之性。[①]

这段话中，朱子完全是从太极气化的角度来解释伦理道德以及"仁义礼智之性"。倘若气有厚薄，而"理却只是善。既是此理，如何得恶。所谓恶者，却是气也"，那么从气化角度解释"理合如此"就完全是本末倒置的做法，更不必提从"金木水火土"五行这种气质之偏去阐释"仁义礼智之性"了。朱子想表达的是，"理合如此"即意味着一种不可抗拒的必然性，而这种必然性就是个体对"应当"这一权威性的彻底服从，但究竟为什么要服从，气化生成的解释路径是无法让人满意的。朱子只是从宇宙生化的角度利用了太极的普遍性，用此种普遍性来拱卫"应当"的权威性，但实际上，当朱子希望用气化生成的理路赋予那一本属于他自己的理世界以更多的整体有效性时，他也无法从自我意志如何说服他人意志的困境之中走出。

整体性是自我从自身出发而对"人"的理解，但因其他自我的存在，这种理解并不先验地具有整体的有效性，所以如果自我试图做到这一点，那么就是在试图将自己理解的整体性以权力的方式推扩为所有人都必须接受的整体性。这种形而上学的建构，与政治权力通过创造话语而以权威姿态出现的做法，是同一种性质的东西。但是，朱子手中没有政治权力，所以这也就意味着他并不是在共存的环境中，而只是在单向的自我对他人的语境中推行自己的权力意识，也即上升到"天地万物"这一话语意义的整体环境中去实现自己的权力意识。

---

①朱杰人、严佐之、刘永翔主编：《朱子全书》第十四册，上海：上海古籍出版社，合肥：安徽教育出版社，2002年版，第585页。

一方面，气质之偏代表了恶，而理世界是纯粹之善，这是朱子为自己的整体性理解作出的辩护；而另一方面，他以实然的姿态解释理世界的纯粹之善是如何可能地造就了气世界中的道德价值，这是他为自己整体性理解的有效性作出的辩护。然而，这套说辞不仅无法解释道德价值的问题，甚至还使人对朱子所理解的本体世界产生了怀疑。关键就在于，朱子这种从属我的整体性到属人的整体有效性之间的推扩，其唯一作用就在于强调从"所以然"至"所当然"的必然性，而何以要"所当然"，朱子并未给出有力的解释。

所以，朱子经常摇摆于整体性与整体有效性之间，他一面从个体角度说"气有昏明厚薄之不同"，强调仁义礼智之性的理世界意义，一面又从天地角度说仁义礼智之性就是金木水火土的气化存在，强调仁义礼智之性的气世界意义；一面强调恻隐四端皆是道德情感，有过犹不及之患，一面又反复强调主体对道德律令之强制性的认取是"同得于天，不待问别人假借"。他说：

> 人之所以为人，只是这四件，须自认取意思是如何。所谓恻隐者，是甚么意思？且如赤子入井，一井如彼深峻，入者必死，而赤子将入焉。自家见之，此心还是如何？有一事不善，在自家身上做出，这里定是可羞；在别人做出，这里定是恶他。利之所不当得，或虽当得，而吾心有所未安，便要谦逊辞避，不敢当之。以至等闲礼数，人之施于己者，或过其分，便要辞将去，逊与别人，定是如此。事事物物上各有个是，有个非，是底自家心里定道是，非底自家心里定道非。就事物上看，是底定是是，非底定是非。到得所以是之，所以非之，却只在自家。此四者，人人有之，同得于天，不待问别人假借。①

这诸种自我矛盾皆是因朱子自身的摇摆所导致的后果。

---

① 朱杰人、严佐之、刘永翔主编：《朱子全书》第十四册，上海：上海古籍出版社，合肥：安徽教育出版社，2002年版，第464—465页。

综上所论，朱子理气二元论具有两个层次的内容：第一，自我意识创造出的本体世界经由"应当"的权威性而指向后天的勤恳践履与反复印证；第二，因朱子连接理世界与气世界的唯一渠道在于依仗自我意志的时刻警醒与服从，所以它同时又将自我的权力意识投入现实之中，指向对所有人的整体性塑造。但是，由于这种联系的薄弱，理世界不仅无法在主体层面真正体现出善的意义而只能体现出权威的意义，而且在整体性的话语塑造中更容易蜕变为表达权力意识的工具。然而，朱子对整体有效性的渴望并不仅仅只有权力意识的表达，同时也有着不得不如此的主体意义。实际上，朱子的困学之路或许正是出于对"我"的权力意识的惧怕，当他苦恼于中和旧说缺乏本体层面的支撑时，他感受到的是自己的急迫、躁动的性情所带来的恐慌，而这种性情表达的正是"我欲如何便如何"的权力意识，然而，一种支配什么的欲望最终将转变为渴望被支配的欲望，所以他迫切希望通过"未发"的探究，将自己的权力意识关进笼子里。对于自身，朱子在意的是理世界的出现是否在方法上起到了钳制自我权力意识的作用，而对于他人，他在意的是通过强调理世界的本体地位来推扩此种作用。所以，理世界对于朱子以外的他人来说固然是一种幻想，但对于朱子而言却是必不可少的良药，他希望理世界的存在可以切实地帮助自己达成现实的自我约束。如此一来，朱子才对"敬"的中和新说感到无比满意，但与此同时，他也将自己的权力意识改造为天理的代言，这导致他虽然能够在自我意识中保持压抑的姿态，但对于其他人，这一被压抑的权力意识就转变为勒令他人服从的权力姿态。

在此基础上，我们还可以将朱子的哲学描述为自下而上的阶梯式的存在巨链结构。阶梯自身就是气质之性，也是太极阴阳生化之道，自上而下的次序则表现出由清趋浊、由薄变厚的趋势，最顶端也就是气之清而几近于无的地方自然就是天理之所在，而最底端也就是气之浊而距离天理最远的地方。在这个阶梯结构中，因格物致知的理性与变化气质的工夫二者间的一致性，距离"天理"的远近与气之清浊也恰好构成了正比关系。从人格形象看，最顶端的天理与清气象征着创造人文世界与天地同流的圣人，而普通人则分别落在各个气之厚薄清浊各不相同的梯级上。普通人向着那一象征着权威的最顶端不停努力着，永远凭借自身的意志努力于学以成圣，却永远无法实现。在这个意义上，反过来看朱子格物补传"而一旦豁然贯通焉，则众物之表里精粗无不到，而吾心之全体大用无不明矣。此谓物格，此谓知之至也"①的描述，便可知晓，其描述对象根本不是普通人的世俗生活，而是天理的地位、完美的圣人人格以及普通人对于这一目标的无尽向往。气质之恶不仅是必要的，而且也是用以承载、证成天理地位的必需品，不然整个阶梯结构就会倒塌。进一步说，在圣人创制天地的历史叙事中，朱子改造人间秩序的政治理想的正当性就建立在对这一阶梯结构的攀登过程之中，因而理世界与气世界之间脆弱的、凭借主体意志沟通的联系在政治世界中也就变现在一种独属于士大夫这一道统继承者的强力意志上。所以，朱子最不满象山的学问，因为在他的世界中，自我是在服从于天理的条件下才能在现实生活中表现出道德价值的东西的，理世界与气世界正因意志而显现出真实性，即所谓"人多把这道理作一个悬空底物。《大学》不说穷理，只说个格物，便是要人就事物上理会，如此方见得实体。所谓实体，非就事物上见不得"②，如若缺少了表达理世界权威性的"应当"及其背后的阶梯结构，那么人就以自我的权力意识充任"应当"，从而既毁掉了天理的至高，又毁掉了自小学而格物致知的有效性，这是朱子完全不能接受的。

朱子批评象山说："其弊自以为是，自以为高，而视先儒之说皆与己不合。"③又曾与学生论及象山道："它们天资也高，不知师谁。然也不问师传，学者多是就气禀上做，便解偏了。"④由此可知，朱子据以判断象山为告子⑤、象山

①［宋］朱熹：《四书章句集注》，北京：中华书局，1983年版，第7页。

②朱杰人、严佐之、刘永翔主编：《朱子全书》第十四册，上海：上海古籍出版社，合肥：安徽教育出版社，2002年版，第469页。

③朱杰人、严佐之、刘永翔主编：《朱子全书》第十八册，上海：上海古籍出版社，合肥：安徽教育出版社，2002年版，第3884页。

④朱杰人、严佐之、刘永翔主编：《朱子全书》第十八册，上海：上海古籍出版社，合肥：安徽教育出版社，2002年版，第3876页。

⑤朱杰人、严佐之、刘永翔主编：《朱子全书》第十八册，上海：上海古籍出版社，合肥：安徽教育出版社，2002年版，第3889页。

之学为气质之学的一个重要原因在于"天资也高，不知师谁"。朱子设定了两种有效的共存：一为气世界的共存，一为话语的共存，也即理世界的共存。前者指的就是朱子用太极生化等描述解释道德来源的逻辑，而后者指的是理世界经由气化进入现实之中并由意志体现出道德价值。这一道德价值又包括两方面：一是自我对"应当"的服从，一是圣贤话语这一"应当"所指涉的具体内容，因而他极为强调人应该学颜回之"克己复礼"而非孟子之学——"此程子所以每言孟子才高，学之无可依据；人须是学颜子之学，则入圣人为近，有用力处"①。人必须在历史的人格模板（话语传统）之下，以合理性的方式印证道德与自我之间的一致，所以象山这种提倡主体觉悟、当下即是的学问在他看来完全是孟子学的流弊，只是孟子作为先贤，朱子无法批评他，所以只好掉转枪口，指责象山：

> 问："陆象山道，当下便是。"曰："看圣贤教人，曾有此等语无？圣人教人，皆从乎实地上做去。所谓'克己复礼，天下归仁'，须是先克去己私方得。孟子虽云'人皆可以为尧舜'，也须是'服尧之服，诵尧之言，行尧之行'方得。圣人告颜子以'克己复礼'，告仲弓以'出门如见大宾，使民如承大祭'，告樊迟以'居处恭，执事敬，与人忠'，告子张以'言忠信，行笃敬'，这个是说甚底话！又平时告弟子，也须道是'学而时习''行有余力，则以学文'，又岂曾说个当下便是底语？大抵今之为学者有二病：一种只当下便是底，一种便是如公平日所习底。却是这中间一条路不曾有人行得。而今人既不能知，但有圣贤之言可以引路。圣贤之言，分分晓晓，八字打开，无些子回互隐伏说话。"②

① 朱杰人、严佐之、刘永翔主编：《朱子全书》第二十一册，上海：上海古籍出版社，合肥：安徽教育出版社，2002年版，第1420页。
② 朱杰人、严佐之、刘永翔主编：《朱子全书》第十八册，上海：上海古籍出版社，合肥：安徽教育出版社，2002年版，第3890页。

这段话中，朱子提出了三个观点：第一是"当下便是"不是圣人教人的法门，第二是人需要在思想遗产面前保持敬畏与学习的态度，也即学"克己复礼"的颜回之学，第三是即便是孟子，也是教人"服尧之服，诵尧之言，行尧之行"，从没有"当下便是"的道理。在朱子对整体有效性的落实中，任何不受控制的、未得教化的个体权力意识都会从内部对原本就脆弱的理世界与气世界之关联造成毁灭性的破坏，而象山提倡的主体觉醒之学恰好就具有另立新权源、重整旧河山的作用，也即安置历史传统的本体构造之作用。所以，朱子只有彻底否定未经驯服的权力意识在圣贤话语面前的傲慢，才能保证自己设想的这一系列的理论说明在气世界行之有效。质言之，朱子为了论证理世界的高妙与超脱，于不自觉间只能走上一条独断之路，而其说明对象也悄悄从现实世界转变为生活于现实世界的人，也就是说理世界在解释气世界时所具有的诸多矛盾其实并不关键，因为理世界及其背后的历史传统要驯服的是另一个心灵、另一个自我的权力意识。

> 先生问人杰："别后见陆象山，如何？"曰："在都下相处一月，议论间多不合。"因举戊戌春所闻于象山者，多是分别"集义所生，非义袭而取之"两句，曰："彼之病处正在此，其说'集义'却是'义袭'。彼之意，盖谓学者须是自得于己，不为文义牵制，方是集义。若以此为义，从而行之，乃是求之于外，是义袭而取之也。故其弊自以为是，自以为高，而视先儒之说皆与己不合。至如《与王顺伯书》论释氏义利公私，皆说不着。盖释氏之言见性，只是虚见；儒者之言性，止是仁义礼智，皆是实事。今专以义利公私断之，宜顺伯不以为然也。"①

这是朱子借重释孟子之说以剔除象山思想的正统性。"集义""义袭"之说

---

①朱杰人、严佐之、刘永翔主编:《朱子全书》第十八册，上海：上海古籍出版社，合肥：安徽教育出版社，2002年版，第3884页。

来自孟子，指的是"义"之关键在于向内的挺立，而不在于向外的蹈袭。象山将"集义"解释为不受文义所限，须自家有个领会，是符合孟子本意的，但朱子却认为其只是蹈袭孟子旧见而张大其势，不过是为自我的权力意识张目，所以虽说"集义"，却只是"义袭"。显然，朱子与象山的不合已不再是理论之争，而是借历史传统之名产生的权源之争。又如：

> 或问："陆象山大要说'当下便是'，与圣人不同处是那里？"曰："圣人有这般说话否？圣人不曾恁地说，圣人只说'克己复礼。一日克己复礼，天下归仁。'而今截断'克己复礼'一段，便道只恁地便了。不知圣人当年领三千来人，积年累岁，是理会甚么？何故不说道，才见得，便教他归去自理会便了？子静如今也有许多人来从学，亦自长久相聚，还理会个甚么？何故不教他自归去理会？只消恁地便了？且如说'尧舜之道，孝悌而已矣'似易，须是做得尧许多工夫，方到得尧；须是做得舜许多工夫，方到得舜。"又曰："某看来，如今说话只有两样。自淮以北，不可得而知。自淮以南，不出此两者，如说高底，便如'当下便是'之说，世间事事都不管。这个本是专要成己，而不要去成物。少间只见得上面许多道理切身要紧去处不曾理会，而终亦不足以成己。如那一项却去许多零零碎碎上理会，事事要晓得。这个本是要成物，而不及于成己。少间只见得下面许多罗罗嘈嘈，自家自无个本领，自无个头脑了，后去更不知得那个直是是，那个直是非，都恁地鹘鹘突突，终于亦不足以成物。这是两项如此，真正一条大路，却都无人识，这个只逐一次第行将去。那一个只是过，那一个只是不及。到得圣人大道，只是个中。然如今人说那中，也都说错了。只说道恁地含含胡胡，同流合汙，便唤做中。这个中本无他，只是平日应事接物之间，每事理会教尽，教恰好，无一豪过不及之意。"①

---

① 朱杰人、严佐之、刘永翔主编：《朱子全书》第十八册，上海：上海古籍出版社，合肥：安徽教育出版社，2002年版，第3891页。

朱子用"不知圣人当年领三千来人，积年累岁，是理会甚么""子静如今也有许多人来从学，亦自长久相聚，还理会个甚么"反问象山，实际上采取了与荀子批评孟子性善说相同的逻辑，也即因为"凡性者，天之就也，不可学，不可事；礼义者，圣人之所生也，人之所学而能，所事而成者也"（《荀子·性恶》），所以"今诚以人之性固正理平治邪？则有恶用圣王，恶用礼义哉！虽有圣王礼义，将曷加于正理平治也哉"（《荀子·性恶》）。故可知，朱子这里是在批评象山之学无法继承先圣制礼作乐、成己成物的政治精神，虽只"专要成己"，却"不足以成己"。无论是荀子对孟子的批评，还是朱子对象山的指责，本质上反衬出的都是自我如何在"权威"的指引下迈入历史、成为话语之"人"的机制，而这一问题的政治向度，就是如何解决多个"自我"的共存问题。尽管朱子也无法做到这一点，但他更不满于象山对自己的挑战，因为相较于朱子，象山对于自我意识的回答更不能兼顾整体有效性的问题，而只是在继承儒家政治理念的前提下为自己预设了一个无权力存在的日常世界，其中，虽然自我继承自历史的道德观念于现实世界中表现出一种自然发露的作用，但这种自然发露的作用却依赖于"人"的角色存在以及有关这一角色的"常识"。当象山为自我创造本心的概念时，这一本心说的并不是放之四海而皆准的东西，而只是隶属于他自身并对他自身起到命定作用的"人"的观念。只要我们对比一下朱子与象山、孟子与荀子之间的不同就会发现，"人"的观念作为政治视域内的角色，其定义本身就是开放性的。问题的关键并不在于"人"是什么，是否像儒家描述的那样，是一个本性为善的东西，而在于"自我"总是对于成为集体中的"人"所具备的关系性的意义抱有极大的兴趣，这使他们愿意相信自己就是这样一种集体中的"角色"。司马迁在论及殷之始祖时说："三人行浴，见玄鸟坠其卵，简狄取吞之，因孕生契。"（《史记·殷本纪》）又论周之始祖说："姜原出野，见巨人迹，心忻然说，欲践之，践之而身动如孕者。"（《史记·周本纪》）此类神话性质的说法体现出自我从自然世界这一集体向同类共处的政治集体的转进，尽管大部分人都不过是政治之中的角色，但他们的始祖则来源于"玄鸟之卵""巨人之迹"等被宗教化的自然世界。所以，与其说"人"总是将自身投射到自然世界之中，倒不如说"人"这个观念就是一种关系性的产物，无论是人与自然的关系，还是人与人之间的政治关系，都是他们理解自我的基本结构。因而当我们认为，这类宗教体系中体现出鬼神可鉴的道德之善的时候，并不意味着善是一个普遍的、可以得到本体说明的东西，而只是意味着我们不仅继承了有关善的政治生活，而且希望它能够在另一种共存中成为自身被接纳的理由。

如果抛开权源之争，那么朱子与象山之间并不存在绝对不可调和的矛盾。二人不仅皆建立了属我的形而上世界并将自己改造成了话语的存在物，而且依仗的也都是历史空间为其提供的生存环境。象山有"六经注我"的宗旨，他说：

或问先生何不著书？对曰："六经注我，我注六经。"韩退之是倒做，盖欲因学文而学道。①

《论语》中多有无头柄的说话，如"知及之，仁不能守之"之类，不知所及、所守者何事；如"学而时习之"，不知时习者何事。非学有本领，未易读也。苟学有本领，则知之所及者，及此也；仁之所守者，守此也；时习之，习此也。说者说此，乐者乐此，如高屋之上建瓴水矣。学苟知本，《六经》皆我注脚。②

不同于现有研究往往将"六经注我"视为象山高扬主体性思想的基本宗旨，乃至造成象山全然不顾道理是非的印象③，象山在此处表达的并不是经典随我

①［宋］陆九渊著，钟哲点校：《陆九渊集》，北京：中华书局，1980年版，第399页。
②［宋］陆九渊著，钟哲点校：《陆九渊集》，北京：中华书局，1980年版，第395页。
③如梁涛先生谓："陆九渊素以不读书自诩，且主张'苟得于心，六经皆我注脚'，故常常妄改经义。"见氏著：《郭店竹简与思孟学派》，北京：中国人民大学出版社，2008年版，第367页。

主宰的主体性傲慢，相反，他特别反对这种"知性的傲慢"，说："不可作聪明，乱旧章。如郑康成注书，枘凿最多。读经只如此读去，便自心解。……解书只是明他大义，不入己见于其间，伤其本旨，乃为善解书。后人多以己意，其言每有意味，而失其真实，以此徒支离蔓衍，而转为藻绘也。"① 所以，更应看到，象山自得之学是在话语以及历史空间的条件下产生的自我重塑。在这一点上，他与朱子并没有本质上的区别，只不过象山陶醉于指向话语与历史的自得，他能够为政治提供的是于整体性上重新指出"人"之于自我的不可缺少，但朱子却旨在将整体性的意义问题推进为权力的实现问题，这也导致象山的自得之学构成了个体自我自居为善的话语挑战，变相沦为一种因无法被集体定义而产生的"恶"。

所以，在儒家视域内，"杜绝恶"的意识是在政治视域内追求善的道德理念必然产生的结果，朱子无疑在这一场"杜绝恶"的政治思想运动中占据了核心的地位，经由他对北宋道学的总结，儒家思想对于善的寻求表现为高高在上的象征着善的理世界与寻求达成服从于善之效果的现实世界。但是，由于朱子学只是依靠意志化的心连接理世界与气世界，所以当政治世界表现出道德腐化的倾向时，它并不要求行为者关注经验的变动，即不要求行为者在交互主体的意义上理解自我，而是要求行为者以自身为代价表现出服膺于天理权威的决心以证明话语的绝对正确。这不仅缔造出那独属于士大夫的道德不幸与以吴与弼等江西士大夫为代表的奉行道德苦行的理学之路，同时也暗示了整个社会的不幸——没有人再关注我们真正经历了什么，而只是关注这些经历能够被怎样的话语所修饰。

三、吴与弼的道德苦行

本节我们将以代表明代理学开端的吴与弼为例，说明凭借主体意志而印证天理应当的朱子学在明初社会呈现出的苦行主义发展倾向。作为亲历靖难之役

---

① [宋] 陆九渊著，钟哲点校：《陆九渊集》，北京：中华书局，1980 年版，第 503—504 页。

的当事人，吴与弼代表了明初士大夫面对政治时的矛盾心理：一方面，他们希望政治能佐证儒家的圣贤之学，另一方面，残酷的环境与士大夫的自甘堕落又摧毁了圣贤之学的权威性。《明史》记载：

> 燕兵薄京城，艮与妻子诀曰："食人之禄者，死人之事，吾不可复生矣。"解缙、吴溥与艮、（胡）靖比舍居。城陷前一夕，皆集溥舍。缙陈说大义，靖亦奋激慷慨，艮独流涕不言。三人去，溥子与弼尚幼，叹曰："胡叔能死，是大佳事。"溥曰："不然，独王叔死耳。"语未毕，隔墙闻靖呼："外喧嚣，谨视豚。"溥顾与弼曰："一豚尚不能舍，肯舍生乎？"须臾艮舍哭，饮鸩死矣。[①]

吴溥即吴与弼之父。靖难之役发生时，吴与弼虽然只有十岁左右，但已有些老夫子的模样，在他的认知中，殉君代表了士大夫高尚的人格追求，但现实却给了他"一豚尚不能舍，肯舍生乎"的狠狠一击。靖难之役中，士大夫的背信弃义对吴与弼内心造成的强烈触动使他不能不对圣贤之学抱有失望之情。这一点直到他读了《伊洛渊源录》一书才得以改变。

吴与弼说自己"六岁入小学，七岁而学对句，十有六岁而学诗赋，十有八岁而习举子业，十有九岁得《伊洛渊源录》，观周程张邵诸君子出处大概，乃知圣贤之学之美而私心慕之，于是尽焚应举文字，一以周程张邵诸君子为心而自学焉"[②]。在《跋伊洛渊源录》里，他对自己求圣贤之学的心理动机描绘得更清楚：

> ……灯下阅之，伏睹道统一脉之传不觉心醉，而于明道先生猎心之说尤为悚动。盖平昔谓圣贤任道之统者皆天实笃生，非人力可勉，遂置圣贤于度

---

① [清]张廷玉等：《明史·王艮传》，北京：中华书局，1974年版，第4047—4048页。

② [明]吴与弼：《康斋集》，见《景印文渊阁四库全书》第1251册，台北：台湾商务印书馆，1986年版，第516页。

外而甘于自弃。及睹此事，乃知所谓程夫子者亦尝有过，亦资于学也。于是思自奋励，窃慕向焉。既而尽焚旧时举子文字，誓必至乎圣贤而后已。[1]

　　首先，道统一脉的历史传承为吴与弼开辟了不同于现实的第二个生存空间；其次，猎心之说为吴与弼提供了拾级而上的信心。"猎心"来自程明道与周濂溪交往的一段典故："明道年十六七时，好田猎，十二年暮归，在田野间见田猎者，不觉有喜心。"[2] "猎，自谓今无此好。周茂叔曰：'何言之易也！但此心潜隐未发，一日萌动，复如前矣。'后十二年，因见，果知未"[3]。这个典故在湛甘泉与学生的问答中也经常被提起："明道先生曰：'天理二字，是某体贴出来。'是其本心之体，亦隐然呈露矣。而十二年之后，复有猎心之萌，何也？"[4]

　　明道十六七岁时爱好打猎，其实不算什么过错，这与现代高中生热爱体育运动大概是一种心理，"浑然与万物同体"的思想显然也是由他早年喜好驰逐、热爱自由的性情发展而来的，因而"好田猎"对于程明道而言不仅没有什么坏处，反而是其思想的原始起点。只不过，对于早年的明道而言，这还只是一种未加控制的自然性情，所以当他从周濂溪那里了解到圣贤之学后，便开始有意收束自己的心性。然而正如濂溪所说，明道的问题在于他只是有意克制住了自己的心思念头，但只要身处一个"在田野间见田猎者"的环境时，其喜悦之情就会自然涌现，这促使他不得不进一步作出反思。换言之，有意克制而达到的"万物一体"只是有意防检、有意穷索，是一种自我掩饰，始终都面临着"见田猎者，不觉有喜心"的危险，而真正的"万物一体"则是"识得此理，以诚敬存之而已，不须防检，不须穷索。若心懈则有防，心苟不懈，何防之有？理有未得，故须穷索。

---

　　[1]［明］吴与弼：《康斋集》，见《景印文渊阁四库全书》第1251册，台北：台湾商务印书馆，1986年版，第587页。

　　[2]［宋］程颢、程颐著，王孝鱼点校：《二程集》，北京：中华书局，2004年版，第96页。

　　[3]［宋］程颢、程颐著，王孝鱼点校：《二程集》，北京：中华书局，2004年版，第96页。

　　[4]［清］黄宗羲著，沈芝盈点校：《明儒学案》，北京：中华书局，1985年版，第905页。

存久自明，安待穷索"①。所以，《识仁篇》倡导的境界可以说是程明道重新理解自身性格特点的理论结果，我们也可以将之视为对自我作出的本体意义上的开释，其中不存在自然性情与天理道义的区别，存在的只有自我意识的周流不息。

　　在经历对士大夫人格及圣贤之学的失望后，既然政治仕途已不能再承载吴与弼的价值理想，那么他从书中读到的孔、孟之道又将以怎样的方式于经验世界中呈现出来呢？吴与弼无疑是以士大夫形象自许的，但是这一形象又如何兑现呢？这些问题都对吴与弼的自我意识构成了挑战与质疑，而来源于经验的质疑已使他无法再安然自适地陶醉于话语的权威性之中了，故而吴与弼必须在经验对话语的摧毁中挣扎着为"自我"寻找一条出路。此时，二程的经历，尤其是明道的"猎心"之说为他指明了圣贤之学的方向，那就是以自心为克制的对象，来寻求经验世界中的奋进与挺拔。于是，吴与弼开始着力于以道学家为典范重新建构自己的形象，从而就有了所谓的"程夫子者亦尝有过，亦资于学也。于是思自奋励，窃慕向焉"的转变。另外，大程"闻汝南周茂叔论道，遂厌科举之业，慨然有求道之志"②，小程"廷试报罢，遂不复试。……治平、熙宁间，近臣屡荐，自以为学不足，不愿仕也"③的经历，也与吴与弼当下的心境相契，更进一步促成了他远离政治世界、追求圣贤人格的志趣。

　　不过，天顺元年，吴与弼因被石亨举荐而与明代政治有过短暂的接触，但两个月之后，他就上疏辞归。请辞之原因大概有三种说法：一为黄宗羲所谓："盖先生知石亨必败，故洁然高蹈。其南还也，人问其故，第曰：'欲保性命而已。'"④ 一为世俗揣测，谓："世之议先生者多端，以为先生之不受职，因敕书

　　①［宋］程颢、程颐著，王孝鱼点校：《二程集》，北京：中华书局，2004年版，第16—17页。

　　②朱杰人、严佐之、刘永翔主编：《朱子全书》第十二册，上海：上海古籍出版社，合肥：安徽教育出版社，2002年版，第937页。

　　③朱杰人、严佐之、刘永翔主编：《朱子全书》第十二册，上海：上海古籍出版社，合肥：安徽教育出版社，2002年版，第961—962页。

　　④［清］黄宗羲著，沈芝盈点校：《明儒学案》，北京：中华书局，1985年版，第16页。

以伊、傅之礼聘之，至而授以谕德，失其所望，故不受。"①一为陈白沙所谓："康斋以布衣为石亨所荐，所以不受职而求观秘书者，冀得开悟人主也。惜宰相不悟，以为实然，言之上，令就职，然后观书，殊戾康斋意，遂决去。"②且不论这三种说法孰是孰非，亦不必在乎吴与弼是否仍然坚持"致君尧舜上"的政治理想，仅仅从他与官僚士大夫群体的交往，就可发现政治环境中的权力倾轧根本无法容纳吴与弼的存在，而只会令其感到痛苦与煎熬：

> 与弼始至京，（李）贤推之上座，以宾师礼事之。编修尹直至，令坐于侧。直大愠，出即谤与弼。及与弼归，知府张瑄谒见不得，大恚。募人代其弟投牒讼与弼，立遣吏摄之，大加侮慢，始遣还。③

吴与弼在江西老家时，纵是德高望重，亦不过是他人口里的谈资，而当他被荐举，一下子从一个乡间老农变成了皇上的座上宾时，尹直与张瑄的反应则表现出同僚的羡慕与妒忌。他们本希望通过与吴与弼的交往来谋取更多的政治名声，故投机不成便大肆诽谤，拜谒不得则侮慢迫害。英宗用其装点门面，朝廷中的士人对其大肆排挤，地方官员借其上位，此情此景之下，吴与弼根本没有办法在政治中生存下去。

所以对于明英宗而言，吴与弼只是一个锦上添花的装饰品，但对于士大夫同僚来说，吴与弼的存在却是一个威胁。假设吴与弼能够在天顺朝得君一时，那么在德位相配的儒家理念中，真正欲诛之而后快的不会是皇帝，而是政治世界内依靠话语技艺求取富贵的士大夫们。吴与弼也感受到了来自同僚的敌意，他在请辞三疏中反复说自己"非敢有高世之心、洁身之意，亦非敢有矫激沽名之

---

①[清]黄宗羲著，沈芝盈点校：《明儒学案》，北京：中华书局，1985年版，第16页。

②[清]黄宗羲著，沈芝盈点校：《明儒学案》，北京：中华书局，1985年版，第83页。

③[清]张廷玉等：《明史·吴与弼传》，北京：中华书局，1974年版，第7241页。

妄"①，劝英宗"伏愿陛下断然以尧舜自任"②，"愿博访儒臣知此道者，讲而明之，考之于经、验之于史而会之于心，以应当世无穷之务"③。除此之外，他只能默默地回到远在江西抚州的乡下，不能再做些什么了。

所以，虽然就思想风格而言，二程差异明显、各有侧重，黄百家在《宋元学案》中评价道："顾二程子虽同受学濂溪，而大程德性宽宏，规模阔广，以光风霁月为怀；二程气质刚方，文理密察，以峭壁孤峰为体。其道虽同，而造德自各有殊也。"④ 但对于信奉朱子学却只能默默躲回乡下的吴与弼而言，"光风霁月"谈何容易，而"气质刚方""峭壁孤峰"恐怕才是他唯一能够生存下去的道德进路，因而也就无怪乎吴与弼说自己：

> 与弼气质偏于刚忿。……去冬今春，用功甚力，而日用之间觉得愈加辛苦，疑下愚终不可以希圣贤之万一，而小人之归无由可免矣。五六月来，觉气象渐好，于是益加苦功，逐日有进，心气稍稍和平。虽时当逆境，不免少动于中，寻即排遣，而终无大害也。⑤

自外向内变化气质，重视点滴积累，这是吴与弼的学问之路。从此，他不再将注意力放在个人的政治仕途与士人的社会责任上，而将精力都用来与自己不合圣贤形象的个人性情作斗争。在某种意义上，这也是一个抛开政治向度的"士大夫"在经验世界中所能做的唯一的事。

---

① ［明］吴与弼：《康斋集》，见《景印文渊阁四库全书》第1251册，台北：台湾商务印书馆，1986年版，第509页。

② ［明］吴与弼：《康斋集》，见《景印文渊阁四库全书》第1251册，台北：台湾商务印书馆，1986年版，第510页。

③ ［明］吴与弼：《康斋集》，见《景印文渊阁四库全书》第1251册，台北：台湾商务印书馆，1986年版，第511页。

④ ［清］黄宗羲原著，［清］全祖望补修，陈金生、梁运华点校：《宋元学案》，北京：中华书局，1986年版，第540页。

⑤ ［明］吴与弼：《康斋集》，见《景印文渊阁四库全书》第1251册，台北：台湾商务印书馆，1986年版，第568页。

除早年随父在京短暂居住以及晚年被征召外，吴与弼的一生几乎都是在江西老家度过。他的一生是追求圣贤之学的一生，也是与贫困相伴的一生。不同于儒家经常褒赞的安贫乐道的圣贤形象、半耕半读的舒适惬意，吴与弼生活得很辛苦，甚至经常因为难以忍受贫困而暴怒。在他的《日录》中，关于困窘与烦躁的描写处处可见：

因事知贫难处，思之不得，付之无奈。孔子曰：志士不忘在沟壑，未易能也。又曰：贫而乐，未易及也。然古人恐未必如吾辈之贫。①

每日劳苦力农，自是本分事，何愠之有！素贫贱行乎贫贱。②

近晚往邻仓借谷，因思旧债未还，新债又重，此生将何如也？徐又思之，须素位而行，不必计较，富贵不淫贫贱乐，男儿到此是豪雄。然此心极难，不敢不勉。③

穷厄已极，不可支撑，兼病益困。然亦安分不敢起怨尤之念，而所以益进吾之学，益坚吾之志者，不敢不勉也。④

七月十二夜，枕上思家计窘甚，不堪其处，反覆思之，不得其方。日晏未处，久方得之。盖亦别无巧法，只随分节用，安贫而已。誓虽寒饿，死不

---

① [明]吴与弼：《康斋集》，见《景印文渊阁四库全书》第1251册，台北：台湾商务印书馆，1986年版，第572页。

② [明]吴与弼：《康斋集》，见《景印文渊阁四库全书》第1251册，台北：台湾商务印书馆，1986年版，第571页。

③ [明]吴与弼：《康斋集》，见《景印文渊阁四库全书》第1251册，台北：台湾商务印书馆，1986年版，第573页。

④ [明]吴与弼：《康斋集》，见《景印文渊阁四库全书》第1251册，台北：台湾商务印书馆，1986年版，第578页。

敢易初心也。于是欣然而起，又悟若要熟也，须从这里过。①

　　因贫困而感到痛苦是自然的事情，没有人愿意忍受吃不饱穿不暖的生活状态。这种痛苦分为两个方面：一是自然性质的肉体痛苦，一是自我意识的痛苦。后者指的是"为什么我要忍受如此不堪之痛苦"的追问，并且会因人类世界的资源分配问题而被无限放大。换言之，当我们以个体的形式在大自然中讨生存时，由于大自然本身就是弱肉强食的世界，所以人会将辛苦求生视为理所当然的事，而将优越的生活，比如丰收，视为幸运与恩赐。但对于人类社会中的自我而言，情况则大不相同，尤其是当他人可以拥有更多的物质财富，生活得更好时，这种命运的追问就会愈发凸显。首先，"为什么要忍受如此不堪的痛苦"这一追问是以"人"为角色发出的，当"我"追问自己这一问题时，本质上追问的是"人"这一角色的社会意义，它不应该仅仅意味着"受苦"，还应该意味着一些别的东西。其次，这一追问是对以共存为目的的整体性的质疑，它在怀疑"自我"有没有必要生存于一个集体之中，而个体的"人"与"整体性"的质疑相结合，也就导致了一种以个体身份印证整体性存在之必要的倾向。对于吴与弼，这说的是，他既将贫困视为一种考验，又以圣贤追求来弥补幸福的缺失，进而切身印证代表整体性的道德话语之于自我是否仍然可靠，如他在《劝学赠杨德全》中说：

　　人之所以异于禽兽者，以其备仁义礼智四端也。四端一昧则失其为人之实，而何以自异于禽兽哉？然蜂蚁之君臣，虎狼之父子，豺獭之报本，雎鸠之有别，则以物而犹具四端之一。人而陷溺其心，于利欲之私流荡忘返，反有不如一物者矣，欲异于物者，亦曰反求吾心固有之仁义礼知而已。②

①［明］吴与弼：《康斋集》，见《景印文渊阁四库全书》第1251册，台北：台湾商务印书馆，1986年版，第577页。
②［明］吴与弼：《康斋集》，《景印文渊阁四库全书》第1251册，台北：台湾商务印书馆，1986年版，第529页。

人不能屈就于生存而不顾礼义廉耻，这是人与禽兽的区别。明了这一点，我们也就能够理解吴与弼为什么在上述引文中对贫苦抱有一种道德亢奋态度，如"每日劳苦力农，自是本分事，何愠之有""富贵不淫贫贱乐，男儿到此是豪雄""益进吾之学，益坚吾之志""誓虽寒饿，死不敢易初心"等等。实际上，努力学做圣贤并不需要以贫苦为条件，而富裕也不意味着人是不道德的，但吴与弼显然是想用苦行的方式印证圣贤追求的坚定。他证明的不是个体是否可以在集体中成为一个道德的人，而是人的整体性是否可以因个体的努力而被证明具有不可泯灭的价值。所以，环境愈是艰苦，身体遭受的痛苦越强，"人"的价值感就会愈加凸显出来，而吴与弼也就愈能感到念兹在兹的激励——通过环境与理想之间的极端反差而使自己感受到"自我"的价值，也即唯有在一种特殊的艰苦环境中，自我的权力意识才能表现出不屈从于外物的独特性，而人之为人的道德意味才能因"自我"对它的坚定认同而得到彰显。

但同时，吴与弼也清楚这并不是"人"过的生活，也感慨"贫而乐，未易及也。然古人恐未必如吾辈之贫"。然而如果他因贫穷而放弃圣贤追求，那么这也就意味着圣贤之志所代表的道德与人类的整体性根本无法得到确证——它既然在对抗残酷的自然界时必然失败，那么表现为政治世界中的人格堕落又有什么奇怪的呢？既如此，"人"没有从自然界中脱离出来而独立存在的价值，而政治世界的存在也不过是翻版的自然界。这多少解释了吴与弼何以会产生贫苦是验证圣贤志趣坚定与否的想法，以及他为什么偏要以此志趣及其所蕴含的人性意义抚平自己的痛苦——因为在吴与弼的世界中，整个政治世界的存在价值都取决于自己能否在贫困的生活中坚持道德生活的志向而不堕落。他的斗争对象不是什么政治世界中的皇帝，他只是与自己因经验世界而存在的正常反应较劲，用折磨自己的方式来印证话语信念的高度与强度。

在这样的心理状态下，除去阅读经典所带来的宽慰外，吴与弼唯一的快乐就是在务农时感受到自然之美，譬如"雨后生意可爱"①，"莳蔬园中，虽暂废书，亦贫贱所当然。往亲农途中，读《孟子》，与野花相值，幽草自生而水声琅然，延伫久之，意思萧洒"②。然而就在"意思萧洒"句下，吴与弼紧接着就记道：

> 小童失鸭，略暴怒，较之去年失鸭减多矣。未能不动心者，学未力耳。③

先是陶醉于自然之乐，转过头来就是"小童失鸭，略暴怒"，这两句放在一起未免让人感到他的阴晴不定。小童仆赶鸭时不小心让鸭走丢了，这是再平常不过的事，并没有什么值得发怒的地方，但吴与弼在"意思萧洒"之余感到暴怒，进而又安慰自己虽然没有做到不动心，但至少暴怒的程度较之去年减多矣，可知一方面，他实在已贫困到极处，连走丢一只鸭的经济损失都不堪承受，另一方面，他的折磨对象其实只是作为一个正常人而应有的自然情感。他没有将自己的暴怒归因于贫困，而是反省自己未能在困苦面前不动心，这真是令人心酸的反省。对于自己容易生气、暴怒的性格，吴与弼也多次自省道：

> 因暴怒，徐思之，以责人无恕故也。欲责须思吾，吾能此事否？苟能之，又思曰：吾学圣贤方能此，安可遽责彼未尝用功与用功未深者乎？况责人，此理吾未必皆能乎此也。以此度之平生，责人谬妄多矣。戒之！戒之！④

---

①［明］吴与弼：《康斋集》，见《景印文渊阁四库全书》第1251册，台北：台湾商务印书馆，1986年版，第585页。

②［明］吴与弼：《康斋集》，见《景印文渊阁四库全书》第1251册，台北：台湾商务印书馆，1986年版，第570—571页。

③［明］吴与弼：《康斋集》，见《景印文渊阁四库全书》第1251册，台北：台湾商务印书馆，1986年版，第571页。

④［明］吴与弼：《康斋集》，见《景印文渊阁四库全书》第1251册，台北：台湾商务印书馆，1986年版，第571页。

去冬今春，用功甚力，而日用之间觉得愈加辛苦，疑下愚终不可以希圣贤之万一，而小人之归无由可免矣。五六月来，觉气象渐好，于是益加苦功，逐日有进，心气稍稍和平。虽时当逆境，不免少动于中，寻即排遣，而终无大害也。二十日又一逆事排遣不下，心愈不悦。①

处家少宽裕气象。②

食后处事暴，彼虽十分不是，然我应之自当从容。③

以事暴怒，即悔之，须持其志，毋暴其气。④

　　可以看到，在贫苦生活的影响下，吴与弼已经很难保持情绪的稳定，虽然这里面有其性格偏于刚忿的原因，但如此一而再再而三的暴怒、平复、反省，又接着暴怒的恶性循环却绝非性格使然，而是任何一个正常人在感到痛苦却又无法解脱时的正常反应。然而吴与弼固执地认为，暴怒是自己修养不到的缘故，他指责自己"处家少宽裕气象"，不能从容，担心自己"终不可以希圣贤之万一，而小人之归无由可免"。这种苛责再次说明，当所处的政治环境逐渐失去人性意义的时候，个体以自身之幸福为代价切身印证人之为人的价值理想的悲剧性。大概没有人希望像吴与弼一样生活，更没有人希望这种生活变成人类共存的普遍状态——不仅仅是因为这种生活的不幸所带来的痛苦，更因为没有人希望以

　　①［明］吴与弼：《康斋集》，见《景印文渊阁四库全书》第1251册，台北：台湾商务印书馆，1986年版，第568页。

　　②［明］吴与弼：《康斋集》，见《景印文渊阁四库全书》第1251册，台北：台湾商务印书馆，1986年版，第569页。

　　③［明］吴与弼：《康斋集》，见《景印文渊阁四库全书》第1251册，台北：台湾商务印书馆，1986年版，第573页。

　　④［明］吴与弼：《康斋集》，见《景印文渊阁四库全书》第1251册，台北：台湾商务印书馆，1986年版，第575页。

个体承担的方式去印证原本应由政治体现出的整体性意义。

从思想来源上看，吴与弼的一生是遵循明道与伊川思想而产生的奇特范例。他既陶醉于明道那种"浑然与物同体"、怡然自得于天地之间的快乐，又认为这种快乐只有通过伊川那种居敬穷理、变化气质之路才可以实现。于是，我们也就看到了吴与弼不停地克制自己的暴怒情绪，劝说自己甘于贫苦的生活，"天命虽饿死沟壑，不可丧此德也"[1]，每能得到一点喘息之机，便喜不自胜。他的悲剧在于，首先，虽然吴与弼一再强调自己学为圣贤的渴望，却只能以苦行的方式印证自己对于作为"人"的渴望，如其所谓："昨晚以贫病交攻，不得专一于书，未免心中不宁。熟思之，须于此处做工夫，教心中泰然，一味随分进学方是……于此可以见圣愚之分，可不勉哉？凡怨天尤人，皆是此关不透耳。"[2]在贫病交攻的状态下，吴与弼不满的却是身体的苦痛使他无法专心读书，但他不仅没有办法解决贫穷的问题，而且也不认为自己应该解决贫穷的问题，这无疑是个人的道德悲剧。其次，从社会原因上看，明代社会是一个由"士农工商"组成的四民社会，读书仕进几乎是普通人过上富裕生活的唯一选择，所以除去入仕"食君之禄"之外，吴与弼并没有什么摆脱贫苦的办法。生活只留给他以及当时大部分民众一条出路，那就是回到自给自足的农村，在贫困中度过一生，但只要选择入仕，就相当于选择过一种像解缙、胡广、石亨、尹直等人那样的生活，成为服务于政治的官僚而不是"人"。困窘于个人的悲剧而不得出，吴与弼的个人悲剧也就变成了整个社会的悲剧。换句话说，人类彼此之间的共存意义又在哪里呢？

于是，吴与弼唯有劝勉自己："大抵学者践履工夫，从至难至危处试验过，方始无往不利，若舍至难至危，其他践履不足道也。"[3]激励自己："趋炎者众人

---

①［明］吴与弼：《康斋集》，见《景印文渊阁四库全书》第1251册，台北：台湾商务印书馆，1986年版，第581页。

②［明］吴与弼：《康斋集》，见《景印文渊阁四库全书》第1251册，台北：台湾商务印书馆，1986年版，第577页。

③［明］吴与弼：《康斋集》，见《景印文渊阁四库全书》第1251册，台北：台湾商务印书馆，1986年版，第570页。

所同，尚德者君子所独。"①并以此来解释自己的命运。因为屈从于贫困就意味着圣贤追求的失败，堕入无价值又苟且的现实之中。吴与弼是在以自己的人生为代价，以一种自绝于共存意义的独行方式去验证"人"是否有能力在困苦与逆境中保持道德尊严，证明儒家的道德追求不仅可爱，而且可信。他说："事必有志而后可成，志必加厉而后不怠。盖志乃心所向，而厉则自强之谓也。"②又说："嗟乎！人生苟得至此，虽寒饥死、刑戮死，何害为大丈夫哉？苟不能然，虽极富贵、极寿考，不免为小人。可不思以自处乎？"③

所以，吴与弼的苦行不单单表现为肉体的痛苦，更表现为自我意识深处对它的甘之若饴。换句话说，吴与弼一直在用圣贤之学劝说自己将苦难视为必须承受的东西，而没有像普通人那样尝试摆脱苦难。在他的世界中，苦难变成了活着的证据，变成了道德以及人类整体性的证据，因为只有苦难时刻提醒着吴与弼其自我是什么，又不是什么。如同一个自然界中的生物人在苦难之中向往着更加美好的政治世界一般，此种苦难意识代表着自我与环境之间的扭曲关系，也即苦难成为理解自我所蕴含的关系性的标准。当生活的贫困提供了苦难时，自我可以将苦难转化为追求道德的动力，而当人们生活在一种正常的状态下时，他们呼唤苦难并制造苦难，似乎唯有苦难才能证明有关人之为人的各类话语不仅仅是一种幻觉，而且还是可以经由"活着"而真实地体现出来的东西。

秉持趋近极端的苦行主义，无论是对待自己，还是对待他人，都呈现出不合常理的残忍倾向，也即苦行追逐的那一道德理想的背后，充斥着毁灭与空洞的意味。赵园先生就指出，明代政治致使士人的精神面貌在对抗暴政的过程中显露出一种特有的乖戾和残忍，不仅对待官场上的同僚过于刻薄，对自身道德的

①［明］吴与弼：《康斋集》，见《景印文渊阁四库全书》第1251册，台北：台湾商务印书馆，1986年版，第583页。

②［明］吴与弼：《康斋集》，见《景印文渊阁四库全书》第1251册，台北：台湾商务印书馆，1986年版，第555页。

③［明］吴与弼：《康斋集》，见《景印文渊阁四库全书》第1251册，台北：台湾商务印书馆，1986年版，第572页。

砥砺也表现出一种自虐式的清高，她说："在当时的士人，尤其儒家之徒，更可怕的，是士论、人心的普遍嗜酷。"①"'砥砺'至于极端，即是自虐；有关的清议、士论，欣赏、赞美苦行，则属帮同肆虐。明人的自虐并非仅在宗教修行的场合。你读徐渭、李贽的传记资料，会震惊于其人的自戕所用方式的残酷——施之于自身的暴力。"②这种人性的非正常状态既然通过暴力的方式呈现着自我的欲求，那么它与权力以暴力的方式支配他人之所欲便没有差别，只不过苦行主义的施动与受众现在都变成了某个个体自身，但其根源却是对那一理想的共存环境的求而不得。对于明代士大夫而言，易代之后，他们终于获得了摆脱此前政治环境的命定意义并对其加以反思的机会，这种反思正是将人性与其生活环境理解为一个整体来进行的，如赵园所说："不妨认为，明代政治的暴虐，其间特殊的政治文化现象，引发了富于深度的怀疑和批判；而'易代'提供了契机，使对于一个历史时代的反顾、审视成为可能。活在当代的人们，仍不免惊叹于明清之交的思想家关于'政治—人性'批评的深度，甚至可以从中读出有关人被造就的条件、涵养健全人性的社会政治环境的思考。"③

所以，尽管吴与弼的思想恪守宋人矩矱，但是他的遭遇、践履以及由此生成的审视自我与政治的视角却为后来者反思儒家的思想困境提供了案例，而黄宗羲将其定为明代思想的肇始者也是颇具卓识的：

> 康斋倡道小陂，一禀宋人成说。言心，则以知觉而与理为二，言工夫，则静时存养，动时省察。故必敬义夹持，明诚两进，而后为学问之全功。其相传一派，虽一斋、庄渠稍为转手，终不离此矩矱也。白沙出其门，然自叙所得，不关聘君，当为别派。于戏！椎轮为大辂之始，增冰为积水所成，微康斋，焉得有后时之盛哉！④

---

① 赵园：《明清之际士大夫研究》，北京：北京大学出版社，1999年版，第16页。
② 赵园：《明清之际士大夫研究》，北京：北京大学出版社，1999年版，第11页。
③ 赵园：《明清之际士大夫研究》，北京：北京大学出版社，1999年版，第23页。
④［清］黄宗羲著，沈芝盈点校：《明儒学案》，北京：中华书局，1985年版，第14页。

吴与弼留下了诸多等待解答的问题，譬如政治与人性的关系问题、道德与幸福的问题等等，但他没有办法解决这些问题，只能以自己的一生为代价提出这些问题。实际上，随着有关政治世界价值信念的崩塌，"人"在明代已经变成了一个难以理解的东西，而无论自我意识如何试图重建自己对这一形象的信心，都会为此产生挥之不去的自我怀疑。对于吴与弼而言，如果他要向自己证明朱子的天理说仍然是对"人"有意义的诠释，那么他就只有苦行这一条自己为自己创造出经验世界的路可走。其间，苦行的荒谬、反常与天理的应然、美好恰好构成了鲜明的对比。

结语

综上所论，当政治社会对待士大夫的态度从宋代之优容一转而变为明代之严苛时，朱子学对于"应当"的强力支撑与笃实践履很快便在明初社会陷入了以苦行印证道德之可信的困境。无论是吴与弼，还是他的弟子胡居仁、娄谅，都表现出了鲜明的苦行特质，但到了吴与弼的再传弟子夏尚朴那里，主动寻求心灵安乐的学术态度开始悄悄出现。他说：

> 朱子云："颜子之乐平淡，曾点之乐劳攘。"近观《击壤集》，尧夫之乐比之曾点尤劳攘。程子云："敬则自然和乐。"和乐只是心中无事，方是孔、颜乐处。①

从这段话可以看出，主动寻求心灵安乐已经是娄谅、夏尚朴一系不同于胡居仁的思想倾向。虽然依照朱子的说法，安守贫穷的颜回才是乐的标杆，这也符合吴与弼的人生定位，但在夏尚朴这里，颜回之乐、曾点之乐、"敬则自然

①[清]黄宗羲著，沈芝盈点校：《明儒学案》，北京：中华书局，1985年版，第66页。

和乐"都转化为"心中无事"便是孔颜乐处，而主动理解"乐"，寻求心之安顿，多半是夏尚朴受娄谅影响而开辟的新方向。又如夏尚朴说："道理是个甜的物事。"[1]"甜"成为关注对象也正体现了寻求"乐"、寻求"安顿"的意义。但夏尚朴同时也对此表现出犹豫不决，说：

> 寻常读"与点"一章，只说胸次脱洒是尧、舜气象；近读《二典》《三谟》，方知兢兢业业是尧、舜气象。尝以此语双门詹困夫，困夫云："此言甚善。先兄复斋有诗云：'便如曾点象尧、舜，怕有余风入老、庄。'"乃知先辈聪明，亦尝看到此。[2]

虽然渴望寻求胸次脱洒之"乐"，但又将尧舜的兢兢业业置于其上，甚至赞同曾点之乐是老、庄异端之学的判断，这是夏尚朴因担心背离笃实践履的苦行主义便失了道德宗旨而表现出的犹豫不决。在这种苦行精神的笼罩下，陈白沙的出现就变成了一个例外，他对天理世界那一"鸢飞鱼跃"的快乐期待也只能以静坐体悟的方式得到，而无法从学理的传承以及政治世界的反馈中得到支撑。故而也可以说，明代心学的出现，正是一种将"应当"的主体意志与"快乐"的主体感受相结合而产生的思想突破。

---

①［清］黄宗羲著，沈芝盈点校：《明儒学案》，北京：中华书局，1985年版，第66页。
②［清］黄宗羲著，沈芝盈点校：《明儒学案》，北京：中华书局，1985年版，第66页。

 海外儒学动态

日本的荻生徂徕研究（2013—2023）[*]

山东大学外国语学院　王慧荣　吕子轩

荻生徂徕是日本江户中期著名的思想家、儒学家，其著述涵盖儒学、语言学、文学等多个领域。荻生徂徕创立的徂徕学在日本思想史上占有重要的位置，是日本思想史乃至东亚儒学史上相当重要的研究课题。本文主要梳理了2013年至2023年间日本对荻生徂徕的相关研究，力求把握近十年来日本关于荻生徂徕研究的发展动向。

一、相关的文献整理与综合性研究

近十年来，日本学界不断对荻生徂徕的著作进行汇编、译注等文献整理工作，主要集中于儒学、文学、语言学、艺术学四个方面，共出版、发表9部图书和11篇论文。相关图书主要分为两大类，即思想理论著述和汉诗作品汇编。思想理论著述类图书有《荻生徂徕〈政谈〉（荻生徂徕『政談』）》（尾藤正英抄译，2013）、《徂徕集：序类1（徂徕集：序類1）》（泽井启一等译注，2016）、《注释孙子国字解　上（注釈孫子国字解　上）》（今仓章注释，2016）、《徂徕集：序类2（徂徕集：序類2）》（泽井启一等译注，2017）、《注释孙子国字解　下（注釈孙子国字解　下）》（今仓章注释，2017）。此外，在《〈论语〉丛书24（『論語』叢书24）》（关议一郎编，2015）中收录了荻生徂徕的《论语征》。汉诗作品汇编类的图书有《荻生徂徕全诗1（荻生徂徕全詩 1）》（荒井健等译注，2020）、《荻生徂徕全诗2（荻生徂徕全詩2）》（荒井健等译注，2023）。此外，在《江户汉诗选　上（江戸漢詩選　上）》（揖斐高编译，2021）中也收录了荻生徂徕的诗作。

* 本文为山东大学【研·课程思政】建设工程（第四期）项目"中日比较视域下的儒学与现代化专题学习"阶段性成果，获国家重大文化工程"全球汉籍合璧工程"专项经费资助（HBY 201908）。

相关译注类论文主要集中在荻生徂徕的汉文学习和音乐理论方面。前者有《荻生徂徕〈《译文筌蹄》题言十则〉译注（5）[荻生徂徕「『訳文筌蹄』題言十则」訳注（5）]》（武内真弓，2013）、《校注附例〈荻生徂徕《译文筌蹄》〉（1）[校注附例「荻生徂徕『譯文筌蹄』」（1）]》（坂本具偿等，2020）、《校注附例〈荻生徂徕《译文筌蹄》〉（2）[校注附例「荻生徂徕『譯文筌蹄』」（2）]》（坂本具偿等，2021）、《校注附例〈荻生徂徕《译文筌蹄》〉（3）[校注附例「荻生徂徕『譯文筌蹄』」（3）]》（坂本具偿等，2022）、《校注附例〈荻生徂徕《译文筌蹄》〉（4）[校注附例「荻生徂徕『譯文筌蹄』」（4）]》（坂本具偿等，2023）。后者包括《荻生徂徕著〈乐律考〉译注稿（1）[荻生徂徕著『楽律考』訳注稿（1）]》（山寺美纪子，2013）、《荻生徂徕著〈乐律考〉译注稿（2）[荻生徂徕著『楽律考』訳注稿（2）]》（山寺美纪子，2014）、《荻生徂徕著〈乐律考〉译注稿（3）[荻生徂徕著『楽律考』訳注稿（3）]》（山寺美纪子，2015）、《荻生徂徕著〈乐律考〉译注稿（4）[荻生徂徕著『楽律考』訳注稿（4）]》（山寺美纪子，2016）、《荻生徂徕著〈乐律考〉译注稿（5）[荻生徂徕著『楽律考』訳注稿（5）]》（山寺美纪子，2020）、《荻生徂徕著〈琴学大意抄〉注释稿（2）[荻生徂徕著『琴学大意抄』注釈稿（2）]》（山寺美纪子，2021）。

除了对荻生徂徕的相关原典进行文献整理之外，近十年间，日本还出版了一些有关荻生徂徕的综合性研究专著，综合考察了荻生徂徕的生平经历、思想学说，具体如下：《知识的巨人：荻生徂徕传（知の巨人：荻生徂徕伝）》（佐藤雅美，2014）、《汉文圈的荻生徂徕：医学·兵学·儒学（漢文圈における荻生徂徕：医学·兵学·儒学）》（蓝弘岳，2017）、《从徂徕学派走向国学：表现的人（徂徕学派から国学へ：表現する人間）》（板东洋介，2019）、《徂徕学的思想圈（徂徕学の思想圈）》（中村春作，2019）、《反"近代"的思想：荻生徂徕与现代（反「近代」の思想：荻生徂徕と現代）》（舟桥晴雄，2020）、《荻生徂徕的话语：徂徕学入门（荻生徂徕の言葉：徂徕学入門）》（海士净，2022）。

二、关于荻生徂徕儒学思想的研究

关于荻生徂徕儒学思想的研究大致可分为两大方面，一是解读荻生徂徕的儒学著作及其儒学观点，阐述其对道、礼乐、天、人性、学与习等重要儒学概念的理解和诠释，二是以比较研究的视角，将荻生徂徕与国内外其他儒学家的思想观点进行比较，以此来揭示儒学日本化的内在发展逻辑，凸显荻生徂徕在日本儒学发展过程中的重要地位。

有关第一个方面的研究有8部著作中的部分章节和19篇论文。其中相关著作有《岩波讲座日本的思想　第6卷（岩波講座日本の思想　第6卷）》中的《荻生徂徕〈辨名〉（荻生徂徕『辨名』）》（泽井启一，2013）、《东洋易学思想论丛（東洋易学思想論攷）》中的《荻生徂徕的易学思想（荻生徂徕の易学思想）》（滨久雄，2016）、《近世教育思想史研究：日本"公教育"思想的源流（近世教育思想史の研究：日本における「公教育」思想の源流）》中的《荻生徂徕的教育思想（荻生徂徕の教育思想）》（辻本雅史，2016）、《近世日本的"礼乐"与"修辞"：荻生徂徕以后的"接人"制度构想（近世日本の「礼楽」と「修辞」：荻生徂徕以後の「接人」の制度構想）》中的《圣人的"大道术"——荻生徂徕的"礼乐制度"论（聖人の「大道術」——荻生徂徕の「礼楽制度」論）》（高山大毅，2016）、《"心身／身心"和"环境"的哲学（「心身／身心」と「環境」の哲学）》中的《荻生徂徕对理学的重构——以〈萱园随笔〉为中心（荻生徂徕による理学の再構築——『蘐園随筆』を中心に）》（杨际开，2018）、《16世纪后半期至19世纪初朝鲜、日本、琉球"朱子学"迁移的诸相（16世紀後半から19世紀はじめの朝鮮・日本・琉球における「朱子学」遷移の諸相）》中的《荻生徂徕（1666—1728）的"天命"说和"修辞"论［荻生徂徕（1666—1728）の「天命」説と「修辞」論］》（片冈龙，2020）、《东亚的王权与秩序：以思想、宗教、礼仪为中心（東アジアの王権と秩序：思想・宗教・儀礼を中心として）》中的《荻生徂徕儒教礼仪的问题（荻生徂徕における儒教儀礼の問題）》（吾妻重二，2021）、《十七、十八世纪的日本儒学和明清考证学（十七・十八世紀の日本儒学と明清考証学)》中的《荻生徂徕与十八世纪儒学"知"的普及——以与明代复古、考証思想的关联为中心（荻生徂徕と十八世紀における儒学「知」の普及——明代復古・考証思想との関わりを中心に）》（石运，2023）。

相关论文有《"稽古"与"安天下"：关于荻生徂徕的"义"（「稽古」と「安天下」：荻生徂徕の「義」について）》（山口智弘，2013）、《关于徂徕学"道"思想的再考察：从〈萱园随笔〉到〈论语征〉（徂徕學の「道」思想についての再考察：『蘐園随筆』から『論語徴』へ）》（赵熠玮，2013）、《徂徕礼乐思想中的学习论（徂徕礼楽思想における学習論）》（陈贞竹，2013）、《关于古学派〈中庸章句〉中的"鬼神论"批判（古學派の『中庸章句』における「鬼神論」批判について）》（赵熠玮，2014）、《荻生徂徕的鬼神论刍议》（傅锡洪，2014）、《关于荻生徂徕的"礼义"思想（荻生徂徕の「礼義」思想について）》（黄于菁，2014）、《荻生徂徕的天的问题（荻生徂徕における天の問題)》（陈晓杰，2014）、《荻生徂徕的"天"：以"法天"为中心（荻生徂徕の「天」：「天に法る」をめぐって）》（陈晓杰，2015）、《〈徂徕先生问答书〉中荻生徂徕的"礼乐"思想（『徂徕先生答問書』における荻生徂徕の「礼楽」思想）》（于婷芳，2015）、《关于荻生徂徕〈中庸解〉中的"诚"（荻生徂徕『中庸解』における「誠」について）》（赵熠玮，2015）、《从古文辞学看"怪"：以荻生徂徕〈译文筌蹄〉〈论语征〉等为中心（古文辞学から見る「怪」：荻生徂徕『訳文筌蹄』『論語徴』などから）》（木场贵俊，2015）、《关于荻生徂徕四书注释的研究（荻生徂徕の四書注釋に關する研究)》（赵熠玮，2016）、《徂徕的自然观及其发展（徂徕における自然観とその展開）》（坂本赖之，2017）、《关于荻生徂徕人性论中重视"习"的渊源：以〈中庸解〉为中心（荻生徂徕の人性論における「習」重視の淵源について：『中庸解』を中心として）》（刘莹等，2018）、《关于荻生徂徕"习"的问题（荻生徂徕における「習」の問題）》（刘莹，2020）、《关于荻生徂徕心的主体性（思维）与礼乐的实践：以"以心制心"到"以礼制心"的发展路径为中心［荻生徂徕における心の主体性（思惟）と礼楽の実践について：

「以心制心」から「以礼制心」への発展経路をめぐって］》（杨世帆，2020）、《关于荻生徂徕的天的两义性（荻生徂徕における天の両義性について）》（杨世帆，2021）、《"自得"：荻生徂徕的学习论、稽古论、教育论（「自得する」ということ：荻生徂徕の学習論・稽古論・教育論）》（西平直，2022）、《荻生徂徕思想中的历史和功利：通过〈论语〉的重释（荻生徂徕の思想における歴史と功利：『論語』の再解釈を通じて）》（James McMullen，2023）。

有关第二个方面的研究有6部著作中的部分章节和11篇论文。相关著作有《近代日本政治思想史：从荻生徂徕到纲野善彦（近代日本政治思想史：荻生徂徕から網野善彦まで）》中的《制度——荻生徂徕与会泽正志斋（制度——荻生徂徕と會澤正志齋）》（河野有理，2014）、《徂徕与昆仑（徂徕と崑崙）》（末木恭彦，2016）、《日韩历史共同研究项目第19回・第20回研讨会报告书（日韓歴史共同研究プロジェクト第19・第20回シンポジウム報告書）》中的《茶山与荻生徂徕的〈中庸〉理解（茶山と荻生徂徕の『中庸』理解）》（琴章泰，2019）、《中日儒学比较思想史研究：面向解体与重构（日中儒学の比較思想史研究：その解体と再構築に向けて）》（Alimtohte Shiho，2020）、《日本精神史・下（日本精神史・下）》中的《江户儒学——以伊藤仁斋和荻生徂徕为中心（江戸の儒学——伊藤仁斋と荻生徂徕を中心に）》（长谷川宏，2023）、《诗与哲学之间：宗教哲学、比较思想论丛（詩と哲学のあわい：宗教哲学・比較思想論攷）》中的《近世日本古代典籍理解的解释学问题——以伊藤仁斋、荻生徂徕、本居宣长、富永仲基为中心（近世日本における古典籍理解の解釈学的問題——伊藤仁斋・荻生徂徕・本居宣長・富永仲基をめぐって）》（井上克人，2023）。

相关论文有《荻生徂徕与荀子（荻生徂徕と荀子）》（田尻尚文，2013）、《荻生徂徕的初期儒学与仁斋学：以手稿本〈读荀子〉的再考为中心（荻生徂徕の初期儒学と仁斋学：自筆本『読荀子』の再考を中心に）》（山口智弘，2014）、《封建时代的〈家礼〉：朱舜水、安积澹泊、荻生徂徕的祖先祭祀论（封建の世の『家礼』：朱舜水・安積澹泊・荻生徂徕の祖先祭祀論）》（高山大毅，2014）、《新

井白石和荻生徂徕：直面时代的两位儒者：来自十七世纪荷兰的视野（新井白石
と荻生徂徕：時代と正対した二人の儒学者：一七世紀オランダからの視界）》
（寺岛实郎，2014）、《荻生徂徕〈萱园随笔〉中的仁斋学批判（荻生徂徕『蘐園
随筆』における仁齋學批判）》（赵熠玮，2014）、《关于荻生徂徕〈大学解〉中
的朱子学批判（荻生徂徕『大學解』における朱子學批判について）》（赵熠玮，
2015）、《德川中期古典解释学和思想：伊藤仁斋和荻生徂徕（德川中期におけ
る古典解釋學と思想：伊藤仁齋と荻生徂徕）》（山口智弘，2016）、《荻生徂徕
以及伊藤东涯、伊藤东峰与儒教丧葬礼仪（荻生徂徕および伊藤東涯・東峯と
儒教葬祭儀礼）》（吾妻重二，2018）、《东亚近世后期儒学发展的内在逻辑：以
荻生徂徕和王船山的"制作"说为例（東アジア近世後期儒学の展開に内在する
ロジック：荻生徂徕と王船山の「制作」説を例として）》（刘莹，2020）、《仁
斋、徂徕、仲基的汉籍解释学（仁斎・徂徕・仲基における漢籍の解釈学）》（井
上克人，2020）、《江户时代"活物的世界"与新的实践主体的成立：以荻生徂徕、
太宰春台、乳井贡为中心（江戸時代における「活物的世界」と新たな実践主体
の成立：荻生徂徕・太宰春台・乳井貢を中心に）》（杨世帆，2022）。

三、语言学与文学角度的相关研究

语言学角度的相关研究主要是关于荻生徂徕在汉文训读与释义等方面的理
论，以及其对汉文经典的解读方法。相关研究有2部著作的部分章节和13篇论
文。相关著作有《江户的思想斗争（江戸の思想闘争）》中的《翻译问题——荻
生徂徕的语言观（翻訳問題——荻生徂徕の言語観）》（山泰幸，2019）、《江户
的学问与思想家们（江戸の学びと思想家たち）》中的《伊藤仁斋与荻生徂徕——
读书・看书・讨论（伊藤仁斎と荻生徂徕——読書・看書・会読）》（辻本雅史，
2021）。

相关论文有《荻生徂徕的中文（荻生徂徕の中国語）》（武内真弓，2013）、
《不被说的"唐话"：荻生徂徕的唐话观（話されない「唐話」：荻生徂徕の唐話

観）》（武内真弓，2014）、《荻生徂徕的语言观：通过〈译文筌蹄〉初编与"国会本"的比较（荻生徂徕の言語観：『訳文筌蹄』初編と「国会本」の比較から）》（武内真弓，2014）、《汉字杂谈（68）明治的荻生徂徕［漢字雑談(68) 明治の荻生徂徕］》（高島俊男，2015）、《"崎阳之学"与荻生徂徕：以异语言理解的方法为中心（「崎陽の學」と荻生徂徕：異言語理解の方法を巡って）》（木津祐子，2016）、《人情与训译：从伊藤仁斋到荻生徂徕（人情と訓訳：伊藤仁斎から荻生徂徕へ）》（村上雅孝，2017）、《荻生徂徕和〈六谕衍义〉：从训读到训译（荻生徂徕と『六諭衍義』：訓読から訓訳へ）》（村上雅孝，2018）、《荻生徂徕的中文理解：以〈六谕衍义〉训译为中心（荻生徂徕の中国語理解：『六諭衍義』訓訳をめぐって）》（宮岸雄介，2018）、《荻生徂徕的"译学"与徂徕点（荻生徂徕の「訳学」と徂徕点）》（王侃良，2018）、《关于荻生徂徕训点资料中左侧注音假名的考察：以〈南齐书〉〈梁书〉为中心（荻生徂徕の訓点資料における左ルビについての考察：『南齐書』『梁書』を中心に）》（王侃良，2019）、《荻生徂徕的助词研究与〈助语辞〉（荻生徂徕における助字研究と『助語辞』）》（王侃良，2019）、《关于荻生徂徕语言论的再研究：从"文理论"到"徂徕点"（荻生徂徕の言語論についての再検討：「文理論」から「徂徕点」まで）》（王侃良，2019）、《荻生徂徕〈译文筌蹄〉中"俗语"的接受（荻生徂徕『訳文筌蹄』における「俗語」受容）》（张茜，2020）。

文学角度的相关成果主要研究了荻生徂徕的文学思想及其在汉诗创作上的成就，共有1部著作的部分章节和6篇论文。相关著作是《重新选择江户文学：附有现代文翻译的名文导读（江戸文学を選び直す：現代語訳付き名文案内）》中的《古文辞派的路标〇荻生徂徕〈绝句解〉（古文辞派の道標〇荻生徂徕『絶句解』）》（高山大毅，2014）。相关论文有《荻生徂徕的诗文论与陈元赟的〈升庵诗话〉：作为"古文辞"学的出发点（荻生徂徕の詩文論と陳元贇『昇庵詩話』：「古文辞」学の出発点として）》（小野泰央，2016）、《荻生徂徕汉诗中的世界想象》（雒志达等，2017）、《荻生徂徕对明代宗唐诗学的接受：以〈唐后诗总

论〉为中心》（顾春芳，2018）、《荻生徂徕对王世贞文艺思想的接受（荻生徂徕
における王世貞文藝思想の受容）》（薛欣欣，2018）、《论荻生徂徕的汉诗》（顾
春芳，2019）、《文章复古论的分歧：荻生徂徕、太宰春台、堀景山围绕"古文
辞"的论争（文章復古論の分岐：「古文辭」をめぐる荻生徂徕・太宰春臺・堀
景山の論爭）》（副島一郎，2019）。

四、艺术学角度的相关研究

艺术学角度的相关研究主要集中在音乐方面，通过对荻生徂徕音乐理论著
作的分析，来考察其音乐思想、音乐理论与实践，此外还有一些关于荻生徂徕
绘画观的研究，共有2部著作的部分章节和10篇论文。著作《近世日本与乐的
诸相（近世日本と楽の諸相）》中，收录了3篇有关荻生徂徕音乐理论的文章，
分别是《朱载堉的圆周率与荻生徂徕（朱載堉の円周率と荻生徂徕）》（小林龙
彦，2019）、《荻生徂徕的〈乐律考〉〈乐制篇〉及其乐律论的继承和影响（荻生
徂徕の『楽律考』『楽制篇』並びにその楽律論の継承と影響）》（山寺美纪子，
2019）、《荻生徂徕的余音——以太宰春台、堀景山、水谷博泉、乳井贡、山县
大武、帆足万里的"乐"论为中心（荻生徂徕の残響——太宰春台・堀景山・水
谷博泉・乳井貢・山県大弐・帆足万里の「楽」言説を巡って）》（小岛康敬，
2019）。除音乐理论之外，《武士的绘画：中国绘画的接受与文人精神的展现（武
士の絵画：中国絵画の受容と文人精神の展開）》中的《荻生徂徕的绘画观与文
人精神的接受（荻生徂徕の絵画観と文人精神の受容）》（杉本欣久，2020）考察
了荻生徂徕的绘画理念。

相关论文有《荻生徂徕的佚书〈大乐发挥〉的复原：德川吉宗古乐复兴的尝
试与徂徕的音乐思想（荻生徂徕の佚書『大楽発揮』復原のために：德川吉宗に
よる古楽復興の試みと徂徕の音楽思想）》（印藤和宽，2013）、《八代将军德川
吉宗时代中国绘画的接受与徂徕学派的绘画观：德川吉宗、荻生徂徕、本多忠
统、服部南郭眼中的文化潮流（八代将軍・德川吉宗の時代における中国絵画

受容と徂徠学派の絵画観：徳川吉宗・荻生徂徠・本多忠統・服部南郭にみる文化潮流）》（杉本欣久，2014），《荻生徂徠的乐律研究：主要以〈乐律考〉〈乐制篇〉〈琴学大意抄〉为中心（荻生徂徠の楽律研究：主に『楽律考』『楽制篇』『琴学大意抄』をめぐって）》（山寺美纪子，2014），《东洋的学艺 关于荻生徂徠〈乐律考〉完成时期的考察：兼以荻生北溪〈乐律考解〉的介绍（東洋の學藝 荻生徂徠著『楽律考』の成立時期に関する一考察：荻生北渓著『楽律考解』の紹介を兼ねて）》（山寺美纪子，2016），《荻生徂徠与艺道思想（荻生徂徠と芸道思想）》（板东洋介，2016），《荻生徂徠〈乐律考〉的创作时期：以〈大乐发挥〉五篇与乐书十卷（佚书）的关系性为中心［荻生徂徠著『楽律考』の執筆時期：『大楽発揮』五篇と楽書十巻（逸書）の関係性に着目して］》（山寺美纪子，2017），《富永仲基与荻生徂徠：以乐律考为中心（富永仲基と荻生徂徠：楽律考を中心に）》（印藤和宽，2017），《关于荻生徂徠〈乐律考〉与其创作时期其他著述的比较推定以及对以往学说的再研究［荻生徂徠著『楽律考』の執筆時期（承前）他の著述との照合による比定及び従来の説に対する再検討］》（山寺美纪子，2018），《关于荻生徂徠音乐的五部新出资料及其意义：享保五年答有马兵库头问书、〈三五要略考〉及其音乐相关的记录、琴（七弦琴）相关文书、吉水院旧藏乐书的相关文书、致中根元圭的书信［荻生徂徠の音楽に関する新出資料五点とその意義について：享保五年に有馬兵庫頭の問いに答えた書、『三五要略考』及び音楽に関する覚書、琴（七絃琴）に関する文書、吉水院旧蔵楽書に関する文書、中根元圭に宛てた書簡］》（山寺美纪子，2018），《关于荻生徂徠及与其相关的弹琴实践（荻生徂徠とその周辺における弾琴実践について）》（山寺美纪子，2022）。

五、其他研究

近十年来，日本的荻生徂徠研究呈现多元化趋势，除儒学、语言学、文学、艺术学等方面的研究之外，还涉及荻生徂徠的政治思想及其实践、经济思想、对外认识、法律思想和数学思想等多个领域。其中关于荻生徂徕的政治思想及其实践的研究有6篇论文，分别是《荻生徂徕、松平定信与宽政期的孔子崇拜（荻生徂徕、松平定信と寬政期の孔子崇拜）》（James McMullen，2013）、《荻生徂徕〈政谈〉的世界（荻生徂徕『政談』の世界）》（中村春作，2013）、《荻生徂徕的幕藩体制改革构想：引入勋阶制构想中的危机意识（荻生徂徕の幕藩體制改革構想：勳階制導入構想に見える危機意識）》（许家晟，2014）、《德川宗春的研究：与荻生徂徕的接触（德川宗春の研究：荻生徂徕との接点）》（田中真佐志，2014）、《读日本思想史名著（4）荻生徂徕〈政谈〉[日本思想史の名著を読む（4）荻生徂徕『政談』]》（苅部直，2015）、《近世国家与合法性——徂徕学的观点（近世国家とレジティマシー——徂徕学の視点）》（松田宏一郎，2016）。这些论文主要考察了荻生徂徕的政治思想，以及其政治思想对当时和后世的政治治理和政治体制产生的实际影响。

此外，关于荻生徂徕的经济思想的研究有《荻生徂徕的经济论（荻生徂徕の経済論）》（吉田俊纯，2015）、《荻生徂徕的经济思想（荻生徂徕の経済思想）》（吉田俊纯，2016）和《荻生徂徕的经济思想：以与新井白石的比较为线索（荻生徂徕の経済思想：新井白石との比較を手掛かりに）》（许家晟，2016）等。关于其对外认识方面的研究论文有《"古文辞学"与东亚：以荻生徂徕对清朝中国和朝鲜的认识为中心（「古文辞学」と東アジア：荻生徂徕の清朝中国と朝鮮に対する認識をめぐって）》（蓝弘岳，2015）、《有意的"误读"：荻生徂徕〈水足氏父子诗卷序〉的矛盾与朝鲜（意図された「誤読」：荻生徂徕の『水足氏父子詩卷序』の矛盾そして朝鮮）》（李晓源，2018）等。关于其法律思想的研究论文有《荻生徂徕的〈大明律〉研究（荻生徂徕の『大明律』研究）》（万晓丽等，2021）。关于其数学思想的研究论文有《关于荻生徂徕致中根元圭的四封书信（荻生徂徕から中根元圭へ宛てた4通の書簡について）》（小林龙彦，2021）。

结语

综上所述，近十年间，日本关于荻生徂徕的研究成果丰富、视角多元、领域广泛，除了对荻生徂徕相关原典的文献整理以及综合性研究之外，研究角度还涉及儒学、文学、语言学、艺术学、政治学、经济学、法学、数学等多个领域。这些多元化的研究，较为深入地发掘了荻生徂徕思想的内涵特征及其理论价值。

孟子思想在德语国家的传播史

山东大学外国语学院　　包汉毅　　邹浥尘

　　孟子（前372—前289），姬姓，孟氏，名轲，邹国（今山东邹城）人，战国时期儒家学派代表人物。孟子继承并发扬了孔子的思想，成为继孔子之后的一代儒学宗师，获尊称"亚圣"，地位仅次于"至圣"孔子，与孔子并称为"孔孟"。他所主张的核心理念集中体现在《孟子》一书中，该书记录了他关于人性、政治、伦理等方面的深刻见解。

　　仁义礼智的伦理哲学思想是孟子思想的核心。这个以仁义为核心的道德理论体系蕴含着其他思想理论的发展，"性善""仁政"等思想皆由此推衍而出。[1]孟子主张人性本善，这一理念与当时的道家和法家思想形成鲜明对比，是孟子谈人生和谈政治的理论根据，是他的思想体系中的一个中心环节。在政治主张方面，孟子提出了"仁政"思想，主张以仁爱之心治理国家。他认为君王应当像慈父一样关爱臣民，以仁爱和仁政治理国家，使国家达到和谐繁荣的状态。孟子以"仁政"为根本出发点，创立了一套以"井田"为模式的理想经济方案，提倡"省刑罚、薄税敛""不违农时"等主张。孟子的这一政治理念强调了统治者对人民的责任，强调了政治权力应当服务于民众的幸福和利益。[2]此外，孟子的"天命"观念也是其思想的重要组成部分，即认为天是最高的，是有意志的，人世间的朝代更替、君王易位，以及政权的兴衰存亡、人们的贫富穷达，均是由天命所定。他主张天赋君权，并认为君主应通过行仁政来顺应天命。[3]孟子的这些观点为中国古代政治体制提供了合法性的理论基础，强调君臣之间的合作与相

---

　①　张奇伟：《仁义礼智四位一体——论孟子伦理哲学思想》，《吉林大学社会科学学报》，2001年第3期。
　②　王引淑：《略论孟子民本思想的当代价值》，《政法论坛》，2000年第2期。
　③　李世高：《孟子性善论的思想根源》，《国际儒学论丛》，2022年第2期。

互责任。

当前，学界对孟子思想在德语国家的传播史并没有明确的分期。郝景春将儒家思想在西方的传播史划分为四个时期：耶稣会士时期、新教传教士时期、汉学家时期和孔子学院时期。[①] 刘单平将《孟子》的西译史划分为两大阶段：一是传教士以传教为目的的经典翻译，二是学者以研究、传播中国文化为目的的经典翻译。[②] 在综合上述学者的研究的基础上，本文通过分析总结孟子思想在德语国家的传播史的特征，将孟子思想在德语国家的传播划分为三个时期：传教士译介时期、哲学通史研究时期以及专业化孟子研究时期。

一、传教士译介时期

从17世纪至20世纪初，在欧洲各国逐渐展开对外扩张、贸易活动的同时，中国文化也逐渐引起了西方的关注。这一时期中国典籍的外译主要是由来华传教士进行的。传教士们成为中国文化海外传播的开拓者和先锋，他们在远离家乡的异国他乡，不仅传播了基督教信仰，更成为中西文化交流的桥梁，将中国古典文献，包括《孟子》等著作，翻译成西方语言，促进了中国文化的海外传播，推动了后续西方汉学家的中国典籍翻译和研究。[③]

相较于同为"四书"的《大学》《中庸》和《论语》，《孟子》在欧洲的传播明显落后，这一方面是由于《孟子》篇幅较长，另一方面则是由于《孟子》所蕴含的思想与当时盛行的基督教文化相悖。例如孟子断言无后为不孝，与基督教僧侣的禁欲誓愿抵牾；孟子宣扬人性本善，这也与基督教的原罪说大相径庭。[④]

在谈及《四书》的西译时，人们通常会首先想到1687年在巴黎出版的耶稣会士柏应理（Philippe Couplet，1624—1692）主持撰写的巨著《中国哲学家孔子》

① 郝景春：《儒家思想在西方的传播》，《河北学刊》，2012年第5期。

② 刘单平：《〈孟子〉西译史述评》，《理论学刊》，2010年第8期。

③ 张西平：《传教士汉学家的中国经典外译研究》，《中国翻译》，2015年第1期。

④ Th.H. 康：《儒家经典的翻译和在西方的传播》，《湖北社会科学》，1991年第2期。

（*Confucius Sinarum Philosophus*）。这本著作虽以号称"最早的《四书》西译全本"而闻名，却只囊括了《大学》《中庸》《论语》，并无《孟子》。直到比利时耶稣会士卫方济（François Noël，1651—1729）于1711年在布拉格出版拉丁文《中华帝国六经》（*Sinensis Imperii Libri Classici Sex*），包罗《大学》《中庸》《论语》《孟子》《孝经》《小学》，从而成为实际上欧洲最早问世的《四书》拉丁文全译本。其中的《孟子》，便是现存最早的《孟子》完整西译本。

法国人杜赫德（Jean-Baptiste Du Halde，1674—1743）在撰写《中华帝国全志》（*Description Géographique, Historique, Chronologique,Politique, et Physique de l'Empire de la Chine et de la Tartarie chinoise*）第二卷《中国次要经典》（*Des Livres Classiques ou Canoniques du Second Ordre*）提要时，几乎完全袭用卫方济的《中华帝国六经》。杜赫德在对《四书》的论说著述中，对《孟子》着墨最多，篇幅共计35页，这自然也都是依赖于卫方济的翻译成果。[①] 因此，杜赫德的《中华帝国六经》与卫方济的《中华帝国全志》形成了一种相互辅助的关系——前者为后者提供了内容基础，而后者则通过其强大的影响力，将《六经》的内容传播开来。

相较于法国等欧洲国家，德国汉学起步较晚。19世纪，德国直接经由汉语、满语的《四书》文本翻译而成的德语译本数量不及同时期的英、法两国，许多中国典籍文献最初都是通过法语译本引入德国的。1747年至1749年，《中华帝国全志》被译为德语在德国罗斯托克出版，这也是德语国家最早对《孟子》的正式的系统介绍。这一译介工作为德国的汉学研究提供了契机，为德国学者深入研究《孟子》及其他中国经典文献铺平了道路，同时也彰显了《中华帝国六经》和《中华帝国全志》在欧洲汉学传播中的相互联结和推动作用。

1844年，克玛律教士（Johann Cramer）把鲍狄埃[②]的法文版《孔子和孟子》

---

① 黄正谦：《论耶稣会士卫方济的拉丁文〈孟子〉翻译》，《中国文化研究所学报》，2013年第57期。
② 鲍狄埃，法国汉学家，撰写了大量关于东方国家（中国、印度等）和爱奥尼亚群岛的研究著作，并翻译了马可·波罗、孔子等人的作品。

转译为德文，书名为《孔子和孟子——中国的道德和哲学四书》(*Konfucius und Mencius: Die Vier Bücher der Moral-und Staatsphilosophie China's*)，这是德语国家第一本在书名中明确提及孟子及其作品的著作，为德国学者深入研究中国传统经典《四书》的哲学思想提供了重要的起点。整部书共计364页，自第171页开始，全部用以呈现《孟子》选译，足见篇幅之重，凸显了对这一经典的深度关注。鲍狄埃在原版的序言中对孟子的学说给予了高度评价，称其"哲学思考方式类似于苏格拉底和柏拉图，但更具力量和巧妙的思想"，克玛律教士在翻译时也忠实地传达了这一评价。

花之安教士（Ernst Faber，1839—1899）是19世纪德国基督教礼贤会、同善会传教士，也是汉学家、植物学家，他在华三十五载，先后在香港、广东、上海、青岛等地从事宣教与著述工作，著作等身，被誉为"19世纪最高深的汉学家"。他在青岛传教期间，为使西方社会了解中国经典，用德文完成了《儒学汇纂》。该书整理了一系列关于孔子和儒家学说的史料，于1873年在香港出版。1877年，他把《孟子》译成德文正式出版，书名为《中国哲学家孟子的思想，或一种以伦理为基础的国家学说》(*Eine Staatslehre auf ethischer Grundlage od. Lehrbegriff des Chinesischen Philosophen Mencius*)。该书是一部摘译和评论相结合的著作，打破了《孟子》原本的组织结构，从内容和概念上进行重新划分，对原著中重要的概念进行阐释，从讨论孟子的人性学说这一理论根基开始，进而讨论伦理学问题，最后抵达国家治理问题，延续的正是孟子由性善向外"推恩"的逻辑理路。[1]虽然该书并非《孟子》全译本，但是影响极大，为后续的《孟子》德译本提供了重要参考。1882年，此书以《孟子之心，或基于道德哲学之上的政治经济学：中国哲学家孟子思想的分类摘编》为书名出版英文修订版。

1912年，曾任德国胶澳督署翻译官的慕兴立（Heinrich Mueller）在他的专著《中国人的世界观：以哲学家孟子的国家伦理学为基础的论述》(*Die Chinesische*

---

[1] 韩振华：《"他乡有夫子"——十九世纪新教传教士的〈孟子〉诠释》，《浙江工商大学学报》，2014年第3期。

Weltanschauung:Dargestellt auf Grund der ethischen Staatslehre des Philosophen Mong dse) 中将《孟子》的卷一译成了德文。值得一提的是，慕兴立撰写此书的目的不是单纯地为了译介中国传统典籍，而是如他在序言中所说："就德语而言，人们对原始的东亚国家形式和中华民族独特的、自我创造的文化的理解正在觉醒，对古代典籍的了解可以为此作出重大贡献……本书基于对孟圣人的伦理政治教义的观察，旨在展示中国古代知识分子的生活是如何复苏的。"

卫礼贤（Richard Wilhelm, 1873—1930）被誉为 20 世纪初叶德国最重要的汉学家之一。1899 年，卫礼贤作为同善会的传教士来到青岛后，一边学习中国语言，一边兴办学校。随着对中国语言和文字学习的深入，他逐渐对中国古代文化产生了浓厚兴趣，便将《论语》《道德经》《易经》等中国典籍译成德文，这些译本迄今仍在西方再版重印。1913 年，卫礼贤开始翻译《孟子》，1914 年年初完成，同年 7 月开始制版，1916 年以《孟子（孟轲）》［*Mong Dsi（Mong Ko）*］为书名出版，到了 1921 年，此书已印了五千册。这是第一个完整的《孟子》德译本，传播范围极广，影响巨大，迄今为止已以《孟子：孟轲大师的教学谈话》（*Mong Dsï: Die Lehrgespräche des Meisters Meng K'o. Aus dem Chinesischen übertragen und erläutert von Richard Wilhelm*）为书名于 1982 年、2016 年多次再版。为了让对《孟子》完全陌生的德语读者易于理解，卫礼贤在翻译过程中根据"章句"，将《孟子》七章（Buch）各分为上节（Abschnitt A）和下节（Abschnitt B），为每一节加上了一个德文标题，并在最后附上注释（Anmerkungen）和人名索引（Namenregister）。[①] 值得注意的是，卫礼贤对《孟子》等中国典籍翻译的成功，离不开当时众多中国学者云集于青岛的有利形势，这为卫礼贤提供了充足的学术资源，使他能够获得最重要的文献原典进行翻译，同时，他还在京师大学堂总监督劳乃宣的帮助下，得到了许多卓有裨益的口头建议，使得他的翻译更加准确和贴切。卫礼贤的翻译工作不仅仅是语言的转换，更是对中国古代哲学思想

---

① 李雪涛、Zhu Yuan：《卫礼贤〈孟子〉德译研究举隅》，《孔学堂》，2015 年第 2 期。

的深入理解和传达,他对《孟子》的翻译不仅在当时取得了巨大成功,而且对后来的汉学研究和德语国家的中国哲学传播产生了深远的影响,迄今为止,德国汉学界的《孟子》研究仍旧沿用了卫礼贤搭建的这一译本框架。

综上所述,可知这一时期,《孟子》在德语国家的传播主要是依靠传教士来承担翻译工作的,通过传教士的努力,《孟子》中的一些核心思想逐渐渗透了德语国家的学术界,并对当地的思想和学术产生了积极而深远的影响,莱布尼茨、沃尔夫、康德以及黑格尔等德国著名学者都受到了传教士《孟子》译本的影响和启发,这体现了中国传统哲学思想与德国哲学形成的良性互动。这段传教士译介《孟子》的历史见证了《孟子》一书在德语国家的初期传播,为后续德语国家的孟子思想研究提供了坚实的基础和可靠的抓手。

二、哲学通史研究时期

20世纪初,德国汉学经历了一场引人瞩目的变革,自1909年汉堡殖民学院(后来的汉堡大学)在德国第一次设立汉学正教授职位以来,在短短十几年间,德国汉学完成了由传教士汉学向学院派汉学的过渡。[①]这一时期见证了德国汉学界对中国哲学的历史研究的崛起,涌现出了多部中国哲学通史,这些著作系统地考察了中国历代哲学思想。德国汉学家们开始更加全面地审视中国哲学的演变和发展,关于孟子的研究也被纳入了这种全面的历史研究的范畴,超越了先前对《孟子》一书单一的译介活动,将孟子的思想置于更广阔的历史和文化语境中,使其成为整个中国哲学体系中不可或缺的一环。

恩斯特·维克多·曾克(Ernst Viktor Zenker, 1865—1946)出生在波希米亚,在维也纳获得了法学博士学位,是著名的记者、作家和政治家,并凭借在无政府主义上的贡献而获得盛名。1926年至1927年,他的两卷本《中国哲学史》(*Geschichte der Chinesischen Philosophie*)问世,上卷对中国古典时代(先秦时期)

---

① 金蕊:《德国汉学的变迁与汉学家群体的更替——以中国古代文学研究为中心》,武汉大学博士学位论文,2016年。

至汉代的哲学发展历程进行了论述，此即中国哲学的初期发展阶段，而下卷则囊括汉代及之后的历史时期，呈现了中国哲学的延续与演变。对于孟子及其思想的介绍，恩斯特·维克多·曾克在上卷设立了专章，题为"后期儒学家：孟子与荀子"，通过这一部分内容，他探讨了孟子在儒学发展史上的地位，并将孟子与荀子的思想作了对比，从而呈现出孟子思想在儒家学派内部的独特性和儒家学派内部的多样性。

1927年，德国汉学家海因里希·哈克曼（Heinrich Hackmann，1864—1935）出版了《中国哲学》（*Chinesische Philosophie*），该书通过历史分期，系统而完整地介绍了中国哲学史。其中对孟子及其学说与思想的介绍位于第二个时期，即从战国至西汉的"哲学僵化期"。作者用较长的篇幅对孟子进行了介绍，认为孟子"所看到的和所说的都是有实质内容的。但是……他在某些基本观点上也不可避免地受到过度理想主义的影响"[1]。有趣的是，与法国汉学家鲍狄埃在《孔子和孟子》中所述相似，哈克曼在书中再次提到："孟子的文学形式与他同时代的伟大希腊哲人柏拉图的文学形式惊人地相似，两人都以对话的形式表达了自己的想法，《孟子》七章皆由对话组成。是的，这些对话时不时地也显示出苏格拉底式反讽的特征。"[2] 这一观察不仅为孟子的文学形式提供了新的研究视角，也将他与古希腊哲学巨匠苏格拉底和柏拉图联系起来，呈现出一种跨文化研究的特色。这种关联性在一定程度上拓宽了读者对孟子思想的理解，使孟子思想在不同文化背景中显得更为复杂而深刻。

自1927年至1938年，汉堡大学中国语言与文化研究所所长、著名中国哲学史研究者佛尔克（Alfred Forke，1867—1944）出版了他的《中国哲学史》"三部曲"，包括上册《中国古代哲学史》（*Geschichte der alten Chinesischen Philosophie*）、中册《中国中古哲学史》（*Geschichte der mittelalterlichen Chinesischen Philosophie*）和下册《中国近代哲学史》（*Geschichte der neueren*

---

① Heinrich Hackmann, *Chinesische Philosophie*. München: Reinhardt, 1927.S.176.

② Heinrich Hackmann, *Chinesische Philosophie*. München: Reinhardt, 1927.S.176.

Chinesischen Philosophie）。佛尔克的研究工作不仅仅聚焦于历史性的叙述，更侧重于对哲学思想的深刻解析，通过将《中国哲学史》分为不同时期的三册，为读者勾勒出中国哲学演变的整体脉络。这一巨著的问世不仅丰富了德国汉学研究的内容，也在国际学术界掀起了对中国哲学深入研究的新高潮。在1927年问世的《中国古代哲学史》中，孟子作为孔子的学生被单独列出，作者以近三十页的篇幅分别介绍了孟子思想中的重要概念，如"性善论""仁政"等。这种对于孟子思想的深度挖掘，不仅是对一代亚圣的学术致敬，也为读者提供了对孟子思想全面而深刻的解读，使他们能够更好地领悟孟子思想的精髓。

1929年，卫礼贤出版了《中国哲学》（*Chinesische Philosophie*）。这本书篇幅不长，正文只占一百多页，更像一本实用手册，但是它所涵盖的内容范围很广，从"哲学思想的出现"到"近代哲学的发展"，中国哲学史中重要的人物、事件及思想均有涉及。其中，对孟子的介绍集中于第三章"不同哲学流派的形成"的第三节"儒学家"中，作者通过简洁的文字，将读者引入孟子所代表的儒学流派，解析孟子在中国哲学史上的独特地位。

1939年，恩斯特·维克多·曾克发表书评《对佛尔克〈中国哲学史〉第三卷的一些改进》（*Einige Verbesserungen zu Forke's Geschichte der Chinesischen Philosophie, III. Band*）。1946年，莱比锡大学汉学系教授、德国汉学家和民族学家爱德华·埃尔克斯（Eduard Erkes, 1891—1958）则对佛尔克三卷本《中国哲学史》进行了总体评论，其中也对曾克、哈克曼和卫礼贤撰写的中国哲学著作进行了比较和简短评价。除了对前人的作品进行评价，埃尔克斯在文中也发表了他个人对中国哲学的思考和见解，特别是在谈及政治哲学时，埃尔克斯高度评价了孟子，称"真正的成功来自孟子……通过将多种形式的国家和社会合而为一，从而完成了世界上仅在天主教会中实现过的事情，也就是孟子思想影响下的中国所展现的：同时存在神权政治、君主政治、贵族政治和民主政治。他通过巧妙而奇幻的对古代的阐释，从史前的兽形神祇和英雄人物中塑造出千古典范之帝王典范，并融入道家的形而上学、杨朱的'贵己'思想、墨子的民主思想。……

这种哲学植根于中国人的生活需求和以此为基础的思想需求，因此是真正的哲学"①。

　　总体而言，在20世纪上半叶的哲学通史研究时期，德语国家涌现出一股崭新的学术活力，为孟子思想的传播和研究注入了新鲜血液。通过全面的历史研究和对孟子思想的深度挖掘，学者们为孟子思想和学说在德国的传播及与之相应的德国《孟子》研究的发展奠定了坚实基础。在同一时期，学者们在对中国哲学史的研究中展开了积极的讨论，致力于改进和完善对中国哲学演变的理解。他们的工作和研究不仅拓展了学术视野，也使孟子的影响力在德语国家更为深远，为中国哲学在国际学术舞台上获得应有的地位并发挥出巨大的影响力作出了重要贡献。

三、专业化孟子研究时期

　　19世纪与20世纪之交，德国汉学完成了从传教士汉学向学院派汉学的华丽转身，除了仍然延续通史研究传统，在孟子研究领域，自20世纪中叶起，研究的专业化倾向日益显著。这一变革不仅体现于学术方法的升级，更表现为学界对孟子及其哲学思想的深入关注。进入新时代，德语国家对《孟子》的译介和研究更为繁荣，这主要体现在各大高校的汉学系或东亚研究系涌现出一批杰出的汉学家，他们为孟子思想的研究和传播作出了卓越贡献。

　　在这股研究潮流中，出现了不少重要的文章与专著，现列举如下：柏林大学中国研究教授、著名德国汉学家埃里希·哈尼施（Erich Haenisch, 1880—1966）于1943年发表长篇论文《孟子、刘向：两位道德和品格的捍卫者》（*Mencius und Liu Hiang: Zwei Vorkämpfer für Moral und Charakter*）；德国政治学家、知名翻译家彼得·韦伯－谢弗（Peter Weber-Schäfer, 1935—2019）于1968年发表

---

① Eduard Erkes, Rezension zu Alfred Forke, *Geschichte der alten Chinesischen Philosophie* (1927); Alfred Forke, *Geschichte der mittelalterlichen Chinesischen Philosophie* (1934); Alfred Forke, *Geschichte der neueren Chinesischen Philosophie* (1938). *Artibus Asiae*, 9(1946), 183–196.

文章《孟子》(*Mencius*)；美茵茨大学哲学系学生埃里希·斯坦菲尔德(Erich Steinfeld)于1971年出版其博士学位论文《中国古代哲学家墨子、孟子、荀子的社会学说》(*Die sozialen Lehren der altchinesischen Philosophen Mo-Tzu, Meng-Tzu und Hsün-Tzu*)；德国汉学家、历史学家、哥廷根大学与波恩大学汉学讲座教授陶策德(Rolf Trauzettel, 1930—2019)于1988年发表文章《孟子(孟大师)》[*Meng-Tzu(Meister Meng)*]；瑞士著名汉学家、孟子研究专家、日内瓦大学东亚研究系讲师约尔格·舒马赫(Jörg Schumacher)于1993年出版专著《论〈孟子〉中的"利"》(*Über den Begriff des Nützlichen bei Mengzi*)；德国明斯特大学汉学系暨东亚研究所主任、长年精研汉唐思想家的著名汉学家莱因哈德·艾默理希(Reinhard Emmerich, 1954—　)教授于1995年发表文章《老师和学习：孟子与孟轲笔记》(*Der Lehrer und das Lernen: Anmerkungen zu Meng zi und Meng Ke*)；同年，中国台湾哲学学者李明辉(Lee Ming-huei, 1953—　)用德语发表文章《心的自主性：〈孟子·公孙丑上〉的哲学解释》(*Die Autonomie des Herzens: Eine philosophische Deutung der ersten Hälfte von Meng-tzu*)；2000年，班贝格大学历史和欧洲民族学研究所讲师多萝西·沙布-汉克(Dorothee Schaab-Hanke)发表文章《陷入危机的哲学家？——孟轲与转折点》(*Ein Philosoph in der Krise? Meng Ke und die Zeitenwende*)。

　　慕尼黑大学汉学系自1946年成立以来，一直是德语国家最引人瞩目的汉学研究机构之一。鲍吾刚(Wolfgang Bauer, 1930—1997)是前文提到的埃里希·哈尼施的学生，于1966年接受任命成为慕尼黑大学汉学教授。他作品众多，其中《中国哲学史：儒家、道家和佛教》(*Geschichte der Chinesischen Philosophie: Konfuzianismus, Daoismus, Buddhismus*)以通俗易懂的方式全面介绍了从公元前6世纪到公元20世纪初的中国哲学，汇集了儒家、道家和佛教哲学流派的思想与教义，描绘出一幅令人印象深刻的中国哲学整体图景。该书精练地介绍了孟子和性善论，书中所附的资料来源、参考书目、时间线和中德术语表使该书成为一本实用的汉学手册。鲍吾刚于1997年去世后，叶翰(Hans van Ess, 1962—　)

仔细修改并完善了他几近完成的手稿，于2001年正式出版了这部著作。

在慕尼黑大学汉学系这个颇富优势的学术平台上，慕尼黑大学副校长、东亚研究系主任以及汉学系首席教授叶翰也可谓是著作等身，为该领域的研究作出了不可估量的贡献。他有关孟子及其思想的主要研究成果，如2009年的论文《孟子、司马迁和其他一些汉代思想家的五百年循环史观》（*Die Idee des Zyklus von fünfhundert Jahren bei Mengzi, Sima Qian und einigen anderen Denkern der Han*）、2012年的论文《关于〈孟子〉一致性的一些评论》（*Some Remarks Concerning Consistency of the Mengzi*）、2014年的论文《对〈孟子〉前三章顺序的思考》（*Reflections on the Sequence of the First Three Books of the Mengzi*）、2015年的论文《〈孟子·滕文公下〉和对汉朝法制的指摘》（*Mengzi 3B9 und die Unzufriedenheit mit dem Recht der Han*）、2017年的评述文章《评高思曼〈孟子：带注新译本的批判性重建〉》（*Rezensionsartikel zu Robert Gassmann, Menzius: Eine kritische Rekonstruktion mit kommentierter Neuübersetzung*）等，均显示了其对同行学者的关注，以及在孟子研究上的广阔视野和批判性思维。

如果说慕尼黑大学汉学系的诸位教授是汉学通才，那么上文提到的苏黎世大学的高思曼教授（Robert H. Gassmann，1946— ）则可以称为《孟子》研究领域的专家。他早在1984年就发表论文《〈孟子〉中代词"无"和"我"的语境解读》（*Eine kontextorientierte Interpretation der Pronomina Wu und Wo im Mengtzu*），足见他早已开始对《孟子》文本进行深入的研究，这标志着他对孟子思想的早期涉足，为其日后的深入研究奠定了坚实基础。2016年，高思曼教授的专著《孟子：带注新译本的批判性重建》（*Menzius: Eine kritische Rekonstruktion mit kommentierter Neuübersetzung*）问世，可以说是他对《孟子》的全面解构与重建之作。这部巨著由三卷组成，第一卷以"证据和翻译"为题，以详细的历史背景为起点，介绍了《孟子》文本的结构和特征，引领读者深入了解《孟子》的成书渊源，并附上了《孟子》的全译本；第二卷"文本和注释"汇聚了高思曼教授宏赡的评论，为读者提供了对《孟子》文本的深层次解读；第三卷则以各种名称和术语索引，为学者们提供了便于查阅且内容详尽的研究资料，有助于推动德国汉学界对《孟子》的深入研究。叶翰教授高度赞扬高思曼教授的工作，他说："对孟子感兴趣的先进人士，在学习了高思曼的体系之后，在阅读译文时就会知道中文应该是什么，这与卫礼贤的不同。……（高斯曼的）翻译中有很多好的想法，这表明译者花了许多时间为《孟子》的每个词寻找合适的术语。还有一系列非常原创的翻译，高思曼在评论末尾指出了他与传统翻译的偏差，对所有这些翻译进行了标记。……所以这本书可能会被那些认真读《孟子》的人使用。"①

除了上述研究论文及专著，随着世界交流的日益密切，更多有关孟子的学术会议也在德语国家纷纷召开。德国汉学协会（Die Deutsche Vereinigung für Chinastudien，简称 DVCS）于1990年春在柏林洪堡大学成立，每年定期举办年会，年会内容也会随后被整理为年鉴进行出版。2010年，协会举办了题为"传统？变化？抄袭？——中国的母题及其改编"（Tradition? Variation? Plagiat? Motive und ihre Adaption in China）的专题研讨会。会上，特里尔大学汉学系教授苏费翔（Christian Soffel）作了题为"从孟子到宋代的'集大成'母题"（Das Motiv der Großen Synthese von Menzius bis zur Song-Dynastie）的学术报告。2013年至2016年，孟子与礼学文化国际学术研讨会召开了三届，主题分别为"感悟孟子，启迪未来""全球视野下孟子思想及礼学文献的现代应用"和"全球视野下孟子及礼学文化的再应用"，中国、德国、美国、奥地利、瑞士、韩国等国家的孟学研究者受邀参会。德国波恩大学汉学系教授顾彬（Wolfgang Kubin，1945—　）在会上说："在德国汉学界，孟子是一位非常重要的中国哲学家，孟子思想与德国的哲学有很好的交流。……从德国现代哲学来看，一个社会要向前发展，离不开孟子学说中的'同情'。"德国特里尔大学汉学系教授卜松山（Karl-Heinz Pohl, 1945—　）认为，孟子关于修身的论述，适用于全人类，是全人

---

①Hans van Ess, *Rezensionsartikel zu Robert Gassmann,Menzius: Eine kritische Rekonstruktion mit kommentierter Neuübersetzung. Asiatische Studien - Études Asiatiques,* 2016, 70(3), 967−989.

类共同的文化遗产；而孟子关于"人性善"的（理想）观点、关于"四端"的论述，不仅仅在中国历史上，在整个儒家文化圈也都产生了巨大影响，对世界思想作出了巨大贡献。

总体而言，这一时期见证了孟子研究在德语国家的蓬勃发展，学者们在早期传教士译介和哲学通史研究的学术基础上，不断深化对孟子思想的理解，越来越聚焦于对孟子思想的研究。这一时期的专业化研究潮流不仅拓宽了孟子思想的研究领域，也推动了相关领域的跨学科合作。德语国家的汉学家们在考察孟子思想时，将其融入更多元的文学、历史、文化层面进行讨论，从而使孟子的影响力超越了单一的学科范畴，渗入文学、社会学、政治学、伦理学等多个研究领域。这一时期的孟子研究不仅在德语国家汉学界取得了显著的成就，同时也为国际学术界提供了深刻的中国哲学研究范本，为全球汉学研究提供了丰富的资源。

结语

本文将孟子思想在德语国家的传播史概括为三个主要时期。首先是17世纪至20世纪初期的传教士译介时期，这一时期的特点是传教士以传教为目的进行中国典籍翻译，这为德语国家的学者们开启了认识孟子的大门，也为后续的翻译和研究工作埋下了伏笔。随后，进入20世纪上半叶的哲学通史研究时期，学者们逐渐从之前的文本翻译工作转向研究、传播中国文化，梳理中国哲学发展历程，在哲学通史研究中深入探讨孟子思想的内涵和地位。最后，20世纪中期至今则是专业化的孟子研究时期，这一时期涌现了众多专业学者，他们致力于深入研究孟子及其思想，推动了孟子研究在德语国家的不断深入和拓展。这三个时期构成了孟子思想在德语国家的传播史的重要阶段，各个时期都在前一时期的基础上推动着研究的深入发展。这样的划分不仅有助于厘清孟子思想在德语国家的传播史的脉络，还为学界深入研究孟子在德语国家的影响提供了清晰的时代框架。

随着全球文化和学术交流的不断深化，德语国家对孟子思想的研究将迎来更为广阔的空间。在面对日益多元的文化语境和学科领域的挑战时，学者们在孟子研究中更加注重跨学科合作，借鉴其他领域的研究方法，进一步深化对孟子思想的全面理解。在这一背景下，中国学者承担着重要的责任，理应发挥积极作用，主动组织和参与国际学术交流，促进中外学者之间的深度合作。通过这样的交流与合作，中国学者可以将更加本土化且深刻的《孟子》解读引入国际学术舞台，同时也能够从国际前沿研究中汲取新的启示，推动孟子研究在全球范围内实现更为蓬勃的发展。通过促进学术合作与知识共享的进一步深化，我们完全有理由相信孟子思想能够更为有机地融入当今世界，在全球范围内发挥出更大的影响力，为人类共同的价值观和文化认知提供丰富而宝贵的思想资源。

2023年至2024年法语国家与地区的儒学研究综述

鲁东大学外国语学院　　王一平　　庞雪婷

本文将从学术会议与讲座、汉学机构的教学与科研，以及学术作品的发表与出版等几个方面，对2023年至2024年法语国家和地区的儒学研究情况作简要介绍。

一、学术会议与讲座

近年来，以于连（François Julien）、程艾蓝（Anne Cheng）等为代表的法国著名汉学家在前辈研究的基础上，在儒学思想史研究方面有所突破；雷米·马修（Rémi Mathieu）、马克（Marc Kalinowski）、费飏（Stéphane Feuillas）等学者也凭借对儒学经典的译介和对儒家文化的解读，成长为新一代的汉学中坚；法国国立东方语言文化学院（Institut National des Langues et Civilisations Orientales，简称INALCO）、法国高等实践研究院（École Pratique des Hauts Études，简称EPHE）、法国东亚文明研究中心（Centre de Recherche sur les Civilisations de l'Asie Orientale，简称CRCAO）等知名汉学研究机构更是积极参与儒学研究领域的国际交流与互动。2023年至2024年间，法国学术界继续保持着这种优良的儒学研究氛围，与此同时，我国学术界积极倡导开放、高效的对话与合作，主动搭建平台，增进往来，互通有无。这两种因素的共同作用，促成了中法学者之间多渠道、多维度的沟通与交流。从这一时期举办的会议与讲座的主题来看，大致可以分为两类：一类侧重于宋明理学研究，另一类则是从中西交流、礼仪文化、典籍翻译等角度探讨儒家思想。

（一）宋明理学研究

2023年，法国宋明理学研究之所以尤为突出，得益于法国国立东方语言文化学院儒学研究专家王论跃(Frédéric Wang)对明代思想家王廷相的学术思考与探究。作为张载理气观的继承者,王廷相提出:"天地之间无非气之所为"(《五行辩》),"气有聚散,无灭息"(《慎言·道体篇》),"理,生于气者也。……理根于气,不能独存也"(《横渠理气辩》)。他把人的本性问题与气联系起来,认为气的品质决定了一个人的道德取向。从气一元论出发,王廷相批判了朱熹的"析理气为二物"的观点。正是基于对王廷相质疑程朱理学有关哲学观点的批判性研究,王论跃教授于2023年6月在巴黎出版法文专著《王廷相(1474—1544)及其对理学的究问》[*Wang Tingxiang (1474–1544) et le néo-confucianisme mis en question*]。在这部著作出版前后,他受我国多所高校邀请,围绕王廷相与宋明理学,举办了多场线上或线下讲座,其中包括:

2023年10月20日,受中国人民大学哲学院邀请,举办主题为"葛荣晋(1935—2023)之后的王廷相(1474—1544)研究"的讲座。其间,他介绍了在张岱年、侯外庐、葛荣晋、王俊彦,以及德国汉学家欧阳博(Wolfgang Ommerborn)、德国维尔茨堡大学汉学系东亚文化史学术顾问 Michael Leibold、日本学者松川健二等东西方学者关于王廷相哲学的研究成果,并指出从东亚哲学的视角研究王廷相的哲学观具有一定的独创性。

2023年11月25日,受湖南师范大学"法语汉学家的翻译——第五届潇湘中法翻译论坛"邀请,举办主题为"我对王廷相(1474—1544)《慎言》的法文翻译"[Traduire le *Shenyan* de Wang Tingxiang (1474–1544)]的讲座。他以对王廷相《慎言·道体篇》中第一段文字的翻译作为切入点,从微观的角度对王廷相的"气本论"以及宋明理学展开了讨论。

2024年2月27日,围绕王论跃教授《王廷相(1474—1544)及其对理学的究问》这部专著,法国东亚研究所(L'Institut Français de Recherche sur l'Asie de l'Est,简称 IFRAE)在"IFRAE 遇见"系列讲座中,邀请法国汉学家、巴黎西岱大学(Université Paris Cité,原巴黎七大)中国古典文学与哲学教授费飏进行评析,并同与会的专家学者展开了讨论,由此可见法国学术界对这一成果的重视。

　　除了就王廷相与宋明理学开展学术讲座外，王论跃教授讲座的主题还涉及明代儒学研究以及法国现当代儒学研究情况。例如，2023年3月15日，受华东师范大学哲学系文明互鉴研究中心之邀，他开展线上讲座，主题为："黄宗羲是启蒙思想家吗？"此次讲座中，他一方面评析并总结了黄宗羲的《留书》及《明夷待访录》中的思想，另一方面根据康德与福柯对"启蒙"的定义来反思黄宗羲是不是一个启蒙思想家。2023年6月5日，受湖南师范大学邀请，他以"法国汉学背景下的明代儒学研究"为题，探讨了明儒王阳明、王廷相、刘宗周、黄宗羲等人的研究。2023年11月16日，他为华东师范大学国际汉语文化学院的师生开展了线下讲座，主题是"法国现当代汉学家对儒学的研究"，在回顾西方汉学历史的基础上，介绍了德理文（Marquis d'Hervey de Saint-Denys）、沙畹（Edouard Chavannes）、伯希和（Paul Pelliot）、葛兰言（Marcel Granet）、戴密微（Paul Demiéville）等法国著名汉学家的儒学研究成果，并着重讨论了于连的作品《内在之象：〈易经〉的哲学解读》。

　　另外，中山大学哲学系法籍教授梅谦立（Thierry Meynard）于2023年5月19日在华东师范大学作讲座时也谈到了宋儒思想，讲座的主题是"晚明意大利籍龙华民对于宋明理学的诠释"。梅谦立教授指出，明末意大利来华传教士龙华民（Niccolo Longobardi）一方面反对利玛窦（Matteo Ricci）的主张，认为利氏断绝宋儒和先秦儒家之间的联系有违中国儒家的道统，另一方面又以亚里士多德哲学的质料形式学说去分析《性理大全》所记载的邵雍、张载、二程、朱熹的宇宙论，包括"混沌""理""太极""气"等概念，认为宋儒思想回归到了前苏格拉底哲学的唯物主义一元论。

（二）儒家思想研究

　　法国汉学界对儒学的研究始于传教士们对儒家经典作品的翻译，因此，讨论儒学作品译介的问题是一个由来已久的传统，2023年开展的学术会议与讲座自然也不例外。2023年5月12日，在《南方周末》举办的"传统与现代·地域与世界——中外文明视野中的粤港澳大湾区文化研讨会"上，梅谦立教授作了题为"儒家经典，从广州到欧洲"的发言，谈到了从17世纪末开始，传教士对儒家作品的翻译与传播。他指出研究域外文献中的中国，可以与国内的文献形成互补，从而丰富中国的形象。2023年5月24日，法国东亚文明研究中心与法兰西公学院(Le Collège de France)的程艾蓝教授合作举办了以"重译经典"为主题的学术活动。活动期间，美国伯克利大学历史系东亚思想史专家戴梅可(Michael Nylan)教授介绍了《尚书》的新译本，慕尼黑大学副校长、儒学研究专家叶翰(Hans van Ess)教授介绍了《孔子家语》的新译本，伦敦大学的傅熊(Bernhard Fuehrer)教授和法国高等研究实践学院的马克(Marc Kalinowski)教授共同主持了其后的讨论。2023年11月25日，在前文提到的第五届"潇湘中法翻译论坛"期间，法国阿尔图瓦大学(Université d'Artois)东方学系的金丝燕(Siyan Jin)教授以"法译本《离骚》之'自我'"(L' Ego du *Lisao* dans la Langue cible française)为题，围绕《离骚》中的叙述性层面展开论述，通过梳理诗歌中五种不同的"我"的形态来确定《离骚》叙述的"自我主体性"。

　　法国汉学家中，有的学者如程艾蓝教授，对儒家思想进行的是系统化和学理化的研究，也有学者是从不同角度切入，单就某一主题、某一作品或者某一细节展开讨论，具体则要看他们各自专长的领域。以法国高等实践研究院蓝碁(Rainier Lanselle)教授为例，他的研究专长是中国古典文学，其《西厢记》法译本于2015年由美文出版社(Les Belles Lettres)出版，被纳入法国新世纪重要汉学译丛《汉文法译书库》(*Bibliothèque chinoise*)。他在对中国古典文学作品的研究中就涉及了儒家传统礼仪问题，2023年3月10日至31日，他邀请德国维尔茨堡大学(Universität Würzburg)东亚文化史教授安如峦(Roland Altenburger)作为客座讲师，在法国高等实践研究院以"明清小说中的中国晚期礼仪文化"(The Vernacular Culture of Etiquette of Late Imperial China as Represented in the Ming-Qing Novel)为主题，举办了四场系列讲座，题目分别是"地位、来源和符号学引论"(Introduction: Status, Sources and Semiotics)、"言语规范：称呼"（Verbal Code: Terms of Address）、"行为规范：行礼"（Performative Code: Greeting Gestures）、"织物规范：服饰"（Textile Code: Clothing and Headgear）。讲座以16世纪至18世纪明清时期的一些小说为基础，介绍了包括称呼、行礼、服饰等方面的中国封建社会晚期的社交礼仪体系和实践，认为小说中对人物社会交往的描写，能帮助西方人在古代的实际语境中解读中国社交礼仪。

法国学者受我国高校邀请举办讲座时，往往侧重于从对话和历史的角度谈论儒家传统。2023年11月7日，在国家行政学院主办的中欧文明交流互鉴论坛上，法国汉学家、复旦大学哲学学院宗教学系教授、"徐光启—利玛窦文明对话研究中心"学术主任魏明德（Benoît Vermander）作了题为"传统的交流——对话和诠释的多样性"的主题发言。他从不同文明、文化和传统的不同"对话"模式出发，来讨论如何进行文明对话，并认为《论语》中的对话模式不是从真理开始，而是从生活体验开始，通过对话，孔门弟子获得相应启发。2023年11月30日，巴黎西岱大学教授、法国东亚研究所研究员毕游塞受华东师范大学文明互鉴研究中心邀请，进行了线上讲座，主题为"历史性、时间性与儒家和传统文化的复兴"。

与之相似，我国学者在受法国学界邀请就儒学问题举办讲座时，也乐于进行哲学思辨的探索。例如，2023年4月14日，受法国国立东方语言文化学院之邀，华东师范大学中国智慧研究院副院长、中国现代思想文化研究所研究员、上海财经大学人文学院教授郭美华举办讲座，题为"普遍主义的两种方法及其意义：以孟子和庄子的比较为重点"。郭美华教授指出，庄子的"物之所同是"和孟子的"心之所同然"代表了两种不同的理念，孟子走向一种摒弃个体差异的普遍伦理主体性，而庄子则在认识论上反对将理性的普遍性作为每个个体的本质。

（三）"他者"的声音

需要指出的是，在法语国家与地区的儒学研究中，法国学者固然贡献了十分丰富且重要的学术思考，但他们也并非一枝独秀。下面是对法国以外其他国家与地区的儒学相关学术会议与讲座的简单梳理。

欧洲中国哲学学会（European Association For Chinese Philosophy，简称 EACP）第四届双年会于2023年6月16至18日在意大利马切拉塔大学（University of Macerata）举办。比利时天主教鲁汶大学汉学系戴卡琳（Carine Defoort）教授的报告题目是"恶棍、世系和价值观：康有为对道教形成的贡献"（Villains, Lineages, and Values: Kang Youwei's Contribution to the Shaping of Daoism），她指出，康有为在《孔子改制考》中将秦汉时期的思想界描述为儒家、墨家和道家三足鼎立的局面，他对儒家的看法广为人知，对墨家的看法最近也受到了关注，但对道家的描述还有待进一步讨论。其他法语国家与地区的参会学者还有法国滨海大学（Université du Littoral Côte d'Opale）助理教授马丽（音译，Ma Li），其报告题目是"简析明太祖'三教'思想"（A Brief Analysis of Ming Taizu's Thoughts on "Three Teachings"）；布鲁塞尔自由大学（Université Libre de Bruxelles）比较哲学博士后 Raphaël Van Daele，其报告题目是"理解宇宙中介：韩康伯《系辞传》注释中的'道''德'与'神'"（Comprehending the Cosmic Agency: The Way, Its Virtue and the Numinous in Han Kangbo's Commentary to the *Xici Zhuan*）；比利时天主教鲁汶大学汉学博士 Markus Haselbeck，其报告题目是"唐文明政治哲学中的康有为形象"（The Depiction of Kang Youwei in Tang Wenming's Political Philosophy）；巴黎西岱大学现代中国思想史博士 Maëlle Schmitt，其报告题目是"重塑民国时期的儒学：戴季陶和梁漱溟的革命保守主义"（Reinventing Confucianism in Republican China: The Revolutionary Conservatism of Dai Jitao and Liang Shuming）。Maëlle Schmitt 博士是法国东亚研究所"东亚宗教史和宗教社会学"项目组成员，该项目负责人是法国汉学家毕游塞（Sébastien Billioud），Maëlle Schmitt 主要负责研究民国时期三位保守派知识分子——梁漱溟、张君劢和戴季陶在发展政治思想和实施具体政治项目时如何受到儒家思想的启发。

比利时天主教鲁汶大学（Université Catholique de Louvain）汉学教授、比利时皇家科学院院士钟鸣旦（Nicolas Standaert）也于2023年多次在我国举办讲座。2023年3月17日，他受香港中文大学新亚书院之邀，为第三十四届"钱宾四先生学术文化讲座"（The 34th Ch'ien Mu Lecture in History and Culture）担任主讲。该讲座的主题是"一门'之间'的艺术：明末清初中西文化交流"（The Art of In-Betweenness: Cultural Encounters Between China and Europe in the Seventeenth and Eighteenth Century），旨在探讨中西两种文化相遇时会发生什么，其背后的核心史学思想是中西两种文化之间的互动和相遇，通过文本、图像、人工制品、仪式和社区等内容呈现出来，历史学家从中可以发现文化主体的原始中间性，并了解一种文化身份如何被另一种文化所塑造。该讲座分三次进行，分别讨论了"进入清前期的全球公众领域：欧洲文献中的中国公报"（Joining the Global Public in the Early Qing Dynasty: The Chinese Gazette in European Sources）、"一门'之间'的艺术：以明末清初中欧文化相遇为例"（The Art of In-Betweenness: Cultural Contacts Between China and Europe in the Seventeenth Century as an Example）和"中欧'之间'和移位：明末清初欧洲和中国之间的图片传播"（Sino-European In-Betweenness and Displacements: The Circulation of Prints Between Europe and China in the Seventeenth Century）。2023年11月25日，他受中国政法大学之邀进行了线上讲座，主题为"礼仪之争中的中国声音——地方问题世界化有关的法律对话（1701—1704）"［Chinese Voices in the Rites Controversy: The Legal Dialogue Related to the Mondialisation of a Local Problem(1701–1704)］。

在2023年法语国家与地区参与儒学学术会议的学者中，还十分难能可贵地出现了非洲汉学家的身影。2023年12月22日，"文明互鉴与区域发展——北非地区汉学家大会"在摩洛哥召开，摩洛哥汉学家哈立德·汉谟思（Hammes Khalid）以"中摩文化中的'中庸'思想"为题，探讨了中国和摩洛哥文化中共同蕴含的"中庸"思想。他指出，作为中国古代儒家思想精髓的中庸之道不仅适用于中国社会，也对其他国家和地区有着重要的启示和借鉴意义。

二、汉学机构的教学与科研

（一）讲席课程

法国高等教育机构采用的是讲席教授制度，旨在以研讨的方式组织课堂，通过高强度的训练与高水平的课程，引导学生接触并进入学科前沿，开展学术研究。法国的汉学研究也秉承这一传统，从19世纪起，以法兰西公学院为代表的一些高等教育与科研机构相继开设汉语教育或汉学讲席。1814年，法兰西公学院设立"中国和鞑靼－满洲语言文学"（Langues et littératures Chinoises et Tartares-Mandchoues）教席；1843年，东方语言学院（École des Langues Orientales）设立汉语讲席；1886年，法国高等实践研究院在宗教科学研究系开设伊始便设立远东宗教（Religions de l'Extrême-Orient）讲席。时至今日，这些机构开设的汉学讲席中，课程名称不断更迭，课程种类更加丰富，且一如既往地保持着严谨的治学态度和主动的探究精神。以下简单梳理2023年至2024年间与儒学研究相关的讲席课程。

法兰西公学院主持"中国思想史"（Histoire intellectuelle de la Chine）教席的程艾蓝教授于2023年1月开设了三次以"中国（仍然）是一个文明吗？"［La Chine est-elle (encore) une civilisation？］为主题的课程，分别讨论了"陷入修昔底德陷阱的中国"（La Chine dans le piège de Thucydide）、"文明与经典回归"（Civilisation et retour aux Classiques）、"古与今，还是中国与西方？"（Anciens contre Modernes ou Chine contre Occident？）。该系列课程的准备工作始于2020年，程艾蓝教授围绕"今天的中国在多大程度上仍然是一个文明？"这一问题进行了长达三年的探究。

法国汉学家蓝碁教授在法国高等实践研究院主持"中国古代历史与文献学"（Histoire et philologie de la Chine classique）讲席，于2023年11月至2024年5月开设"17世纪虚构文学中明朝的衰落与灭亡"（Le déclin et la chute des Ming dans la littérature de fiction du XVIIe siècle）课程。该课程的准备工作始于2021年11月，涉及系列讲座和文本研究，专门探讨17世纪虚构叙事中明朝的衰落问题。课程内容主要围绕"方言叙事与当代事件知识的传播：文学史、批评方法"（Le récit vernaculaire et la transmission du savoir sur les événements contemporains: Histoire littéraire, approches critiques）和"当前历史叙事的写作和改写：资料研究、文本阅读"（Écritures et réécritures du récit historique d'actualité: Étude des sources,lecture de textes）两个方面展开。

法国汉学家吕敏（Marianne Bujard）教授在法国高等实践研究院主持"中国古代宗教与思想史"（Histoire de la religion et de la pensée dans la Chine ancienne）讲席，她于2023年11月至2024年5月开设"黄老追随者传略（公元前4世纪至公元3世纪）"（Prosopographie des adeptes de Huangdi et Laozi - IVe s. A.C.- IIIe s. A.D.）课程，还于2023年11月至2024年6月开设硕士课程"石刻研究：石刻的阅读、翻译和评论"（Études épigraphiques−Lectures, traductions et commentaires d'inscriptions sur pierre）。

法国汉学家高万桑（Vincent Goossaert）教授在法国高等实践研究院主持"道教与中国宗教"（Histoire du taoïsme et des religions chinoises）讲席，他于2023年11月至2024年5月开设"16—19世纪中国的启蒙读物：生产、发行和体裁"（Livres révélés en Chine, 16e- 19e siècles: Production, diffusion, genres）课程，还于2023年11月至2024年5月开设硕士课程"中国宗教文学导论"（Introduction à la littérature religieuse chinoise）。

（二）科研项目

2023年，法国东亚研究所发布的科研项目计划中，并没有以儒学为主题的研究，但是从项目组成员的专长和项目专题涉及的领域来看，其中不乏与儒学相关的内容。

"评注和知识传播"（Commentaire et diffusion des savoirs）项目组发布的研究计划是对2019年至2023年"双语翻译、语际翻译和口译"项目的拓展与延伸，主要侧重于汉学领域的相关研究，同时也是对法国斯特拉斯堡大学毕茉莉（Marie Bizais-Lillig）教授关于训诂实践和评注研究的延续，尤其致力于评注修辞和副文本研究。该项目旨在借助语言学、文学史、翻译研究和数字人文领域的最新进展，重新审视古代、近代和现代中国的文本与评论之间的关系问题。该项目分为三个专题研究，每个专题研究的时间约为一年半。其中，第一部分主题为"评注工具：形式和实践的多样性以及历时视角”，该部分的研究以与文学文本和语境、媒介及其实践研究相关的理论、分析方法以及符号学工具为基础；第二部分主题为“评注的话语方法”，涉及不同语域（各种形式的文言文和白话文）的语内翻译实践、改写实践和跨语际翻译，重点探讨评注实践中发展起来的话语手段，还特别考虑到数字工具（程序、网站、概念数据库和文本数据库）为探索引文、引用、逐字重复和改写现象所提供的可能性；第三部分主题为“作为知识场所的评注”，该部分借鉴了知识历史人类学的研究成果。

“中国古代历史与史学家”（Histoires et historiens de la Chine classique）项目组发布的2023年至2028年研究规划中，计划就三个方向的课题展开研究：第一，研究历史资料中轶事的功能及其如何融入更广泛的表意论述，该领域的研究也涉及中国古代书目中其他类别的文本，如《世说新语》《新序》《韩非子》《吕氏春秋》等；第二，研究历史资料中的口语问题，特别是演讲和对话，为此将对不同体裁、不同时期的作品进行比较；第三，研究侧重于“史学副文本”，即史学家的自传、序言和后记，以及有助于更好地了解古典时期甚至更早时期史学家的方法、问题和意图的文本。为此，项目组将组织工作坊、研讨会等学术交流团体与活动，同时计划出版论文集。

三、学术作品的发表与出版

（一）翻译作品

2023年，法语国家与地区儒学典籍的相关译本分别由法国美文出版社和法国 Academia 出版社出版，这两家出版社均在多年以前便已推出汉语作品译丛，其中不乏重要典籍译作。这或许多少可以解释，在2023年儒学法译作品出版整体遇冷的情况下，为何仍有两部相关作品得以面世。

2023年4月，法国美文出版社《汉文法译书库》译丛出版了陆羽《茶经》的法文译本（Le Classique du thé），译者是法国著名汉学家戴思博（Catherine Despeux）教授，除了大量的注释外，她还为此书撰写了前言。该书获得了2023

年儒莲奖（Médaille Stanislas Julien）。《汉文法译书库》是一套中法双语对照译丛，囊括了文学、哲学、历史、政治、宗教、科学诸多学科的汉籍经典著作，该译丛自2010年开始出版，截至2023年年底已出版40部，其中包括多部儒家经典作品，如《法言》（*Maîtres mots*, 2010）、《新语》（*Nouveaux discours*, 2012）、《戊申封事》（*Mémoire scellé sur la situation de l'Empire*, 2013）、《荀子》（*Ecrits de Maître Xun*, 2016）等。

2023年10月，比利时天主教鲁汶大学荣誉教授 Thierry Lucas 出版《乐记》（*YUEJI. Le Mémorial de la musique*）法文译著。为尽可能忠实于原文，该书以中法文本并列的方式进行排版，目的在于再现和传达中国古汉语的音韵之美。书中导言部分介绍了《乐记》的主要思想、结构及历史文化背景。书末除附有专有名词索引外，还有顾赛芬（Séraphin Couvreur）和理雅各（James Legge）的经典译本，旨在帮助读者更好地比较不同译者的翻译文本。该译本是法国 Academia 出版社《融贯东西》（*Rencontre entre Orient et Occident*）系列丛书之一，该系列丛书由比利时天主教鲁汶大学档案馆馆长、历史系荣誉教授 Paul Servais 和法国拉瓦尔大学人类学教授、《人类学与社会》（*Anthropologie et Sociétés*）杂志主编 Frédéric Laugrand 共同主持撰写，旨在围绕亚欧文化之间的交汇，研究文化互动现象，目前已出版21部著作。2023年，该系列丛书还出版了另外两部作品：由 Paul Servais、比利时天主教鲁汶大学档案馆名誉副馆长 Françoise Mirguet 与比利时天主教鲁汶大学神学院教授 Arnaud-Join-Lambert 合作撰写的《雷鸣远之后天主教的中国化：延续、断裂与挑战》（*La sinisation du catholicisme après Vincent Lebbe – Continuités, ruptures et défis*）和由 Frédéric Laugrand、Paul Servais 与 Françoise Mirguet 合作撰写的《误解、认识、承认：中西方关系（16世纪—21世纪）》[*Méconnaissance, connaissance, reconnaissance: Les relations de la Chine et de l'Occident (16e-21e siècle)*]。

（二）学术论著

2023年至2024年间，儒学研究论著的一个显著特征是著者身份的多样性——既有大名鼎鼎的汉学家，又有初出茅庐的年轻博士；既有中国学者在法国发声，又有法国记者谈一家之言。这种多样性的声音应为儒学研究者们所喜闻乐见。

2023年1月，法新社（Agence France-Presse）记者董尼德（Pierre-Antoine Donnet）出版了《今日之孔子：世界的遗产》（*Confucius aujourd'hui–Un héritage universaliste*）一书。该书认为，孔子这一亚洲民主的缔造者在20世纪初的"新文化运动"和20世纪70年代的"文化大革命"中曾遭到激烈批判，而如今，儒家思想在世界各地得到广泛传播，成为一份鲜活的文化遗产。

2023年6月，法国汉学家梅谦立和意大利汉学家柯修文（Daniel Canaris）合作出版了《从孔子到朱熹》（*From Confucius to Zhu Xi*）一书。该书对比利时耶稣会士卫方济（François Noël）于1711年出版的《中国哲学》（*Philosophia Sinica*）进行了系统性的研究，汇集了汉学家和思想史学家的研究成果。书中指出，卫方济的学术原创性和思想贡献在《中国哲学》这部作品中得以充分体现，他以新儒家的视角重新诠释了耶稣会士的立场，在对中国哲学的解读中融入了诸如"理""太极""阴阳"等概念。

2023年7月，华东师范大学哲学系方旭东教授在法国友丰书店（Librairie You Feng）出版了《周敦颐太极图讲记》（*Lecture du Diagramme du faîte suprême de Zhou Dunyi*）。该书认为，对于周敦颐的《太极图》，一方面应注意其与道教来源物之间的张力，另一方面要注意其与朱子解释及其认定之间的张力。该书重点讨论了朱熹"太极"范畴的内涵及其在朱熹哲学体系中的地位问题。

2023年至2024年间，法国汉学家魏明德的学术成果可谓颇丰。2023年9月，他完成了《中西哲学的碰撞：批判》（*The Encounter of Chinese and Western Philosophies: A Critique*）一书，书中重温了中国哲学与西方哲学的交锋，同时对当今"比较哲学"的研究方式提出了质疑。他指出，西方哲学构建的是一种实体主义的现实观，将"关系"和"过程"置于从属地位，因而将个体生命的自主性置于首要地位，而中国哲学始终强调所有现象和生命形式的流动性，以求最好地适应其总体模式。该书第四章对包括儒家经典在内的中国古代典籍进行了解读。2024年5月，他出版了《中国早期的文本模式和宇宙设计》(*Textual Patterns and Cosmic Designs in Early China*)一书，该书基于数字命理学和同心圆结构，对《庄子》内篇、《老子》、《论语》和《淮南子》等经典著作进行了新颖的文本诠释，揭示了可区分的文本构成模式，并将其与相应的思维模式联系起来。

2024年2月，比利时天主教鲁汶大学博士研究生 Béatrice Ching-Ya Huang 出版了《拉丁的孔子：耶稣会士对〈论语〉拉丁文翻译研究的贡献》(*Confucius Latinus: Contribution à l'étude des traductions latines des Entretiens de Confucius par les Jésuites*)一书，该书以法译本《论语》中的代表性摘录为基础，通过对比《论语》的三个主要译本，讨论了耶稣会士如何将中国儒学典籍拉丁化的历史过程。

结语

通过上述对法语国家与地区儒学研究的梳理与叙述，我们能够看到，除了法国的知名汉学家一如既往地积极开展讲座、写作与出版等学术活动，比利时、摩洛哥等国家的汉学研究人员的学术成果也比较丰硕，后起之秀亦层出不穷。随着2024年年初突尼斯、摩洛哥、刚果（布）等法语国家与地区的汉学理事会相继成立，相信在未来，法语国家与地区的儒学研究还会迸发出新的活力，以更加蓬勃的面貌展现出新的发展态势。

2010 年至 2024 年法国易学研究

鲁东大学外国语学院　于梦泠

早在17世纪，以法籍耶稣会士白晋（Joachim Bouvet, 1656—1730）、傅圣泽（Jean-François Foucquet, 1663—1739）、马若瑟（Joseph de Prémare, 1666—1736）等少数人为代表的释经索隐派就已开始围绕《易经》与《圣经》之间是否存在神学渊源展开研究。白晋认为，《易经》"有两种象形符号，一种是自然的，反映造物主荣耀的，在《易经》里被称为是'万象'；另一种是科学的、数学的，是上帝创造世界的数字化表现"[1]。这期间，法国传教士金尼阁（Nicolas Trigault, 1577—1628）在杭州刊印拉丁文版《易经》，成为西方乃至全世界译介《易经》的开山鼻祖。为了论证索隐派的宗教观点毫无根据，18世纪，耶稣会主流派中有人着手正式翻译《易经》，雷孝思（Jean Baptiste Regis, 1663—1738）翻译的《易经》成为欧洲现存第一部完整的拉丁文译作。当时，法国学者苏尔吉（Rousselot de Surgy, 1737—1791）曾这样评价："尽管有孔子的注解与评论，《易经》中仍然充斥着难以理解的隐晦文字，这些不解引发了无尽的错误与迷信，因此，它也被称作愚人之书。"[2]19世纪，法国外交官霍道生（Paul-Louis-Félix Philiastre, 1837—1902）成为把《易经》翻译成法语的第一人，他对当时中国学者"因循守旧、缺乏创新精神的治易态度提出了尖锐的批评"[3]。到了20世纪，德国传教士卫礼贤翻译的德语版《易经》于1924年问世，因行文流畅、理解深刻而受到瑞士著名心理学家荣格（Carl Gustav Jung, 1875—1961）的高度赞誉，后被多个国家视为范本接连转译。当时"在法国，最通行的易经译本是贝洛夫人

① 杨平：《耶稣会传教士〈易经〉的索隐法诠释》，《周易研究》，2013年第4期。
② 马莉：《法国重农学派笔下的儒家经典》，《国际汉学》，2023年第3期。
③ 任运忠：《19世纪末20世纪初〈易经〉在西方的译介与研究》，《孔子研究》，2018年第5期。

（E.Perrot）一九六八年发表的'黄皮书'，而这'黄皮书'正是威廉[①] 德译本的转译"[②]。

一、国内学者对法国20世纪易学的研究概况

国内学者对法国20世纪易学的主要研究如下：

1991年，现任北京大学法语系教授的王东亮在留法读博期间于《周易研究》上发表了一篇名为《易经在法国》的文章，认为尽管卫礼贤的转译本对《易经》的某些解读存在武断和疏漏，但鉴于当时《易经》翻译版本的匮乏，法国易学家"不得不向求教者、初学者们推荐"卫礼贤及他的英语传人、法语传人的译本。[③] 作者就法国易学家夏汉生（Cyrille Javary）创立的"周易中心"的主要活动和协会刊物《卦》上的主要板块进行了详细介绍，对夏汉生本人早期的两部易学著作《易经》和《易经精义》也有简要评价。同时，作者还提及法国巴黎七大著名教授弗朗索瓦·于连是"第一个在法国大学里讲授易经的汉学家"以及他与"周易中心"的合作与交锋。

1992年，易学核心刊物《周易研究》刊登了一则题为《法国著名汉学家夏汉生先生专访本刊主编》的简讯[④]，对夏汉生与刊物主编刘大钧教授的会面交流作了简要报道。其间，夏汉生表示，他们"周易中心"对《周易研究》予以关注并抱有研究兴趣，并把自己最新出版的法文版《周易》六十四卦经文赠送给刘大钧教授。此后，二者之间的沟通交流再未见诸相关报道。

2015年，浙江外国语学院杨平教授在《外语教学与研究》上发表文章《〈易经〉在西方的翻译与传播》，提到20世纪下半叶产生的几部"较有影响的《易经》法文译本"，分别是贝洛夫人的《易经：变化之书》（1968）、边努（Z.Bianu）

[①] 即德国传教士卫礼贤（Richard Wilhelm, 1873—1930）。
[②] 王东亮：《易经在法国》，《周易研究》，1991年第3期。
[③] 王东亮：《易经在法国》，《周易研究》，1991年第3期。
[④] 见《周易研究》，1992年第4期。

的《易经：实践与解释》（1978）和《易经》（1994）、埃德（G.Edde）的《易经：变化之书》（1995）、"周易中心"的《易经直译》（1994）、夏汉生与皮埃尔·弗雷（Pierre Faure）合作翻译的《易经》（1994）、王东亮的《符号与变革》（1995）。①

2022年，西南科技大学外国语学院教授任运忠出版学术专著《〈周易〉在西方的译介与传播研究》②。该书对17世纪法国耶稣会传教士、索隐派代表人物白晋等对《易经》的研究脉络作了梳理分析，对第一位《易经》译者金尼阁、有着"昔日居留中国耶稣会士中最完备的汉学家"赞誉的法国耶稣会传教士刘应（Claude de Visdelou，1656—1737）和法国现存最完整《易经》拉丁文译本的译者雷孝思的不同译介版本加以解读，对18世纪法国著名哲学家德尼·狄德罗（Denis Diderot，1713—1784）以及法国重农学派对《易经》的理解与阐释展开剖析，对19世纪法国东方学家拉古贝里（Albert Etienne Jean Terrien de Lacouperie，1845—1894）、法国学者霍道生对《易经》的译介与传播分章论述，但在谈及20世纪易学界的研究动态与成果时，该书再未援引法国易学家的著述，而是着重介绍了德国、英国、美国学者"卫礼贤、卫德明、韦利、夏含夷、孔理霭、卢大荣、闵福德对《周易》的译介"③。

二、2010年至2024年法国的《易经》译介

除上述几篇文章对法国20世纪易学研究作了系统介绍、分析外，国内学者对20世纪法国易学研究的成果远不如对16世纪至19世纪法国易学研究的成果那般丰富，至于对21世纪法国易学研究现状的探讨，更是出现了相对意义上的空白。在21世纪的今天，法国易学研究是否能够再攀高峰？易学传播又出现了哪些新的时代特色？带着这些疑问，本节着重梳理了2010年至2024近十五年间

---

① 杨平：《〈易经〉在西方的翻译与传播》，《外语教学与研究》，2015年第6期。

② 参见任运忠：《〈周易〉在西方的译介与传播研究》，北京：中国社会科学出版社，2022年版。

③ 刘艳：《〈〈周易〉在西方的译介与传播研究〉简介》，《周易研究》，2023年第5期。

法国易学界的著作出版情况和主流媒体传播活动。

（一）法国易学著作的出版

截至2024年4月30日，笔者在法国亚马逊网站输入关键词"Yi Jing"，查阅前15页网页内容，获得包括"Yi King"在内的53条有效书目，去掉1994年至2009年出版的著作，可发现2010年至2024年间共出版著作39种，其中精装版5种，Kindle电子版13种，其余为平装版。经过初步梳理，近十五年间法国易学著作出版规模变化可参见下图（具体书目见文末附录）：

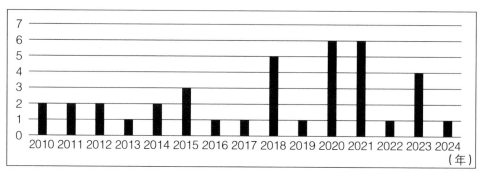

图1　近十五年间法国易学著作出版规模　　　　单位：种

从数量上看，一般情况下，法国易学著作以平均每年1—2种的规模出版，2018年、2020年、2021年、2023年则出现了井喷现象。从内容上看，法国易学出版物中既有严谨精深的学术专著，也出现了更多具有实用性与普及性的读物；从形式上看，除了传统的精装版和平装版，还出现了易学读物的Kindle电子版，此外，结合法国民众在闲暇时热衷于益智游戏的风尚，还有作者发明了类似塔罗牌的六十四卦抽签牌（盒装版）；从语言类型上看，笔者搜集的这36种作品中出现了一套由法国易学研究者撰写的中法文独立版专著①。接下来，笔者对其中几部影响力较大的著作加以介绍。

2012年，法国阿尔班·米歇尔（Albin Michel）出版社发行了《〈易经〉：变易之书》（*Yi Jing: Le livre des changements*）平装版（首版于2002年问世）。该书由

---

① 让－弗雷·德·里克（Jean-Pierre De Leeck）：《易经：知行合一》（*Le Yi Jing: Concilier savoir et pratique*），巴黎太平洋通（Pacifia）出版社，2023年。

法国著名易学家夏汉生和皮埃尔·弗雷（Pierre Faure）联合撰写——夏汉生负责翻译《易经》的经文和传文，弗雷负责诠释注解。该书是夏汉生的代表作之一，在法国具有一定的影响力，书中既有便于公众理解的浅显知识，也有可供专业人士借鉴探讨的深奥易理。夏汉生和弗雷希望这部著作能比最广为人知的卫礼贤的译本再提升些许层次，更能符合当下时代的需要，故而他们在译介的同时，更注重以理性、高效、严谨的态度诠释《易经》，尽力避免因《易经》之深奥难懂而为读者造成不解与困惑。夏汉生也把荣格的研究与《易经》相结合，他和弗雷都明确地希冀让自己的解经方式区别于其他让公众在理解接受《易经》时产生障碍的学派。换言之，与其说荣格的学说有问题，倒不如承认是大家曲解了他的思想或者是荣格的影响力引发了人们对他的误解。夏汉生认为，借助现有符号通过感应预测尚未发生之事并非魔幻法术，从这一点出发，他的译文更贴合现实，其翻译风格倾向于消除《易经》所带有的玄奥标签。

2020年，王东亮在法国亚洲书库（L'Asiathèque）出版社将自己与法国学者雷蒙·塔戴（Raymond Tartaix，1931—2012）合作翻译的作品付梓，发行了《符号与变动：〈易经〉新方法——历史、实践与文本（中国卜筮）》[*Les signes et les mutations: Une approche nouvelle du Yi King: Histoire, pratique et texte (Divination chinoise)*] Kindle 版电子书，同样值得引发关注讨论。

2021年，弗雷在法国美文出版社（Les Belles Lettres）刊行学术蓝皮书《〈易经〉：变动之书》（*Yi Jing: Le Classique des Mutations*）。全书共704页，对六十四卦的450段文言文以及"十翼"中的大象、小象重新作了翻译注解。与以往译介版本的不同之处是，该书在每一章节后分别附上三张图片，针对不同表述展开横向对比，让读者更好地理解六十四卦的意思、演化和内涵。书中详细介绍了两种不同的起卦方法，作者按照"核心家庭"（famille nucléaire）方式重新排列六十四卦开展解读，并设有"七家人"游戏（Le jeu de sept familles），同时专门撰写了《〈易经〉的四个历史时段》（*Quatre temps du Yijing*）进行阐述，而且对"十翼"的多个不同注解版本重新作了整合翻译。2022年，《世界报》就此书采访弗雷，弗雷在向卫礼贤致敬的同时，也指出："如今不能再像卫礼贤那般洒脱地翻译《易经》了。要知道，每个汉字的意思会根据上下文发生变化，一个表达可以出现四五种不同的译法……卫礼贤翻译《易经》受到当时指导他的中国儒学人士的影响，而他作为德国在华传教士的这一身份也不可忽视，并且，当时的汉学研究资料和考古发掘成果也不像今天这么丰富。自从卫礼贤的《易经》问世后到今天，西方对中国先哲智慧的认知又精进了很多。"他认为，重新译介《易经》的目的是让更多非专业人士能够弄懂易学，以便为己所用。

2024年，菲利普·毕基耶（Philippe Picquier）出版社再次发行夏汉生2002年的易学著作《〈易经〉的齿轮》（*Les Les Rouages du Yi Jing*）。夏汉生在该书中"展现了《易经》这部中国文明开山之作的内部齿轮，而它却在另一个维度的国家被搁置在书店或图书馆的占卜学书架上，未受到应有的正确评价"，而夏汉生曾在他的早期作品中这样评价《易经》："这部作品之于中国的重要性，如同笛卡尔（René Descartes，1596—1650）的《方法论》之于西方。"

除去由"Yi Jing"等词条检索到的书目外，法国还有其他易学著述陆续出版，如巴黎七大著名教授弗朗索瓦·于连（François Jullien）在2012年出版的著作《走进一种思想，让思维有更多可能性》[*Entrer dans une pensée ou Des possibles de l'esprit*，伽利玛（Gallimard）出版社]，也对《易经》的卦爻辞作过援引剖析。

法国作为欧洲的一大汉学中心，易学译介著作日渐丰富，各类实用指南简读本也日益贴近民众。夏汉生在和弗雷通信时曾这样说："在我看来，最重要的一点是，如果人们不去试验《易经》，就没有资格妄加评论，这要求拥有一种真诚的研究态度和对自我的重新审视。"法国当代易学家对《易经》的译介更加注重学以致用，更关注如何消除法国读者认为《易经》玄奥难懂的刻板印象，并希望《易经》能够成为一部法国民众可以随手翻阅、适时借鉴的实用指导性经典。

（二）法国主流媒体与《易经》

2016年，法国国际广播电台制作了一期访谈，名为"与夏汉生一起聊《易经》"（Le *Yi King* avec Cyrille Javary）。夏汉生在向法国听众介绍《易经》经文和传文的特点时，这样向听众描述："（中国的）白话文是相对于文言文而言的，它只有一种颜色，而文言文含义模糊，就像彩虹镜一样有多重颜色，闪闪发光。"他从龟甲占卜传统说起，称中国人经过大量的提炼工作，创出了《易经》这部迷你巨著、"千年凝结而成的钻石"。夏汉生举例说明当遇到必须做、不得不做的事情时，占卜到"利涉大川"，便意味着即便如横渡大江而充满危险，但只要利用优势、主动出击，终究还是能够抵达"新的彼岸"；而"利有攸往"在《易经》六十四卦中出现了十几次，是告诉人们"即便道路漫长，也要坚持下去，最终必会有所收获"。在谈到《易经》的作用时，夏汉生把《易经》给出的建议比喻为中医把脉，就像可以查验人体内部的病灶一样，指导人们做出正确的判断。总之，《易经》能让人们借助六十四卦鸟瞰自己的内心世界，学会内观。

2022年6月19日，法国著名媒体《世界报》采访弗雷，围绕他翻译注解的最新版《易经》展开话题，发表了题为《中国精神：〈易经〉是一部自我完善的工具书》(*Spiritualité chinoise: Le Yi Jing est un outil de perfectionnement de soi*) 的文章。弗雷从八个方面回答了记者采访：第一，弗雷认为中国古人遵循自然规律取用有节，同时受到了当时严格的封建礼制的约束，这与当今西方人普遍秉持以自我为存在主体的人生观相去甚远。因此，重新注解《易经》经文且让所有读者都能读懂便非常重要。他希望在充分尊重中国古典文献的基础上，出版一本适合西方读者阅读的《易经》读物。弗雷强调，此次译介对他而言意义非凡，这样做有助于保护这部历史悠久的古籍。第二，在西方引起巨大反响的卫礼贤的1924年的《易经》译本已经过时，弗雷认为重译《易经》是时代进步的需要，特别是当下国际汉学和考古发现推动了西方学者对《易经》的进一步深刻理解，重译工作便更显重要。第三，弗雷从三个层面概括了《易经》究竟在讲什么：一是卜筮，即《易经》首先用于预测"吉凶"；二是涉及商周朝代更替，其中涉及的历史人物成为某种境况或行为模范的象征；三是暗含为人处世哲学，经过数个世纪，经文和传文的翻译水平得到提升，《易经》更加具有现实的人生指导意义。第四，围绕《易经》究竟是用来占卜未来的还是用来了解自我的，弗雷给出的解答是《易经》最初的本质就是利用龟甲或兽骨与神灵沟通来进行占卜，紧接着，人们从中开始了解宇宙的运行法则，进而考虑该以怎样正确得体的言行来应对不同的处境，后来经由儒道的陶染，《易经》才逐步变成一部认知自我的工具书。第五，《易经》是蕴含西方人饶有兴趣的中医、武术、风水、气功、太极拳、书法等门类的通用语言，而所有这些门类的基础，都是生活乃至宇宙中普遍存在的对立统一的阴阳二元关系。如中医调气，体内之气和宇宙之气就是同根同源；再如"伸""缩"是一组对立的动作，"自信""开明"是一组相辅的行为模式，可见阴阳无处不在。第六，关于荣格为何痴迷《易经》，弗雷认为，荣格的集体无意识通过不同时期、不同文化、不同图像的原型表达出来，在荣格眼中，《易经》就是一本优秀的原型图像汇集册，比如第四十四卦"天风姤"指代女儿和母亲就是很好的例证。荣格和奥地利物理学家沃尔夫冈·泡利（Wolfgang Pauli，1900—1958）还借助《易经》的卜筮功能来验证"共时性理论"。《易经》依托的是中国文化中强大的数字推演能力以及对偶然事件的洞察力。第七，关于《易经》的卜卦功能，弗雷这样表述：《易经》不回答问题，它教你学会自己去找寻答案，正如汪德迈（Léon Vandermeersch，1928—2021）先生所言：'卦符绝不是一个预测即将发生何事的简单符号，它还把事物的原本结构呈现出来。'"通过卜卦，《易经》告诉你应该坚守什么，或者鼓励你变换方向，提醒你要注意你平时或许没有在意的细微之处。第八，弗雷强调，《易经》教给他最深刻的一点寓于第十五卦"谦卦"中，即为人应谦虚低调、掌握分寸，他认为这也是全人类必经的成长之路。

2022年8月16日，法国 TEDx Talks 节目组邀请夏汉生作了一期题为"阴阳：中国人眼中变化的内在关联"（Yin-Yang: La cohérence Chinois du changement）的演讲，向公众传播《易经》的基本思想。夏汉生把太极图中的阴阳互生消长形象地比喻为"黑色中的白点和白色中的黑点，是两颗会长大的种子"，并称赞毛泽东（1893—1976）所坚持的"一分为二"思想，认为"任何情况都有主要矛盾和次要矛盾之分，并且随着时间推移，主次矛盾也会发生转化"这一观点是对《易经》阴阳理论的成功化用，并强调在商业谈判或外交斡旋中，也可以借助阴阳理论："总有一些时候，你必须阳刚、坚定；也有一些时候，你要展示出阴柔与灵活。"夏汉生还把阴阳理论延伸到恋爱和家庭关系中，认为"拥有《易经》的阴阳观，看待任何关系都会从冲突转向和谐二重奏"。夏汉生的生动解读与表述，让《易经》更易被法国民众认可和接受。

三、法国民间易学圈活动

法国现有两大民间易学组织颇为活跃，一是"周易中心"（Centre Djohi），二是巴黎"易经圈"（Cercle du Yi Jing）。

"周易中心"由夏汉生于1985年创办，其形式为志愿者自发参与《易经》的研究与推广，现拥有多名志愿者在巴黎、波尔多、图卢兹等多个城市义务组织易学交流活动。值得一提的是，夏汉生是西方目前积极提倡使用《周易》取代《易经》表述的易学家，其所在协会还创造出一个新的法语词汇"易学爱好者"（Djohiste）。该中心在巴黎、南特、里昂等多地不定期地举办培训活动和交流会，切磋学问。2014年6月，"周易中心"组织了首场国际研讨会，主题为"一部中国经典作品的现代解读"（Modernité d'un ancien classique chinois），议题涵盖与《易经》相关的拉康派心理学、艺术、数学、音乐、气功、针灸以及夏汉生本人的《易经》应用心得，汪德迈等知名汉学家受邀参会。夏汉生除了作报告和组织培训，还于1994年成为法国巴黎东方语言学院"蓝莲花"（Lotus Bleu）集团的企业顾问，促进法国商界与亚洲企业洽谈，融于中国文化。

根据网站记录，可以查阅2017年至2024年"周易中心"举办过的或即将举办的重要活动。仅以2024年为例，就既有面向公众的简易体验课，如2024年5月9日至12日举办年会，主题为"《易经》思考与技艺切磋"，仅面向老会员，不进行任何授课活动；6月15日重启2019年中断的"周易中心六月会议"（Conférences de juin du Centre Djohi），邀请法国前驻华大使白林（Sylvie Bermann），法国社会科学高等研究院现当代中国研究中心名誉教授、中国史专家丹尼尔·爱丽丝夫（Danielle Elisseeff）等出席活动；2024年也有专业的高级课程培训计划，如2024年8月18日至24日举办第14届"多层次度假培训"（Stage résidentiel multiniveaux），通过系统学习来丰富易学知识。

巴黎"易经圈"由皮埃尔·弗雷创办。2000年前后，弗雷开始举办《易经》培训活动，结合气功和全向呼吸推出新式健康疗法。他曾说过自己的实践活动主要依托加拿大多伦多大学东亚系教授林理彰（Richard John Lynn，1930—2023）后来翻译的英文版《易经》以及霍道生于19世纪末对宋代学者朱熹（1130—1200）的易学研究。弗雷最初是夏汉生的协会的主要成员，但近年来，他逐渐疏离"周易中心"。巴黎"易经圈"推出活动不如"周易中心"频繁，过往活动的信息在协会网站上也无法查询，仅在"易学启蒙"一栏可以浏览到2023年6月和11月举办的两场面向公众的推介活动以及弗雷的远程在线简单授课。但在培训方面，巴黎"易经圈"更加专业化和商业化，如在协会网站"易学活动"一栏可以看到，2023年至2024年在意大利推出三场实战课，同时推介法国中医联合会大会（Congrès de la Confédération de Médecine Traditionnelle Chinoise）2023年11月10日至12日的活动报名，弗雷参会所作报告为"《易经》：从宗教思想到自我文化"（Le *Yi Jing*: De la pensée religieuse à la culture de soi）；在"开设课程"一栏可以看到，每次实战培训约8小时，收费远高于面向公众的通识性文化推广，培训设有启蒙实战课、六十四卦解惑课、变卦与互卦课以及其他围绕不同主题展开的一般性课程；在"个人咨询"一栏，除了弗雷本人，目前有9名成员在巴黎、南特、里尔等地提供专业可靠的易学咨询服务。

结语

时光荏苒，法国易学研究者前赴后继，对《易经》这部凝聚了中国古人璀璨智慧和深刻思想的经典古籍投入了持续且浓厚的兴趣，使《易经》在法国的译介传播获得发展与升华。2011年3月31日，法国哲学家让－毕爱思（Jean-Biès，1933—2014）采访贝洛夫人，发表了题为《艾提安·贝洛：炼金士荣格的追随者》（*Un continuateur de Jung alchimiste: Etienne Perrot entretien avec Jean-Biès*）的文章。贝洛夫人于20世纪90年代之所以决定转译德语本《易经》，是因为深受荣格的强烈影响，她在采访中这样评价："您可以看到荣格对《易经》这部中国古典作品给予的重视，它是他床头的必读书……《易经》已经成为我们的书，就像我们的基督先辈们把希伯来《圣经》变成自己的一般……一个有活力的机体，其真正的内在之道是能吸取对自己有益的东西，同时摒弃异国的躯壳。"法国当代学者对《易经》的高度接纳与欣赏，以及法国易学界学者海纳百川、兼容并蓄的治学态度是法国能够成为国际一大汉学中心的内驱力。

这里，笔者再引用法国著名作家、评论家乔治·安德烈·马尔罗（Georges André Malraux，1901—1976）的一句在法国家喻户晓的名言："我们是肩负传承其他民族文化的第一大文明。"（Nous sommes la premiere civilisation qui assume l'heritage de toutes les autres.）尽管《易经》曲高和寡，翻译难度依然存在，但当代法国易学家们正在孜孜不倦地推陈出新，设法撕掉其简古晦涩的标签，让《易经》思想走近法国民众，使中国这部古老经典本有的智慧光芒能够照耀更多圈层的人群。可以看到，在21世纪全世界频繁交流往来的今天，《易经》的译介与传播呈现出一片崭新的欣欣向荣之象，易学在法国正在向深处、广袤之处扎根开枝，既有专业学术领域中的更新迭代，又有媒体传播与民间推广上的积极作为。易学在法国，已呈现出多姿多彩的发展面貌。

附录：2010年至2024年法国易学著述要目

［1］《〈易经〉——自由空间与鲜活灵性》[*Le Yi Jing（Espaces Libres - Spiritualités Vivantes）*]，作者：Dominique Bonpaix，Arlette de Beaucorps，出版社：Albin Michel，2023年。

［2］《哪一方向？——〈易经〉重审》（*Quelle Direction ? Le Yi King Révisé*），作者：Ted Vandernoot，出版社：Cognitrix，2010年。

［3］《用〈易经〉发展你的第六感》（*Développez votre sixième sens par le Yi Jing*），作者：Maud Kristen，出版社：Presses du Châtelet，2011年。

［4］《〈易经〉六十四卦卦义》（*Significations des noms des 64 hexagrammes du Yi Jing*），作者：Henning Strom，出版社：友丰出版社，2011年。

［5］《〈周易〉：完整版〈易经〉》（*Zhou Yi: Le Yi Jing intégral, édition bilingue français-chinois*），作者：Jing Hong Zhou，Carmen Folguera，出版社：友丰出版社，2012年。

［6］《易经》（*Yi Jing*），作者：Cyrille J.-D. Javary，Pierre Faure，出版社：Albin Michel，2012年。

［7］《中国梦：在〈易经〉的荫护下》（*Rêves de Chine: A l'ombre du Yi Jing*），作者：Michel Vinogradoff，Francine Sitruk，出版社：Maxilivres，2013年。

［8］《用〈易经〉正确决策》（*Prenez les bonnes décisions avec le Yi King*），作者：Nathalie Chassériau，Cyrille J.-D. Javary，出版社：Lotus Eléphant, Hachette Pratique，2013年。

［9］《〈易经〉的荫护》（*A l'ombre du Yi Jing*），作者：Alejandro Jodorowsky，出版社：RELIE，2014年。

［10］《如何解读〈易经〉：3种方法慢慢来》（*Comment interpréter le Yi Jing– 3 méthodes expliquées pas à pas*），作者：Vincent Koh，Nathalie Mourier，出版社：MARIP，2014年。

［11］《〈易经〉：更懂自己，正确决定》（*Yi Jing: Mieux se connaître. Prendre*

les bonnes décisions），作者：Serge Augier, Pierre Faure，出版社：La Martinière，2015 年。

［12］《啥也不懂照样学〈易经〉》（*Le Yi Jing pour les Nuls*），作者：Dominique Bonpaix, Stéphane Martinez，出版社：Pour les nuls，2015 年。

［13］《〈易经〉卜筮风水算命：中国传统占卜手册》（*Divination Yi Jing pour le Feng Shui et la Destinée: Guide de divination traditionnelle chinoise*），作者：Raymond Lo，出版社：IFS，2015 年。

［14］《〈易经〉：高明决策之实用启蒙与解读》（*Le Yi Jing: Une initiation pratique à l'usage et à l'interprétation pour gagner en lucidité et prendre les décisions justes*），作者：Didier Goutman，出版社：EYROLLES，2016 年。

［15］《〈易经〉——人人可学》（*Le Yi Jing–À la portée de tous*），作者：Jean-René Dufour，出版社：Medicis，2017 年。

［16］《道教实用百科：养生、运气、冥想、风水、〈易经〉》（*Encyclopédie pratique du Tao: Santé, énergie, méditation, Feng Shui, Yi Jing*），作者：Serge Augier, Lise Herzog，出版社：Flammarion，2018 年。

［17］《〈易经〉：转型之书（第二卷）》（*Yi King: Le Livre des transformations t. 2*），2018 年。

［18］《实用针灸——〈易经〉及其应用》（*Acuponcture Pratique–Le Yi Jing et ses applications*），作者：Marie-Andrée Auquier, Jean-Claude Darras，出版社：MEDICIS，2018 年。

［19］《〈易经〉：六十四卦神谕》（*Yi-king: 64 cartes oracle*），作者：Lunaea Weatherstone, Olivia Leung，出版社：Courrier livres，2018 年。

［20］《〈易经〉：宇宙之道的神启》（*Yi King: L'oracle de la voie du cosmos*），作者：Carol-K Anthony, Hannah Moog，出版社：Camélines，2018 年。

［21］《盒装版〈易经〉》（*Coffret Yi King*），作者：Chao-Hsiu Chen，出版社：Courrier livre，2019 年。

［22］《易经》（*Le Yi Jing*），作者：Dominique Bonpaix，出版社：Livrinova，2020 年。

［23］《〈易经〉：借助中国智慧做决策》（*Yi King: Prenez les bonnes décisions grâce à la sagesse chinoise*），作者：Nathalie Chassériau，出版社：Lotus Eléphant，2020 年。

［24］《浅谈〈易经〉：指导》（*Propos sur Yi Jing: Guide*），作者：Jean-Philippe Schlumberger, Roger Langellier Bellevue，出版社：Numérilivre，2020 年。

［25］《形而上之道》（*La voie métaphysique*），出版社：Matgioi，2020 年。

［26］《符号与变动：〈易经〉新方法——历史、实践与文本（中国卜筮）》［ *Les signes et les mutations: Une approche nouvelle du Yi King: Histoire, pratique et texte（Divination chinoise）*］，作者：Wang Dongliang, Raymond Tartaix，出版社：L'Asiathèque，2020 年。

［27］《〈易经〉画册：填图》（*Cahier de tirages Yi King: À remplir*），作者：Chrilearn Créations，个人出版，2020 年。

［28］《〈易经〉：变动之书》（*Yi Jing: Le Classique des Mutations*），作者：Pierre Faure，出版社：Belles Bettres，2021 年。

［29］《盒装版〈易经〉预测》（*Coffret Visions du Yi Jing*），作者：Paul O' Brien, Joan Larimore，出版社：Trédaniale，2021 年。

［30］《变动之繁：〈易经〉在帕洛阿尔托之前告诉我们什么（心理学）》［ *Variation sur des mutations: Ce que le Yi Jing nous disait avant Palo Alto（Psychologie）*］，作者：Samia Khallaf, Jean-Jacques Wittezaele，出版社：Enrick，2021 年。

［31］《〈易经〉：变化之书》（*Yi King: Le livre des changements*），作者：Peter Crisp，出版社：Synchronique，2021 年。

［32］《〈易经〉之道》（*La voie du Yi Jing*），作者：Carmen Folguera，出版社：Leduc，2021 年。

［33］《随机地图并不存在！（简本〈易经〉）》（*Cartographie Du Hasard qui*

n'existe pas! Le YI JING Simplifié），作者：F.B.，个人出版，2021年。

［34］《〈易经〉——书与六十四卦卡片》（*Yi King–Le livre & les 64 cartes hexagrammes - Coffret*），作者：Nathalie Mourier，出版社：Trajectoire，2022年。

［35］《〈易经〉实用指导：六十四卦的历史、理论、求测与解读原则》（*Guide pratique du Yi Jing–Histoire, théorie, principes de consultation et interprétation des 64 hexagrammes*），作者：Kim-Anh Lim，出版社：Chariot Dor，2023年。

［36］《易经：知行合一》（*Le Yi Jing: Concilier savoir et pratique*），作者：Jean-Pierre De Leeck，出版社：Pacifia，2023年。

［37］《易经》（*Yi king*），作者：Chris Semet，出版社：Hugo Poche，2023年。

［38］《〈易经〉精神的运用：中国祖先智慧在六十四卦中的演化（冥想与内省）》［*Le Yi King spirituel pratique: 64 clés d'évolution de la sagesse ancestrale de Chine（méditations et introspections）*］，作者：Jasmine Minguet，出版社：AFNIL，2023年。

［39］《〈易经〉的齿轮》（*Les Rouages du Yi Jing*），作者：Cyrille J.D. Javary，出版社：Philippe Picquier，2024年再版。

韩国儒学研究动态（2021—2022）

山东大学外国语学院　李美　张闰清

2021年至2022年间，在高校、研究机构、专家学者等社会各种力量的共同推动下，韩国儒学研究持续发展，取得了丰硕的研究成果。本文主要从韩国高校、学术组织、学术会议、著作出版等四个方面回顾韩国的儒学研究动态，以此来讨论韩国儒学的发展趋势。

一、韩国高校的儒学研究

鉴于儒家思想对韩国社会产生的深远影响，韩国多所高校开设了儒学系等相关院系，部分高校还设立了儒学研究机构，专门从事儒学研究。其中，成均馆大学是韩国儒学研究领域的代表性高校之一。成均馆大学设有儒学院，旨在传授儒学思想的本质内涵和现代意义，并在此基础上使学生深入学习东亚的传统文化和艺术，系统学习汉语，以期培养出引领传统文化实现现代化乃至全球化的学术人才。目前，成均馆大学儒学院的专任教师包括三位教授［辛正根（신정근）、朴素静（박소정）、李千胜（이천승）］、四位副教授［金道日（김도일）、白英善（백영선）、金东民（김동민）、尹锡珉（윤석민）］和两位助理教授［姜京贤（강경현）、安承佑（안승우）］。其中，金东民副教授专门研究中国儒学经典。

除了儒学院之外，韩国成均馆大学下设的东亚学术院、成均儒学东方哲学研究院等机构也积极致力于儒学研究，在2021年至2022年间采用线上与线下相结合的方式举办了各类活动和研讨会。例如，2022年东亚学术院与湖南师范大学东北亚研究中心、湖南师范大学外国语学院共同举办了第二届"中韩东亚古典学研讨会"，对东亚古典学进行了深刻分析与探讨。此外，东亚学术院还与韩国古典翻译学会、韩国古典翻译研究所共同举办了主题为"前近代东亚古典翻译状况及特点"的学术会议,围绕佛经、《论语》等古典文献的译介进行了深入交流与讨论。

除成均馆大学之外,首尔大学作为韩国著名的国立综合性大学,其儒学研究也较有代表性。首尔大学下设的哲学系和宗教系均开展儒学研究。哲学系共有六名专任教师,研究方向多元,其中郑元栽(정원재)教授专门研究韩国儒学,李贤善(이현선)副教授专门研究新儒学,此外,郭沂教授、张元泰(장원태)副教授也从事与先秦诸子学等中国哲学相关的研究。宗教系目前有二十余名专任教师,研究方向涉及"儒教"、道教、基督教等,其中从事"儒教"研究的学者有李连胜(이연승)教授和林部延(임부연)副教授等。

首尔大学人文学院下设的哲学思想研究所也是韩国的代表性儒学研究机构,该所创办的《哲学思想》杂志每年发行四期,收录韩国哲学研究领域的前沿成果。2021年至2022年间,该杂志刊载的儒学研究论文中比较有代表性的有林炳植(임병식)的《〈礼记〉中的生死观(『예기』에 나타난 생사관 특성 고찰)》,该文基于死亡学的仪式的观点,考察了《礼记》中体现的生死观的特点,分析了儒家的基本世界观和生死观,探讨了通过儒学改善现代人生活态度的可能性;另外还有宋允禹(송윤우)的《孟子本性论中的道德动机与责任问题 (맹자 본성론에서 도덕적 동기와 책임의 문제)》,考察了以往学界对孟子"性本善"论的各种争论,认为孟子的性善论并不能仅靠"本性"来理解,人们欲真正成德,仍然需要有意识地做出相应努力。

二、韩国学术组织的儒学研究

韩国从事儒学研究的学术组织有东方哲学研究会、韩国儒教学会和韩国孔子学会等。大部分学术组织创办有自己的刊物,定期刊发儒学研究的最新成果,如东方哲学研究会创办的学术杂志《东方哲学研究》在2021年至2022年间,共刊发了60余篇文章,其中儒学研究论文有16篇,从研究内容上看,大致可分为以下三大类:

一是传统儒家思想研究。这类研究主要围绕孔子、孟子、荀子等中国儒家学派的代表人物及其思想进行分析和探讨。如金仲贤（금종현）的《从秩序和分配的角度考察"义"概念的连续性（질서와 분배의 측면에서 義 개념의 연속성 고찰）》从对"义"的字形和早期文献的分析出发，考察"义"概念所具有的连续性，进而发现与词源相关的"义"大致可以理解为"秩序"和"分配"，即"义"具有确立以王为中心的社会等级秩序的意义。这一观点在后期为孔子所接受，孔子所认为的不"义"问题大致分为"（封建）共同体秩序的崩溃"和"扩大对私人所有的欲望"两类问题，这些都与秩序和分配问题有关。金珉载（김민재）的《孔子与墨子的思想异同点和道德教育启示研究（공자와 묵자 사상의 동이점 고찰과 도덕교육적 시사점 연구）》以兼爱、尚贤、贵义为中心，考察了孔子和墨子思想的相通与不同之处，并从中得出道德教育启示。金正熙（김정희）的《对孔子的"恕"与人情欲望的考察（공자의 恕와 인정욕구 고찰）》探讨了孔子的"恕"概念，分析了孔子思想对人类的认可需求的看法，认为相较于"渴望得到他人认可"的欲望，儒家思想更加强调"为了得到认可而付出努力"和"提高洞察力以认可他人"。韩颂姬（한송희）的《〈孟子〉中告子思想的政治含义（『맹자』에 나타난 고자 사상의 정치적 함의）》通过分析孟子和告子的论辩，阐明了告子的思想，认为告子坚持"仁内义外"，虽然他主张人的本性在于食欲、色欲、感情等方面的自我满足，但相较于"仁"而言，告子更强调"义"。李顺美（이순미）的《〈孟子〉义战与无义战研究（『맹자』의 의전과 무의전 연구）》考察了孟子对义战和无义战的解释，进而探讨了其思想对于解决当前国际矛盾和纠纷的适用性。

二是韩国儒学思想研究。这类论文主要围绕李滉、丁若镛、朴殷植、张志渊等韩国古代及近现代儒学代表人物的思想进行分析。例如，申珠妍（신주연）的《从〈论语〉的"北辰"和"众星"看丁若镛的有为论（논어 북신과 뭇별 의 비유를 통해 본 정약용의 유위론）》聚焦蕴含着儒学政治蓝图的《论语》的"为政之道"和"无为而治"两个概念，比较分析了朱熹与丁若镛对政治的哲学理解，探

讨了丁若镛对朱熹"无为"的批判。郑成姬（정성희）的《20世纪初儒学宗教化的逻辑与儒教史意义（20세기 초 유교 종교화의 논리와 유교사적 의의）》探究了20世纪初以朴殷植与张志渊为倡导者的儒学宗教化运动及其意义，揭示了朝鲜儒学对唤起当时朝鲜人民被削弱的民族意识的重要性。

三是儒学的当代价值研究。除了关于传统儒学思想的研究之外，部分学者聚焦当下的社会现实，探索了儒学思想在当代的适用价值。比较有代表性的如李哲承（이철승）的《人工智能时代人类特征与儒家哲学的关系论（인공지능 시대 인류의 특징과 유가 철학의 관계론）》在当下人工智能迅速发展的时代背景下，对人工智能所具有的人类特性进行了分析，认为人工智能看似独立于人类，却很难完全排除相关科学技术人员的影响，因此人类与人工智能之间的矛盾其实反映了人与人之间的关系问题。根据21世纪儒家哲学，处理人与人及人与人工智能之间的关系，应该通过民主协商和协议解决彼此之间的差异问题，共同建设和平社会。金美罗（김미라）的《韩国动画片的幼儿人性教育和儒教哲学内涵研究（한국 애니메이션의 유아 인성교육과 유교철학적 함의 연구）》分析了韩国当代体现儒学童蒙教育理念的代表性动画片《Pororo》中蕴含的人性品德，结合《童规》所倡导的儒学品德和教育原理，对当下的传统品德教育提出了对策与建议。

韩国儒教学会创办的杂志《儒教思想文化研究》于2021年至2022年间，共刊发论文70篇，其中绝大多数为儒家思想研究，从内容上看，主要可以分为四大类：

一是对孔孟思想的研究。这类文章对儒家思想提出的"孝道"、关系伦理、生死观、战争观等进行了分析和探讨，其中尤以"孝道"思想的研究为最多。例如，郑秉燮（정병섭）的《〈礼记〉的"孝"字用例与意义分析（『예기』에 기록된 효자의 용례와 그 의미에 대한 분석）》考察了《礼记》中关于"孝"的论述，发现这类论述可分为两大类，一是用作称谓，二是作为伦理美德，而《礼记》中宣扬的孝道思想体现了儒学在封建王权体制下形成的"新"孝道思想。徐廷和（서

정화）的《〈论语〉中孔子孝思想的本质意义（『논어』에서 말하는 공자 효 사상의 본질적 의미）》对《论语》中蕴含的"孝"思想进行了探讨，对"孝"字所体现的"不违背父母""克己复礼""不改父之臣与父之政"等含义进行了分析。

二是理学思想研究。这类文章主要以程朱理学的思想研究为重心，对陆王心学思想的考察与分析也有所涉及。例如，李妍贞（이연정）的《考察朱熹的修养体系——以致中和为中心（주희 수양체계 고찰——치중화를 중심으로）》从形而上学与心性两个方面考察了"中和"诠释的意义，进而从"致中"与"致和"两个角度分析了朱熹的修身思想，认为朱熹的修身之学始于对形而上学本源的道德觉悟，最终在心性范畴内得以实现。金真武（김진무）的《〈六祖坛经〉与陆王心学（『육조단경』과 육왕심학）》考察了佛教传入中国后儒学与佛教的融合过程，分析了《六祖坛经》与陆九渊的心学、王守仁的阳明学的关系，认为陆王心学均受到《六祖坛经》中禅宗思想的影响，而且阳明学的流行进一步促进了中国佛教的传承。

三是韩国儒学思想研究。相关研究主要聚焦于李珥、丁若镛、田愚、李瀷等韩国儒学家的思想，也涉及朝鲜王朝时期的儒学政治。例如，李英敬（이영경）的《栗谷修养论中"诚意"的道德实践特点（율곡의 수양론에서 성의의 도덕 실천적 특성）》、安承佑（안승우）的《栗谷李珥的"死亡"哲学（율곡 이이의 죽음철학）》分别对李珥的修养观、死亡观进行了论述，探讨了其对当下的启示。金贤秀（김현수）的《艮斋田愚的礼学思想考察（간재 전우의 예학사상 고찰）》聚焦长子服制、心丧等既往关于丧礼制度的争议，对田愚的礼学思想进行了分析。朴济均（박제균）的《正祖的君师论研究（정조의 군사론 연구）》和《英祖的孝治思想研究（영조의 효치 사상 연구）》分别对朝鲜正祖李祘和英祖李昑的治国思想进行了具体探讨。

第四，除了上述主题之外，也有少数学者对现代新儒学代表人物的思想进行了考察与分析。如金济兰（김제란）的《现代新儒学中儒学和佛教的融合方式（현대신유학에 나타난 유학·불교 융합의 방식들）》讨论了熊十力、唐君毅、

牟宗三这三位新儒学代表人物与佛教的关系，认为中国近代佛教与儒学的融合是在佛教的真如缘起论和儒学的性善论相结合的前提下实现的，具体表现为熊十力与唯识佛教、唐君毅与华严佛教、牟宗三与天台佛教等多种融合方式。

　　韩国孔子学会主办的《孔子学》在2021年至2022年间也刊发了一些有关儒学研究的论文，研究内容既涉及对传统儒家思想的解读，也包括对朝鲜时代儒学思想的分析。例如朱广沪（주광호）的《朱子对程门格物说的批判与格物对象的内外问题（주자의 程門 격물설 비판과 격물 대상의 내외 문제）》一文以格物的"对象"问题为中心，探讨了二程和程门后学对《大学》格物说的诠释以及朱熹对此说的批判与继承，阐明了朱熹的思想取向和特点。此外，李海任（이해임）的《金昌协〈论语集注〉解说特点研究——以〈东儒论语解集评〉为中心（김창협 『논어집주』 해설 특징 연구：『동유논어해집평』을 중심으로）》、南知满（남지만）的《从〈东儒论语解集评〉看朴世采的〈论语〉经说的特点（『동유논어해집평』으로 본 박세채의 『논어』 경설의 특징）》，以及姜智恩（강지은）的《柳健休〈东儒论语解集评〉中出现的朝鲜儒学史的特点（柳健休『東儒論語解集評』에 나타난 조선유학사의 특징）》等文章从不同维度对《东儒论语解集评》进行了具体探讨。

三、韩国儒学研究类学术会议

　　2021年至2022年间，忠清南道、成均馆大学、韩国儒教文化振兴院等部分地区、高校和研究机构举办了一系列学术研讨会，推动了儒学研究的进一步发展。例如，忠清南道作为较好地传承和发扬儒家文化的地区之一，联合忠南历史文化研究院、韩国儒教文化振兴院等机构举办了第五届和第六届"忠清南道儒教国际论坛"。其中，2021年11月举办的第五届"忠清南道儒教国际论坛"的主题为"可持续发展共同体——从儒教文化中获得的智慧（지속가능한 공동체——유교문화로부터 얻는 지혜）"，时任忠清南道知事的梁承晁、孔子第七十九代嫡孙孔垂长奉祀官、韩国国内外儒学领域的专家学者以及市民共400余人参加。

本次论坛上，中国山东社会科学院国际儒学研究与交流中心主任涂可国、日本京都大学教授小仓彰晃以及忠南大学教授金世正（김세정）等人作了主旨演讲。涂可国先生在题为《从人类共同体的角度看待儒家集体责任观（인류공동체 관점에서 본 유가의 집단 책임관）》的主旨演讲中表示，孔子开创的儒家责任伦理思想对近现代中国人的共同体意识产生了重要影响。小仓彰晃教授作了题为《孔子的生命哲学和地球伦理（공자의 생명철학과 지구윤리）》的演讲，认为孔子的生命观、世界观、君子观提出了对生命哲学的新理解，其共同体观为现代社会各种问题提供了解决方案。金世正教授在题为《照顾与共生的儒教文化（돌봄과 공생의 유교문화）》的演讲中称，对于寓意"照顾"与"共生"的儒家文化而言，孔孟儒学是其"树根"，中国的新儒学是其"枝干"，韩国儒学则是这棵大树开出的"花朵"，为了结出"硕果"，需要在现实生活中积极应用和实践儒学。

2022年11月举办的第六届"忠清南道儒教国际论坛"的主题为"东方和西方的相遇：儒教与文明化（동양과 서양의 만남：유교와 문명화해）"，加拿大不列颠哥伦比亚大学名誉教授唐纳德·贝克、德国汉堡大学名誉教授维尔纳·萨塞、越南社会科学翰林院哲学所所长阮才东等人作主旨演讲。唐纳德·贝克教授作了题为《关系自我：在现代社会中规范个体的儒家方法（관계적 자아：현대사회에서 개인을 규정하는 유교적 접근법）》的演讲，认为儒学对现代社会最大的贡献是强调人与人之间的互动，而不是倡导个人的孤立。维尔纳·萨塞教授在题为《克服东西方哲学之差距，共建世界哲学（세계철학을 향한 동양과 서양철학의 차이 극복）》的主旨演讲中强调了儒学成为具有普遍性的世界哲学的可能性，呼吁用当代的表达方式解说儒家典籍，并与儒家文化圈中的国家深化交流与合作。阮才东所长作了题为《越南儒学的宗教层面及其现代价值》的主旨演讲，阐明了越南"儒教"因不设教主、教义及祭祀体系，故而不属于宗教。

成均馆大学儒教文化研究所在2021年至2022年间也举办了多场儒学会议，比较有代表性的会议如2021年11月与批判儒学现代经学研究项目组和成哲思想研究院共同举办了主题为"儒教和佛教的对话：佛教思想和儒教思想的沟通和

协调(유교와 불교의 대화:불교사상과 유교사상의 소통과 조화)"的学术会议,会上提交学术论文7篇,包括《朱熹眼中的陆九渊的心学与禅佛教(주희가 본 육구연의 심학과 선불교)》[郑相奉(정상봉)]、《佛教思维与中国思维的融合与间隔——人性与佛性之间(불교적 사유와 중국적 사유의 융합과 간격——인성과 불성 사이)》[石吉岩(석길암)]、《刘子翚的儒佛协调论和大慧宗杲的影响(유자휘의 유불조화론과 대혜종고의 영향)》[李元锡(이원석)]、《陆九渊的心学和祖师禅(육구연의 심학과 조사선)》[金真武(김진무)]、《谦逊的儒教和佛教色彩(겸손의 유교적 그리고 불교적 색채)》[金道日(김도일)]、《张九成向大慧宗杲学到了什么(장구성은 대혜종고에게 무엇을 배웠는가)》[李海任(이해임)]、《现代新儒学中儒佛融合的方式——以熊十力、唐君毅、牟宗三的哲学为中心(현대 신유학에 나타난 유불융합의 방식들——웅십력·당군의·모종삼 3인의 철학을 중심으로)》[金济兰(김제란)]等。2022年11月,成均馆大学儒教文化研究所与韩国孔子学会共同举办了主题为"多角度看《论语》(여러 시선에서 바라본『논어』)"的学术会议,从考古学、艺术、佛教、教育学等角度对《论语》进行了多角度分析,如《关于古代中国文献传统的主流及其产生与保存的批判性思考:以〈论语〉为例(고대 중국 문헌 전통의 물줄기,그 생성과 저장에 대한 비판적 접근:『논어』의 경우)》[宾东哲(빈동철)]、《十字路口的〈论语〉美学:"中"与"和"的哲学探索(갈림길의『논어』미학:중·화의 철학적 모색)》[江校熙(강교희)]、《从教育学的角度读〈论语〉:"脱西欧式教育学"和"教育本位论"(『논어』를 교육학적으로 읽는다는 것:"탈서구적 교육학"과 "교육 본위론" 세우기)》[郑焕熙(정환희)]等。

四、韩国儒学研究著作的出版

根据韩国最大的连锁书店教保文库的网站资料显示,2021年至2022年出版的儒学相关图书共20余部,其中儒学研究著作占绝大多数,除此以外,也不乏《论语》《孟子》等经典名著的新译本。就儒学研究著作而言,研究内容较为广泛，既包括中韩儒学思想及其代表人物研究，也涉及对儒学当代价值的思考。

在中国儒学研究方面，韩国人文教育哲学研究所所长，釜山大学、岭南理工大学兼职教授吕相云（여상운）在2022年11月出版了《儒教修养论（유교의 수양론）》一书，从修养的角度对先秦儒学、性理学以及朝鲜时期金宏弼、李滉、曹植等儒学家的思想进行了系统的考察与分析。国民大学文化交叉研究所所长、研究生院文化交叉系助理教授成东权（성동권）在2022年出版了《儒教文化的基石——孔子的情感科学（유교문화의 정초 공자의 감정과학）》和《儒教文化的学问——〈大学〉的情感科学（유교문화의 학문 대학의 감정과학）》两部专著，详细地分析了孔子的情感科学以及《大学》对孔子的情感科学的总结和说明。成均馆大学儒教文化研究所在2021年出版了《思想家特辑》丛书的第二卷《主题中的朱熹，现代化的朱熹（주제 속 주희，현대적 주희）》，收录了研究朱熹哲学的11篇学术论文，这些论文研究角度丰富多样，既有对朱熹思想体系的主要范畴或主题的新阐释，也有基于现代哲学观点对朱熹哲学的重新诠释等。此外，日本佛教学者常盘大定的著作《中国的佛教与儒教道教（중국의 불교와 유교 도교 하）》也被韩国学者姜奎如译介至韩国，该书着眼于中国儒佛道三家的关系史，基于佛教史分析了儒佛道的交融关系。

韩国儒学研究著作主要集中于考察朝鲜时期的儒学，如梨花女子大学韩国文化研究所朴正元（박정원）教授在2021年出版的《朝鲜初期佛教和儒教的心性论和相互认知研究（조선 초·중기 불교와 유교의 심성론과 상호인식 연구）》一书分析了朝鲜时期儒学和佛教关于心性的论争及由此引发的儒学和佛教之间相互认知的变化，在此基础上探讨了儒学和佛教的异同点。全州李氏大同宗约院文化理事李范稷（이범직）教授于2022年出版了《朝鲜儒教教育文化（조선 유교 교육 문화）》一书，对将儒学作为统治指导思想的朝鲜时期的教育制度、教育机构、科举制度进行了详细分析，结合实证呈现了朝鲜时期的教育风貌。成均馆大学儒教文化研究所在2021年出版了《思想家特辑》丛书的第三卷《退溪李滉的哲学思想和思想史（퇴계 이황의 철학사상과 사상사적 전개）》，书中收录

了儒教文化研究所和韩国儒教学会近二十年来关于李滉的核心思想的研究论文，主题涉及李滉的义理思想、性理学思想、批判思维及其哲学思想的当代价值等。首尔大学人文学院宗教系教授金世太（금장태）在2022年出版的《韩国儒教的光与影（한국 유교의 빛과 그늘）》一书分析了朝鲜时期儒学存在的诸多弊端和谬误。此外，延世大学史学系都贤喆（도현철）教授聚焦高丽后期李谷的生活和思想，于2021年出版了《李谷的改革论与儒教文明论（이곡의 개혁론과 유교 문명론）》一书，揭示了李谷思想对朝鲜性理学的影响。

在儒学的当代价值研究方面，学者们着眼于当前社会的热点问题，探讨将儒学作为解决方案的可能性。例如，檀国大学日本研究所韩城九（한성구）教授在2021年出版的《原始儒教（원시유교）》一书分析了儒学的起源、孔子的思想及其弟子的门派分化情况，揭示了原始儒学的思维方式和根本精神，并在此基础上探讨了原始儒家精神对于当下生活的指导意义。参禅与精神治疗研究院院长沈相浩（심상호）教授在2022年8月出版了《儒教的精神治疗和冥想（유교의 정신치료와 명상）》一书，论证了儒家心理学思想和当代精神治疗的共通之处，并用精神分析的相关概念对儒家心理学进行了重新阐释，以推进基于儒学心理学的心理咨询与精神治疗。

结语

总体而言，2021年至2022年间，韩国的儒学研究呈现出多元化的发展态势，研究内容丰富且视角多样，既重视从学理层面对中韩儒学核心人物及其核心思想进行剖析和阐释，也注重考察儒学的当代价值，积极寻求利用儒学解决现实问题的可能性。这些成果丰富了儒学的内涵，进一步推动了儒学的发展。

韩国儒学研究动态

——以2021年至2022年硕士、博士学位论文与学术期刊论文为中心

山东大学易学与中国古代哲学研究中心 ［韩］赵熙正

一、研究范围及方法

本文的研究对象为2021年至2022年间以儒学为主题撰写的硕士、博士学位论文与学术期刊论文。笔者在科研信息共享服务（Research Information Sharing Service）网站上以"儒家哲学""儒家""中国哲学"为关键词检索了2021年至2022年间以韩语撰写的硕士、博士学位论文，然后在检索到的论文中剔除了隶属于"中国哲学"范畴的道家、佛家领域的研究论文，只留下与儒学相关的研究成果，共检索到38篇硕士学位论文和40篇博士学位论文。同时，又在韩国国家研究基金会（NRF）运营的韩国引文索引（Korea Citation Index）网站上，以"东洋哲学""韩国哲学""中国哲学"为关键词检索了2021年至2022年间发表在韩国核心期刊（KCI登载）上的论文，在剔除了其中研究西方哲学和佛教、道家哲学的论文后，共检索到以"儒家哲学"为主题的论文124篇。本文就以以上检索结果为研究对象，对这些论文分年度、分主题地进行介绍。

二、2021年至2022年硕士、博士学位论文研究动态

（一）硕士学位论文

2021年至2022年，以儒学为主题撰写的硕士学位论文共38篇，其中，2021年有18篇，2022年有20篇。从研究者所属院校来看，首尔大学占3篇，成均馆大学占15篇，高丽大学占3篇，江原大学占1篇，公州大学占1篇，大邱韩医大

学占5篇，东国大学占1篇，西江大学占2篇，崇实大学占1篇，安东大学占1篇，梨花女子大学占1篇，全南大学占1篇，全州大学占1篇，中央大学占1篇，忠南大学占1篇。以研究主题来看，中国儒学研究占32篇，韩国儒学研究占5篇，中韩儒学比较研究占1篇。在这些论文中，以人物为中心的研究数量最多，达27篇，其中又以对孔、孟、荀的研究为数最多；而以思想为中心的研究中，有关《论语》概念分析的研究最多，其次是有关荀子思想的研究。在此，笔者按撰写时间的先后为序，兼顾先中国儒学后韩国儒学的主题顺序，简要介绍各篇硕士学位论文的要点。

2021年以儒学为主题撰写的硕士学位论文共有18篇，其中关于孔子、《论语》与郭店楚简《性自命出》的研究占7篇：

大邱韩医大学裴多贤的《关于孔子的教育思想研究》以教育学的视角研究孔子哲学，认为孔子的教育目的是进行仁的践履，进而培养君子人格，最终实现成圣理想，具体方法则是学习与思维、学习与实践并行，教学相长，学事并进，重视实践。

成均馆大学沈周贤的《在〈论语〉"礼"和"立"中体现的连带思想研究》以"礼"与"立"蕴含的连带思想为主题，整理了《诗经》《书经》《左传》中作为统治理论的"礼"，并将其与《论语》中的"礼"进行了比较。研究者认为，《论语》中的"礼"与其他典籍中的不同，具有很强的社会规范性。经由"礼"达到的"立"，可以说是一种确立社会地位的状态。据研究者的观点，在《论语》中，孔子构想了"以'礼'共同体为中心的'礼'连带"，以此来减少伦理上的落伍者。

成均馆大学李准荣的《关于〈论语〉中社会地位的研究——以君子与小人的阶层矛盾为中心》以社会学的观点来分析《论语》中君子与小人的矛盾。研究者将君子与小人之间的对立定义为阶层冲突，分析当时社会地位的变化情况，尤其是《论语》中的君子不再被是否拥有财富或权位来定义，这与当时的社会问题密切相关。研究者认为，孔子为解决这些社会问题，忽略了"保障"君子成其为君子的财富与权位，而将"仁"等道德性因素设定为一种成就君子地位的资格条件。

成均馆大学林泽禀的《儒家思想的社会结构研究——以〈论语〉为中心》分析了《论语》中儒家思想的社会结构，认为氏族社会的巫俗文化经由孔子的改造，转化为以人为中心的学问。人是个体的存在，同时也是社会的存在，因此，儒家思想不仅重视个人修身，还关注团体行为。研究者认为，《论语》的修养论是在个人与团体的关系中形成的。

成均馆大学张在真的《〈论语·子路〉中的"和而不同"所包含的先秦儒家的政治、社会调和的世界观研究》以《论语》中的"和而不同"为主题，研究了政治、社会的调和。研究者认为，《论语》中"和而不同"的主要作用是保证个体的主体性与政治、社会地位。

首尔大学朴善英的《数字人文学的〈论语〉研究方法论——以网络分析为中心》以现代的网络分析为主要研究方法，提出了研究《论语》的方法论。研究者用综合、非线型、相互关联的关系分析了《论语》的概念之间的关系。分析结果显示，在《论语》中，"仁"和"礼"在前十章中侧重其原始、本质的意义，而在后十章中则更加侧重其社会、政治的意义。

首尔大学杨有始的《〈性自命出〉的心论研究》研究了《性自命出》中包含的心论思想。研究者认为，早期儒家文献《性自命出》已经构建了由"心术""心志""心思"组成的心论思想，包括"心"的概念及其运行、心与性情的关系以及道德修养的实现等相关内容。《性自命出》提出了"求其心"的道德修养方法，在《性自命出》中，"心"本身没有善良的特质，因而"求其心"并不是追求本有的善良之心，这一点与《孟子》中的"求放心"有所区别。研究者认为《性自命出》对心和本性的理解与《荀子》《礼记·乐记》相近，但与《孟子》较远。

另外，以荀子为研究对象撰写的硕士学位论文共有3篇：

成均馆大学安乙和的《荀子的礼思想研究》以荀子思想中的"礼"为中心进行论述。研究者认为在荀子的"礼"思想中，"分"的概念很重要，因而主张荀子不仅没有否定人的欲望，反而肯定作为内在动机的欲望。据其观点，孔子以"仁"实现"礼"，孟子以"仁义礼智"实现"礼"的内心化，荀子则以提高"礼"

的价值实现"礼治"。

西江大学蔡惠淑的《〈荀子·礼论〉的美学考察》首先整理了东西方学者对儒家美学的定义,并得出结论,认为荀子的美学理论是充满活力的崇高的"大一统"之美论。

梨花女子大学金株英的《荀子的道德认识能力和知识德性研究》对荀子的认识和德性问题进行了研究,通过论证荀子认识论的知识与伦理实践没有分离,主张荀子的认识论与"德"理论是综合构建的。

除此之外,还有2篇研究汉儒董仲舒与宋儒邵雍的硕士学位论文:

大邱韩医大学李承男的《董仲舒的政治思想研究》总结了董仲舒哲学所蕴含的政治思想,认为董仲舒通过以"天人感应"论为代表的宇宙论得出"天与皇帝相感应""皇帝的统治是天意"的结论,而其"性未善"说、"性三品"说的人性论则暗含了皇帝统治的正当性。

公州大学李镇武的《邵雍的先天易学和皇极经世原理》对邵雍的易学思想进行了研究,以邵雍的先天学为中心,试图阐明宋代象数易学的特征。邵雍聚焦于先天和后天的体用观,以此来探索宇宙运行秩序的变化原理。邵雍易学的特点,是通过"象"和"数"了解宇宙的运行秩序和自然规律。分析《皇极经世书》的《观物》篇,就会发现基于《易经》逻辑而非道家逻辑的"先天易学"。

将儒家哲学与现代社会问题相结合撰写的硕士学位论文有2篇:

成均馆大学禹文熙的《儒学的共同体精神研究》总结了儒家哲学内涵的共同体精神,以孔子的"学"与"习"和孟子的性善说为立论中心,提出了内外合一的共同体精神。

全州大学周美琦的《韩中孝思想的比较研究——以文化和语言为中心》则对中韩两国的孝思想进行了比较研究。

以韩国儒学为研究对象撰写的硕士学位论文共4篇,大部分是以人物研究为中心:

大邱韩医大学郑炳源的《圃隐郑梦周的政治社会思想研究》将高丽末期郑梦

周（1338—1392）的思想分为政治层面和社会层面进行研究。郑梦周的义理精神不是理念上的，而是在社会和政治层面追求制度上的改革。虽然郑梦周失败了，但他的精神为朝鲜王朝的儒学家传承下来，他所主张的制度甚至对朝鲜王朝体系产生了极大影响。

成均馆大学柳玉俊的《退溪和南冥的道学观的比较研究》比较了朝鲜中期儒学家退溪李滉（1501—1570）和南冥曹植（1501—1572）的道学观。按研究者的观点来看，退溪的道学观是垂教的，重视通过内心修养恢复人之本性，通过伦理道德的认识和实践达到形而上学的境界，通过正确的知识提高道德认识和控制力，而南冥的道德观则是行道的敬义思想。

大邱韩医大学李清撰的《寒冈郑逑的"礼学"思想研究》研究了朝鲜王朝中期寒冈郑逑（1543—1620）的礼学思想。寒冈以存养省察的性理学教学理念确立了朝鲜王朝岭南地方的礼学基础，他综合了性理学、礼学以及经世论，为韩国儒学的发展作出了贡献。

江原大学全真东的《毅庵柳麟锡的卫正斥邪思想研究——以〈宇宙问答〉为中心》研究了朝鲜王朝末期危机时代的毅庵柳麟锡（1842—1915）的卫正斥邪思想。柳麟锡撰有《宇宙问答》《道冒编》等多部著作，领导义兵运动，反抗日本侵略，同时培养了很多弟子。其《宇宙问答》融入了卫正斥邪思想的精髓，研究者将《宇宙问答》中的内容分为"中国观与日本认识分析""政治制度论与社会文化论批评""西洋物质文化与开化论认识""宗教文化论与教育论问答"四个部分进行了研究和分析。

2022年以儒学为主题撰写的硕士学位论文共有20篇：

忠南大学朴源敬的《孔子的经营哲学研究》以经营哲学的观点分析了孔子的哲学。研究者将经营定义为关系的运营与管理，将孔子的经营哲学分为"自我经营""人间经营"与"世界经营"。

成均馆大学张相良的《先秦时期诸子百家的孔子像比较研究》以先秦时期思想家的记录为基础，试图探寻孔子的真实面貌。研究者认为，孟子与荀子对孔子的描述是正面的，相反，墨子、庄子、韩非子的描述则是负面的，但只有综合把握各方观点，才能确认孔子的真实面貌。

崇实大学崔贞任的《孟子民本主义政治哲学中的"民"概念研究》研究了孟子政治哲学中的"民"概念。研究者以孟子的性善说为依据，认为"民"具有与君主和圣人同等的地位，"民"是主动和主体的存在。

西江大学林恩菲的《道德的羞耻心与压迫的羞耻心——以孟子和努斯鲍姆为中心》，比较了以道德为中心的孟子的羞耻心与以压迫为中心的玛莎·努斯鲍姆 (Martha Nussbaum) 的羞耻心。

大邱韩医大学李昌斋的《荀子的经济思想研究》认为，荀子的经济论分为"生产增加论""战争反对论"和"人才活用论"。

成均馆大学姜惠玲的《荀子"道"的研究——从孔子的君子之道到荀子的治国之道》研究了从孔子到荀子，"道"概念的演变过程。根据其观点，荀子的"治国之道"以礼与法为中心，向往"群居合一"的理想社会，比孔子的治道思想更为现实而具体。

成均馆大学高道渊的《以符号学的观点研究〈周易〉的"象"与"叙事"》提出了《周易》"象"与"叙事"的理念和感情，认为通过这样的研究，可以更加感性、生动地理解《周易》。研究者首先以考证的方式整理了《周易》中有关文王的叙事，并提出了卦爻辞的结构具有"情况发生→感情发生→道德判断与评价"的特质。

成均馆大学李贞仁的《关于先秦儒家思想中"友谊"作用的研究——以作为扩张机制的儒家友谊为中心》主张儒家的友谊有助于打破宗法社会中以家族为本位、以家人为中心的情感封闭倾向，也有提供信任与分享经验的功能。研究者认为由家庭伦理向社会伦理的推扩过程中，儒家的友谊发挥着重要作用。

成均馆大学朴鼎寿的《春秋战国时期"儒士"的政治、社会作用与影响》聚焦于春秋战国时期"士"阶层中的"儒士"，归纳出春秋战国时期的社会结构与观念体系。研究者认为，通过春秋时期的制度与意识变化，人性论与道德意识获得发展，其结果就是孟子"大丈夫"概念的提出。

高丽大学崔真的《儒学关怀教育的考察——以忠恕为中心》通过儒学的"忠恕"概念，探索了关怀教育方案。研究者将忠恕跟关怀的概念和特性联系起来，总结出了儒家关怀教育的三个过程——"基础、原理、实践"。

首尔大学金柱玉的《〈论语笔解〉研究》对韩愈和李翱编纂的《论语笔解》的文本及注释上的特点进行了研究，认为通过研究《论语笔解》，不仅可以梳理从汉学到宋学的演变潮流，还可以探寻古人理解《论语》文本方式的变化。在《论语笔解》中，韩愈和李翱在解释《论语》时，倾向于用"道"和"性"的概念解释原文，研究者认为这与汉人的解经方式不同，故而可以说，韩愈、李翱的经学是宋代新儒学的开端。

安东大学朴智贤的《关于谢良佐的主体论与修养论研究》以《上蔡语录》为中心，研究了谢良佐哲学的结构和指向，特别是点出了谢良佐的工夫要义在于"去矜"，从而说明了谢良佐哲学中的本体论、心性论、修养论之间是如何具有有机关系的。同时，研究者认为，谢良佐的"去矜"工夫的实际修养是"穷理"与"敬"。

中央大学金大用的《朱子的格物工夫论研究——知性而后尽心的体系》研究了朱熹格物工夫的方法和目的等，明确了其中包含的实践层面。

成均馆大学李硕愿的《朱熹的生态美学研究》从生态美学的角度解释了朱熹的思想。研究者认为，朱熹的生态美学是存在者反复领会和实现道、接近天人合一的过程，这就是"生态审美和生态伦理的结合"。

成均馆大学魏慈尧的《朱子的家礼学研究——以〈仪礼经传通解·家礼〉和〈朱子家礼〉为中心》研究了朱子家礼学的特质，认为朱熹的《仪礼经传通解》超越了单纯的注释书的性质，包含着"传"与"经"相似的可能性，而《朱子家礼》是体现朱子礼学思想进步性的著作。

高丽大学金仁泰的《陈亮政治哲学的实用主义性质——以君主论为中心》以君主论为中心，分析了南宋陈亮（1143—1194）的政治哲学。陈亮的政治哲学是，为了"公"的实现,作为政治主体的君主要掌握实用的手段。在陈亮看来,手段没有绝对的,故而他反对将古代理想的制度引用于现实中,在不得已的情况下,应该积极使用紧急手段。

东国大学柳山英的《王阳明的"知行合一"研究》以王阳明的"良知"为中心,分析了"知行合一"的理论与实践。

高丽大学张书豪的《通过"心所论"研究熊十力哲学中的"心"——以〈新唯识论〉为中心》研究了熊十力哲学中"心"的意义与特质,并为熊十力的心学总结出三个特点:第一,熊十力虽然接受了唯识学中的"心"和"心所"概念,但将之重新解释为"本性"和"习气";第二,熊十力虽然继承了分析"心"的作用的唯识学的方式,但消除了其宗教修行的意义;第三,熊十力排除佛教的宗教目标,着眼于生命,强调伦理和道德修养。

成均馆大学王舸的《康有为今文经学的形成及其时代变迁》研究了康有为经学思想所蕴含的时代精神。根据研究者的分析,康有为的经学以传统的经学思想为基础,并在此基础上融合了西方近代自然进化思想,依据自己所处的时代的特征,将公羊学的"三世说"重新进行了改造。

全南大学郑英美的《茶山丁若镛的实践人性教育思想研究》研究了丁若镛人性论内含的教育思想。研究者认为,茶山批判了当时性理学中将性视为理的体系,将性界定为心的嗜好,主张"性嗜好"说;另外,茶山主张,只有人类拥有根据自己的意志来决定好善恶恶的"自主之权"。

(二)博士学位论文

2021年至2022年间,以儒学为主题撰写的博士学位论文有40篇。其中,2021年有15篇,2022年有25篇。从研究主题上看,中国儒学研究占26篇,韩国儒学研究占13篇,中韩儒学比较研究占1篇。在这些论文中,与性理学相关的研究最多,达17篇,其次是关于荀子和《周易》的研究。从研究者所属的院校来看,首尔大学占1篇,成均馆大学占16篇,岭南大学占1篇,全州大学占2篇,韩国外国语大学占2篇,启明大学占1篇,高丽大学占2篇,大邱韩医大学占4篇,东国大学占3篇，圣山孝大学院大学占1篇，圆光大学占3篇，全北大学占2篇，中央大学占1篇，韩国学中央研究院占1篇。在此，笔者按撰写时间的先后为序，兼顾先中国儒学后韩国儒学的主题顺序，简要介绍各篇博士学位论文的要点。

2021年以儒学为主题撰写的博士学位论文共有15篇，其中有关中国儒学研究的论文占10篇：

圆光大学徐桢宣的《孟子王道政治论研究》以孟子的"恒心"和"恒产"为中心，研究了孟子王道政治的内容与意义。研究者将"恒心"和"恒产"分为精神侧面和经济侧面，认为这两者是体现孟子王道政治的关键。但遗憾的是，他未能明确说明"恒心"与"恒产"的关系，因而没能解释道德的体现是如何与实际政治制度相联系的。

韩国学中央研究院崔承焕的《荀子乐论的教育含义》探索了荀子乐论所具有的教育意义。研究者注意到质朴的本性通过音乐转变为道德和社会本性的过程，认为荀子提出的由自然情感与认识能力的融合而形成后天道德意识的观点，可以应用到现代教育中去。

大邱韩医大学李道敬的《〈周易〉的修养论研究》研究了《周易》中所包含的修养理论。研究者认为，在《周易》中，理想人格的特征是平直、端方、正大、穷理、尽性、知命，并以四德论与九德论为研究其修养的方法。

成均馆大学单天罡的《〈周易〉解释的诸样相与君子论》通过古代出土文献资料，从文字和卜筮的角度审视了《周易》的原义。

成均馆大学金炫美的《〈周易〉与〈淮南子〉的"意象论"研究》对《周易》的"立象以尽意"和《淮南子》的"喻意象形"进行了比较分析。据论文可知，《周易》的"立象以尽意"和《淮南子》的"意象"都是指在主体的内心建立客观世界的道理，但二者在方式和活用方面存在差异——《周易》的圣人观是在先秦儒家人性论的基础上产生的更进一步的认识，而《淮南子》则是以个人的省察与保存来构成"意象"。

东国大学金永周的《关于王充批判儒学的研究》以批判儒学的观点分析了王

充的《论衡》，反对将王充归为道家或杂家，认为他仍然属于儒家。

圆光大学张锡镐的《张横渠的修养论研究》探索了以气质之性的克服与天地之性的恢复为主要特征的气一元论的修养方法论。研究者将张横渠的修养方法论主要分为四种：一是养气和天人合一，二是穷神和尽性，三是仁义和中正，四是无心和至诚。

成均馆大学李载规的《中国近代变法思想中体现的传统"公"概念的变用》以康有为和梁启超的思想为中心，分析了他们所追求的国家系统。研究者认为，他们的政治追求以"公"概念为核心，使政治秩序从垂直秩序转变为水平秩序。他们的"公治"从"灭私奉公"的传统概念转变为"活私开公"的新概念，蕴含着"私"与"公"的协调关系。

成均馆大学朴宗夏的《对儒家正统论的哲学性考察》从"中"的观点出发，探讨了儒家正统性原理所具有的"当为（Sollen）"和"存在（Sein）"的本质。研究者将"中"分为客观的"规范"和主观的"规范意识"，主张儒家的道德传统性不仅重视形而上的道德价值的"当为"，而且重视在具体现实中恢复人的良心。

韩国外国语大学徐世英的《关于性理学的善恶论研究》以中国宋代性理学和朝鲜王朝性理学的理气论和性情论为中心，探讨了善恶论的体系和意义。研究者从先秦时期的"善恶"概念出发，以朱熹的性恶论、朝鲜儒学家的"四端七情"论为研究范围，讨论颇为丰富。

以韩国儒学为研究对象撰写的博士学位论文有5篇：

高丽大学李颂熙的《老论－洛论系伦理主体的形成与展开》研究了朝鲜王朝后期儒学史上老论－洛论系的思想变化：保守的朱子主义者宋时烈（1607—1689）强调了伦理的实践主体"心"的运动性，也重视通过有意识、反省功能的"意"纠正思维和行为。金昌协（1651—1708）肯定了"心"作为主体的可能性，将"意"放在伦理主体的位置，进一步抬高"心"的主体地位。老论－洛论系心性论的特征是鼓励下位主体的道德实践。

成均馆大学郑真旭的《旅轩张显光之经纬论的身体观探究》分析了张显光

（1554—1637）的身体观，试图探究在性理学的理气论中身体观的特征。张显光的经纬论是以布料的经线和纬线作喻，揭示恒常的和变化的结构。从理气的关系来看，不变的理是原理的"经"，变化的气是材料的"纬"，二者就像织造布料一样，形成了宇宙。根据张显光的经纬论，人的身体既是作为整体的大自然，也是宇宙的一部分。

成均馆大学金但营的《星湖学派中公喜怒说的提出与展开研究》从"同体意识"和"七情扩充"的角度重新建构李瀷（1681—1763）的公喜怒说，并以此为基础整理了星湖学派公喜怒说的论辩和继承情况。"公喜怒"是性理学的"公"和情感范畴的"七情"组合而成的合成词，是意味着圣贤感情的概念词。李瀷的这种解释是出于对人之欲求的肯定，将其视为普遍性的因素，他继承了退溪的"四端七情"论，也进一步讨论了道德情感与自然情感的关系。

大邱韩医大学李承庆的《茶山丁若镛的易学研究》研究了以汉代象数易学为基础的茶山丁若镛（1762—1836）的易学思想。茶山易学的核心是推移、物象、互体、爻变的易理四法。朱熹认为易道同时包含天地自然和人文学的原理，但茶山认为自然学和人文学的根据不一致。基于这些理论，茶山构建了太极与六十四卦的关系、象征与真实的关系、参天两地与六七八九的揲蓍法等易学体系。

全北大学朴光彻的《茶山丁若镛的权衡论研究》比较了茶山的"自主之权"和朱子学的"本然之性"，整理了茶山人性论所具有的特征。茶山认为，人本来就拥有的道德感情不会引导人的道德行为，因此，只有积极努力，人才能具备四德，也才能跟随道心。

2022年以儒学为主题撰写的博士学位论文共有25篇，其中有关中国儒学，以及中国儒学与佛教、基督教思想关联的研究占16篇：

启明大学吕媛的《关于孔子在现代中国的地位及其哲学解释变化的研究》分析了1949年以后中国学界对孔子仁学的解释的变化趋势。研究者将现代中国孔子研究的特征归纳为四点：第一，研究是在与现实的政治状况紧密结合下进行的；第二，人们对孔子的评价和阐释从否定视角转变为肯定视角；第三，对孔子学的肯定评价与追求成为文化大国的"中国梦"有着密切的关联；第四，孔子的身份正在由"中国的老师"向"全世界的老师"转变。

岭南大学金德和的《〈荀子〉的群体论研究》认为荀子的政治哲学与一种共同体主义有关，在群体内试图规定人之善恶的问题。

全州大学吴斌的《荀子的教育哲学研究》将荀子的教育哲学与近代教育联系起来进行分析，认为荀子的"分"为学之基、"礼"为学之径、"圣"为学之验、"群"为学之极。

成均馆大学李廷锡的《〈周易〉的德思想和三陈九卦研究》将《周易》的成德论分为三个阶段：第一，履卦、谦卦、复卦的进德论是陶养基本素质的阶段；第二，恒卦、损卦、益卦的育德论是德之扩充的阶段；第三，困卦、井卦、巽卦是德之完成的阶段。

全州大学张阳的《中国古代君子观的形成与变迁研究》分析了"君子"从势位之意义演进为道德之意义的变化过程。研究者认为，中国哲学的君子观变迁是"变"与"常"之统一的过程。

东国大学金链水的《中国哲学的义利之辨研究》探讨了"义利之辨"发展的趋势和脉络，综合了其伦理学和世界观两个方面。研究者关注了"义利之辨"所包含的"真理（是）"和"价值（应当）"的关系。

成均馆大学何家英的《儒家礼乐思想中道德教育的意义研究》认识到礼乐道德教育的目的在于使人回到其最初的朴素、纯粹的状态，这样的人能通过自然道德情感与自然道德行为来维持理想的生活。研究者认为，儒家的"乐"是对自然道德情感的教育，儒家的"礼"是对自然道德行为的教育。

大邱韩医大学皮在祐的《周敦颐的修养论研究》对《太极图说》和《通书》中的修养论进行了研究，认为周敦颐修养论的关键在于"主静"工夫，其内容是实践以道德为主体的内部修养。

圆光大学李天秀的《周濂溪思想研究》以《太极图说》中的太极思想为中心，探索了主体与生成、修养的原理。研究者将《太极图说》的思想结构分为本体论、生成论、修养论，并认为其与西方哲学的存在论、认识论、价值论具有相似性。

首尔大学金守吉的《二程的"主敬"说与道学体系研究》研究了二程"主敬"说的完成过程与其中蕴含的工夫论。研究者认为，二程的"主敬"说批判强迫性、外在性的道德，而追求身心的稳定和道德活力的工夫；二程的道学体系通过未发辩论，被构建为"以敬为实践原理的体系"或"敬的扩张体系"。

全北大学孙美爱的《朱熹的未发已发说研究》以知觉与主宰为中心研究了人心道心与中和的问题。研究者对人心道心是否只能在已发领域进行讨论持怀疑态度，认为心通过知觉表现为人心与道心两种形态，所以知觉可以贯穿未发和已发，也可以说在未发中解释人心与道心。

中央大学金奈润的《关于朱子学"意"概念的伦理学研究》探索了朱子学的道德实践动力。道德实践动力是指实践道德的力量或意志，研究者以朱子学的道德实践动力关注"意"概念，进而联系到朝鲜儒学家栗谷的诚意工夫论。根据论文，朱子学的伦理学的意义在于揭示人能通过心之能力自然地体悟道德原理，也能有意志地进行道德实践。

东国大学李美贞的《明末清初儒家知识人的佛教理解》将明末清初的儒家知识分子分为阳明左派、经世知识分子、清初遗民几类，研究了他们对佛学的认识。论文的新颖性体现在研究者在明末清初的儒学发展过程中解释佛教的影响。

成均馆大学的郑斌彭《戴震之气哲学的知识论研究》从气哲学的观点出发，解释了戴震的《孟子字义疏证》中包含的知识论。根据论文，戴震以感觉的知识（血气）与道德的知识（心知）来解释气的变化与运动原理，而此气之变化是"先天之气"与"后天之气"的交流。

成均馆大学李振铭的《方孝孺儒学思想研究》分析了方孝孺（1357—1402）儒学思想中经世论的内容和意义。方孝孺儒学思想的本质在于主张回归"仁义而王"和"道德而治"的三代政治，但方孝孺并不是个盲目的复古主义者，而是个通过"审时"精神不断改变现实的实践主义者。方孝孺的经世论以君主职务论、德治论、乡村自治论为代表。

圣山孝大学院大学李惠敬的《〈圣经〉与〈小学〉孝行逻辑的比较研究》对《圣经》和朱熹的《小学》中所包含的"孝"思想进行了比较研究。

以韩国儒学为研究对象撰写的博士学位论文有9篇：

成均馆大学崔多恩的《退溪李滉太极哲学中的美学研究》将退溪太极哲学中的美学分为自然美、人格美、艺术美等方面进行分析，并以此为基础总结出退溪哲学的艺术价值。根据论文，退溪的美学都是以太极为基础的表现，是在"自然—人类—艺术"的相互关联下完成的"心与理一"之快乐，而人之感情是考察太极的依据。

成均馆大学韩相仑的《关于退溪和栗谷修养论的节欲思想与〈山上垂训〉灵性论的禁欲主义的比较研究》对退溪和栗谷的"四端七情"论中出现的"心观"和基督教灵性论的"心观"进行比较分析，通过对比儒学的节欲思想和基督教的禁欲主义，提出了现代人的身心修养法。

韩国外国语大学李慧英的《栗谷李珥的"诚"思想研究》以"诚"概念为中心分析了李珥思想。李珥的"诚"思想是由他的理气论——"理气妙合"和"气发理乘"构成的，其特征是通过"气发理乘"的气之作用达成理之体现。

大邱韩医大学吕相云的《寒冈郑逑的修养论研究》研究了郑逑（1543—1620）修养论的渊源。研究者将寒冈、退溪、南冥的影响分为道学修养论、居敬穷理修养论、处事接受论进行分析。

成均馆大学宋陆的《李瀷〈论语疾书〉的经典解释特征研究》探索了李瀷《论语疾书》中出现的系统特征。李瀷在接受朱熹之义理的解释方法的同时，重视历史解释法，用"以经证经"与"引经解经"的方法来解释《论语》。研究者认为，通过李瀷的《论语疾书》，朝鲜王朝的论语学在一定程度上摆脱了朱子学派的影响。

成均馆大学朴炳晚的《丁若镛以行事为中心的修养论研究》研究了在日常生活中反省德性、扩充德性的丁若镛之修养论体系。研究者认为，丁若镛修养论的特点是在修养和经世的并进中践行儒学理念并实现道德理想。

成均馆大学杨洋的《戴震之心性论与丁若镛之德论的比较研究》对戴震和丁若镛的哲学进行了比较分析。戴震和丁若镛都反对用理气论来解释人性，认为理只是存在于事物的道理。从戴震的立场来看，欲望本身没有问题，但如果欲望和意志出现错误，人就会做恶事；从丁若镛的立场来看，人之嗜好若受到外部影响后放任自流，人就会做恶事。因此，在修养论方面，他们都重视心之修养。

成均馆大学陈涵的《郑齐斗的心学研究》以"心"概念的意义及"心"与"理"的关系为中心，分析了郑齐斗（1649—1736）的心学。郑齐斗以《黄帝内经》为基础，融合了主导血液循环的"心"之"神"与超越原理的"神"，将"神"的实际行动分为"生""死""真""妄"四种形态。郑齐斗的心学的这些特征不仅可以消除"心"与"理"的区分，还能够克服本体中心的思维问题。

高丽大学柳基水的《近庵柳致德〈林庐问答〉译注》研究了近庵柳致德（1823—1870）的《林庐问答》中蕴含的经世认识。《林庐问答》以"二帝三王"为范本，强调以《周礼》之理念治国，并认为如果圣贤的旧法产生弊端，就应以"随时变通"的立场解决所面临的问题。

三、2021年至2022年学术期刊论文研究动态

2021年至2022年，以儒学为主题撰写的发表于韩国核心期刊（KCI登载）的论文共124篇。从年度来看，2021年为60篇，2022年为64篇。从主题来看，关于中国儒学的占45篇，关于韩国儒学的占63篇，涉及比较与融合研究的占16篇。下面以中国儒学研究、韩国儒学研究、比较与融合研究为先后顺序，对这些学术期刊论文的主要内容进行介绍。

（一）中国儒学研究

2021年以孔、孟、荀思想等先秦儒学为研究对象的论文有8篇：

在《韩国哲学论集》第70辑中，金荣镐的《〈论语〉"知命君子"章古释》研究了韩中日学者对《论语》"知命君子"章的注释。

在《阳明学》第63辑中，李康大的《孔子的"道"研究》研究了以"忠"与"恕"为基础的"正名"与"克己复礼"的道德政治体系。根据论文，孔子提出的"道"思想统摄了"仁"和"礼"，"仁"是指行为主体应具备的内在道德性，而"礼"则是指以此为基础而形成的外在规范。

在《东洋哲学研究》第107辑中，郑佑真的《关于〈孟子〉"不得于言，勿求于心，不得于心，勿求于气"庄子的解释》认为《孟子》的"不得于言，勿求于心，不得于心，勿求于气"与《庄子·人间世》中的语句出于同样的思路，并以认知的观点解释了孟子的"不动心"。

在《东洋哲学研究》第107辑中，韩松姬的《〈孟子〉中出现告子思想的政治性意义》认为孟子的人性论与告子的人性论是互相折中的关系，所以只有掌握了两者的观点，才可以理解以人性论为基础的儒家政治观。

在《时代与哲学》第32辑中，尹太阳的《通过"静动 (affect)"概念再解释荀子的"情安礼"》研究了荀子性恶说的逻辑结构与"性—情—欲"的动力结构所具有的优缺点，在研究心之作用的同时，将"情"分为未发之情与已发之情两个层次进行分析。

在《东洋哲学研究》第108辑中，宾东哲的《战国时期对"性"的议论与人之本性——以〈孟子〉〈荀子〉〈性自命出〉等儒家经典为中心》从思想史的脉络上分析了战国时期各种儒学文本中出现的对于"性"的主要讨论，提供了一种有效的研究方法论。研究者认为，孟子以自己的哲学信念解释"性"的概念，提出了性善说；荀子在接受当时性论的基础上展开自己的哲学思考，提出了性恶说。

在《东洋哲学研究》第107辑中，琴钟铉的《在秩序和分配方面考察"义"概念的连续性》从"义"的字形入手，分析中国古典中的早期文字，研究了"义"概念的连续性。研究者认为，在"义"概念的连续性上，不断涉及"秩序"和"分配"的问题。

在《圆佛教思想和宗教文化》第87辑中，吴清植的《春秋时代天命观的变化与命运天观念的生成研究——以道德天与命运天的比较为中心》将命运天观念的学术史意义归纳为四点：第一，道德天体现于政治哲学，命运天体现于个人方面的人生哲学；第二，提供区分政治儒学和心性儒学的理论线索；第三，命运观念促进了以道德为中心的儒家哲学和阴阳五行学说的发展；第四，从天子到百姓，从王朝之兴亡到个人之生死，都受天命所影响，为天命所囊括，这对后世命论的形成产生了极大的影响。

以《周易》为研究对象的论文有3篇：

在《东洋哲学研究》第107辑中，李善庆的《〈周易〉的死亡观》将《周易》的死亡观分为两种——将死生理解为阴阳之循环聚散的"终始论的观点"以及"实存的观点"。研究者认为，《周易》的死亡观只有"瞬间"是绝对的"真"，而"永远"是在不断变化的现场中加诸自己身上的。

在《韩国哲学论集》第70辑中，高允淑的《以天地为模仿的"以"哲学——以〈周易〉乾卦、坤卦的〈大象传〉为中心》认为《周易》中的"以"哲学，侧重于诠释在日常生活中领悟到不受私人偏见、固执、时时刻刻变化的感情所影响的最适当状态。

在《东亚文化研究》第84辑中，李贤哲的《〈渊海子平〉中体现的"太极"与"形体"研究——以汉人、王弼、孔颖达的〈易〉思想为中心》将《子平渊海音义详注》的中的"太极"概念与汉人、王弼、孔颖达的"太极"思想进行比较研究。

涉及《释名》中的伦理观、宋明时期至近代的欲望论以及朱子哲学中的义利观的论文有3篇：

在《中国学》第74辑中，罗度垣的《〈释名〉解释中出现的儒家哲学认识特征——以传统伦理观为中心》从《释名》中刘熙的"仁""礼""德""善恶""是非"观念切入，研究汉末的儒学观。研究者认为，刘熙的儒学观兼具先秦儒家的观点和董仲舒的新儒学观点，可知董仲舒思想的影响绵延至汉朝末年。

在《东洋哲学研究》第108辑中，李明洙的《东亚的欲望思维的近代转变》从宋明理学中的"欲望"论起，论述了近代欲望观的演变过程。研究者将"欲望"分为"心之运动"与"事物履行"两个方面，认为谭嗣同以"通"之观点解释欲望，崔汉绮（1803—1877）以"运化"解释欲望。

在《东洋哲学研究》第105辑中，洪晟敏的《朱子哲学中"义"概念的社会伦理学含义》论述了朱子哲学中"义"与"利"概念在道德心性论上相互对立，在社会伦理学上则相互涵摄。

以方孝孺哲学为研究对象的论文有2篇：

《中国研究》第88辑中李振铭的《方孝孺正统论的哲学史意义》，以及《阳明学》第62辑中李振铭的《重新设定明代初期历史潮流的正统概念》两篇论文，其目的都在分析方孝孺正统论提出的背景及其内容，阐明中国特有的历史哲学中的正统论的意义。研究者认为，方孝孺领导的"金华朱子学派"吸收了朱子的道德性命观点和陈亮的事功主义观点并对之加以折中，因而其正统论找到了朱熹和陈亮之间王霸义利之辨的接口。

以中国近代新儒学为研究对象的论文有4篇，分别是《中国学研究》第98辑中金惠英的《关于西方传教士的四书翻译史的基础性考察》、《儒学研究》第56辑中丁均善的《王国维观念中的中国古代哲学的主要概念"性"——以孔、孟、荀的"性"为中心》、《人文与艺术》第11辑中朴荣雨的《熊十力"内圣外王"论的革命性——以"体用不二"概念为中心》、《儒教思想文化研究》第85辑中尹志源的《贺麟的文化哲学研究》。其中，研究者论述了贺麟从文化哲学的角度解释了通过人之精神活动而体现出来的"道"，并以自然解释了无意识的实体，认为若没有人之精神活动，就不能显现出"道"之文化。

2022年以孔、孟、荀思想等先秦儒学为研究对象的论文有15篇，分别是：

《韩国哲学论集》第75辑中智俊淏的《〈论语〉的"德"与实践的"德"教育》、《韩国哲学论集》第74辑中柳永夏的《通过〈论语〉的"直"思想研究报仇的正当性》、《栗谷学研究》第46辑中权晙涉的《关于孔子的君子小人之辨的研究》、《东洋哲学研究》第111辑中金正熙的《关于孔子的"恕"与认可欲望的考察》、《中国学》第81辑中李光嵘的《〈孟子〉民本思想的现代意义》、《东洋哲学研究》第109辑中李顺美的《关于孟子的"利民"与"与民"、"独乐"与"同乐"的研究》、《东洋哲学研究》第110辑中李顺美的《〈孟子〉的义战与无义战研究》、《东洋哲学》第57辑中郑甲任的《求放心与身体的现存》、《东洋哲学研究》第109辑中裴多彬的《关于荀子人性论与道德起源论关系的批评的考察》、《中国哲学论丛》第73辑中金世钟的《根据儒教思想"中"概念的意义差异考察正义观念》、《哲学》第151辑中宾东哲的《仪礼传统与楚国地域的儒家——"仪礼化之德"修养》、《哲学研究》第163辑中丁永守的《形成抵抗主体的动因为"仁"——为了共同体的恢复的东洋哲学的意图》、《东洋哲学研究》第110辑中辛正根的《从中庸美学到生生美学——以〈诗经〉为中心》、《哲学论丛》第109辑中林宗镇的《四书中"智"与"明"的使用情况》、《东洋哲学研究》第112辑中孙泰浩的《试论早期儒家的自由志向性》。

以《周易》为研究对象的论文有2篇，分别是：

在《韩国哲学论集》第74辑中，高允淑的《通过"随"与"从"建立关系——以〈周易〉随卦为中心》研究了从道德情感实现随卦的原理。在《哲学研究》第163辑中，李承律的《雅努斯（Janus）的早期儒家——马王堆帛书〈易传·缪和〉的政治哲学》将早期儒家分为"从道"（君臣共治）的立场与"从君"（以君主为主体）的立场。

以汉代以后的儒学为研究对象的论文有8篇，分别是：

《东洋哲学研究》第110辑中朴晋佑的《徐干〈中论〉中出现的后汉末年"孝"的转变》、《东洋哲学研究》第111辑中辛正根的《五伦中的君子之交与友德交友论》、《东洋哲学》第58辑中金正觉的《〈太极图说〉宇宙观与朱熹理本体论的关系》、《东洋哲学研究》第110辑中黄棕源的《张载知识论的特征与其模糊性——以见闻知与德性知的问题为中心》、《韩国哲学论集》第72辑中黄棕源的《张载对道家思想的批判性接纳及其生态哲学的意义》、《韩国哲学论集》第73辑中宣炳三的《明朝儒学的定础者曹端之学术思想的综合性考察》、《日本学研究》第65辑中韩成求的《隔离的时代，"通"的哲学——再看谭嗣同的〈仁学〉》、《中国研究》第92辑中李振铭的《马一浮儒学思想中理气论与修养论的关联性问题》。

（二）韩国儒学研究

2021年以韩国儒学为研究对象发表在学术期刊上的论文有33篇。其中关于朝鲜王朝中期性理学的论文有15篇：

《韩国哲学论丛》第69辑中崔英成的《西湖李漱的生平与历史意识》、《南冥学研究》第70辑中咸泳大的《关于退溪李滉〈经书释义〉底蕴的研究》、《东洋哲学研究》第105辑中徐根植的《退溪李滉〈启蒙传疑〉中〈周易参同契〉的意涵研究》、《儒学研究》第54辑中金富赞的《退溪李滉的"敬"思想与〈维摩经〉心身观的比较》、《东洋哲学研究》第107辑中姜保承的《关于退溪李滉的历史意识与经世思想及其实现的考察》、《修辞学》第42辑中罗敏球的《退溪李滉的修心、修身、修辞》、《韩国哲学论丛》第71辑中崔英成的《退溪李滉的占毕斋观》、《牛溪学报》第41辑中李相星的《退溪哲学的道学特征》、《东洋哲学研究》第106辑中金世钟的《试论栗谷李珥的政治礼论》、《韩国哲学论集》第69辑中金世钟的《栗谷思想中伦理的主题性问题考察》、《韩国哲学论集》第69辑中安载晧的《尤庵宋时烈的修养工夫论刍议——道德实践的基础与主宰者的确立》、《东洋哲学研究》第107辑中洪晟敏的《理气经纬的形而上学与道德人间学》、《韩国哲学论集》第70辑中金起贤的《从圣学的观点看"为道德"概念》、《儒学研究》第56辑中吴世真的《朝鲜王朝东儒传统的形成与其内涵》、《韩国哲学论集》第71辑中郑舜钟的《朝鲜儒学的规律与权力——〈小学〉》。

以韩国实学为研究对象的论文有9篇：

《东洋哲学研究》第107辑中金庆洙的《关于湛轩洪大容的人间观中实践性特征的考察》、《东西哲学研究》第101辑中裴炳大的《儒教的宗教性变容研究——以星湖学派的上帝观为中心》、《东洋哲学研究》第108辑中徐根植的《邵南尹东奎的易学思想研究》、《东洋哲学研究》第108辑中申姝延的《通过〈论语〉"北辰与众星"的比喻看丁若镛的有为论》、《韩国哲学论集》第71辑中智俊溟的《〈论语古今注〉中茶山丁若镛的"切磋琢磨"工夫论》、《东洋哲学研究》第

108辑中尹勇男的《茶山丁若镛的良心哲学体系》、《韩国哲学论集》第69辑中高允淑的《丁若镛易学的修养论》、《中国学》第76辑中金序玧的《正祖〈书经讲义〉中对钱时〈洪范〉的解释》、《时代与哲学》第32辑中印炫贞的《李祘的艮卦理解》。

以朝鲜王朝末期至近代的儒学为研究对象的论文有9篇：

《韩国哲学论集》第70辑中全秉哲的《紫东李正模接受寒洲性理说的过程与心说论辩》、《韩国哲学论集》第71辑中李天承的《以修己治人的观点看艮斋田愚对"絜矩之道"的注释分析》、《东洋哲学研究》第105辑中郑宗模的《艮斋田愚的心统性情论与其哲学意义》、《韩国哲学论集》第68辑中李善庆的《试论艮斋田愚的易学观》、《韩国哲学论集》第70辑中金根浩的《大溪李承熙的性理说》、《韩国哲学论集》第68辑中金根浩的《松沙奇宇万的心学与扶正斥邪》、《东洋哲学》第56辑中金东熙的《龟峰宋翼弼之理气妙合思维——探索韩国儒家哲学的方法论》、《韩国哲学论集》第68辑中金洛真的《老柏轩郑载圭之主理心学的形成过程》、《韩国学论集》第83辑中高星爱的《李相殷的现代新儒学思想研究》。

2022年以韩国儒学为研究对象发表在学术期刊上的论文有30篇。其中关于朝鲜王朝中期性理学的论文有10篇：

《韩国哲学论集》第72辑中金文俊的《金宗直在韩国道学史上的地位》、《韩国哲学论集》第73辑中徐根植的《关于退溪李滉"仁"的解释的研究——以〈论语释义〉〈延平答问〉〈延平答问质疑〉〈圣学十图〉为中心》、《东洋哲学研究》第109辑中李圆珍的《聋岩的敬天思想——通过圣俗之间的隔离再发现自然》、《韩国哲学论集》第73辑中崔英成的《两本〈天命图〉的制作背景与金安国、金正国》、《韩国哲学论集》第72辑中石承澄的《眉叟许穆的尊君意识考察》、《韩国哲学论集》第74辑中石承澄的《眉叟许穆"仁义观"的考察》、《韩国哲学论集》第73辑中李元准的《少论系学人之间格物论辩的背景与趋势》、《东洋哲学》第58辑中李海任的《英祖朝〈孟子〉在经筵的讲读情况与对孟子的认识的考察》、《韩国哲学论集》第74辑中李幸勋的《朝鲜王朝中期"格致"概念的意义论——以〈朝鲜王祖实录〉中的例子为中心》、《孔子学》第48辑中严连锡的《朝鲜王朝初期经学思想的文化多元特征》。

以朝鲜王朝实学为研究对象的论文有8篇：

《韩国哲学论集》第75辑中金润璟的《朝鲜后期"实"理论中儒教模式的变化》、《东洋哲学研究》第109辑中金善熙的《星湖学"四七论辩"之一个派别——从慎后聃到李秉休》、《东方文化与思想》第12辑中徐英伊的《朝鲜后期实学的辩证性转换》、《韩国哲学论集》第75辑中李元准的《通过星湖学派的"格物观"看"格物穷理"传统的变动》、《东洋哲学研究》第111辑中罗佑权的《关于儒教"法"思想的考察——以茶山〈钦钦新书〉的法与道德律为中心》、《东洋哲学研究》第112辑中黄晒起的《〈周易〉之宗教性所具备的现代意义——以茶山易学的宗教性解释为中心》、《汉文古典研究》第44辑中金照永的《通过〈中庸自箴〉与〈中庸讲义补〉看茶山的文字训诂学》、《韩国哲学论集》第73辑中吴世真的《丁若镛所目睹的道德残疾者——非人的发现》。

以朝鲜王朝末期至近代的儒学为研究对象的论文有12篇：

《韩国哲学论集》第75辑中崔英成的《"天有私与恶"之农山说的现实含义》、《中国学论丛》第76辑中金世钟的《关于中国易经制作朝鲜王朝图说的数据库资料的现状研究》、《儒教思想文化研究》第89辑中金世钟的《关于儒学制作朝鲜王朝图说的现状研究》、《阳明学》第64辑中金澔的《19世纪至20世纪初朝鲜儒学思想系的表里——以"道统"与"实心"的观点审视》、《韩国哲学论集》第74辑中金善璟的《朝鲜后期的象数易学研究——〈洪范皇极内篇〉研究的发展情况》、《韩国哲学论集》第73辑中李章熙的《任鹿门与孟子》、《韩国哲学论集》第72辑中郑真旭的《霞谷郑齐斗内观的身体观及其意义》、《韩国哲学论集》第72辑中申相厚的《通过湖洛论争看洛论系心论的展开——从老洲与梅山到艮斋》、《韩国哲学论集》第72辑中李向俊的《芦沙与华西的遭遇——以朴海量〈海上日记〉为中心》、《韩国哲学论集》第72辑中金洛真的《田愚门人洪思哲的心说》、《韩国哲学论集》第73辑中姜保承的《关于艮斋田愚修养论的考察——以"性师心弟"为基础的"敬"实践》、《东洋哲学研究》第111辑中吉泰恩的《近代过渡期儒家学者应对现实情况的研究》。

（三）比较与融合研究

2021年至2022年，以东西方哲学比较研究、中国儒学与韩国儒学比较研究、儒家哲学与其他学科的融合研究为主题发表在学术期刊上的论文共16篇，这些论文普遍将儒家哲学与现代社会问题联系起来，重新诠释儒家哲学的现代意义，以儒家哲学的观点看待AI技术的发展，针对科学技术盲目发展、生态系统失衡破坏、道德人性堕落沦丧的问题提出了新的见解。

其中，2021年发表的论文占7篇：

《儒学研究》第57辑中权五伦的《孔子与柏拉图的身体思想比较》、《阳明学》第60辑中李明心的《鹿门与阳明的心性说比较》、《东洋哲学研究》第106辑中李明洙的《东亚近代转换期"万物一体"思维的展开——以崔汉绮与谭嗣同的气学立场为中心》、《东洋哲学研究》第108辑中李哲承的《王夫之与丁若镛哲学中的本性论问题》、《东洋哲学研究》第108辑中安承宇的《关于老人孤独死问题的儒教反省的考察》、《东洋文化研究》第35辑中郑在炫的《以人工智能制作儒教圣人——试论作为韩国哲学基础的实验哲学》、《韩国哲学论集》第71辑中徐根植的《环境果真可以维持吗？——以古典儒学为中心》。

2022年发表的论文占9篇：

《栗谷学研究》第48辑中金涌勋的《从"求放心"到"心要放"——日本对孟子"求放心"的变用》、《韩国学论集》第89辑中梁鲜轸的《儒学在MZ世代能否成为脱伦理时代的替代方案？——以齐美尔、尼采、柏格森、王阳明为中心》、《退溪学论集》第30辑中韩承一的《世代共同体教育的儒教模式》、《东洋古典研究》第88辑中段伦珍的《王夫之与丁若镛对〈中庸〉"天命之谓性"的注释的比较研究》、《东洋哲学研究》第109辑中柳炫州的《从朱熹〈太极图说〉解释的观点看21世纪生命价值研究》、《哲学探究》第67辑中郑宗模的《退溪与甘泉对

"理"的解释比较——16世纪东亚心学的前景》、《东洋哲学研究》第112辑中李哲承的《人工智能时代人之特征与儒家哲学的关系论》、《韩国哲学论集》第75辑中金戴京的《人类世论议中儒学的意义》、《阳明学》第65辑中赵智善的《为解决韩国社会矛盾而在王阳明哲学中探索理解痛苦感情和共鸣的教育方法》。

结语

本文虽以在韩国学者经常使用的两个学术网站上检索的论文为研究对象，但依旧难免有所遗漏。另外，以佛教、道家哲学等其他哲学领域为研究对象而撰写的论文，也值得留待日后深入研究。通过对2021年至2022年硕士、博士学位论文与发表在学术期刊上的论文进行分析，可以总结出以下几点特征：第一，关于先秦儒家的研究成果很多，尤以关于孔、孟、荀的研究成果的数量最为突出；第二，对于韩国儒学中性理学和实学的研究占多数，虽然韩国阳明学会最近召开国际研讨会并发行学术杂志，但在韩国儒学研究中，仍然侧重于性理学；第三，当前在韩国学界，有关中国现代儒学的研究成果尚少，牟宗三、唐君毅、李泽厚、蒙培元、张立文、陈来、杨国荣等学者的著作虽被译介到韩国，但依旧存在一定的局限性，而只有更多的学者参与到学术交流中来，东亚儒学才能获得更大的发展。

对于儒学传播到韩国的具体时间，学界众说纷纭，但可以确定的是，儒学至少在两千多年的时间里对朝鲜半岛的历史、文化、风俗和生活产生了不小的影响，特别是朝鲜王朝将儒学作为国家理念，退溪李滉和栗谷李珥等性理学者继承并发展了朱子学，很多学者为性理学理论留下了图说资料。除了四端七情争论、明德争论、人物性同异争论等探索之外，儒学理念的经世化和实用化也是他们关注的焦点。如今，重物质、重个人的风气已引发各种社会问题，人们对儒学的兴趣与认识也日趋淡薄、消极，但儒学通过对人的探索，重视如何道德地生活，这在当今时代是绝对不能被忽视的。在韩国，许多学者仍在探究儒学的本质，并思考其现代应用的可能性，只是尚需要更广阔的视野。在"全球化"已成为老生常谈的今天，中国、韩国乃至日本的儒学研究应该更加密切而活跃地进行交流，不是通过竞争，而是通过协作，共同解决人类面临的问题。东亚国家共享儒家文化，只要能打破语言障碍，交流的可能性是无穷无尽的。对此，本文希冀助补一臂之力。

芬格莱特对孔子礼学的哲学诠释

山东大学儒学高等研究院　李琳　李想

芬格莱特在西方"礼"学思想向哲学纵深发展的过程中，起到了举足轻重的作用。他以日常语言分析哲学为视角，运用当代哲学的分析工具来理解《论语》中的问题，并把"礼"看作人存在的本质，深刻阐释了"礼"的道德规范、社会实践、神圣意义，开创了正面评价儒家礼学的先河，推动了海外孔子研究的进程，开辟了西方世界孔子研究的新纪元。

一、诠释的动机：还原或是重构？

芬格莱特的《孔子：即凡而圣》一书，粗粗读来，感觉是对中国儒家经典《论语》的文本诠释，但细细推究，则有其双重旨归：一是试图以西方视角重新建构儒家思想，进而以此来解决当下的社会现实问题，用他自己的话来说，就是"在孔子思想中，我发现了一种人性的视域，这种视域在哲学上是深刻的，在心理学上是真实的，在社会学上它也是既富有洞见又发人深省的"①；二是始终坚持向内求的路径，摆脱"主观－心理"的传统解读方式，试图还原孔子的本真思想。这双重旨归的存续，从结构性上看，有其内在张力性与互动生成性；从历时性上看，也有其背后译介层面、社会现实层面、哲学层面的动机。

（一）译介动机

尽管《论语》的英译活动至今已历三百余年，常见的译本已达五十多种，但芬格莱特对现存的《论语》译本并不是完全满意的。他将《论语》早期的译者划分为三类：其一是包括天主教神父、传教士等在内的宗教人士，他们习惯于把

---

①［美］赫伯特・芬格莱特：《孔子：即凡而圣》，彭国翔、张华译，南京：江苏人民出版社，2010年版，第1页。

《论语》作为"以儒释耶"的工具，试图借外来典籍的力量证明上帝之正当性；其二是在人类学上颇有造诣和世俗取向的学者，尽管他们在翻译时已去除了基督教思维，却依然保留着其欧洲思想背景的预设；其三是受佛教和道教思想影响的译者，他们赞成人类的个人主义观点，崇尚个人心性、内在生命和个体存在。在芬格莱特看来，以上三种类型的译者虽然对《论语》的传播与发展作出了极大的贡献，但他们都不是职业的哲学家，其解读方式也都会自觉不自觉地拘囿于自身的学术背景。换言之，他们只是"引进了一种观察人类的方式，而不是孔子的方式"①。

由于不精通汉语，芬格莱特并没有整部地翻译《论语》，而是"尽可能严格地把自己限定在《论语》较早形成的、根据目前的研究更为真实可靠的那些篇章之中"，并且"竭力避免引入诠释性的材料"②，以此达到让儒家思想充分表达自我的目的。尽管如此，芬格莱特纯化孔子的尝试并没有取得成功。一方面，由于芬格莱特不懂中文，导致他在写作过程中，还是要大量依赖西方学者的二手材料和评论；另一方面，芬格莱特无法彻底摆脱西方学术环境的影响，仍带有"以西释中"的倾向。

（二）社会现实动机

20世纪70年代初期，国际局势复杂多变，新自由主义沉渣泛起，在全球风靡，"自由民主制已经成为'人类政府的终极形式'"③，除此之外不可能有更好的选择之类的言论甚嚣尘上。但随着经济全球化和国际政治一体化的推进，现有的世界秩序受到了巨大冲击，资本主义社会引以为傲的经济和政治秩序不再占据绝对的优势地位，自由主义渐渐偃旗息鼓，西方风行的"个人主义"之外的选择引起学者和普通民众的思考。在这样的现实背景下，如果能够"将孔子的

---

① [美]赫伯特·芬格莱特：《孔子：即凡而圣》，彭国翔、张华译，南京：江苏人民出版社，2010年版，第3页。

② [美]赫伯特·芬格莱特：《孔子：即凡而圣》，彭国翔、张华译，南京：江苏人民出版社，2010年版，第3页。

③ Fukuyama, F., *The End of History and the Last Man*. London：Hamilton，1992.

思想学说视为一种对于社会冲突与动乱的富于想象力和创造性的回应"①，或许会给现代西方学者思考如何面对时代危机提供一些启示。

"孔子作为'超越我们这个时代的'思想家"②，一直不被西方重视，但随着《论语》译介的成功，孔子视域中重要的人性维度和深邃的人类社群观念被引入当下生活形态中，并被人们用现代视角进行批判性的反省与评估，这使儒学思想不再仅仅是列文森所说的"博物馆哲学"，它所包含的价值体系与思想观念逐渐被现代化兼容。孔子所处的时代虽不像现代世界这般风起云涌、瞬息万变，却同样需要面对急剧的社会变迁，尽管变化的形态迥然不同，但《论语》中所包含的智慧却也能为我们应对目前的困境提供一些思路。正如德国哲学家雅斯贝尔斯提出的"轴心期"理论观点，人类社会需要具有思想范式意义的伟大思想的推动，才能不断推进文明的衍生发展，而世界所面临的全球性"现代化文化危机"也可以从中寻找化解方法。孔子思想中有很多类似于西方新思想的成分，甚至可以与日常语言分析哲学产生一定的共鸣，这些共性引导着芬格莱特开辟了一个全新的视域，支持并丰富了他对人类问题的看法。

（三）哲学动机

欧洲启蒙运动时期，西方自提出了宣扬反封建、反宗教和自由、民主、平等的思想之后，便把学术话语权牢牢掌握在手中。中国哲学"合法性"话题的提出与讨论，看似是分析中国哲学能否成立，实际上将其视为对"以西释中"哲学话语权的颠覆和解构也未尝不可。当抽象的、理性的个人自由主义被拉下神坛，以"社群主义"为特色的儒家思想悄然登上世界学术舞台，当学界还在讨论对中国古典思想中的理念作哲学化的重新表述和再诠释有无必要和可能时，芬格莱特已然正面肯定了儒家思想的价值，并对"礼"从分析哲学层面进行了阐述。他

---

①［美］赫伯特·芬格莱特：《孔子：即凡而圣》，彭国翔、张华译，南京：江苏人民出版社，2010年版，第60页。

②［美］赫伯特·芬格莱特：《孔子：即凡而圣》，彭国翔、张华译，南京：江苏人民出版社，2010年版，第1页。

在《孔子：即凡而圣》一书的序言中不止一次提到他对《论语》的终极兴趣是在哲学方面的，比如他"所选择的首要任务，即深入细致地对《论语》进行哲学的研究"①，抑或他的"目的是要用一种独特的眼光，选译或者重新解读原著，以便揭示文章之中蕴含的哲学奥义"②，都无不反映出芬格莱特力图发掘《论语》中的哲学意味。把西方哲学与儒学相对比，后者可以为前者提供视野外的新启示，而且新时代西方哲学的发展需要有新鲜血液的注入，这构成了芬格莱特诠释《论语》的第三重动机。

二、诠释特点：日常语言分析

芬格莱特之前，欧美出版的孔子研究领域的第一本思想史层面的专著是顾立雅的《孔子与中国之道》，在相当时期内都被视为现代欧美《论语》诠释学的标杆，芬格莱特在《孔子：即凡而圣》中也特意提到过此书。顾立雅对孔子的研究从思想史及历史学角度出发，发掘其中的现代价值，但是他仍然采用的是"传教士汉学时期"的研究方法，以宗教思想指导对中国文化的解读。芬格莱特与顾立雅不同，他不再从"西方中心主义"出发，而是通过比较的诠释方法探讨儒家伦理思想，解读儒家宗教性，解释孔子思想的本来面貌。应该说，芬格莱特打开了20世纪70年代以来欧美研究《论语》的新思路，将研究范式从之前的经典文本翻译转向文化哲学层面上的比较研究，他是首先把近现代西方哲学与儒家思想综合起来进行研究的学者。

随着海外汉学研究中心由欧洲转向美国，芬格莱特开启了美国汉学界对儒学之"礼"的深层关注，并由此形成了关于礼学的对话姿态，顾立雅、陈荣捷、狄百瑞等学者开始以肯定与欣赏的态度关注中国传统文化中哲学层面的东西。

---

①［美］赫伯特·芬格莱特：《孔子：即凡而圣》，彭国翔、张华译，南京：江苏人民出版社，2010年版，第5页。

②［美］赫伯特·芬格莱特：《孔子：即凡而圣》，彭国翔、张华译，南京：江苏人民出版社，2010年版，第5页。

芬格莱特以分析哲学的视角解读《论语》，用尽可能客观的方法对其语言进行逻辑分析，并阐明其意义，在诠释内容和方法上与国内学者存在较大的差异。中国本土诠释在解释义理、构建体系时都不曾离开伦理道德、现实社会，这是中国学者的一贯风格——立论宗旨皆"归宿于政治"。芬格莱特运用日常语言分析学派的语言行为理论，通过对文本语言的分析，研究孔子的思想结构，侧重于分析《论语》中有关"礼"的章句，尤其是礼仪仪式、行为本身所具有的行为导向功能。

纵观西方哲学的发展轨迹，可以发现，直到现当代，人们才开始对语言问题予以关注。20世纪30年代，在哲学危机及"语言学转向"的影响下，日常语言学派在西方哲学界得以流行，该学派重视在日常语言的基础上研究哲学问题，他们认为语言系统本身是完善的，但由于人们日常生活中没有正确使用语言，故而引起哲学混乱，所以，他们重新将注意力集中于对日常语言的分析，探索日常语言的逻辑性，奥斯汀便是日常语言学派的领袖人物之一。日常生活世界是一个交互主体性的世界，其本质就是交流，芬格莱特认为"孔子观察人类的视角就是日常生活"①，所以他借助奥斯汀的言语行为理论解读《论语》。

当代语言分析哲学日益显示出语言不仅仅能够谈论行为、陈述行为，其作用类似法律文件中须被执行的条款。经验主义把语言看作纯粹的物理动作，而奥斯汀则把分析焦点集中于话语的实施上，这种实施性的话语是我们日常生活中所作出的陈述，但不是关于一些行为或引发一些行为的陈述，相反，它们本身就是这个行为的执行。奥斯汀对"完成行为式表述"概念作出明确界定："我要讨论的是一种看上去像陈述的表述，并且我假设它们在语法上属于陈述，它们不是无意义的，而且既不真也不假。"②"完成式行为表述"是说语言的任务是完成某些行为，无真假可言。语言是人在社会中进行沟通和交流的工具，它以"对话"的形式将人类联系起来，它也是心理的外在反映，正确真实的语言是

①［美］赫伯特·芬格莱特：《孔子：即凡而圣》，彭国翔、张华译，南京：江苏人民出版社，2010年版，第9页。

②俞吾金主编：《二十世纪哲学经典文本：英美哲学卷》，上海：复旦大学出版社，1999年版，第305页。

人类有效沟通的前提和基础，可以说，关于"礼"的语言表述能够被用来完成实质性的目的，正确使用语言是有效行为的本质。在芬格莱特看来，神圣礼仪对道德规范和人际交往的干涉正是通过礼仪所涵括的语言节文与行为之间的自发性关联实现的。礼仪所包含的范围很广泛，涉及家庭、社会、政治、宗教等生活的各方面，其中有很多礼仪是由语言直接实现的，像感谢、道歉、承诺、问候等，比如"我把我的表赠送给我的兄弟"，这句话就代表赠予这个行为本身，是对他人的一种承诺。

遗憾的是，芬格莱特对《论语》中字词定义、语词源流的探析较少，更多的是把研究重点放在梳理语言表达方式的逻辑上，此外，芬格莱特在解读《论语》时并没有从中国原始文化语境出发，而是出于论证自己观点的需要把语言等同于行为，忽视了礼作为抽象秩序体系对价值层面产生的影响，这大概就是芬格莱特的独到论点在西方引起不少关注，却不被大部分中国学者赞同的原因。或许芬格莱特的礼学诠释不够具有中国特色，但凡是基于文本的相关哲学问题，他都能够进行独立分析，直到确信与原著的哲学观点相契合，所以芬格莱特对《论语》的哲学诠释仍然可以被看作优秀典范。

三、诠释路径："礼"为中心

芬格莱特将《论语》特别是"礼"与日常语言分析理论相结合进行现代化解读，利用当代哲学的价值，对孔子思想进行重新诠释，这样立足于反思的再解释，在满足现代西方哲学发展内在需求的同时，也意味着儒学的思想价值正在进入西方思想体系，并逐渐被西方哲学所接纳。芬格莱特在《孔子：即凡而圣》中用五个章节分别描述了五个方面的问题，即"礼""道""仁""传统的力量""礼与人性"，其中对"礼"的诠释占据绝大篇幅，看似是对"道"抑或是"仁"的阐述，但实都以"礼"为参照对象，最终的目的是论证"礼"作为儒家思想的核心概念，是如何发挥其道德规范、社会实践、神圣意义的作用的。"礼"是否有资格作为儒家思想最核心的要义暂且不谈，笔者先从"礼"的角度分析一下芬格莱特对《论语》的诠释路径。

（一）道德规范之"礼"

芬格莱特认为《论语》里充斥着现世的、务实的人文主义色彩，如孔子从来"不语怪、力、乱、神"（《论语·述而》），在面对超出一般经验和超自然的问题时，他给出的答案是"未能事人，焉能事鬼""未知生，焉知死"，这些都充分表明，孔子是"深刻地关注于去理解人以及人在社会中的地位，专心致志于定义和阐明我们称之为道德问题的思想学说"[①]。也就是说，孔子的使命是关注现实世界，通过"礼"的规范，运用依"礼"而行的能力和克己复礼的意志，教导人走向完善，使之参与社会而成为有价值的人。虽然孔子没有讨论"人性"的善与恶，但他不认为人可以生来就有完满的人格，他更认同的是"崇高的精神需要锲而不舍的意志和坚忍不拔的努力"[②]。《论语·泰伯》："子曰：恭而无礼则劳，慎而无礼则葸，勇而无礼则乱，直而无礼则绞。"恭敬、谨慎、勇敢、正直都是美好的品德，但若缺乏节制，反而会产生劳倦、懦弱、鲁莽、尖刻等负效应，只有当原始冲动受到"礼"的形塑时，人才能成为社会意义上的人。可以说，"礼"是社会交往、人类生活中明确而细致的模式。《论语》中关于人的基本概念是，每个人都有被塑造成君子的潜质，但必须通过礼的塑造和约束，经过"切、磋、琢、磨"，才有可能达到"道"的境界，正确地理解和体会"道"的内在和终极价值与意义。

在芬格莱特看来，"道"的概念与"礼"的概念十分相似，"从直道而行的意象转换到恰当地遵循礼仪"[③]是轻而易举的，甚至可以把"礼"作为通向"道"的指南或路径。如果能够有效地遵从"礼"，那么就能直道而行；如果没有按照理

[①]［美］赫伯特·芬格莱特：《孔子：即凡而圣》，彭国翔、张华译，南京：江苏人民出版社，2010年版，第17页。

[②]［美］赫伯特·芬格莱特：《孔子：即凡而圣》，彭国翔、张华译，南京：江苏人民出版社，2010年版，第3页。

[③]［美］赫伯特·芬格莱特：《孔子：即凡而圣》，彭国翔、张华译，南京：江苏人民出版社，2010年版，第19页。

想状态进行人格的塑造，那么则会偏离大道。因此，人们需要在"礼"的框架内定位行为，以达到一种"从容中道的境界，身心安宁、平静无纷扰的状态"①，这种境界和状态就是芬格莱特所认为的大道之终极意义。在此，芬格莱特引入了"选择""责任"的概念。《论语》中并没有对"选择"或"责任"加以详细阐述，尽管这些概念"与本体意义上个人真实选择以创造自身精神命运的终极力量的观念紧密交织在一起，同时也与精神原罪以及对这种原罪进行忏悔或惩罚的观念紧密交织在一起"②，但并不意味着其不能作出选择或不能承担责任，"道"可以作为阐明这种以"选择"和"责任"为中心的复杂概念系统最富有启发性的方式。是否循道而行是一种选择，而在必须面临的两难选择中"存在着悲剧、责任、罪恶和忏悔的种子"③。西方功利主义者认为惩罚的基本原理是通过法律等强硬手段改造罪犯或保护社会不受罪犯破坏，从而避免发生更多的犯罪行为，同时也使其他人因惧怕受到惩罚而不敢犯罪，不少译者把孔子有关"制裁违法行为的语言"④看作古希腊—希伯来—基督教文化传统惯常使用的"惩罚"，但与功利主义者不同，孔子并无此意。孔子的方法是，"通过一种道德上负责的力量而产生的恰当的道德回应"⑤，也就是使犯错误的人因罪恶感、内疚感、失德感而产生不适感，以及对过失行为产生厌恶。这种道德教化须在学习"礼"的基础上发挥作用，需要通过实施社会性工程教化民众循道而行，而不是用强制性的手段进行恐吓、威胁。

关于如何达到"道"的境界，芬格莱特笃信，在遵守"礼"之规范的基础上，

---

①［美］赫伯特·芬格莱特：《孔子：即凡而圣》，彭国翔、张华译，南京：江苏人民出版社，2010年版，第19页。

②［美］赫伯特·芬格莱特：《孔子：即凡而圣》，彭国翔、张华译，南京：江苏人民出版社，2010年版，第17页。

③［美］赫伯特·芬格莱特：《孔子：即凡而圣》，彭国翔、张华译，南京：江苏人民出版社，2010年版，第23页。

④［美］赫伯特·芬格莱特：《孔子：即凡而圣》，彭国翔、张华译，南京：江苏人民出版社，2010年版，第25页。

⑤［美］赫伯特·芬格莱特：《孔子：即凡而圣》，彭国翔、张华译，南京：江苏人民出版社，2010年版，第26页。

"全心全意致力于学道，怀抱着对于道的坚定信念"①，抑或"使自己当下立志求道或行道"②，就已经是行驶在"大道"之上了。芬格莱特对如何行"道"的理解与如何成"仁"观点一致，他对"仁远乎哉？我欲仁，斯仁至矣"（《论语·述而》）表示赞同，认为只要有志于"仁"，"仁"就到来了，没有明显的可以分析的过程，而是仅仅取决于人有志或无志、思或不思、欲或无欲。实现"道"和"仁"的过程都只需要内心的认可和决定，孔子就说："有能一日用其力于仁矣乎？我未见力不足者。盖有之矣，我未之见也。"（《论语·里仁》）是否能遵礼、循道、成仁，与主观意志有很大关系，然而要作出这些决定，也需在自我的发展、礼仪的强化上花很多精力。

芬格莱特认为，对"仁"的准确认识，是理解孔子"礼"思想的重要途径，孔子始终把"仁"放在社会关系中理解，强调其所具有的能动性和社会性。"己欲立而立人，己欲达而达人。能近取譬，可谓仁之方也已"（《论语·雍也》），"克己复礼为仁"（《论语·颜渊》）是芬格莱特较为认可的对理解"仁"本身的特质能够起到作用的言论，由此可以看出芬格莱特对于"仁"和"礼"关系的理解——"哪里有由'礼'所规定的具体形式来表达的互相的诚信和尊重，哪里就有仁者的处事方法"③。"礼"和"仁"各自指向人在不同社会人际角色中所表现出的行为的某个方面，"礼"指导我们如何建构和谐的社会模式，"仁"被看作一般道德概念的集中力量，同时也是一种循礼而行的行为、"人格的行为、人类的行为以及指向或关于他人的行为"④。对芬格莱特而言，"掌握'礼'所要求的行为

---

①［美］赫伯特·芬格莱特：《孔子：即凡而圣》，彭国翔、张华译，南京：江苏人民出版社，2010年版，第20页。

②［美］赫伯特·芬格莱特：《孔子：即凡而圣》，彭国翔、张华译，南京：江苏人民出版社，2010年版，第20页。

③［美］赫伯特·芬格莱特：《孔子：即凡而圣》，彭国翔、张华译，南京：江苏人民出版社，2010年版，第42页。

④［美］赫伯特·芬格莱特：《孔子：即凡而圣》，彭国翔、张华译，南京：江苏人民出版社，2010年版，第53页。

技能后就能获得'仁'"①，"仁"其实是一个人决意遵从"礼"，并在"礼"中塑造自我。

（二）社会实践之"礼"

芬格莱特认为，《论语》中对"礼"的描述充分证明了礼有行为导向功能，他说："《论语》中偶尔有些言论，似乎透显出那种具有深远意义和神奇魅力的力量信念。我所谓的'神奇魅力'，是指一个具体的人通过礼仪、姿态和咒语，获得不可思议的力量，自然无为地直接实现他的意志。"②如果你希望从办公室把一本书带到教室，那么就应该亲自走进办公室，推开门并拿上书，然后把它带到教室。但如果用适当的礼仪来表达你的愿望，比如礼貌性地向同学求助，他就可以帮你把这本书拿过来。请人代劳的例子微不足道，但是其中蕴含着深刻的道德意义，散发着人性的光辉，"我们与这个世界上其他事物最大的差别就是，我们人类不把彼此当做物质对象看待"。③所以，礼仪是被看作日常生活中一种有力的、强化的、十分精致的延伸。除此之外，语言环境对理解语言也很重要，芬格莱特强调语言脱离了其所根植的传统就不能被理解，传统习俗如果脱离了界定并构成其组成部分的语言同样不能被理解，因此礼仪的践行也要求适宜的环境和传统。芬格莱特举例说明礼仪完美贯穿于我们的日常生活中：两个互相认识的人相见，会下意识地彼此微笑并握手，这看似日常、简单的举动，却包含着巨大的微妙性和令人惊叹的复杂性。"孔子把'礼仪'视为日常生活交往的共同模式，是互相尊重的选择，原始冲动只有受到'礼'的约束时，人才能成为真正意义上的人"④，在礼仪的规范下，每个人都根据自己的义务和权利做事，无

---

① [美]赫伯特·芬格莱特：《孔子：即凡而圣》，彭国翔、张华译，南京：江苏人民出版社，2010年版，第52页。

② [美]赫伯特·芬格莱特：《孔子：即凡而圣》，彭国翔、张华译，南京：江苏人民出版社，2010年版，第3页。

③ [美]赫伯特·芬格莱特：《孔子：即凡而圣》，彭国翔、张华译，南京：江苏人民出版社，2010年版，第9页。

④ [美]赫伯特·芬格莱特：《孔子：即凡而圣》，彭国翔、张华译，南京：江苏人民出版社，2010年版，第67页。

需强制、命令、督促，彼此就能够互相协调，而其他参与者也会随之遵循这种秩序。所以，人类的礼仪行为是"自发性"的，这种"自发性"来源于日常生活中重复性的"礼仪"实践。

正因礼仪的这种实践性，社会活动变得协调一致，从而塑造出文明、规范的社会。芬格莱特认为，孔子使用"礼"的语言和意象作为媒介，在礼仪活动中谈论道德习俗的整体，或者更为确切地说，是在礼仪活动中谈论社会真正传统与合理习俗的整体。人的道德模式在人际交往的具体行为中实现，这些行为具有的普遍特征就是"礼"，礼的行为举止或许体现在某些微不足道的细节中，但道德意义不容小觑，不同的礼仪经过区分、限定其施行的组成部分，便构成了道德行为模式。而且，"'礼'是人际性的表达"[1]，其本质是人与人之间的忠诚与尊重，即康德所说的要把自己和他人人格中的人性用作目的而非手段，这是人区别于其他物种的最明显的特征。我们在人与人之间的动态交往中习得礼仪，通过自发协调而使之起作用，每个人按照一定的形式完成应尽之义务，这个过程不存在强迫、命令、督促，却能形成人类最富有人性的互相关系，因为礼仪不是"纯粹形式主义的非人性化形式"[2]。如果参与礼仪活动的人严肃而真诚，那么礼并非机械的、空洞的、贫乏的，而是表现为自觉的行动。孔子始终立足于人的内心讨论"礼"的外在规范作用，《礼记·檀弓上》记载子路引孔子之言："丧礼，与其哀不足而礼有余也，不若礼不足而哀有余也。祭礼，与其敬不足而礼有余也，不若礼不足而敬有余也。"强调了情感在礼仪实施过程中的根本地位。对此，芬格莱特十分认同，他认为"在践行礼仪的过程中，缺乏技巧稍显笨拙，而缺乏严肃认真的目标和信守则显得机械乏味"[3]，庄严有效的仪式和真情实感的理

---

① [美]赫伯特·芬格莱特：《孔子：即凡而圣》，彭国翔、张华译，南京：江苏人民出版社，2010年版，第7页。

② 李玉良：《儒经翻译影响下的海外儒学传播——以芬格莱特儒学研究及其传承为个案》，《中国文化研究》，2021年第1期。

③ [美]赫伯特·芬格莱特：《孔子：即凡而圣》，彭国翔、张华译，南京：江苏人民出版社，2010年版，第8页。

想融合，便是神圣礼仪真正意义所在，符合孔子的一贯思想。

（三）神圣存在之"礼"

芬格莱特从神圣性角度对《论语·公冶长》作出全新解读。子贡问曰："赐也何如？"子曰："女，器也。"曰："何器也？"曰："瑚琏也。"在芬格莱特看来，瑚琏作为一种祭祀礼器，"它之所以神圣，不是因为它有用或精美，而是因为它是礼仪祭奠中的一个组合部分，参与了神圣的典礼"[1]。同理，参与礼仪活动的个体的人，也会由此而获得"终极的尊严、神圣的尊严"[2]，具有礼仪所赋予的神圣性。在这里，芬格莱特从礼仪神圣性的角度，进一步深化了孔子关于人以及人际关系学说的见解。他认为，孔子并没有把个体看作终极的原子，也没有把社会作为实现功利主义者所要求的最大化快乐的设置，他只是把"人作为一种独特的存在，具有一种独特的尊严和力量，这种尊严和力量源自礼，同时也镶嵌在礼之中"[3]。人类的尊严在于礼仪而不在于个体的生物性存在，通过参与公共的礼仪活动，在礼仪活动中发挥作用，"生物性生命"才得以升华并实现自身的转化。可以说，"孔子思想的中心主题是人性在人类礼仪行为中的充分展开"[4]，而不是对个体终极意义的发现。当然，就像礼器需要经过切磋琢磨才能参与神圣的仪式一样，在这个过程中，个体的修身也必不可少。礼器的准备固然重要，但是真挚的情感、严肃的氛围才是礼仪活动的灵魂所在。

礼仪的神圣性意象统一或融合了人存在的所有维度，人类的生活被整合在礼仪之中，最终表现为一种宽阔的、自发的、神圣的礼仪——人类社群。正如前文所说，礼仪有多种维度，不论是作为道德规范还是作为构建文明模式的指引，

---

① ［美］赫伯特·芬格莱特：《孔子：即凡而圣》，彭国翔、张华译，南京：江苏人民出版社，2010年版，第75页。

② ［美］赫伯特·芬格莱特：《孔子：即凡而圣》，彭国翔、张华译，南京：江苏人民出版社，2010年版，第75页。

③ ［美］赫伯特·芬格莱特：《孔子：即凡而圣》，彭国翔、张华译，南京：江苏人民出版社，2010年版，第78页。

④ ［美］赫伯特·芬格莱特：《孔子：即凡而圣》，彭国翔、张华译，南京：江苏人民出版社，2010年版，第78页。

"其有力地显发出来的东西，不仅仅是社会形式的和谐与完美、人际交往的内在终极尊严，它所显发出来的还有道德的完善，那种道德的完善蕴含在自我目标的获得之中，而自我目标的获得，则是通过将他人视为具有同样尊严的存在和礼仪活动中自由的合作参与者来实现的"①。

四、诠释困境："仁""礼"的偏差

芬格莱特对于《论语》的评价很有见地，而且他很明确地反对用西方中心主义的视角解读孔子的观点，试图还原孔子的本来面貌。但遗憾的是，他并没有找到如何准确表达自己的方式，在传达过程中也出现了某些偏差。所以，本文对他某些具体的论点并不完全赞同，尤其是关于神圣性根源的问题，芬格莱特认为，人的神圣性来自"礼"的神圣性，但他没有论证礼仪本身的神圣性应该如何保证。按照《论语》的传统意义，"对礼仪的敬畏和尊重依托着人的道德和伦理的自觉"②，并不能得出"人的神圣性来源于礼的神圣性"这一结论。葛兆光先生也曾发问："这种'礼'的普遍合理性从何而来？"③葛兆光先生为"礼"寻找的最终价值依据和心理本原就是"仁"，但对于芬格莱特来说，礼仪神圣性是超验的存在，"孔子先在地把礼仪设定为形而上本体"④，因此在其著作中，我们很难找到相关论证，绝大部分是对"神圣性"概念的主观描述："孔子似乎理所当然地认为存在着一种'礼'，并且，'礼'与一个更为广大的宇宙之道相和谐——孔子毫不怀疑，甚或不曾意识到他的假设本身。"⑤可见，芬格莱特对于礼仪神圣性始终秉持绝对信任的态度。

---

① [美]赫伯特·芬格莱特：《孔子：即凡而圣》，彭国翔、张华译，南京：江苏人民出版社，2010年版，第15页。

② 葛兆光：《中国思想史》，上海：复旦大学出版社，2009年版，第93页。

③ 葛兆光：《中国思想史》，上海：复旦大学出版社，2009年版，第95页。

④ 吴树勤：《人的"神圣性"的根源——兼评芬格莱特眼中的孔子思想：人是礼仪的存在》，《重庆社科学》，2005年第8期。

⑤ [美]赫伯特·芬格莱特：《孔子：即凡而圣》，彭国翔、张华译，南京：江苏人民出版社，2010年版，第75页。

芬格莱特所理解的神圣性与中国传统的神圣观念大为不同。他所谓的神圣，关键在于构建和谐的文明模式和日常生活，而无需与人产生内在的情感关联，但《论语》明确地告知我们，礼仪并不是抽象的行为集合，孔子的关注点自始至终都在于人的道德本性，神圣性只能来自人在践行礼仪过程中对德性的自觉选择，他认为一个理性社会的基石就是"礼"的秩序被自觉遵守，此时的"礼"已不再单纯以外在的仪式、象征规范社会，"不言自明的权威性的律令由外在礼乐转向内在的情感"[①]，蜕变成依赖于内在情感和自觉选择来实现人间秩序的学说。"西方学者在翻译中普遍设定'主观－心理'的解读《论语》方式，这种设定是十分不自觉的，因而也是最具有偏见的方式"[②]，芬格莱特为了避免因"心理学偏见"而无法如实客观地表述文义，他在分析孔子思想时尽量保持谨慎的态度，对于《论语》中礼仪参与者内在情感的记述尽力规避，以免落入"前见"的自我意识陷阱。芬格莱特这种为避免偏见而陷入偏见的行为，难逃矫枉过正之弊，尽管他所提出的"礼仪神圣性"的观点对于儒学新发展具有开创性意义。

芬格莱特始终把"仁"放在人伦关系中去理解，突破了传统学界对"仁"的单一评价，反映了其独特的眼光和清晰的认知，但他显然没有把握"人而不仁，如礼何？人而不仁，如乐何？"（《论语·八佾》）的精髓和要义，即"仁"是礼乐的内在根据、本质。《孔子：即凡而圣》所描述的"仁"仅仅是一般意义上的道德概念，与"忠""信""义"等没有明显区别，不仅如此，他还尽量使"仁"客观化，并试图通过实践礼仪等客观行为获得"仁"，这种对于"仁"的理解值得商榷。韩愈在《原道》中对"仁义道德"下了明确定义："博爱之谓仁，行而宜之之谓义，由是而之焉之谓道，足乎己无待于外之谓德。仁与义为定名，道与德为虚位。"并通过建立道统说，重新发展了儒家的基本精神，逐渐发现"仁包四德"之雏形。道统观念从形式上塑造了儒家的传承谱系，"仁与义为定名"为儒家传

---

① 葛兆光：《中国思想史》，上海：复旦大学出版社，2009年版，第97页。

② ［美］赫伯特·芬格莱特：《孔子：即凡而圣》，彭国翔、张华译，南京：江苏人民出版社，2010年版，第3页。

承确立了真正的思想内涵，规定了儒家生活方式和生活道理，说明孔子所谓的"仁"已不是普通的道德行为。作为一般道德观念的"仁"在儒家兴起前便已流行，从血缘亲情中自然生发的真感情便为"仁"作为超越性存在提供了理论基础，孔子则将"仁"发展为用以建立普遍性道德伦理的基石。对于"社会规范（礼）、道德观念（仁）究竟凭什么要求人人都不容置疑地遵循"的问题，芬格莱特与中国当代学者都进行了追问，但解决问题的方法路径却大相径庭，我们不能随意地评判其对与错，能够做的仅仅是通过芬格莱特的西方视角，重新理解孔子思想中的现代价值。

张灏儒学思想研究述评

山东大学儒学高等研究院　王宁　李琳

2022年4月20日，著名历史学家、台湾"中研院"院士、香港科技大学人文学部荣休教授张灏在美国旧金山去世，享年85岁。张灏原籍安徽滁州，1937年出生于福建厦门，抗战期间举家迁居重庆，又辗转至南京、台北等地，后考入台湾大学，求学期间投在殷海光门下。1959年赴美国留学，师从美国汉学家史华慈（Benjamin I. Schwartz），1966年获哈佛大学博士学位，毕业后历任美国俄亥俄州立大学历史系教授、香港科技大学人文学部教授、台湾"中研院"历史语言研究所通信研究员等。张灏多年来致力于中国近代思想史领域的研究，曾获美国国家人文基金会研究奖金、美国学术团体联合会研究奖金、王安东亚学术研究奖金，并受香港中文大学新亚书院钱宾四先生学术文化讲座、东海大学中西文化比较讲座、香港中文大学新亚书院及崇基学院之邀，主持一系列学术演讲。

张灏的青年时期在漂泊中度过，正如他自己所说："我是一个东南西北人，一个没有根的人。"[①]童年时经历了抗日战争、解放战争，直到定居台湾、入学台大后才相对安定下来。1959年，张灏远渡重洋，来到哈佛大学，在这里，他接触到了新儒家思想，开始正视中国传统的复杂性，对传统持同情与批判并存的态度，并受教授史华慈与同学墨子刻（Thomas A. Metzger）的影响，思考传统与现代的关系问题。另一位对张灏产生重大影响的人是美国宗教思想家尼布尔（Reinhold Niebuhr），受其影响，张灏接触到危机神学（Crisis Theology）这一民主思潮，修正了他对民主的观念及自由主义的认识，开始正视自由主义的双面性，即自由主义理想性的一面与"警觉性的自由主义"。针对中国知识分子只偏重于

---

① 张灏：《转型时代与幽暗意识——张灏自选集》，上海：上海人民出版社，2018年版，第380页。

前者而忽视后者的问题，张灏提出了一种低调的自由主义观念，他结合基督教的罪孽意识和他对历史的观察、审视与反思，形成了他对人世与人性中的黑暗的高度自觉。

张灏著述颇丰，代表作有《烈士精神与批判意识》《幽暗意识与民主传统》《梁启超与中国思想的过渡（1890—1907）》《思想与时代》《幽暗意识与时代探索》《危机中的中国知识分子：寻求秩序与意义（1895—1911）》。在张灏的诸多著作中，《烈士精神与批判意识》深入论述晚清思想家、"戊戌六君子"中的谭嗣同的思想发展和心路历程，《幽暗意识与民主传统》则对西方自由主义与中国儒家人性论有着深入的比较和反思。2018年，上海人民出版社出版了《转型时代与幽暗意识——张灏自选集》，书中收录了张灏关于轴心时代、幽暗意识、转型时代、五四与大革命、传统与现代化几大主题的重要文章，对人们了解张灏的思想大有助益。

张灏师从名家，著作等身，在历史学与传统文化领域取得了非凡的成就，作出了不可磨灭的贡献。陈建华在采访张灏时曾向他推论："事实上你提出了一系列命题，如转型时代、近现代中国的乌托邦思想、高调和低调民主等，好像都围绕着'幽暗意识'这一核心思想展开。"张灏对此表示肯定："的确，我试图从思想史、政治史等方面来考察和论证关于'幽暗意识'的提法。"[1]可以说，"幽暗意识"是张灏思想的核心，而转型时代、近现代中国的乌托邦思想等命题则是张灏思想的重要组成部分。

一、儒家思想与幽暗意识、超越意识

在介绍张灏的"幽暗意识"之前，有必要先对徐复观所提出的"忧患意识"作个说明。徐复观提出了"忧患意识"这一概念，并且认为忧患意识构成了中国传统文化的核心。殷商时期，文化深受原始宗教信仰的影响，即"殷人尚鬼"，

---

① 张灏：《转型时代与幽暗意识——张灏自选集》，上海：上海人民出版社，2018年版，第375页。

然而，原始宗教信仰主要是由人们对天灾人祸的恐惧和对自然或神秘力量的本能依赖而产生的。在那个时代，原始的宗教信仰占据了文化的主流，神成为文化的核心，而人的文化尚未得到充分发展。周人文化的出现，标志着一种新的精神的觉醒和超越。与殷商不同，周人的忧患意识成为其文化的新特点。随着殷周革命的推进和新的政权的建立，周人逐渐发现了人的主体意志和个体理性的价值，这标志着人文精神的觉醒和跃动，因为相对于神而言，人的地位得到了提升。在原始宗教的影响下，一切都似乎受到至高无上的神的支配，人在神的面前显得无比渺小，个体的主体意志和理性更是无从谈起。然而，随着周人文化的兴起和人文精神的觉醒，人们开始意识到自己的力量和价值，这种觉醒不仅是对传统宗教的超越，更是对人自身价值的重新认识和肯定。

忧患意识的产生有赖于道德主体的觉醒，这种觉醒使个体开始深刻地理解和把握自己的命运，人们因忧患而产生的对世界不圆满的抱憾，实际上是道德理想主义的一种反映。徐复观说："忧患心理的形成，乃是从当事者对吉凶成败的深思熟考而来的远见；在这种远见中，主要发现了吉凶成败与当事者行为的密切关系，及当事者在行为上所应负的责任。忧患正是由这种责任感来的要以己力突破困难而尚未突破时的心理状态。所以忧患意识，乃人类精神开始直接对事物发生责任感的表现，也即是精神上开始有了人地自觉的表现。"[1] 徐复观的观点强调了人的责任感和自主性在忧患意识中的核心地位，以及这种意识在人类精神成长和发展中的重要性。他认为，周代的忧患意识在春秋时期得到了真正的价值体现，在这一时期，孔子将外在的忧患意识与内在的人格联系在一起，进一步发展了这种意识。这种联系使人们能够将个人的命运与社会的命运紧密结合，从而更加深刻地理解自己的责任和使命。"春秋承厉幽时代天、帝权威坠落之余，原有宗教性的天，在人文精神激荡之下，演变而成为道德法则性的天，无复有人格神的性质"[2]，随着道德主体的觉醒，人们开始意识到自己的行

① 徐复观：《中国人性论史·先秦篇》，上海：上海三联书店，2001年版，第18—19页。
② 徐复观：《中国人性论史·先秦篇》，上海：上海三联书店，2001年版，第44—45页。

为对社会的影响以及自身在社会中的价值和作用，这种觉醒激发了人们的责任感和使命感。道德主体的觉醒是忧患意识产生的基础，它使人们能够把握自己的命运、影响事态的发展并提升自我境界。在春秋时期，这种意识得到了真正的价值体现，并在孔子的思想中得到了进一步的发展，体现在人性论上，便是对于人性善的乐观精神。

正如张灏所分析的，忧患意识发展到后世，孕育出了某种程度的幽暗意识，从《论语》中的"天下无道"观念到刘宗周《人谱》中对"罪过"的抉发，儒家的幽暗意识愈发深刻细致。但是他认为，"儒家的幽暗意识，在这一点上，始终没有淹没它基本的乐观精神。不论成德的过程是多么的艰难，人仍有体现至善，变成完人之可能。……儒家在这一点上的乐观精神影响了它的政治思想的一个基本方向。因为原始儒家从一开始便坚持一个信念：既然人有体现至善，成圣成贤的可能，政治权力就应该交在已经体现至善的圣贤手里"[1]，也就是说，在张灏看来，儒家精神的底色仍是乐观精神。由此出发，张灏认为儒家政治思想的方向是贤人政治。在面对困境和挑战时，人们容易意识到自身能力的局限性和不足，因此渴望有贤能之人予以指引和帮助。在中国的传统文化中，贤人政治一直是被推崇的理想政治模式，这种模式强调领袖的智慧和德行，认为只有具备优秀品质的人才能引领国家和人民走向繁荣和富足，所以对于领导人自身的要求极高，往往很难实现。

在20世纪80年代，张灏提出了"幽暗意识"这一概念，并就幽暗意识与民主政治之间的关系，以及中国传统何以未能开出民主宪政作了详细的论述。张灏认为，"所谓幽暗意识是发自对人性中或宇宙中与始俱来的种种黑暗势力的正视和省悟：因为这些黑暗势力根深蒂固，这个世界才有缺陷，才不能圆满，而人的生命才有种种的丑恶，种种的遗憾"[2]。应该说，张灏提出这一概念，在很大程度上是因为受了徐复观的影响。关于"忧患意识"与"幽暗意识"的区别，张

---

① 张灏：《转型时代与幽暗意识——张灏自选集》，上海：上海人民出版社，2018年版，第356页。

② 张灏：《转型时代与幽暗意识——张灏自选集》，上海：上海人民出版社，2018年版，第43页。

灏在访谈中说："'忧患意识'主要是对待外界危机的，本身蕴涵着一种完善的道德主体，如孟子说的'大丈夫'，即所谓'富贵不能淫，威武不能屈，贫贱不能移'，凭这种理想人格，就能克服危机。当然儒家也时刻警惕自己的缺点或私欲，但认为是可以通过自我修养而达到完善的。所谓'幽暗意识'首先在于正视人性中与生俱来的阴暗面以及来自社会制度的黑暗势力，而时时加以警戒，特别要警戒的是权力带来的腐败。"①首先，"幽暗意识"强调的是对人性黑暗面的认识和警惕，是对人性中的恶和消极面的深刻洞察，而"忧患意识"则更侧重于对外部环境和挑战的警惕和防范，以及对国家和民族命运的关注。其次，"幽暗意识"强调的是对权力的限制和监督，以及对个体权利和自由的尊重和保护，它主张通过民主政治和宪政制度来限制权力，保障人民的自由和权利，而"忧患意识"则更多地关注国家的强盛和民族的独立，对于权力的问题并没有明确的论述。此外，张灏认为，中国传统未能开出民主宪政的一个重要原因是儒家思想的局限性，即儒家思想过于强调道德理想主义和人治，而忽视了法治和制度建设的重要性，同时，他也指出中国传统中缺乏对权力的有效限制和监督机制，导致了权力的滥用和社会的动荡不安。

除了对徐复观"忧患意识"的比较思考之外，张灏"幽暗意识"思想的产生还受到美国神学家尼布尔"危机神学"的影响。据张灏所说，"危机神学"的主旨是"回归基督教的原始教义，而彰显后者所强调的人与神之间无法逾越的鸿沟"，对此，张灏指出："就人性论而言，危机神学特别重视人的罪恶性。尼布尔在思想界重大的贡献就是以危机神学的人性论为出发点，对西方自由主义以及整个现代文明提出质疑与批判。"②张灏对尼布尔危机神学的体会是："在政治生活上要记住人的罪恶性，即人对权力的无限贪欲。……所以，他（尼布尔）要特别重提正统基督教的二元人性观：一方面要重视人的善的本原——上帝所赋予每个人的灵魂，由此而尊重个人的价值，另一方面也需要正视人的罪恶性而

---

① 张灏：《转型时代与幽暗意识——张灏自选集》，上海：上海人民出版社，2018年版，第373—374页。
② 张灏：《转型时代与幽暗意识——张灏自选集》，上海：上海人民出版社，2018年版，第60—61页。

加以防范。只有从这双重人性论的观点，才能真正发挥民主制度的功能，彰显它的价值。"① 这是一种对人性双重性的认识，正视和防范人的罪恶性对于发挥民主制度功能极为重要。

此外，儒家思想也是张灏构建"幽暗意识"思想系统的重要一环。张灏进入哈佛大学后开始接触一些现代新儒家的著作，他总结了中国传统之所以开不出民主宪政的一个重要思想症结，就是儒家学说未能对"幽暗意识"作充分的发挥。张灏承认，基督教与儒家都认为人性具有善恶两面，但是他说："基督教，因为相信人的罪恶性根深蒂固，所以不认为人有体现至善的可能；而儒家的幽暗意识，在这一点上始终没有淹没它基本的乐观精神，不论成德的过程多么艰难，人仍有体现至善、成为完人的可能。"② 从基督教的人性论出发，解决权力问题的办法只能是通过某种制度的建立去限制和防止执行者人性中恶的一面的泛滥；而儒家则寄望于通过内在道德的培养，内圣外王，以一个完美的人格去净化权力。因此，前者就导出了民主宪政，后者则始终挣脱不出专制统治的回流。

进一步比较基督教与儒家思想，张灏指出："儒家有一种非常特别的道德理想主义——圣王精神。"③ 圣王精神的一大特征就是超越意识，"所谓超越意识是指相信在这个经验世界之外，还有一与此世界有着基本性格上不同的、真实的存在"④。张灏认为，"儒家的超越内圣外王观念是表现一种人文精神，但是这种人文主义与现代的人文主义有着基本的不同；现代人文主义是排斥超越意识，而儒家人文思想，透过内圣的观念，则是以超越意识为前提"⑤。《中庸》开卷言："天命之谓性，率性之谓道，修道之谓教。"⑥ 从儒家角度来看，天命下贯谓之性，即天道赋予人之本性，体现了儒家的超越意识，这为儒家思想提供了

① 张灏：《转型时代与幽暗意识——张灏自选集》，上海：上海人民出版社，2018年版，第61页。
② 张灏：《转型时代与幽暗意识——张灏自选集》，上海：上海人民出版社，2018年版，第56页。
③ 张灏：《转型时代与幽暗意识——张灏自选集》，上海：上海人民出版社，2018年版，第65页。
④ 张灏：《转型时代与幽暗意识——张灏自选集》，上海：上海人民出版社，2018年版，第31页。
⑤ 张灏：《转型时代与幽暗意识——张灏自选集》，上海：上海人民出版社，2018年版，第65页。
⑥ ［宋］朱熹：《四书章句集注》，北京：中华书局，2012年版，第17页。

一个重要的哲学基础，即强调人的内在道德本性和天道的统一。儒家认为，通过个体的道德修养和内省，可以逐渐消除私欲和尘世的罪恶，达到与天道合一的境界，即成为道德上的完人（圣人）。

从这个角度出发，张灏认为儒家思想系统里没有尼布尔危机神学中个体与集体对立的问题，他指出："儒家相信人的本性是来自天赋，因此，在这基础上，个性永远得保存其独立自主，而不为群性所淹没。这种'人格主义'，综合群性与个性，而超乎其上，消弭了西方现代文化中个人主义与集体主义的对立。"①在儒家思想中，个体与集体并不是对立的关系，相反，儒家强调个体与集体的和谐统一，认为个体道德修养的提高对社会的进步和发展具有积极意义。这种思想在儒家经典《大学》中得到了体现，强调修身、齐家、治国、平天下的连续过程，即从提升个人修养道德着手，逐渐推广到整顿家庭、治理国家和平定天下。在他看来，"内圣"思想是具有超越意识的，个体可以通过儒家的修身工夫论机制，一步步消弭自身的私欲和在尘世里积累的罪恶，最终成为道德上的完人（圣人），而与超越的"天"结合起来。

二、轴心时代与乌托邦主义

在轴心时代的精神突破中，可以观察到一种超越意识的觉醒，这种觉醒导致了人类对现世的批判维度的开显。艾森斯塔特和史华慈等人强调，这一时期的人们开始意识到超越现实世界的存在，开始探索和思考更高层次的精神和意义，但张灏认为"仅仅强调超越意识的出现尚不足以真正彰显轴心时代的特征"，由超越意识衍生的人的意识的出现"才是轴心时代真正的思想创新"。

对此，张灏指出了轴心时代人的意识与西方近现代以来的人文主义的巨大差异："大致而言，轴心时代的自觉意识含有一种人极意识，认为人有他的特殊地位，凭借他的特殊能力设立标准，对宇宙万物作一番鉴认与评价，但这种人极

---

① 张灏：《转型时代与幽暗意识——张灏自选集》，上海：上海人民出版社，2018年版，第356页。

意识与西方近现代出现的人本中心观念不同，后者认为人是首出万物，唯我独尊，有能力对宇宙任凭己意加以宰制利用。……可见轴心时代的人极意识，在超越意识的笼罩之下，对人的限制是有自知之明，其与近现代人本中心主义所展现的人可能取神而代之的狂傲是不能同日而语的。"① 西方近代的人文主义观念强调人的首要地位和唯我独尊的态度，认为人类拥有对宇宙万物的宰制能力，而且可以随心所欲地加以利用。这种观念凸显了人类的主体性和统治地位，将人类视为宇宙的中心和主宰。相比之下，轴心时代的人极意识并没有这种强烈的主体性和统治欲望，它更多地强调人类在宇宙中的特殊地位和责任，以及凭借特殊能力而对宇宙万物的鉴认和评价，这种意识凸显了人类的智慧和道德能力，但并没有将人类置于宇宙的中心或强调人类对万物的宰制利用。因此，虽然轴心时代的人极意识和西方近现代的人本中心观念都强调人类的特殊地位和能力，但它们的内涵和取向存在明显的差异，前者更注重人类的智慧和道德责任，而后者则突出了人类的主体性和统治欲望。总之，轴心时代的精神突破是人类历史上的一次重要转折点，它带来了超越意识的觉醒和对现世的批判维度的开显，这种超越意识的觉醒，进一步激发了人类对更高理想和价值的追求。

张灏将中国传统思想中的乌托邦主义倾向追溯至轴心时代的精神突破，他认为超越意识会导致儒学具有乌托邦主义倾向。他说："儒家相信，由于天或天道内化于现实世界，个人因此能将之彰显。就此而言，儒家相信人有神化的可能。可见乌托邦主义存在于这种儒家信念之中。儒家一方面认为，只有当人透过修身而达到道德完美时，理想世界才会来临；另一方面儒家还有一个更普遍的想法：只有在现实生活中彰显其神圣本质的人才能统治天下，成为圣王，为社会带来理想秩序。"② 张灏对乌托邦主义的界定是"以完美主义的理想来憧憬与期待未来的社会"③，他说："圣王的乐观精神含有相当的乌托邦主义的倾向，

---

① 张灏：《转型时代与幽暗意识——张灏自选集》，上海：上海人民出版社，2018年版，第39页。
② 张灏：《转型时代与幽暗意识——张灏自选集》，上海：上海人民出版社，2018年版，第239页。
③ 张灏：《转型时代与幽暗意识——张灏自选集》，上海：上海人民出版社，2018年版，第236页。

因为圣王的出现就代表一个完美的理想社会降临。先秦儒家相信这个理想的社会曾经具体地实现于远古的过去，因此而有'尧舜之治'和'三代'的憧憬。值得注意的是，儒家的乌托邦理想虽然主要是以过去为取向，因此没有像基督教与大乘佛教里面那样强烈的前瞻性的乌托邦主义，但因为它毕竟是相信圣王是可能会再现的，它的乌托邦主义也是蕴涵着某种程度的未来取向，不可忽视。"①

确实，儒家思想中的圣王观念体现了乐观主义的精神，并含有一定程度的乌托邦主义倾向。在儒家看来，圣王是完美的道德典范，他们的出现代表着理想社会的降临，先秦儒家认为，这个理想的社会在过去曾经具体地实现过，比如尧舜之治和夏商周三代，然而与其他一些思想体系相比，儒家乌托邦理想的未来取向相对较弱，这主要是因为儒家思想强调以史为鉴，通过回顾过去的历史和圣王统治的经验来寻求智慧和启示，其乌托邦理想更倾向于对过去的反思和借鉴。这种以过去为取向的特点使得儒家的乌托邦主义具有一定的现实性和可行性，即不是基于对未来的过度的理想化或幻想，而是基于对历史经验和道德原则的深刻理解。因此，儒家的乌托邦理想强调通过个体的道德修养和社会治理的改善来实现理想社会的目标，而不是依赖于超自然力量或神秘事物的转变。总之，儒家的乌托邦主义是在对过去的历史经验和道德原则的反思中形成的，它虽然没有强烈的前瞻性乌托邦主义的倾向，但其乐观主义的精神和对理想社会的追求仍然对后世产生了深远的影响。张灏正是看到了这一点，故而据此认为儒学存在不可忽视的乌托邦主义倾向。

三、转型时代的巨变

张灏在《中国近代思想史的转型时代》一文中具体论述了中国近代的转型时代。张灏说："所谓转型时代，是指1895—1925年初前后大约30年的时间，这是中国思想文化由传统过渡到现代、承先启后的关键时代。在这个时代，无论

---

① 张灏：《转型时代与幽暗意识——张灏自选集》，上海：上海人民出版社，2018年版，第79页。

是思想知识的传播媒介或者是思想内容本身，均有突破性的巨变。就前者而言，主要变化有二：一为报纸杂志、新式学校及学会等制度性传播媒介的大量涌现；一为新的社群媒体^①的出现。至于思想内容的变化，也有两面：文化取向危机与新的思想论域。"^② 转型时代在思想知识的传播媒介和思想内容本身两个方面都经历了深刻的变化，张灏认为制度性传播媒介是外部意义上的，更值得注意的是内部意义上的文化取向危机和新的思想论域。

张灏说："所谓文化取向危机首先是指道德价值取向的动摇。大约而言，传统文化的主流——儒家的基本道德价值可分两面：以礼为基础的规范伦理与以仁为基础的德性伦理。"^③ 在传统中国文化中，儒家思想占据主导地位，其基本道德价值包括规范伦理和德性伦理两个方面。规范伦理以礼为基础，强调社会秩序和行为规范；德性伦理以仁为基础，注重个人品德和内在修养。然而，随着历史的变迁和社会的发展，这些传统的道德价值观念逐渐受到挑战和质疑，人们开始对传统的儒家道德价值产生怀疑，认为它们无法解决现代社会的复杂问题，或者与现代社会的价值观相冲突。这种怀疑和动摇，可能会导致整个社会对基本道德和社会价值的重新审视和重新定位。文化取向危机还可以表现在个体选择和价值观的多样性上，在现代社会，人们面临着更多的选择和价值观的冲突，不同的个体可能有不同的道德判断和价值取向，这种多样性和复杂性，则可能导致个体在行为选择和价值判断上的混乱和不确定感。

由此，他分析了三种取向危机：基本价值取向危机、文化认同取向危机与终极意义取向危机。所谓基本价值取向危机，是指维持中国传统社会的儒家伦理体系，特别是"三纲五常"的中国传统核心价值，在转型时代受到空前冲击。而文化认同取向危机，是指中国知识分子在转型时代的两大潮流——帝国主义与民族主义的激荡下，产生的文化认同焦虑。最后的终极意义取向危机，是指中

---

① 指现代知识阶层。

② 张灏：《转型时代与幽暗意识——张灏自选集》，上海：上海人民出版社，2018年版，第151页。

③ 张灏：《转型时代与幽暗意识——张灏自选集》，上海：上海人民出版社，2018年版，第155页。

国人普遍困惑与焦虑于西学对儒家建构范畴和儒家基本伦理价值的严重挑战，使得中国人面临一些前所未有的有关生命和宇宙基本意义的问题。[①]

思想内容在转型时代的变化，除了有"取向危机"的特征外，还逐渐形成一套新的思想论域，之所以"称之为思想论域是因为这些讨论有两个共同点：一、使用新的语言，二、讨论常常是环绕一些大家所关心的问题而展开"[②]。张灏认为这一新的思想论域，主要是围绕危机意识而展开的，他指出："危机意识的最大特征毫无疑问是它特殊的三段结构：现实的忧患感、对美好未来的期盼，以及由黑暗迈向光明未来的途径。"[③]现实的忧患感是中国知识分子普遍拥有的，他们关注社会的不公和悲惨现象，认为这些问题需要得到解决。这种忧患意识促使他们思考如何通过自己的努力来改变现状。他们普遍相信，通过改革和革命，国家社会的命运可以得到改变，光明的未来是可以被期待的。这种乐观的心态激发了他们为实现理想而奋斗的动力，他们认为，通过意志和信心的力量以及不断的努力和奋斗，可以找到一条通向光明的道路。总而言之，张灏认为这种危机意识的三段结构反映出中国知识分子的历史理想主义心态，他们不仅关注现实问题，也对未来充满希望，并积极寻求解决问题的方法。这种心态在很大程度上影响了他们的思想和行为，促使他们为实现理想而不懈努力。

四、经世理念的思想传统

张灏对儒家的经世理念也进行了大量的思考与研究，他对经世理念作了如下界定："若研究儒家社会政治思想的传统，宜于从经世理念入手。经世者，'经纶天下'也，正是经世理念使得儒家思想区别于中国传统中其他主要的竞争性思想趋向。更重要的是，经世同时是一个十分复杂、歧义纷呈的观念，其多层的涵

---

① 张灏：《转型时代与幽暗意识——张灏自选集》，上海：上海人民出版社，2018年版，第154—158页。

② 张灏：《转型时代与幽暗意识——张灏自选集》，上海：上海人民出版社，2018年版，第159页。

③ 张灏：《转型时代与幽暗意识——张灏自选集》，上海：上海人民出版社，2018年版，第160页。

义渗入了儒家社会政治思想几乎所有的关键维度。"① 他主要探讨了宋明儒学中的经世理念及其在现代中国社会政治中的影响，将经世理念在宋明儒学传统之历史背景下的主要涵义分为三层，即"作为儒家天职理想的经世""作为儒家政治秩序关切的经世"和"作为儒家治术概念的经世"。

"作为儒家天职理想的经世"，强调了君子群体的天职理想就是基于道德理想主义的经世。儒家经世理念是针对社会道德精英的儒家天职理想而言的，它背后是赋予人与社会以儒家特质的道德理想主义。首先，这种道德理想主义下的儒家思想认为每个人都有内在的道德潜能，但现实是并非每个人都能经受自我转化之艰辛过程，所以治理天下成为君子群体的特殊责任。其次，儒家思想的根基在于现世取向，这也正是儒家区别于佛老的根本，但这一取向源于以天或天道为核心的超越性信仰，正因如此，经世理念的超越性特征就导致儒家社会政治思想与具体的社会政治秩序现实之间存在紧张。在如何行动方面，张灏认为修身是经世的基础，苦行精神在宋明儒学中处于最重要的位置，并认为体现苦行精神的自我修养工夫论普遍由三种元素组成："首先，省察，这是为了发动与维持对成为君子这一儒家人生目标专心一致、毫不动摇的志向；其次，笃诚与艰辛的践履；最后，节制欲望与情感的修炼。"② 他接着总结道："自我道德转化的三重方案之呈现也指示了作为儒家天职理想的'经世'之另一特质。就这一理想而言，我们的认识，必须兼顾对社会的责任与一种追求个体道德实现的自我责任而求其平衡。后者往往被视为实现前者的手段，但在儒家思想视野中，自我的道德完善也同时被视为自足的目标。"③ 在儒家思想中，个体的自我修养和道德提升，不仅是为了实现社会和谐和经世致用，更是为了实现内心的平静和自我完善，这种自我完善不仅是对社会的责任和贡献，更是个人成长和幸福的必要条件。在儒家的观念中，个体的道德完善并非手段，而是自足的目标，这

---

① 张灏：《转型时代与幽暗意识——张灏自选集》，上海：上海人民出版社，2018年版，第87页。

② 张灏：《转型时代与幽暗意识——张灏自选集》，上海：上海人民出版社，2018年版，第88页。

③ 张灏：《转型时代与幽暗意识——张灏自选集》，上海：上海人民出版社，2018年版，第89页。

意味着人们追求道德完善的初衷，并不是出于获得某种外在的回报或认可，而是源于道德本身就具有的内在的价值和意义。这种内在价值的体现，不仅在于个人的品格和德性，更在于个人对社会的贡献和影响，即张灏所认为的正统儒学的孪生目标——明德与亲民。

"作为儒家政治秩序关切的经世"，是指儒家经世理念强调政治秩序对于人世的首要性，蕴含着儒家式信念。张灏认为，"政治秩序对于人世的首要性就成为根深蒂固的儒家理念。而在宋明儒学传统中，经世就是少数可以互相转换的表征经纶政治秩序之基本关切的概念之一"①。经世理念作为儒家思想的核心，强调政治秩序在人类社会中的关键作用，这一理念认为，政治秩序不仅是连接超越与人世的桥梁，而且也是实现人之最清明本性的必要条件。在儒家看来，政治秩序的稳定与和谐是社会繁荣和人民福祉的基石。宋明儒学政治秩序概念的根本特质包括治体与治法的区分，治体关注的是政治体制和统治者的品德修养，强调君主的德行和领导力，而治法则侧重于政治制度和法律规章的制定与执行，关注社会秩序的维护和公正。这种区分突出了儒家思想对于政治秩序的全面思考，强调了君主德行和社会制度的重要性。

"作为儒家治术概念的经世"，重点考察了儒家经世思想现实性的一面。张灏说："在讨论儒家政治思想的过程中，前文一直强调其道德理想主义之偏好。与此同时，这一偏好并不遮蔽儒家思想中自始蕴涵的现实主义……在19世纪，儒家学者提及经世，已经将之作为'经世之学'这一新的儒家学术分支之专有范畴，而这一学问则是致力于解决国家与社会所面临的实际问题的。正是在这一专有范畴的意义上，经世一词与英语中的'statecraft'（治国之术）就非常接近了。"②张灏将经世理念作为治术进行考察，他提出："与正统立场不同，事功学者（statecraft scholars）是以瞩目国家治理现实的方式来设想政治秩序的，而较少

---

① 张灏：《转型时代与幽暗意识——张灏自选集》，上海：上海人民出版社，2018年版，第90页。

② 张灏：《转型时代与幽暗意识——张灏自选集》，上海：上海人民出版社，2018年版，第96页。

胶着于自我与社会之道德圆满这一政治秩序的终极目标。"① 这说明在道德理想主义之外，还有部分儒家学者更关注现实的治乱兴衰，张灏称这一群体为"事功学派"，"事功学派（the statecraft school）的政治现实主义植根于一种特殊伦理之中"②，参照"绝对目的伦理（an ethics of absolute ends）"③，张灏将其总结为"社会后果性的伦理取向"。社会后果性伦理取向在经世理念中占据重要的地位，它强调政治秩序对于社会后果的关注和责任，这一取向认为政治决策和行动应该以实现积极的社会后果为目标。

张灏简单地从现代化的角度，为评估宋明儒学之社会政治思想遗产提供了几点思考。首先，他指出儒家天命理想表现出入世苦行的特征，由此在自我实现中造成了张力。然而，儒家世界观并不寻求征服自然与社会，而是追求"仁"的道德理想主义，重视宇宙与社会和谐，缓解了人们面向自然与社会时的紧张关系。其次，他还探讨了经世理念的限制性因素，包括思想性和制度性限制。儒家天职理想被限定在社会政治领域，但随着西方影响的渗入，这种限制被削弱，入世苦行精神得以释放并导向其他领域。在现代中国，儒家德性修习之工夫论在诸多社会政治行动中占据显著地位。再次，他从制度资源层面评估了经世理念的思想遗产。儒家与官僚体制的共生关系并未演化出普遍理性化的思想动力，故而表现出受限的工具理性倾向，尽管如此，富国强兵之理想在现代历史境遇下逐渐成为思想聚焦中心，并成为消化西方制度理念的主要中介。最后，他指出儒家经世理念不仅涉及官僚制国家框架内的组织革新动力，还包含非官僚制国家的制度秩序图景，尽管这些替代性秩序图景的转化潜能有待商榷，但它们背后蕴藏其他制度图景的可能性不容忽视。例如，宋明儒学的二元秩序观念和事功学派的混合系统观念，均体现了对独立于国家统治权威之外的组织自主性的追求。张灏总结道："时至今日，支配我们对儒家传统图景之理解的仍旧

---

① 张灏：《转型时代与幽暗意识——张灏自选集》，上海：上海人民出版社，2018年版，第96页。

② 张灏：《转型时代与幽暗意识——张灏自选集》，上海：上海人民出版社，2018年版，第97页。

③ 张灏认为"绝对目的伦理"在董仲舒那里已有精辟概括："正其义不谋其利，明其道不计其功。"

是在中国现代化之灾难进程中推波助澜的非适应性因素。当下所需的其实是一个更加复杂而微妙的图景，在其中能够允许我们认识到作为儒家传统之内部转化结果的适应性因素在推动、形塑中国现代转型历程中所扮演的重要角色。沿着这一思路而进行的深入探索，将会有助于我们获得一个在儒家传统与现代转型两方面都更为平衡与审慎的视野。"①

正如张灏所说，尽管在过去的现代化进程中，儒家传统的一些非适应性因素起到了推波助澜的作用，但我们需要认识到儒家传统的内部转化中所产生的适应性因素在推动和塑造中国现代转型中的重要作用。这样的视野将有助于我们更好地理解儒家传统在中国现代转型中的地位和作用，以及更好地利用这些因素来推动中国的现代化进程。所以，在理解和评价儒家传统时，要有更加平衡和全面的视角，不能只看到其非适应性的一面，而忽视了其适应性的一面。

五、政教关系的思考

儒家传统中的政教关系一直是一个备受关注的话题，张灏在题为"政教一元还是政教二元？——传统儒家思想中的政教关系"的讲座中探讨了儒家传统中政教关系思想的发展历程。他分析了儒家传统中的政教一元和政教二元的观念，以及这两种观念在儒家思想发展中的演变和影响。政教一元观念认为政治与道德合一，其主流观点受到宇宙王制观和天道观的影响，在内部存在着不稳定的均衡；政教二元观念认为政治与道德彼此相对独立，但它在历史发展中未能取得主导地位。此外，张灏还对朱子思想中政教一元立场的形成过程进行了详细分析，指出了其中的张力与紧张性。

张灏对儒家的政教关系思想进行了深入的综述和分析，从历史、文献和思想层面全面阐述了儒家政教关系的发展历程。他对儒家传统中主流的政教一元论进行了深入透视，指出了其内在不稳定均衡的特征，并将其放在以天命说为

---

① 张灏：《转型时代与幽暗意识——张灏自选集》，上海：上海人民出版社，2018年版，第104页。

基点的思想发展脉络里进行理解，最后总结道："首先，就'政教二元'或'政教对等'的观点而言，我的立场是否定的，主要因为这种观点犯了一种形式主义的毛病，也就是说，这种观点是以历史的表象为着眼点。"①也即过于关注历史的表象，而忽略了儒家思想的发展性和变动性。张灏认为，儒家的核心观念——天道，随着时间的推移与历史的发展，发生了重要的变化，使得儒家的核心思想失去了超越性与它对现实政治社会秩序基础超然独立的批判立场，因此他强调："平面静态的观察必须辅以动态纵深的透视，把政教合一与政教对等两种认识，放在历史发展的脉络里合而观之，以求窥得儒家政教关系思想发展的全貌。"②

　　张灏对于儒家政教关系思想发展的历史和趋势有着深入的理解和研究，他强调了政教一元在儒家思想中的重要地位，并指出政教二元或政教对等观念在历史上遭遇困境而未能成为主流。他认为，"儒家政教关系思想发展的起始是殷商的宇宙王制观与周初的天道观，后来演变成天命说。在这个过程中，逐渐形成两个思想趋势：政教一元与政教二元或政教对等。前者是儒家政教关系思想发展的主趋，后者在先秦儒家思想萌芽后发展未能畅顺，在汉儒的思想里可以说是胎死腹中，在宋明儒学里虽然有断续的发展却未能开花结果，最后在17世纪里归于沉寂"③。在儒家思想的发展过程中，政教一元观念占据了主流地位，而政教二元观念则没有得到充分的发展，张灏指出原因："其一是原始典范的观念，它相信历史的开端有一个政教合一的原始典范，体现于尧舜三代的圣王政治；其二是天道观念的实化，使得天道吸纳了现实政治秩序的基本皇权体制，从而将之神圣化、绝对化。是这两个思想因素维持了儒家思想中'政教一元'观念的主流优势，也是这两个因素，使得政教二元观念退居次位，而终于流产。"④儒家政教关系思想演变的关键因素，即原始典范的观念和天道观念的实化，这

① 张灏：《转型时代与幽暗意识——张灏自选集》，上海：上海人民出版社，2018年版，第145页。
② 张灏：《转型时代与幽暗意识——张灏自选集》，上海：上海人民出版社，2018年版，第146页。
③ 张灏：《转型时代与幽暗意识——张灏自选集》，上海：上海人民出版社，2018年版，第146页。
④ 张灏：《转型时代与幽暗意识——张灏自选集》，上海：上海人民出版社，2018年版，第146页。

两个因素共同作用，使得政教一元观念得以延续并占据主流地位，而政教二元观念则没有得到充分的发展和传播。

张灏进一步认为，作为主流的政教合一观念具有复杂性和特殊性："这个主流观念结合了宇宙王制观与天道观的影响。宇宙王制观的政教合一观念在儒家主流思想里有着根深蒂固的背景；而天道观中的超越意识与道德意识在主流政教合一观念里引发内在张力，形成不稳定均衡的特征。"① 张灏通过三个例子说明了这种特征：第一，朱子虽然主张政教合一，但其道统论却将三代以后的历代君主排除于道统之外，否定了他们的道德正当性，预示了日后道统与治统的争论和政教二元趋势的出现。这表明以《皇极辨》为核心的儒家主流政教合一立场内部存在高度的张力与紧张性。第二，康有为在晚清开展的"孔教运动"中，以宋明道学中的超越内化观念为基础，接纳了西方基督教的政教二元观念和一些反权威主义的自由民主观念。这显示了儒家政教合一观念在面对外部思想影响时的复杂性和特殊性。第三，清朝儒生曾静在被雍正皇帝审讯时坦言，根据天命观的圣王道德逻辑，皇帝应该由儒家学者担任。这其实就是批评三代以下的历史人欲横流、漆黑一片，而三代则是天理流行、光明净洁的时代。这种对历史的双重评价体现了儒家政教关系思想中的内在紧张和异化感，对近现代中国思想的发展产生了不可忽视的影响。

总之，张灏通过分析儒家政教关系思想的发展和演变，揭示了其内部存在的矛盾、张力及其"不稳定的均衡"的特征。通过具体的例子，张灏展示了儒家主流观念在面对不同历史背景和外部思想影响时的复杂性和特殊性，这种内在的紧张和异化感在传统知识分子中普遍存在，并对近现代中国思想的发展产生了深远的影响。正如张灏所说："总之要充分认识儒家传统主流的政教一元论，我们必须正视它思想内在不稳定均衡的特征，而只有把这特征放在以天命说为基点的思想发展脉络里，与儒家政教思想的另一政教对等的趋势合而观之，才

---

① 张灏：《转型时代与幽暗意识——张灏自选集》，上海：上海人民出版社，2018年版，第146页。

能深入掌握其意义,并进而对儒家政教关系的复杂性与特殊性有一全面深入的透视。"①

结语

综上所述,张灏的儒学思想研究主要体现在幽暗意识、轴心时代、转型时代、经世理念和政教关系这五个方面:

第一,张灏提出的"幽暗意识"产生于对人性中或宇宙中与始俱来的种种黑暗势力的正视和省悟,认为世界有缺陷,不能圆满,人的生命有丑恶和遗憾。相比于忧患意识,幽暗意识正视人性中的阴暗面和黑暗势力,警戒权力带来的腐败。儒家思想中包含幽暗意识,强调现实生命缺乏德性,需要净化、提升。虽认为人性具有善恶两面,但儒家认为人能体现至善、成为完人,故而具有相当的乐观精神。另外,中国传统未能开出民主宪政的一个重要思想症结,在于儒家学说未能对幽暗意识作充分的发挥。

第二,轴心时代的精神突破,特别是超越意识的觉醒,对人类对现世的批判产生了重大影响。轴心时代,人类开始意识到超越现实世界的存在,并开始探索和思考更高层次的精神和意义。这种超越意识的觉醒导致了人类对现世的批判维度的开显,激发了人类对更高理想和价值的追求。张灏强调了超越意识在各种文化和哲学体系中的体现,并指出了轴心时代的人极意识与西方近现代人本中心观念的差异:西方近现代人本中心观念强调人的首要地位和唯我独尊的态度,认为人类有能力对宇宙万物加以宰制和利用;而轴心时代的人极意识更注重人类的智慧和道德责任,并没有强烈的主体性和统治欲望。此外,张灏将中国传统思想中的乌托邦主义倾向追溯至轴心时代的精神突破,指出儒家思想中的圣王观念体现了乐观主义精神,并含有一定程度的乌托邦主义倾向。这种乌托邦主义主要是以过去为取向,强调通过个体道德修养的提升和社会治理的

---

① 张灏:《转型时代与幽暗意识——张灏自选集》,上海:上海人民出版社,2018年版,第148页。

改善来实现理想社会的目标。

第三，中国近代思想史的转型时代（1895—1925）是中国思想文化由传统过渡到现代、承先启后的关键时代，张灏详细探讨了这一时期思想知识的传播媒介和思想内容本身的突破性变革，包括制度性传播媒介的出现、知识阶层的形成、文化取向危机和新的思想论域的形成。其中，最重要的是思想内容的变化，一是产生文化取向危机，即基本的道德与社会价值取向的动摇，儒家基本道德价值受到质疑，个体选择和价值观呈现多样性特征；二是形成新的思想论域，即使用新的语言，围绕危机意识展开讨论，涉及对现实问题的关注和寻求改变未来的途径。总之，儒家伦理体系在近代转型时代受到多方冲击，对知识分子影响极大，现代知识分子脱离乡土社会聚集在大都市中，面临着西方文化所带来的文化认同挣扎和在价值取向与精神取向上的危机。

第四，张灏深入探讨了儒家经世理念的多维度内涵，包括其作为儒家天职理想、政治秩序关切以及治术概念的不同层面。他首先强调了儒家经世理念基于道德理想主义的特质，指出每个人都有内在的道德潜能，但并非每个人都能经受自我转化之艰辛过程，因此治理天下成为君子群体的特殊责任，进而又阐述了儒家思想中个体进行自我修养和道德提升的重要性。其次，在政治秩序方面，张灏强调了政治秩序对于人世的首要性源自根深蒂固的儒家理念，这一理念促使士人追求个人品德的完善并积极参与社会治理，要求统治者具备高尚的道德品质，以身作则。最后，他还重点考察了儒家经世思想现实性的一面——儒家学者致力于解决国家与社会所面临的实际问题，将经世作为"经世之学"这一新的儒家学术分支的专有范畴。

第五，张灏在讲座中详细探讨了儒家传统中政教关系思想的发展历程，认为儒家政教关系思想主要分为政教一元和政教二元两种观念。政教一元观念认为政治与道德合一，但因受到宇宙王制观和天道观的影响，故而形成了一种不稳定的均衡。这一观念在儒家思想中占据主流地位，但内部存在着矛盾和张力。相比之下，政教二元观念认为政治与道德彼此相对独立，但这一观念在历史发展中未能取得主流地位。张灏深入分析了儒家政教一元立场的思想基础和内在矛盾，认为儒家政教合一的主流观念内部存在不稳定均衡的特征，并通过分析朱熹、康有为、曾静三个例子说明了这种特征。总之，张灏全面阐述了儒家政教关系的发展历程，深入分析了政教一元和政教二元两种观念的演变和影响，强调了政教一元观在儒家思想中的重要地位，并指出政教二元或政教对等观念在历史上遭遇困境而未能成为主流的原因。同时，他还指出了儒家政教合一的主流观念的复杂性、特殊性及其在历史发展中的不稳定均衡特征。这些观点对于理解儒家思想中的政教关系具有重要的意义。

近十年越南儒学发展报告

山东大学儒学高等研究院　　［越］郑香璃

儒学在越南的传播发展已经有两千多年的历史，这是一个漫长的过程——从最初作为一种外来的意识形态被大多数越南人排斥，只被少数从中国来到越南定居的人接受；之后逐渐发展成越南的国学并被纳入国家考试体系，一度成为越南封建王朝的政治意识形态。这中间有抗拒，有内生，有转化，也有融入。中国学者梁志明教授就指出："古代越南没有创造独立于中国儒学之外的学派，而是将中国儒学应用于越南。但越南并非一切照搬，而是有所选择与发挥，使之具有一定的民族化的特征。"[①] 随着现代国家的建立生成，儒学已然成为越南诸多文化中最具特色的一种，儒学研究也得到了官方的认可与支持。对此，越南社会科学翰林院哲学所所长阮才东认为，儒家传入越南经历了一个过程，即从"外往"到"内生"，从外人的思想变成自己的思想。因此，本文将对近十年来的越南儒学发展状况作一大致的总结描述。

一、越南儒学在官方

20世纪40年代，越南主席胡志明曾说：安南[②]人民要自己完善自己，靠读孔子作品来完善精神方面，靠读列宁作品来完善革命方面。胡志明很善于用儒家思想教育和要求革命干部，还多次引用儒家经典来指导干部加强自我修养，进而为百姓服务。如今，越南政府继续学习与效法胡志明思想，所以在政府管理方面依然还在运用儒学思想，比如：

---

① 梁志明：《论越南儒教的源流、特征和影响》，《北京大学学报（哲学社会科学版）》，1995年第1期。
② 在20世纪早期的一些文献中，越南人常自称是"安南人"。

用"仁、义、智、勇、廉"培养政府人员道德，要求每个干部都要有"仁义""礼"，并以之"正名""修身"。这里的"仁义"，是不贪图私人利益，要为人民的共同利益着想，不论条件艰苦与否，都要关爱人民、为人民服务，这就是"孝于民"。这里的"礼"，是要求每个干部都要维护国法、纲纪，每个公务员都要用真心来处理公务，从而维持社会的公平、稳定和发展。在现代越南社会中，存在许多国家干部未能正确履行职责的现象，所以"正名"要求每个干部都必须专注于履行自己的职责、完成自己的任务。而关于"修身"，胡志明主席曾说："革命道德不是从天而降的，它是通过每天的艰苦斗争和锻炼而发展和加强的，就像宝石越磨越亮，金子越炼越清。"所以现在的政府机构每个月都要进行自我批评，并评价和审查行政人员道德水平。此外，在外交工作方面，越南政府也注重运用儒学思想进行交流，如现代越南外交便仿效儒家的"中庸""和平"之道，不孤立地站在某一派系的立场上片面地分析问题。

用儒学思想来建构治国精神。如越南政府重视"修身，齐家，治国，平天下"的理念，每个干部都要约束好自己的言行，成为真正的表率——不只是管好自己，家人也要管好。这一思想在阮富仲总书记签署过的一个规定中有所体现：政治局委员、书记处委员、中央委员必须严于律己，坚决反对"让妻子（丈夫）、父亲、母亲、孩子、兄弟姐妹利用自己的职位、权力和威望谋利，让妻子（丈夫）、孩子奢侈地生活，炫耀、浪费或陷入社会罪恶"。越南政府已严格执行这一规定，政府人员一旦违反都将受到严厉惩罚。此外，儒学中的"民本思想"也深刻影响了越南共产党，越共十三大文件提到："在党和国家的所有工作中，必须始终深入贯彻和认真落实'民为本'观点，真正地信仰、尊重和维护人民的权威，坚守'人民知道，人民讨论，人民工作，人民视察，人民监督，人民受益'的座右铭。人民是国家改革、建设和国防的中心和主体，所有政策都必须真正来自人民的合法需求、愿望、权利。"

二、越南儒学在民间

到了19世纪，越南的文庙就已多达160余座，足见儒家思想在越南已经深入人心。

在社会组织文化中，尽管宗法制度衰落已久，但其思想在现代越南社会仍然存在，比如儒家"无后为大"的思想，就在越南社会尤其是农村根深蒂固地传承下来。在风俗习惯中，越南的一些风俗尤其是婚庆和丧葬等，都受到儒学和中国文化的影响，比如越南婚礼中也有纳吉、亲迎等。在语言使用上，越南现在使用的文字已是拉丁文字，但还存在汉语借词，虽然书写方式跟汉字完全不同，但意思跟汉语词还是一致的，只是变了声调。越南人把汉字称作儒字，平时交流用越南语，但在举行祭祀祖先、神灵与祈福等活动时，则必须用汉字写成祝文。在日常教育中，很多越南民间老百姓信奉儒家思想，他们认为通过学习和尊奉儒家思想，人就会变好，因而儒家所提倡的中庸之道、和而不同、仁者爱人、忠恕之道、谦恭礼让、长幼有序、尊师敬长、尊老爱幼等核心价值观，已经浸润到了越南人的日常生活与性格当中，比如在与他人谈话时称呼对方，从不说"你"，而是根据辈分、地位、年龄、性别以及感情的亲疏远近，称"先生""老师""伯""叔""姑""兄""姐""弟""妹"等等，体现了儒家注重长幼尊卑、礼以别异的思想。

三、越南儒学在高校

现代越南高校里较有名望的儒学专家有阮金山教授，他的相关著作有《越南一些问题》（1998）、《〈儒藏〉精华编越南之部》（2013）、《越南儒学经典》（2014）、《越南儒学原典》（2015）、《宋明哲学散文讲义：文本与哲理》（2016）、《东南亚儒学传统与现代》（2017）、《越南儒学观点与方向研究》（2018）。其中，《宋明哲学散文讲义：文本与哲理》已经成为越南河内国家大学下属的社会与人文科学大学汉喃专业的课程教材。

越南的高校基本上是多学科综合类大学，每所高校都有自己的特色专业。在这些高校里，大部分儒学知识都会隐含在中国文化课程、越南文化课程、东方哲学课程、越南宗教课程、越南历史思想课程之中进行讲授，广泛分布于哲学、宗教学、中国学等学科中。总体来看，越南高校的本科课程对儒学只是泛泛介绍，尚无深入研究，为了更直观地获取认知，我将以社会与人文科学大学哲学专业的课程为例进行介绍。社会与人文科学大学中含有儒学教育的院系主要集中在文学系、哲学系、东方学系等，各系的学分分别为：汉喃系本科生149学分、硕士研究生59学分、博士研究生14学分，东方学系本科生139学分，文学系本科生140学分。下表中列出的是儒学教育的相关课程及其所占的学分：

表1　讲授儒家经典的课程及学分

学历	专业	课程	学分
本科	汉喃	《论语》	3
		《大学》	2
		《中庸》	2
		《孟子》	2
		《诗经》	3
		《春秋左传》	3
		《易经》	2
		《礼经》	2
		《书经》	3
硕士研究生	汉喃	《论语》（II）	2
		《孟子》（II）	2
		《诗经》（II）	2
		《书经》（II）	2
		《易经》（II）	2
		《礼经》（II）	2
		《春秋左传》（II）	2
博士研究生	汉喃	无	0

表2　讲授儒学理论或思想史的课程及学分

学历	专业	课程	学分
本科	汉喃	儒教、佛教、道教	4
		儒家经学历史	2
		诸子	2
		宋明哲学散文	2
硕士研究生	汉喃	诸子百家精选	2
博士研究生	汉喃	无	0

表3　与儒家经典相关的课程及学分

学历	专业	课程	学分
本科	汉喃	越南教育与科举	2
		东方古典文学理论	2
		汉喃文献介绍分析	2
	东方学	中国哲学	2
		中国宗教	2
	文学	儒学与民族文学	2
		10世纪到18世纪中期越南文学	3
		18世纪后期到19世纪早期越南文学	2
		19世纪后期越南文学	2
硕士研究生	汉喃	越南科举制度和科举文章	2
		中国思想史	2
		越南思想史	2
	哲学	世界新儒家	2
		当代中国哲学	2
	亚洲学	东亚儒学与文化	2
博士研究生	汉喃	现代与传统诠释学	2

四、越南研究和教育机构的儒学活动

除了高校中的相关院系，越南政府也有自己的研究和教育机构：

（一）越南社会科学翰林院

上文提到越南政府深受儒学影响，所以为了能够深入理解越南思想发展的形态，将古人的哲学理论应用于现代社会，越南政府便建立了自己的研究机构。

越南社会科学翰林院负责研究社会科学领域的基本问题，它的责任是为党和国家制定的发展战略、方针和政策提供科学的理论依据与建议，培养社会科学领域的学术后备军，挖掘整个国家的社会科学研究潜力，故而其下属学院也要以此为宗旨从事研究，其中，汉喃研究院和哲学所便是儒学研究的代表机构，其研究任务与儒学密不可分。

1. 汉喃研究院

汉喃研究院是越南社会科学翰林院下属的一个机构，成立于1970年，其基本职能是组织研究、开发、翻译、出版汉喃文化遗产，培养汉喃研究人员，收集、保存、修复汉喃文献资料，现任院长是阮俊强先生[①]。2013年，为了更好地完成分配到的政治任务，汉喃研究院组织了更多的以汉喃文献为中心的学术研究活动，其中《汉喃杂志》和该研究院提出的主题科学研究受到了国内外许多研究人员的关注。汉喃研究院利用政府的力量，广泛收集汉喃古籍资料，笔者根据一份调查报告[②]，将汉喃研究院保存的与儒学相关的典籍资料分为以下两类：

（1）儒家经典

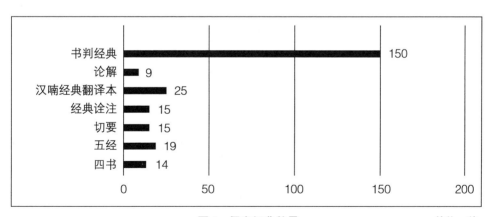

图1　儒家经典数量　　　　　　　　　　　单位：种

①阮俊强，汉喃学博士，越南社会科学翰林院下属汉喃研究院院长、博士生导师，兼任越南河内国家大学汉学专业教授、越南国家文化遗产委员会委员。主要从事越南汉学和儒学、越南古典语言文字学、儒家经典在古代越南的翻译和接受等领域的研究，主编有《东亚汉籍与越南汉喃古辞书研究》《越南汉喃文献与东亚汉字整理研究》《越南汉学新视野》等论集。

②阮春面：《汉喃研究院的儒学文献概述对储量和价值的调查和评估》，《Vietsciences》，2010年4月18日。

（2）反映儒学在越南影响的资料

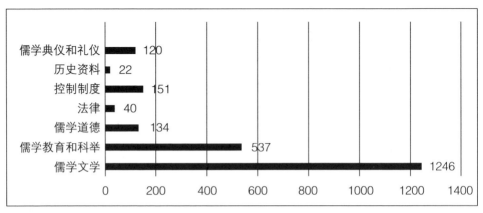

图2　反映儒学在越南影响的资料数量　　　　　　单位：种

汉喃研究院的另一个任务是研究、开发、翻译和出版汉喃文献遗产。汉喃语是越南中古时期的国语，在这一时期，除了佛教、道教，儒学也对越南影响甚深，所以要研究汉喃古籍，儒学积淀必不可少，这一点在《汉喃杂志》公布的研究人员名单以及关于汉喃古籍的研究成果上体现得很明显。但就笔者看来，《汉喃杂志》公布的一些儒学研究成果还多是局限于概念研究，抑或是解读和翻译汉喃古籍。真正意义上的学术研究活动则要数汉喃研究研讨会，该会由汉喃研究院主持，每年举办一次，会上提交的文章多是对儒学的深入研究。

2. 哲学所

哲学所的前身是哲学组，成立于1959年，最初隶属于国家科学委员会，自1967年至今，划归越南社会科学翰林院，现任所长是阮才东先生。哲学所的职能和基本任务是从哲学的角度研究越南社会主义发展方向的问题，有助于为规划党和国家的路线、政策以及建立科学的世界观和方法论提供论据，组织哲学咨询和研究生培训，挖掘国家的社会科学潜力。为了能从哲学角度研究越南社会主义发展方向的问题，哲学所要了解世界范围内典型的哲学形态，其中就有以中国哲学、印度哲学和日本哲学为主的东方哲学，而儒学思想也包罗在内。可以说，由于越南哲学思想内含着儒学，所以哲学所除了研究马克思主义、列宁主义、胡志明思想之外，还要研究中国哲学，特别是儒学。

上文提到的汉喃研究院，是保存重要的汉喃文献资料的地方，而哲学所则是深入研究哲学（包含儒学）理论的地方，对越南哲学研究界贡献颇丰，如公布了越南哲学思想史的研究成果。除了学术研究，哲学所还培养出了很多知名的哲学学者，如《儒学与越南思想史》的作者阮才书先生。

（二）社会与人文科学大学

1995年，社会与人文科学大学正式成立，成为越南河内国家大学下属的一个独立单位。经过近三十年的发展，该校成为越南人文社会科学研究领域中领先的高校。学校设立了研究中心，并独立开展了一系列研究活动。

中国研究中心（CCS）成立于2002年，是社会与人文科学大学的下属单位。在儒学领域，该中心为不少国内外学术研讨会或讲座的组织举办作出了巨大贡献，如"越南儒学研究、观点和方法"（2013）、"东亚儒学：传统与现代"（2015）、"儒家与当代教育哲学"（2016）等国际研讨会。

此外，该中心还出版了许多国内外关于典型儒学研究的学术著作，如《〈儒藏〉精华编越南之部》《越南儒家经典》《东亚儒学资料丛书》。

以上机构可算是越南儒学研究机构中的代表，在越南的儒学研究领域卓有贡献。越南社会科学翰林院下属的汉喃研究院以教授汉喃文识读为主要职能，而通晓汉喃文对研究越南儒学至关重要，因为大多数越南儒学古籍都是由汉喃文写成。哲学所作为越南社会科学翰林院的下属单位，专门研究哲学思想，意在从儒学典籍中抽绎出与越南现代社会息息相关的思想，使人们更加了解越南现代思想建立的过程。而越南河内国家大学下属的社会与人文科学大学则是以推进儒学教育、传承儒学思想为办学宗旨。

由于越南还有很多高校收藏有儒学研究的相关资料，如果只从这三家机构中寻找资料，则必定会遗漏很多有价值的信息，所以为了明确越南儒学的研究方向，笔者会在下文列举相关资料加以补充。

五、越南儒学的研究论文与会议动态

（一）近五年越南儒学研究论文

表4　2019年至2023年越南儒学研究论文概览

时间	作者	题目	学术刊物、学术机构或学术会议
2023年	丁清孝（Đinh Thanh Hiếu）	《儒学教育在君主时代的一些基本特点》（Một số đặc điểm cơ bản của giáo dục Nho học thời quân chủ）	《汉喃杂志》
2023年	阮海英（Nguyễn Hải Anh）	《〈南风杂志〉[①]的家礼与家礼改革》（Gia Lễ và cải cách gia lễ trong Nam Phong tạp chí）	《汉喃研究》
2023年	武越平（Vũ Việt Bằng）	《通过〈胡尚书家礼〉[②]研究胡宗族儒学家礼：香和酒文化》（Nghiên cứu gia lễ Nho giáo dòng họ Hồ thông qua Hồ Thượng Thư gia lễ: Văn hóa hương và rượu）	《汉喃研究》
2023年	裴伯钧（Bùi Bá Quân）	《易学与越南命名文化：从传统到当代的视角》（Nghiên cứu Dịch và văn hóa đặt tên tiếng Việt: Từ góc nhìn truyền thống đến đương đại）	台湾中文学会
2023年	潘英俊（Phan Anh Tuấn）	《荀子哲学中的"心"》（Tâm trong triết học Tuân Tử）	岘港大学《科学与工艺杂志》
2023年	裴伯钧（Bùi Bá Quân）	《越南〈易经〉：从大字、对联、铭文传统著述角度来看》（Kinh Dịch tại Việt Nam: Nhìn từ các sáng tác đại tự, câu đối, minh văn truyền thống）	《人文与社会科学杂志》
2023年	阮氏如（Nguyễn Thị Như）	《李陈时期三教融合趋势》（Xu hướng hội nhập tam giáo thời Lý - Trần）	《人文与社会科学杂志》
2023年	杨文河（Dương Văn Hà）	《郑惠[③]的两部书〈三教源流记〉和〈三教一元论〉中佛儒融合思想的共同性和独特性》（Nét chung, riêng trong tư tưởng dung hợp Phật - Nho qua hai tác phẩm Tam giáo nguyên lưu kí của Toàn Nhật Quang Đài và Tam giáo nhất nguyên thuyết của Trịnh Huệ）	《汉喃杂志》

---

①《南风杂志》是20世纪初越南创办的重要期刊，也是研究越南文字变革与近现代汉越新词的珍贵文献。

②在越南的仪式类著作体系中，《胡尚书家礼》占据核心地位，它不仅继承了上一代仪式遗产，还为日后一系列仪式类著作的编纂奠定了基础。

③郑惠是越南最后一位状元。

（续表）

时间	作者	题目	学术刊物、学术机构或学术会议
2023 年	武越平（Vũ Việt Bằng）	《关于家礼的汉喃书籍的经学性和实用性》（Tính kinh học và thực dụng của thư tịch Hán Nôm về gia lễ）	《汉喃杂志》
2022 年	陈原越（Trần Nguyên Việt）	《中国经学和越南思想史上的一些概括》（Vài nét khái quát về kinh học trung quốc và kinh học trong lịch sử tư tưởng việt nam）	《哲学杂志》
2022 年	裴伯钧（Bùi Bá Quân）	《〈易经〉对中国和越南的年号影响》（Kinh dịch với việc đặt niên hiệu ở Trung Quốc và Việt Nam）	《汉喃研究》
2022 年	裴伯钧（Bùi Bá Quân）	《吴时任文章中的易学思想》（Tư tưởng dịch học trong văn chương của Ngô Thì Nhậm）	《文学杂志》
2022 年	范氏翠恒（Phạm Thị Thuý Hằng）	《〈诗经〉和〈春秋左传〉的重礼思想》（Tư tưởng trọng lễ trong kinh thư và xuân thu tả truyện 'chương hoàn công'）	《科学杂志》
2022 年	黄文草（Hoàng Văn Thảo）	《19 世纪后期南部人民精神和文化中的儒学（从阮廷炤的典型作品看）》（Nho giáo trong đời sống văn hóa, tinh thần của nhân dân Nam bộ nửa cuối thế kỷ XIX 'qua sáng tác tiêu biểu của nhà nho Nguyễn Đình Chiểu'）	河内文化大学
2022 年	阮越芳、杨春玉河、陈右尚（Nguyễn Việt Phương , Dương Xuân Ngọc Hà , Trần Hữu Thượng）	《亨利·伯格森的"直觉"和陈仲金的"良知"：从〈儒道〉书①的角度来看》（"Trực giác" của henri bergson và "lương tri" của trần trọng kim: một điểm nhìn từ cuốn nho giáo）	国际文化和教育研讨会 (ICCE)
2022 年	阮文造（Nguyễn Văn Tạo）	《儒学中的兄弟感情在现代家庭中的背景研究》（Tư tưởng của Nho giáo về tình cảm anh em trong gia đình trong bôi cảnh hiện nay）	《家庭和性别研究》

---

① 这是现代为数不多的关于中国儒家思想的最早书籍之一，在越南文化生活中产生了巨大影响。

（续表）

时间	作者	题目	学术刊物、学术机构或学术会议
2021年	阮寿德（Nguyễn Thọ Đức）	《李文槐①的〈孔子学说〉：从20世纪早期越南研究儒学的方法展开来看》（Khổng Tử học thuyết của Lê Văn Hoè nhìn từ bối cảnh triển khai phương pháp nghiên cứu Nho giáo ở Việt Nam nửa đầu thế ki XX）	《人文与社会科学杂志》
2021年	阮宝玉（Nguyễn Bảo Ngọc）	《中国21世纪前十年儒家经典普及活动的研究：以〈论语〉为案例》（Nghiên cứu hoạt động đại chúng hóa kinh điển Nho gia 10 năm đầu thế ki XXI ở Trung Quốc - Trường hợp tác phẩm Luận ngữ）	河内国家大学
2021年	黄秋香（Hoàng Thu Hương）	《儒家在李陈时代政治生活中的作用：从〈大越史记全书〉看》（Vai trò của nho giáo trong đời sống chính trị thời Lý- Trần qua bộ Đại Việt sử ký toàn thư）	河内国家大学
2021年	吴映容、李芳唯（Ngô Ánh Dung, Lê Phương Duy）	《越南儒学经典切要：以〈四书切要〉中的〈中庸切要〉为研究案例》（Tiết yếu kinh điển Nho gia tại Việt Nam: Nghiên cứu trường hợp Trung dung tiết yếu của Tứ thư tiết yếu）	《汉喃研究》
2021年	武越平（Vũ Việt Bằng）	《中国家礼书籍在越南：〈文公家礼仪节〉文献》（Thư tịch gia lễ Trung Quốc ở Việt Nam: văn bản Văn công gia lễ nghi tiết）	《汉喃研究》
2021年	裴伯钧（Bùi Bá Quân）	《范廷琥②的易学作品：一些文本的问题》（Phạm Đình Dổ và các tác phẩm dịch học: Một số vấn đề văn bản）	《汉喃研究》
2021年	裴伯钧（Bùi Bá Quân）	《越南的"易图学"》（Dịch đồ học tại Việt Nam）	河内国家大学

---

① 李文槐是越南有名的历史学家。

② 据《大南实录》记载，范廷琥"少嗜学，应举屡绌，递肆力读书，多所该洽，熟典故，人皆推之"，曾任翰林院行走、翰林编修、国子监祭酒、翰林院侍讲学士。

（续表）

时间	作者	题目	学术刊物、学术机构或学术会议
2021 年	黄明君（Hoàng Minh Quân）	《范阮攸①〈论语愚按〉中的学习观念》（Quan niệm của phạm nguyễn du về "học" trong luận ngữ ngu án）	《哲学杂志》
2021 年	武清荼（Vũ Thanh Trà）	《〈四书约解〉的批注问题研究——〈卫灵公章〉扣题》（Nghiên cứu vấn đề chú giải trong tứ thư ước giải luận ngữ- trọng tâm là thiên vệ linh công）	《社会人力科学》
2021 年	陈氏泰河（Trần Thị Thái Hà）	《陈朝时期的儒学教育》（Giáo dục nho học thời trần 'thế kỉ xiii – thế kỉ xiv'）	河内师范大学《科学杂志》
2021 年	范氏兰（Phạm Thị Lan）	《儒学教育的基本思想》（Tư tưởng cơ bản về giáo dục của nho giáo qua một số nhà nho tiêu biểu）	《工艺和科学杂志》
2020 年	阮映君（Nguyễn Anh Tuấn）	《唐五代女诗人作品中的儒、佛、道烙印研究》（Dấu ấn Nho - Đạo - Phật trong thơ ca của các nữ thi nhân thời Đường - Ngũ đại）	《人文与社会科学杂志》
2020 年	武文勇（Võ Văn Dũng）	《古代儒家哲学中的辩证思想》（Tư tưởng biện chứng trong triết học Nho giáo thời cổ đại）	庆和大学
2020 年	裴伯钧（Bùi Bá Quân）	《越南中古时期儒家对周子易图学的论解研究》（Nghiên cứu sự luận giải về Dịch đồ học Chu Tử của nho gia Việt Nam thời trung đại）	河内国家大学
2020 年	裴伯钧（Bùi Bá Quân）	《〈易义存疑〉中的一些文本问题》（Một số vấn đề văn bản của tác phẩm Dịch nghĩa tồn nghi）	《汉喃研究》
2020 年	阮玉诗（Nguyễn Ngọc Thơ）	《儒家视角下东亚传统文化的"正统化"机制》（Cơ chế "chính thống hóa" trong văn hóa truyền thống Đông Á dưới nhãn quan nho giáo）	《越南文学研究杂志》

---

① 范阮攸是越南李朝中兴时期有名的史学家、诗人。

（续表）

时间	作者	题目	学术刊物、学术机构或学术会议
2020年	范氏滦（Phạm Thị Loan）	《越南儒学教育在19世纪末20世纪初的衰落》（Sự suy tàn của nền giáo dục nho học việt nam vào cuối thế kỉ XIX, đầu thế kỉ XX）	胡志明市人文社会科学大学"十九世纪后期到二十世纪早期越法（越南和法国）教育"研讨会
2019年	范明德（Phạm Minh Đức）	《孔子的政治观念》（Quan điểm chính trị của Khổng Tử）	《汉喃杂志》
2019年	阮氏雪（Nguyễn Thị Tuyết）	《从〈金云翘传〉考察〈诗经〉诗料》（Khảo cứu nguồn thi liệu Kinh thi trong Truyện Kiều）	《汉喃研究》
2019年	李氏红容（Lê Thị Hồng Dung）	《18世纪初至20世纪初越南的孟子研究著作探究》（Tìm hiểu các văn bản thuyên thích sách Mạnh Tử từ đầu thế kỷ XVIII đến đầu thế kỷ XX hiện còn ở Việt Nam）	《汉喃研究》
2019年	郑克强（Trịnh Khắc Mạnh）	《越南儒学科举教育的好处》（Những cái ĐƯỢC của nền giáo dục khoa cử Nho học Việt Nam）	《汉喃研究》
2019年	李时新（Lê Thời Tân）	《重新认识〈儒林外史〉小说中的科举题材》（Nhận thức lại đề tài khoa cử trong tiểu thuyết Nho lâm ngoại sử）	《人文与社会科学杂志》

（二）越南儒学会议动态

2023年3月14日举办了主题为"东亚儒家文献和越南碑文：跨学科方法"的国际研讨会。本次研讨会是由越南－日本大学和汉喃研究院合作举办的，重点讨论了与东亚地区家族文化有关的古典汉语文献问题，以及与越南历史上儒家、家族和妇女有关的汉喃文献。参会者有 Philippe Papin 教授（法国高等研究院越南项目负责人）、Kohama Masako 教授（日本大学日本项目负责人）、Momoki Shiro 教授（越南－日本大学教授）、阮俊强教授（汉喃研究院院长）等。

会谈包括9篇论文，其中5篇来自外国学者，4篇来自越南学者。如 Kohama Masako 教授的《东亚的家庭和性别秩序：从比较儒家历史的角度来看》、Sasaki Magumi 教授的《近代早期的中国家庭和性别》、Yoshida Yuriko 教授的《近代早期的日本夫妻关系》、Momoki Shiro 教授的《近代早期越南村庄资料中的家庭和儒学》。

汉喃研究院的几位人员也提交了研究论文，分别是郑克强教授的《通过 17 世纪至 18 世纪海阳省的碑文研究妇女加入祭祀 "厚、后或後"》、陈重杨副教授的《儒学的权利：历史记录中的女人》，研究生辈国零的《通过风俗祭祀 "后、厚、後" 看孝道》、研究生明春秋的《通过家族资料看越南家族概况》。

2022 年 4 月 23 日至 24 日举办了主题为 "越南和东亚儒家经学：遗产和价值" 的国际研讨会。本次研讨会由越南社会科学翰林院哲学所、河内大学孔子学院和中国的广西师范大学联合举办。越南社会科学翰林院哲学所所长阮才东表示，在阮金山教授组织关于越南儒家经学的研讨会整整十年后，哲学所才组织了这次有关儒家经学的研讨会，可见经学是越南儒家思想研究中最有难度的一大领域。

他认为，在 "哲学" 概念从西方传入东亚之前，儒家思想的研究主要就是通过经学，而现在，儒家哲学的研究也不可能与儒家经学完全分开。从诠释学、哲学史的角度来看，经文中有大量未被发现的宝藏与新的启迪。

本次研讨会为期两天，第一天的会议主题是 "越南与东亚经史中的四书"，第二天的会议主题是 "越南和东亚经史中的五经"，参会的研究机构与高校有越南社会科学院哲学研究所、广西师范大学（中国）、成均馆大学（韩国）、辽宁大学（中国）、广西大学（中国）、北九州市立大学（日本）、庆尚国立大学（韩国）、欧洲研究所（英国）、伦理研究所（马来西亚）、诚信女子大学（韩国）。

2020 年 12 月 19 日举办了主题为 "越南儒学传统与韩国儒学传统：相同与区别" 的国际线上研讨会。本次研讨会由越南社会科学翰林院哲学所与韩国学中央研究院联合举办。Chung Soon-Woo 教授在致辞中确认了儒家思想在处理人与人、人与社会乃至当今全人类之关系中的价值。他还强调，新冠疫情的发生在某种意义上反倒推动了人际关系新模式的建立，而研讨会是一个有用的学术交流论坛，有助于各国专家学者深入讨论并重申儒家价值观。

研讨会在提交的论文中，评选出了6篇佳作，即《韩国和越南的礼教实践》《在韩国重建多元文化教育理论中继承传统教育遗产》《关于越南历史上儒家民族化进程的特点》《Jeong Yak Yong 对〈论语〉中"人"的看法》《儒家思想和农村社区的土著性（韩国的契约和越南的乡约）》《妇女在越南儒家思想和韩国儒家思想中地位的相似性和差异性》。

结语

越南近十年来的儒学研究有两个趋向：一是致力于儒学古籍的研究，以此来深入了解越南古代儒学思想以及越南儒学的特点；二是致力于古代儒学思想与越南现代社会之间的关联性研究，以此来探讨越南现代性的路径选择问题。第一个趋向尽管有些成果，但比较研究还不够深入细致，与原生儒学之间的对比度没有凸显出来；第二个趋向的出发点是古今结合以实现现代转换，但尚停留在理论层面，能否落实到现实维度则未可知。

目前，越南儒学研究界与其他儒学圈（如东亚儒学圈、美国儒学圈、欧洲儒学圈）相比，无论是研究成果还是研究队伍，都还十分薄弱。对此，山东大学儒学高等研究院的曾美珠副教授说：越南儒学为何很少人研究且研究成果没有那么好？首先，是因为相关书籍保存得很少，越南历史上战争频仍、气候潮湿等因素，使书籍难以完好留存。其次，是因为现在越南不使用中文，而很多越南古典文献都以中文写成，故而看起来比较吃力，导致越南儒学研究起步晚。再次，是因为很多研究机构的学者会把越南儒学与日本、韩国的儒学进行比较，认为越南的朱子学没有新意，所以不做深入研究，但是越南儒学注重史学和经学，而韩国儒学注重义理，相信将来越南儒学定会有不同于韩国、日本儒学的研究成果出来。基于此，曾美珠副教授认为，如果有更多的人投入越南儒学研究，假以时日，越南儒学研究的优势必将凸显。

儒家访谈

台湾"鹅湖"史话专题：专访曾昭旭教授

山东大学儒学高等研究院　李玮皓　张海珍

李玮皓：曾教授，您好！非常感谢您能参与这次访谈。能否请您先谈谈自身学习哲学的背景以及您是如何走上中国哲学研究之路的？

曾昭旭：好的。我个人的生命成长、身心修养的发展以及学习历程，跟时下一般同道有个主要的不同——我不是直接从文本、理论，或者说是从经典与相关著作入手的，而是从生活的体验与实践中入手的。从我的早年说起，首先我是广东人，出生在 1943 年，正值抗日战争时期。那时，日军打到南方，我妈妈带着我跟我姐姐逃难出来。1949 年，我们又从内地到了香港，在香港待了四年半才又来到台湾。所以幼年时期，我生长在一个动荡不安的环境中，对于生活的体验，就有点像孔子所说的"吾少也贱，故多能鄙事"，我是从生命经验的负面切入的，所以比较能够体会到生命存在的艰难与无常。就像《易经》"乾""坤"两卦之后紧跟的就是"屯"卦，"屯"就是难，就是坎，就是生命的艰难困苦。对我而言，真正去理解和研究儒学的一个切入点，不是知识，是生活的体验，而这种生活体验，又通常是从负面角度切入，所以孟子才会说"人恒过，然后能改"，也会说"天将降大任于是人"，一定要先"劳其筋骨，饿其体肤"，到后来"行拂乱其所为"，才能够"动心忍性，曾益其所不能"，仔细考量，儒学本身就是个实践的境。这样一个童年生活背景也同时关联着我的身体健康状况，因为从小逃难到山区，物资匮乏导致营养不良，所以我一直体弱多病。如此一来，外部环境的动荡与自身身体的病痛，使我很自然地从动荡生活的体验，从负面的生活经验切入，来开启我自己的生命成长历程。

到了台湾之后，对我意义重大的事件，是我进入学风自由的建国中学就读。[①]在中学的六年时光里，我的生命气质跟禀赋得到了自由且多方面的生发与伸展。由于父母忙于生计，没有时间管我，所以我可以很自由地发展，使得我的整个生命成长比较多元且均衡，而这也让我日后没有走上一条狭窄的、专精的、偏重知识技能的发展道路，而是走向一个比较全面的、统整的、均衡的发展方向，走上一条做通人而非专家、成德而非成才的道路。这就是我从最初的自己为学到后来接触儒学的缘起与历程。

当然，那时西方的冲击还不是那么全面，我们还处于相对传统的环境之中。我正式进入儒学领域是在念大学国文系、念研究所、写博士学位论文的时候，刚进入儒学领域时，我觉得那时候的研究进路是比较正统的，除了从孔孟切入，王船山也是一个重要论题，所以船山学后来就成为我博士学位论文的选题。刚好那个时期，船山学在台湾刚刚兴起，我算第一批研究者，所以我的博士学位论文后来以《王船山哲学》为名出版后，就成为海峡两岸研究船山学不能跳过的一本书。[②]宋明理学偏重形而上的哲学，不管是陆王的本心，还是程朱的天理，到了船山时，又都重新回到实存的人间——由理学、心学到气学，这个时候才合形而上的道与形而下的器为一体，回到了孔孟的正位。到了后来，我又有了"鹅湖"的师友。这都是我的为学路数与特质跟其他师友相对不同的地方。

李玮皓：您在哲学研究中，着力最深的论题和研究特色是什么？您的研究领域相当广阔，您又是如何联结这些不同的领域进行对话的？

曾昭旭：我接着前面那个问题来回答。我研究的是一种正视生命的、实存的儒学，而不是以知识、理论体系的建构为核心的儒学，相对于知识的儒学，我研究的不妨就称为生活儒学。我研究的是这样一种体验的、实践的、照顾到整全生命存在的生活实存的儒学，因此这儒学当然就是全面的遍及万物的生活。

---

① 台北市立建国高级中学创立于1898年，是台湾地区最早设立的公立高中，该校长期以来只招收男学生，生源选拔严格，以学风自由著称。

② 此书最初由远景出版社于1983年印发，后由里仁书局于2008年重印。

如果就"体用"来讲，那它的重点就不是对形而上的"体"的探讨，而是在全面的生活的发用中去显著"体"，也就是所谓的"即用见体"。当然，儒学的本体、儒学的本质、儒学的精神本就在生活中无所不在，这也就呼应了孔子所说的"吾少也贱，故多能鄙事"。这一方面是"君子多乎哉？不多也"，就《论语》而言是忠信，但它在生活中的表现却是全面的、无所不在的，那么在这里，所谓的"吾少也贱"就是一种生活能力。生活能力有两层，一是《论语·为政》中所说的"道之以政，齐之以刑，民免而无耻"的谋生领域，一是"道之以德，齐之以礼，有耻且格"的人文化成领域，或者说是文化领域。谋生领域的生活能力，就是所谓的柴米油盐酱醋茶，生活中的这些事，人们都应该会；至于文化领域，则是琴棋书画诗酒茶。两个领域有个交叉点，那就是"茶"，因此，我认为茶最能够象征中国文化的本质精神，与之相对，西方是酒。酒让人沉醉昏沉，茶让人清醒自觉。

我在这两个层次都有全面的情境体验。一方面，在自己的生活中，我不是每天都躲在书房里做学问，而是会去参与生活中的事情，这种参与使我的整个身心状态不会偏枯，整副身躯有自然的扰动。我觉得这很奇妙，就身体而言，这是一种自然的健康，所以我现在八十岁了都不养生，但是身体一直都算健康，体检时所有指标都正常，没有吃任何药，这就是受惠于生活中自然的扰动。至于人文化成层面，我认为一个儒者不是只用大脑思考，像琴棋书画和以前的"六艺"——"礼乐射御书数"，古代儒者都会涉猎；就现代来讲，音乐、书法、绘画，还有茶艺、电影，我就都很自然地参与其中了。在中西文化的互动中，对于很多西方传过来的现代文学艺术形态，我都会将从孔孟儒学那里得到的道德体验渗透其中，从而开启我在美学、文学、艺术领域的一种全新参与。

在这里，我觉得最有体验感的，一个是电影，一个是茶艺。为什么是电影呢？因为电影综合了所有的艺术类型来作一个整体性的呈现。那呈现出来的是什么？就是跟生活最贴近的一种艺术的形态。这刚好呼应了中国的思维方式——船山所谓的"两端而一致"。这样一种偏重思维的形态就不是直接说理，而是即势说理，然后让势理这两端能够互相渗透相即而成为一体，也即分析与非分析相即为一体、理与势圆融无碍，这就是"即势而说理"。《易经》中的每一种卦，都是由一个简单的故事发展情节形成的一个整体性的意象，进而通过这个整体性的意象来体验、接近道。由"兴于诗"，由文学艺术的经营牵动人内心对于道德的体验与向往，然后到生活中去"立于礼"，最后造就生活的艺术，即"成于乐"。在这里，其实电影是最贴近的。电影有一个艺术的"势"、艺术的情节，然后渗透进生活的"势"。艺术的"势"，可以说是一个虚的"势"、虚的相；渗透进生活中的"势"，则是一个实的"势"、实的相。所以我就发现，我解析蕴含在电影里面的人性、人道，跟我解析易卦是完全一样的——每一个卦名就是一部电影的片名，每一个卦六爻的发展就是电影的情节，而构成一个整体性的意象所指点与象征的电影作者的内在感情、理想、意念则是《易经》中形而上的道，所以我会深入地去讲电影。很多人觉得听我讲电影会"得未曾有"，甚至觉得我讲得比电影本身还动人，其原因就是我把儒学中的"道"渗透进去了。

再说茶艺。茶艺，既是一种艺术形态，又是一种生活形态。电影还需要经由解读，过渡到生活的实势、实相；而茶艺，它本身就是生活中的势。所以艺术的形态跟生活的形态，根本上就只是一面的两项，说"一体两面"都不够亲切。比起电影，茶艺更有中国儒学或者生命哲学的意味，儒、道、佛的精神都融会在里面，因此我就提出了茶艺美学这一概念并与台湾的茶艺界结下不解之缘，这可以说都是所谓的生活儒学或生活美学的体现。我有时候会随缘谈到书法、绘画、音乐，其实也都是"吾道一以贯之"，都是儒学的内在的随缘、随机的呈现。由于深受西方知识学冲击，儒学确实需要现代化、客观化或是理论化，但在这样的环境中，我依然没有放弃传统儒者应该有的生命存在的形态，而我跟当代新儒家同道比较不同的地方也许就在这里。

我们从电影谈到茶艺，现在再谈谈所谓的爱情。电影尚是一种独立的艺术形态，茶艺则是一面的两项，左面跟右面是同一个面，而爱情却是我主要的关怀。我这大半生里，最重要、最核心的一个要关怀、体验、实践乃至于建构的学问，其实就是爱情的学问。为什么会以爱情作为一个焦点呢？因为爱本来就是儒学的一个最重要的关注焦点。"樊迟问仁，子曰'爱人'"，压缩成四个字，就是"仁者爱人"。"仁"里头有两层，一层是内在的性情真我，即独立而自由的人格，也即所谓的君子之道。内在的自由独立的人格就是"仁者"，所以"仁者"后来也就衍生出"仁心"的含义。"仁"是指内在的本性、真性，我们姑且在这里称其为"体"，它的外在表现就是爱人。但这种爱是真是假？那就要证真爱。你的人格是真人是假人？那就要证真我。这也就呼应了孔子所说的"忠"和"信"，或者是"忠"和"恕"。"忠于己而信于人"，或者"忠于己而恕于人"，来自朱子的"尽己之谓忠，推己之谓恕"。呼应孔子"忠信""忠恕"的，就是内在的真我的学问，就是从"学而时习之，不亦说乎"为起始，由内向外推扩，由己立到立人、己达到达人，最终发展出爱人的事业。这两方面后来就发展出儒学的两个阶段——证真我与证真爱。

我们说孔子这两方面都是完整饱满的，但是到了后来，尤其是儒学失落以后——所谓的"道丧千载"，则要重新找回儒学正统的新传。在宋明儒学那里，首要的是证真我，所以整个宋明儒学都是偏内向的学问，跟禅宗、道家比较接近，它最后的收束就是陆王心学。之后经过了儒学的再次失落，到了当代第二期的新儒学，它的重心是承前启后，一方面要承继宋明儒学也就是所谓的心性学"证真我"的这个中心，一方面要融会佛老所构成的新的心性学，最后由己立己达开发出立人达人，由内圣重开外王学。外王学的技术层面比较偏向于知识的层面，需要跟西方学习分析性思维与科学民主，但就道的本身、生命的心灵的本质，则应该去开发出那个"爱"。"仁者爱人"，如何爱？心性学就应该由陆王所代表的道德心的主体性，进一步发展出道德性。本心不是只肯定其本质自由，如果只有这一点，那么儒家的本心跟佛老的虚静心、真如心没有本质差别。如果要作区分，那就要在自由的本质上再肯定一点——无私。佛老没有谈到无私，而儒学从一开始就谈到以天地万物为一体，这个人我观就是无私。无私的心开发出来之后，还要锻炼爱人的能力，倘若兼具爱心的无私跟爱能的充沛，那就进入了理学、心学下面一个环节，也就是气学。其实孟子就已经开发出了气学，"志"是"气之帅"，"气"是"体之充"，所以要"持其志，无暴其气"，要心跟气交相养。船山将这个意思点了出来，认为这个时候就要有关于立人达人所必要的知人。这一部分，当然可以跟西方的知识之学有个结合。

我觉得新外王，或者说是第二期的新儒学，它的重心应该是"证真爱"，因为这样才能够承接宋明儒学的"证真我"，而证真爱的"证"，有内外两边的齐头并进。当代新儒学的两位宗师，牟宗三先生跟唐君毅先生，我们可以说牟先生关注的重点落在新外王的体制层面、知识层面，甚至可以说是技术的层面、能力的层面，但是呢，唐先生关注的重心则落在新儒学本来就有的正统、本来就有的本质的这一面。所以我曾经在一篇文章中说："新儒学有两个课题，一个是新儒学何以维系，一个是新儒学何以为儒。"[①] 牟先生关注的重点在于何以维系，可是你不能"新"了以后就把"儒"的本质丢掉了，所以唐先生还是将重心落在新儒学依然得是"儒"的思路上。我觉得，就"仁者爱人"的"证真爱"而言，它新的部分就是由爱人的能力切入知世、知人的方法。"新儒学何以为儒"的本身还是回到内省的修养这个部分，而这个修养又须向外推扩。当然，向外推扩的理想是博爱众生，可是你怎样博爱众生？你先爱一个人看看。人际关系中最亲密的关系，就是爱情关系，就传统而言，这是五伦中的夫妇。我们可以说传统的夫妇之伦并没有独立，它完全归属于父子之伦跟兄弟之伦，所以事夫如父，事夫如兄弟。但它以往没有独立，今天应该独立起来。夫妇之伦独立的内涵要落到生活实存的层面，向一个特定的对象证明你对他（她）是如何爱。因为这个就是爱情学，所以我把爱情学视为传统心性学的最新形态。这是由纯粹内在的心性发展为及物润物由内而外的推扩，而由内向外推扩，要先证成第一步，第一步成立后，才能顺利地有第二步、第三步的推扩。外王学进行爱的推扩，第一步就应该落到夫妇之伦上，建立心心相印的两个生命的平等而无私的互动体验。所以，我

---

① 曾昭旭：《论牟宗三与唐君毅在当代新儒学上之互补地位》，见氏著：《在说与不说之间——中国义理学之思维与实践》，台北：汉光文化事业公司，1992年版，第127—140页。

最后会把我的学术的重心以及它的体验、实践、关怀、建构的层面落在爱情上。

李玮皓：请您分享一下《鹅湖》月刊的创刊过程与当时的经验，以及您与其他"鹅湖"师友互动时印象深刻的事情。

曾昭旭：这个儒学嘛，应该由内在证真我开始，然后逐渐由内向外推扩，也就是所谓的扩充良心，而扩充就是由内圣到外王。第一步是爱情，第二步更向外，那就是所谓的人文化成体制的建立。这一体制建立的第一步就是建立道义团体，于是在环境的自然发展中，台湾创办了《鹅湖》月刊。所谓的环境机缘，可以从当代新儒家的两位宗师唐君毅、牟宗三说起。可以说，他们在香港的那段时间，是他们凝聚心神薪传一脉的阶段，但还没有能够把保存在自己生命之内的学缘道统向外推扩，只是守着自己，守着这个"薪"。

这种推扩，是在牟先生、唐先生先后从香港来到台湾之后发生的。牟先生先在台湾扎根，在师大[①]任教，培养他的第一批学生，唐先生后来也应邀来到台湾讲学，对台湾年轻的一代有了思想心性上的启发——不管有没有直接听过唐先生、牟先生讲课，年轻的一代至少也可以间接读到他们的书。当时，有两批学生读过唐先生、牟先生的书——师大国文系一个班的学生中间有好几位是从香港来的，所以他们在香港时就已经对两位先生的著作有所接触；另外就是辅仁大学哲学研究所的一些研究生。他们这两批人在某次书展的摊位上（展示有唐先生、牟先生的著作）相遇，都很诧异——怎么你也对唐先生、牟先生的书有兴趣？于是就相互认识，认识以后渐渐地就有人提议来办个杂志。那个时候，师大国文系的那班学生还在读本科四年级，于是就跟比他们年长一两岁的辅大哲学研究所的那些学生联合起来办了《鹅湖》这个杂志。

那个时候真的是初生之犊不畏虎，这些学生是有点年轻人不思前想后的冲劲儿，他们没钱，不知道钱从哪里来，也不晓得稿子从哪里来，就决定放手去办。当时他们连登记（办杂志是要去登记的）的钱都没有，就向四位稍微年长一点的师友募款，四个人各捐了1000块，一共凑了4000块新台币。我就是这四个捐款

---

① 即台湾师范大学。

者之一，所以我不是《鹅湖》月刊的创办人，只是创办时候的支持者。杂志办成之后要出第一期，印刷费又从哪里来呢？当时师大国文系本科四年级的那个班的所有学生都预订了《鹅湖》月刊第一年全年的杂志，每个人都交了一年的订金，他们就用这笔钱来支应第一期的出版，真是筚路蓝缕。我们不妨将之称为少年的清刚之气，很纯净，也很锋锐。大概到了第三期的时候，我才正式加入他们，担任《鹅湖》月刊的主编。《鹅湖》月刊就是在凝聚这一群年轻人的理想跟志气的基础上办起来的。

当时在这些年轻人里头，我和王邦雄算是年龄稍长的，所以等《鹅湖》真正成形、慢慢茁壮时，大概就是王邦雄当社长、我当主编的时候。那个时候，工作的地点就是王邦雄家，大家一起在他家装订，再去付邮，一起乐在其中，同时又一起读书，所以我们每个星期都在王邦雄家聚会一次。这样，我们一方面向社会弘扬传播传统中国哲学——这或许也可以称作外王事业，另一方面则进行着学问的互动与切磋，这就是当时的状况。

因为牟先生来台湾比较早，他当年在师大国文系教授的学生都成为比我和王邦雄长了差不多一辈的老师，虽然不一定教过我和王邦雄，但在我们还是学生的时候，他们就已经在师大任教了，所以他们至少教过创办《鹅湖》月刊的师大国文系的那一班学生。当时教中国思想史的是戴琏璋，戴琏璋、蔡仁厚他们早年受教于牟先生，虽然没有参加《鹅湖》月刊的创办，但成为其外围推手。我在一篇文章中曾说：唐牟并称，为什么牟学兴行？就是因为要先回应西方的冲击。由于受到西方的文化冲击，当时中国的大学生念的大学是从西方移植过来的，所以他们知识的进路也很"自然"。在这种情形下，当然就是牟先生的著作影响更为广泛，也更为直接。虽然大家也都读唐先生的书，可是在那个时代环境下，牟先生的学生以及再传学生比较多，唐先生的学生比较少。当然，这中间还有一个原因，那就是唐先生去世早，牟先生比他多活了将近二十年。

那么在这样一个形势当中，是不是有人会称这些学生是"鹅湖学派"？其实，"鹅湖"从来就不是一个学派，我们"鹅湖"同仁在论学的时候，也时常争论、吵架。所以不妨这样说，我们每个个体的生命气质与生活、成长经历都不相同。大致上来讲，我们早期加入《鹅湖》的朋友，以接近牟先生的这派人士居多，重视分析性思维，往上追溯就遥接王阳明，如杨祖汉、岑溢成，以及后来加入的李瑞全。当然其中也有比较接近唐先生的，那么在思维方式上，就更多地重视辩证思维，往上追溯就比较接近王船山，如我、袁保新和后来加入的林安梧。王邦雄大概处在中间，他既不是很接近牟先生也不是很接近唐先生，他算是"鹅湖"的老大，也就不去站这边或那边，而是维持一个中立，让两边可以互动。

其实"鹅湖"很早就是这个样子，可只有这样才是一个比较完整的形式，如果还是用《论语》中的话来讲，就是"君子和而不同"。成为派就"同"了，不同但又可以相处才是"和"嘛。所以我们说唐先生跟牟先生其实就是"和而不同"，虽然很不一样，但是可以互相理解、互相欣赏。在谈到唐先生《人生之体验续篇》这样一部正视人生中反面之艰难、罪恶、悲剧并意欲将其转化为人生上达之阻碍，以期归于人生之正道的著作时，牟先生就曾致叹："滴滴在心头，而愧弗能道。"因此，牟先生的分析性的思维就很精准地厘清了他和唐先生的地位，唐先生是道德意识、文化意识宇宙的巨人，而不是哲学宇宙的巨人。当然牟先生言下之意，是说他算是哲学宇宙的巨人，哲学宇宙是就学术的角度而言的。中国的儒学要现代化，就必须客观化，所以牟先生的重大贡献，就是论证了中国的儒学要学术化，要哲学化，要成为可以讨论的学问，要有共通的概念。牟先生建构了儒学的基本概念，不管认同不认同，当代学者都不能不使用这些概念语言。牟先生对于中国儒学发展历程中的各个家派的个性特质、彼此之间的异同作了很清楚的定位。定性、定位的工作是牟先生的贡献，但是区分以后如何在生活、生命中将其重新统整起来，则是唐先生比较看重的。牟先生并不是对此不理解，只是他在学问上较少触及这一面，所以他才能够如此敬重、欣赏唐先生。

我们"鹅湖"的朋友们长期互相论学、畅谈人生，可以用两件事情作为具体例证。一件事情是我们大家谈到孔子所说的"七十而从心所欲不逾矩"。孔子的未来，事事都有保证，他七十岁时已经可以从心所欲不逾矩，之后是不是都没问题了？孔子活在他的当下，对他自己的明天能不能有所保证？对此，有两派观点出现。比较倾向于牟先生的这一派，就说"当然有保证"；而倾向于唐先生的这一派，则认为哪怕是孔子也不能保证，因为孔子自己都明明白白地说"若圣与仁，则吾岂敢"，所以孔子只能说是"为之不厌，诲人不倦"而已。但是倾向于牟先生一派的，如杨祖汉就说："如果连孔子都没法保证，那我们怎么办？"认为倘若自己的人生是不能确定的，就会有一种不安全感。于是，这两派就相持不下，最后决定去问牟先生，牟先生沉吟了一下，说："孔子对未来应该还是不能保证的。"这个时候，双方的对错输赢已经不重要了，我们论学本来就应该是这个样子——回归到生命、体验中去，回归到文化意识与状态中去。这是第一件事情，说明我们"鹅湖"内部其实是会吵架的，不是"一言堂"，也不是一个定型的学派。

另一件事情就是我们大家每个星期都会去王邦雄家论学读书，我觉得这就有点太偏于外。我们每一个人都有生命，但谁的生命内在的存在状态如何，我们其实对此不是很了解，所以我就曾经建议，我们不要多讲学问，我们应该多谈谈人生。我说我们不妨每一次聚会，从核心成员中选出一个人作为讨论焦点，大家一起来谈谈对他的认识和了解，或者是讨论一下他平时不以为然的事物，甚至是向他提出劝告与建议，从而让当事人认识到"原来你们是这样理解我的"，如果觉得理解得不恰当，他也有机会去解释，这样就能增进彼此生命心性的互动与了解。但对于我的这个提议，并没有人响应，甚至有人说这样太"危险"，会触及他人的隐私，所以这件事就没有成。后来过了若干年，我再度提出这个建议，依然没有成，因此我就觉得"鹅湖"这个学术群体，其实也有缺憾。

这个缺憾，可以回到周孔来讲。周公建立了比较偏于外王领域的礼传统，这个礼非常的优美，所谓"周监于二代，郁郁乎文哉"，所以能够维系八百年。可是，到了东周时，天下开始动乱，原因在哪里呢？春秋战国诸子就在反省这个大问题。墨家认为是周公建立的这个"礼"的制度不够客观、严谨，不够有效，于是他建议用更客观、有效、严谨的"法"来取代这个"礼"。道家觉得不管是礼还是法，都会妨碍人性的自由，会伤生害性，因此主张一概摒弃。但其实，他们对这个问题的回答都不准确，只有孔子看得准确——问题不是出在制度层面，而是出在内在的动力层面。这并不是礼结构跟法结构哪个比较优越的问题，就道德生活而言，这个礼结构刚刚好，不松不紧，问题就是出在那个动力层面上。

李玮皓：您认为，当今的中国哲学研究者应如何向下扎根？中国哲学有何当前任务？对当今研究中国哲学的学者，您又有何建议？

曾昭旭：关于这个问题，我想说的第一点就是要从根本上明确当代新儒学的复兴是有其内在主体而自我具足的，而不是作为整个西方哲学的一个衍生品。以西方的哲学分析思维为主的，只是那些因为所面对的材料对象不同而作出分划的不同的学科。总的来说，科学都是西学，研究别的民族、别的文化，于是有所谓的希腊学、埃及学等等。也就是说，研究中国的，就是所谓的汉学，尽管汉学的材料是中国的历史，但整个学问的性格却是西方的，当代如果想研究中国的传统，研究儒学，很容易不知不觉地变成西方汉学的一分子。所以我们一方面需要回归儒学的本体、主体，实现自我具足；一方面需要"返本而开新"，自觉地去吸收西方科学的精华，回归儒学的传统，而不是以"新"来完全遮蔽、涵盖乃至损伤我们的"旧"、我们的"本"。在观念上、态度上作一个厘清是十分必要的，这就跟当年儒学面对佛老一样，并不是排抵，而是要争谁是"本"。其实到后来佛教中国化以后，连佛教都承认，整个文化大流中，儒才是本，才是主，佛只是辅，不是主。

第二点，怎样才能不只是在一个概念上面肯定，而是在一个实质上面呈现呢？那就是不能只是做学问搞研究，还要注重身心修养，达成生活的实现，回到生活儒学中去。大陆现在也有些学者提倡"生活儒学"，山东大学的黄玉顺教授就是代表，可是对于这个生活儒学，也要弄清楚它的本、体、用。体就是心性，是心性的体验、内在的把握，肯定真心、本心、人心，而这个发用就是将之化用、渗透到生活的各个层面，也即取法孔子所谓的生活技能。生活技能有两个方面的建立，一是文化生活的技能，一是现实生活的技能，这两方面都要顾及。只有这样，我们才能真正探得儒学的本来面目，那么这个时候，我们不管是要去谈论的、还是要去研究的，还是拿来实践的，才会是不失孔孟本怀的当代新儒学合理的、有意义的表现。在这一点上，我愿意跟天下所有同道一起共勉。

后记

本次访谈之发想始自2018年1月我于台湾辅仁大学博士毕业之后，为求职与参加学术会议而频繁往返于大陆与台湾之时。当时，常有学者一听闻我的导师是曾昭旭先生，便以为我是"鹅湖学派"的学者。

大抵"鹅湖学派"一词，应是出自程志华教授的大作《台湾"鹅湖学派"研究——牟宗三弟子的哲学思想》。该书将牟宗三先生的弟子如蔡仁厚、戴琏璋、王邦雄、李瑞全、王财贵、杨祖汉、李明辉、林安梧等人之学术思想作了汇总性的概述，但程教授于书中说："本书属于《牟宗三哲学研究——道德的形上学之可能》的姊妹篇……以由牟宗三弟子为主所形成的'鹅湖学派'主要代表人物为研究对象。"又说："有些学者虽未列入本书的范围，但不意味着其学术成就不高，只是说他与本书选题的相关度较低。比如曾昭旭、高柏园、岑溢成、袁保新、霍晋明等。"[①] 程教授之见，似是认为"鹅湖"学者主要是以牟宗三先生的弟子为主，然而通过本次访谈，我们想强调的是，"鹅湖"从不是某个人所创发的"学派"，而是由一群气质相异、理念相同的论学相知者所组成的学术"社群"。

总体而言，为了促进两岸学术交流，使更多的人认识这段历史的不同面向，本人于2024年2月22日来到曾昭旭教授家中采访，希冀能以此种方式保存学术资料，并传播台湾"鹅湖"学者肯定人生的意义与价值、弘扬中国文化的真精神。

最后需要说明的是，本次访谈由本人发起并组织，访谈内容由研究生张海珍记录并作文字整理，后经由本人审阅校对而最终定稿，在此由衷感谢海珍的细心工作。

---

① 程志华：《台湾"鹅湖学派"研究——牟宗三弟子的哲学思想》，北京：人民出版社，2015年版，第407、15页。

儒学传统与现代平民儒学：专访陈寒鸣先生

天津市工会管理干部学院　陈寒鸣

山东大学儒学高等研究院　颜培森

陈寒鸣（1960—　　），男，汉族，江苏镇江人，天津市工会管理干部学院退休副教授、南京大学泰州学派研究中心研究员、中国哲学史学会理事，主要研究中国儒学史、中国思想史和中国文化史，著有《中国文化史纲》《中国企业文化简论》《中国理想社会探求史略》《当代中国工人阶级状况》《李贽学谱（附焦竑学谱）》《罗汝芳学谱》《泰州学派活动系年》和三卷本《中国儒学发展史》（主编和主要撰稿者之一）等，编校整理有《王艮全集》《泰州王门集》，另有近200篇学术论文散见于报刊。

颜培森：陈先生好！很高兴能有机会与您进行一次学术访谈。您是在当代中国儒学研究领域作出突出贡献的学者之一，我注意到您与其他研究儒学的专家学者相比，有一个很明显的特点，就是您长期以来特别重视泰州学派的研究，这些年更是大力倡导"平民儒学"。我首先想向您请教的是，您为什么会以这样一个重心来展开自己的儒学研究？这与您个人的人生经历有关系吗？

陈寒鸣：我也很高兴能与你进行一次这样较为深入的交流。先得郑重申明，我绝非"在当代中国儒学研究领域作出突出贡献的学者之一"，至多只能说是三四十年来始终坚持在中国儒学史、中国思想史研究领域做着自认为应该做的工作而已。尽管也出版了几本书，发表了一些文章，但绝对谈不上"作出突出贡献"，与学界的前贤时修相比，无论是从学术研究、理论创新的方面看，或者是从化知为行地进行实践性工作的角度讲，我都做得很不够。年过耳顺，渐入老年，俯仰平生，颇有虚度光阴之感。

当然，我在儒学史和思想史研究上，一直都以晚明清初早期启蒙思潮和王艮开创的泰州学派为中心。如果这可以称为一种"特点"的话，我倒是可以坦然领受的。自20世纪80年代初，我开始自觉学习和研究中国思想史以来，最为关注的是两个有着相互关联的问题：一是中国思想传统能否发展出近代性的路径，或者说，近现代性的中国思想文化究竟是中国历史合乎规律性的发展结果，还是近现代西方社会和文化挑战、刺激以及深刻影响的产物？二是在中国思想文化由传统走向近现代的过程中，或者说是在中国思想文化近现代化历史运动的过程中，普通民众是否有所参与？如果参与了这样的历史运动，那他们在这历史进程中又发挥了怎样的作用？

我之所以要特别关注这两大问题并以之为重心展开自己的工作，当然与我身处的时代以及我个人的人生经历有关。我是20世纪60年代出生、七八十年代成长起来的一代人，我们这代人经历的，正是中国急迫地谋求现代化的社会和思想文化的变迁。怎样实现中国的现代化、实现一个什么样的现代化，这是时代摆在我们面前，要求我们这代人必须面对、思考和回应的问题。而现代与历史紧密关联、前后赓续，思考和回应这样的问题必然会把视线投向过往的历史，试图从中总结出一些可以作为当下参鉴的历史经验。至于我个人，并没有经历过正规的高等教育，高中毕业后就被分配到企业工作，成为一名普通工人，后来一直在工会管理干部学院工作，一直干到退休。这样的生活经历，使我自然地会在考虑问题时将关注的焦点投注到普通民众身上。现代化的社会变迁中，以工人、农民等劳动者为主体的普通民众，他们的所思所想、利益需求究竟是什么？他们在这样的社会变迁、历史运动中扮演什么角色？他们对于最终解决"怎样实现中国的现代化、实现一个什么样的现代化"这类时代性的重大问题，又会起什么样的作用？

从人类思想文化史角度看，任何一个民族的文化走出中古而发展成为近代形态文化，都要经历一个近（现）代化的过程，这个历史进程中的主题词是"启蒙"。论者多以1840年鸦片战争为中国文化近代化进程的始点，更进而认为若无西方社会与文化的冲击，中国文化断无近代化的可能。这种观点似乎有一部分真实性。但是，我们如果把考察问题的视野放得远一些，则不难发现，早在明清之际（17世纪），中国文化即已开始了形态上的更新。1840年以来全面而深刻地展开的中国文化近代化进程，既是西学东渐的结果，更体现了中国文化自身发展的内在要求。从晚明清初到清末民初近四百年间，中国思想文化近代化的过程，大体经历了早期启蒙和近代启蒙两大时期，而若再细加分析，则又可将之分为以下诸阶段：晚明清初——早期启蒙的勃兴期，乾嘉年间——早期启蒙的沉潜期，道咸年间——早期启蒙的再兴期，戊戌前后——近代启蒙思想的发生发展期，清末民初——近代启蒙的高潮期。

从晚明清初到清末民初思想文化的发展历程中，我们至少可以获得下列几点认识：其一，中国思想文化发展到明清时代，已经达到高度圆熟的境地。其二，于晚明清初发轫、清末民初尤其是"五四"前后达到高潮的中国思想文化近代化进程，经历了"早期启蒙"和"近代启蒙"两大时期。这两个时期自有其区别，但也有着内在有机联系，大体说来，前者是后者的历史先导，后者则愈益自觉地承继着前者的事业，依随着社会的发展而在本质上不断升华并超越前者。其三，中国思想文化近代化进程，其路径曲折坎坷，绝非如西方由14世纪至16世纪的"文艺复兴"而到18世纪的启蒙运动那样较为顺畅。在经历了晚明清初一个多世纪的勃兴期（16世纪中后叶至18世纪初）后，中国的早期启蒙文化即折入沉潜之途，直到近二百年后方才复苏，但时势已经发生了重大变化——在西方列强炮火的轰击下，古老的中国被迫进入近代世界历史秩序。其后的思想文化近代化进程同现实层面上日益加剧的社会危机、民族危机相伴随，以之为背景运演而成的思想文化的近代化，自然高奏起启蒙与救亡的交响曲。从这个角度来审察，便不难发现中国启蒙文化的诸多特色，如启蒙学说思想体系的建构，总是同其对现实社会问题的密切关注有机联系在一起，且后者往往影响、左右甚至制约着前者；批判乃至否定传统，每每与揭示、弘扬传统中的价值因素相交织，这使启蒙在对待传统问题上多呈露出矛盾心态；依据对社会发展大势的体认而力主了解、学习、吸纳西学，又基于强烈的民族主义情怀而对西方文化采取某种排斥态势（如"西学中源"说、"中体西用"和"西体中用"论等便是这种态势的不同显例）。其四，确实，具有近代因子的"早期启蒙"思想早在晚明清初就已出现，但真正意义上的"近代启蒙"思想则要到戊戌前后才能产生，其间相隔了三百年左右的时间。这种现象，在一定意义上或许可以被称为启蒙文化（或中国思想文化近代化）的"早熟"而"晚出"。在这样一种"难产性"的分娩过程中，先进的近代西方思想文化无疑是位极有力的助产士。了解、认识并进而接纳西学，以之为动力来推进中国思想文化的近代化，这成为清代学术思想史中的一个重要内容。没有西方思想文化的吸入，很难想象清代思想文化究竟会发展成怎样一种局面，是否还会有我们今天能够加以客观描述、科学分析的中国思想文化近代化进程？理智地认识到这一点，对于我们以一种较清代学人更为开放的心智、宽阔的胸襟面对世界，真诚学习、消化包括当代西方先进文化在内的所有人类文明成果，并在此基础上建设有中国特色的社会主义新文化，无疑有一定的启迪。

　　无论是否赞同和采用"启蒙"这样的概念，学者们大多注意到明代中后叶以来中国社会和思想文化的发展确实有一定变化，因而学术界对这近三四百年来的中国思想文化予以充分重视，并且产生了难以计数的研究成果。在这众多成果中，我尤其关注侯外庐先生和"侯外庐学派"的相关研究。这里，尤其要强调的是，侯先生的"早期启蒙"说和侯先生、"侯外庐学派"对王艮及其所开创的泰州学派的研究对我有着深刻的影响，因为只有侯先生和"侯外庐学派"在研究近三四百年中国思想史时，不仅高度重视黄宗羲、顾炎武、王夫之、方以智、傅山等著名思想家和学者，而且对起自社会底层并在民间社会生活中产生过重大影响的王艮和"泰州学派"同样给予高度重视。

　　这样，对体现时代精神的时代性问题的思考和把握、由个人生活经历所形成的习惯性思维方式，以及侯先生和"侯外庐学派"对我的深刻影响，这三方面的综合作用，就使我长期以来始终关注着刚才我提到的那两个相互有内在关联的两大问题。这种关注体现在具体的学术工作中，就是我注意到晚明时期，王艮和"泰州学派"在中国思想文化近代化进程刚刚开启时，就以其"平民儒学"参与到中国思想文化近代化历史运动之中。这是一个特别值得重视的历史现象。

颜培森：谢谢陈先生概略地梳理了中国思想文化近代化的过程。我注意到您最后谈到王艮和泰州学派的"平民儒学"，"平民儒学"这一提法让我特别感兴趣。我想请教的是，什么是"平民儒学"？平民儒学与孔子以来的两千多年的儒学传统有着怎样的关系？"平民儒学"概念是怎样提出的？

陈寒鸣：从儒学形成发展的历史角度看，孔子开创的先秦儒学本就具有明显的社会化、大众化的特征，从孔子及其弟子的身份来看，儒学与平民之间的关系十分密切。王官学的支离破碎与平民的社会生活交织在一起，开启了一个新的传统——儒家士人的身份意识。从孔子及其弟子开始，儒家士人这一特殊群体就吸纳了各种各样的社会成员，既有贵胄，也有农夫、商人，甚至还有刑余之人，而就先秦孔门来看，则无疑是以凡夫庶民为主体。他们从各自的价值取向和学术兴趣出发，对经典文本作出了异彩纷呈的解释，对社会生活产生了不同程度的影响。从子学时代到经学时代，儒家士人呈现出多元化样态，不仅有"学而优则仕"的，而且有"穷则独善其身"的，甚至还有投身下层民众生活、积极谋划大事。但自汉武之世以来，儒学由民间升入庙堂，日益发展成为官方之学、精英经典之学。到了明代中后叶，在中古社会后期商品经济发展和新兴市民阶层崛起的背景下兴起的阳明心学，导引着儒学由庙堂重返民间，儒学呈露出由经院哲学而向大众化、通俗化方向发展的迹象，之后引领出以王艮和泰州学派为代表的平民儒学。

平民儒者多出自社会底层，其思想具有强烈的人民性，与反映着统治者利益意愿的庙堂儒学迥然有别。平民儒学同经生文士执掌的经典儒学确有很大差异，起自社会底层的平民儒者所提出的"平民儒学"是"百姓日用之学"，是以"百姓日用即道"为基本思想宗旨的儒学。在中国儒学发展史上，平民儒学自有其特色，我曾对此举出六端：其一，抛开传注，任意解释经典；其二，打破封建士大夫对文化的垄断，强调学术的平民性，将文化与学术社会化、普及化，使儒学真正深入民间，渗透到普通民众的日常生活之中；其三，以平民利益为出发点阐发自己的思想主张；其四，启迪大众，使之"乐学"向善；其五，以伦理道德为宗旨构建其思想体系；其六，无论是思想内容还是传道方式，都有明显的宗教色彩。

对此，黄宣民先生指出："平民儒学是与官方儒学、缙绅儒学以及经生文士的章句儒学（亦可称为应试儒学）对应而言的，无论其思想与学风都有鲜明的平民色彩。"[①] 不过，以王艮及其开创的泰州学派为主要代表的平民儒学与孔子以来儒学传统的关系，仍然是值得深入考察的。这里有两点特别值得注意：

一是平民儒者自觉认同并承续先秦孔门的儒学传统。王栋甚至称王艮使"二千年来不传之消息，一朝复明"，是孔子"有教无类"传统的继承者。王栋"论述了自古以来学术文化的发展特点。值得注意的是，他没有提到程朱理学，也没有言及陆王心学，而是以王艮直接接续于孔子之学，这样也就抛开了理学的道统，而把泰州学派作为古代平民教育传统的继承者。在王栋看来，古代社会的学术为'士农工商'所共有，而秦灭汉兴以后（即封建制社会）的学术已为'经生文士'（即封建士大夫）所独占，因而泯灭了古代的'人人共同共明之学'。王艮的功绩，正在于他恢复了早期儒家'有教无类'的平民教育传统，力图以'愚夫俗子'的'日用之学'去取代'经生文士'的正宗儒学"[②]。心斋后学亦多能继承这一传统，注重并致力于平民教育，如王襞在"裨海以西，大江南北，无论鹑冠野服之夫，即缙绅章甫之士，闻其道者咸伛偻问学"[③]。韩贞"毅然以倡道化俗为任，无问工、贾、佣、隶，咸从之游，随机因质诱诲之，化而善良者以千数"[④]。李珠"惟以导人为善为功课，一时州县吏书皂快，感化迁善者甚众"[⑤]。

① 黄宣民：《明代泰州学派的平民儒学特征——〈王艮与泰州学派〉序》，《中国社会科学院研究生院学报》，1999年第1期。

② 侯外庐、邱汉生、张岂之主编：《宋明理学史》下卷，北京：人民出版社，1987年版，第437页。

③ 引自《王东厓先生遗集》卷首。

④［明］耿定向：《陶人传》，见《颜钧集》，北京：中国社会科学出版社，1996年版，第188页。

⑤［清］李颙：《观感录》，见《二曲集》卷二十二，北京：中华书局，1996年版，第280页。

颜钧初在家乡设"三都萃和会","乡间老壮男妇几近七百余人",听其讲学耕读孝悌,皆"各透心性灵窍,信口各自吟哦,为诗为歌,为颂为赞,学所得虽皆匆荛俚句,实发精神活机……众皆通悟,浩歌散睡,真犹唐虞瑟偶,喧赫震村谷,闾里为仁风也"。① 其后,颜钧又在大江南北四处讲学,皈依其"大成仁道"者几千百众。罗汝芳亦如管东溟《惕若斋集》卷二《答焦状头漪园丈书》中所说,动辄"以大会为快",岁丙戌(万历十四年,1586年)会于南京鸡鸣寺凭虚阁,"绅衿之士,外及缁黄,下逮仆从,殆万人"。② 焦竑不仅积极参与泰州儒者及其他心学家发起的讲会,而且充分注意到新安地区士大夫及一般商人百姓的讲学之风,还应邀亲赴新安还古书院主持讲席,讲学传道十余日。据其学生谢与栋说,新安人闻焦竑至,自缙绅先生至儿童牧竖,四方人众聚集者两千余人,咸听其讲学,而焦氏则"随机指示,言简意尽,一时闻者咸懽震踊跃",深受启迪,恰"如旅而归,如寐而觉,如调饥而享太牢。以此知性之相近,而尧舜之可为也"。③ 邓豁渠在泰州讲学,"四众俱集,虽衙门书手,街上卖钱、卖酒、脚子之徒,皆与席听讲",他由此而深感"王心斋之风,犹存如此"。④ 总之,泰州学派"在讲学中吸纳与感化下层民众,从而形成了一种确定的学派传统,倡导了民众参学、议学的风气"⑤。

二是以王艮和泰州学派为主要代表的平民儒学是在阳明心学的引领下形成发展起来的,因而与王阳明(守仁)和姚江心学有着不可分割的关联。王艮本是王阳明的亲传弟子,他们师徒间之所以有密切的关系,是有原因的——"一方面,王守仁为了破除'山中贼'和'心中贼',需要王艮这样一个出身微贱而和下层社会有较广泛联系的'真学圣人者',也就是要通过教育把王艮变成他的学说的忠实信从者,使王学在社会上发生更加广泛的影响。另一方面,王艮需要凭

① [明]颜钧:《自传》,见《颜钧集》,北京:中国社会科学出版社,1996年版,第24页。

② 引自《杨复所先生家藏文集》卷五《文塘黎先生墓志铭》。

③ [明]焦竑:《古城答问》,见《澹园集》卷四十八,北京:中华书局,1995年版,第727页。

④ [明]邓豁渠著,邓红校注:《〈南询录〉校注》,武汉:武汉理工大学出版社,2008年版,第29—30页。

⑤ 万明主编:《晚明社会变迁问题与研究》,北京:商务印书馆,2005年版,第581页。

借王守仁在政治上和学术上的显赫地位来提高自己的社会声望，发展自己的思想学说。因此，王艮虽然'时时不满其师说'，而他仍愿成为王守仁门下的学生，甚至还把自己年少的儿子王襞带到浙江就学于王门"①。对于王艮来说，从学于阳明，不仅使他有机会与上层社会的官僚、学者交游，社会声望因此而有所提高，更重要的是他通过阳明的教育提高了自己的文化修养，通过接受阳明心学提高了自己的理论思辨水平。正是由于文化修养和理论思辨水平的大幅度提高，王艮才会写出《鳅鳝赋》《复初说》《明哲保身论》《乐学歌》《天理良知说》等名篇。尽管王艮在阳明殁后又撰写了《格物要旨》《勉仁方》《大成歌》《与南都诸友》《均分草荡议》《王道论》《答徐子直书》等等，除了继续发挥其"百姓日用之学"外，又阐发了他以"安身立本"为主要内容的"格物"说以及具有社会改良意义的"王道"论，从而发展成为一位真正具有独特个性的平民思想家，但如果没有亲炙王门，去接受阳明心学的熏陶和濡染，则很难想象他会有这样的思想文化上的成长。阳明心学是王艮及其后学思想的核心，也是泰州学派平民儒学的理论前提，而且，正是由于有了王艮及其所开创的泰州学派，不仅阳明心学得以风行天下，儒学也真正实现了大众化、平民化和社会化。

至于"平民儒学"的概念是怎样提出的，贾乾初副教授曾从学术史角度略作梳理：

将泰州学派王艮一系思想与"平民"相联系，较早的文献应属民国时期容肇祖的《明代思想史》，称"王艮一派的思想，是极端平民化和极端的实践派"。同时期还有学者将这一派思想称作"王学左派"或"民间派儒学"，其中嵇文甫所命名的"王学左派"影响较大，岛田虔次等许多日本学者也习惯于以此称呼泰州学派。20世纪50年代，侯外庐先生领导他的思想史研究团队撰著《中国思想通史》第四卷时，涉及王艮一脉的思想，用得更多的是"人民性"这样的词语。虽说"人民性"带有鲜明的时代色彩，但这一词语显示出侯外庐等人充分注意到了

---

① 侯外庐、邱汉生、张岂之主编：《宋明理学史》下卷，北京：人民出版社，1987年版，第427页。

王艮一派思想的"平民性"特征。到了20世纪80年代，侯外庐、邱汉生、张岂之主持编写《宋明理学史》时，有关王艮思想章节的撰述者黄宣民已十分注意从平民角度研究和阐述泰州王学。之后到了80年代末90年代初，黄宣民在组织《中国儒学发展史》的撰述过程中，首先提出应明确标举"平民儒学"的名目，并以此来概括泰州学派的主流。这期间，他与陈寒鸣对"平民儒学"进行了初步的归纳和界定，在此基础上，黄宣民在诸多学术会议上与李泽厚等学界人士就此展开广泛探讨，"平民儒学"的提法被普遍认可。其后，黄宣民、陈寒鸣先后在《河北学刊》《哲学研究》《中州学刊》《浙江学刊》《中国社会科学院研究生院学报》等刊物上发表论文，阐发泰州学派平民儒学及其特征，对平民儒学的总体特色以及王艮、颜钧、何心隐、韩贞等平民儒者多有论列，"平民儒学"的称呼遂产生广泛影响，并为学界许多人士所沿用、习用。①

颜培森：谢谢陈先生要言不烦地介绍了历史上以王艮和泰州学派为主要代表的平民儒学的产生、主要特征及其与孔子以来儒学传统形态的关系。我还注意到您这些年来在研究这种平民儒学的同时，又在倡导"现代平民儒学"。您能谈谈什么是"现代平民儒学"吗？它和您所研究的以王艮和泰州学派为主要代表的平民儒学又有怎样的关系？

陈寒鸣：是的，这几年，我和我的合作者、青年才俊刘伟博士在多篇文章中提出"现代平民儒学"这个概念，这一概念主要是我们在考虑儒学现代性发展时提出的。我们认为，历史是人民创造的，人民创造的历史实际就是人民力量发展的历史。人民不是抽象的概念，而是活泼泼的社会实践者，是处于一定社会历史条件下进行现实的、可以通过经验观察到的发展中的人。我们应当从总体上去处理人民和儒学之间的关系，先立乎其大，将问题限定在平民与儒学的历史渊源上，讲古论今，推陈出新，希望能够为儒学的华丽转身提供一条可供遵循的道路。

---

① 贾乾初：《主动的臣民：明代泰州学派平民儒学之政治文化研究》，北京：知识产权出版社，2018年版，第5—6页。

　　我们充分注意到，在经济全球化的浪潮下开启的中华民族伟大复兴的社会主义现代化建设新时代，给古老文明带来了新的发展机遇，儒学迎来了创造性转化和创新性发展的大好时机。因此，这些年来，学者们就儒学现代性发展问题提出了各种各样的主张，并形成了"心性儒学""政治儒学""生活儒学""企业儒学""乡村儒学"等一系列关乎儒学现代性发展的、各具特色的思想观念。我们认为，如何调整自身的理论架构以寻求新的实践主体，如何在现代社会寻找新的实践主体，这些问题亟须解决。在传统社会中，平民儒学的实践主体是贩夫走卒、陶匠灶丁、樵夫渔翁等弱势群体，他们在"四民"的边缘践行"百姓日用即道"的社会理论。现代平民产生于工业大生产的环境中，"活劳动"在"对象化劳动"过程中的实际遭遇成为现代平民儒学产生的客观条件，所以，现代平民儒学是在现代工业文明社会生产生活实践基础上，坚守人民本位的基本原则，推进"古为今用，洋为中用，批判继承，综合创新"，为保障和改善民生提供有益借鉴，为解决人民群众最关心最直接最现实的利益问题提供可供选择的治理方案。在传统社会，平民儒学承载"百姓日用之道"，维系人伦，教化民众，优化基层社会治理，但又使得民众成为自觉的臣民。在走出近代以来的困境，置身"百年未有之大变局"，融入"中国之治"的实践进程后，现代平民的积极性、主动性和创造性得到了激扬。现代平民儒学不仅拥有新的实践主体，理论架构也实现了革新。现代平民儒学在现实的社会政治运作层面上，真正高扬先秦儒学固有的"民贵君轻"的思想传统，透过实实在在的社会实践而使臣民成为公民，使以普通劳动者为主体的亿万民众真正成为依法享受权益的国家主人，在意识形态层面上则以"古为今用，洋为中用，批判继承，综合创新"为精神标识，并以满足人民日益增长的美好生活需要为价值追求。

　　我们十分欣喜地注意到，有学者提出儒学绝非文化精英的专属品，"儒学的生命力仍在民间。儒学本来就具有平民性格，是民间学术。几千年来，它代表着社会的良知，担当着社会的道义，以道统，即以其'领导精神'，制约、指导着政统与治统。其依托或挂搭处则是民间自由讲学"①，"中国人一般都自觉不自觉地受到儒家文化观念的影响，越是社会底层的老百姓，越是拥有儒家的基本价值"②。郭齐勇在《中国儒学之精神》的自序中说：

儒学是生活，儒学有草根性。即使是在农业社会之后，即使清末民初以来基本社会架构与生活方式发生了翻天覆地的变化，儒学、儒家仍活在民间，就在老百姓的生活——当下的生活之中，在社会大群人生的伦常之间，在日用而不知之间。我们当然希望把日用不知提升为自觉自识。我们在孔繁森、吴天祥、桂希恩、周又山等当代楷模的身上，都可以找到大量的儒学因素的积淀。我个人即是出身生长于武昌巡司河畔的平民家庭，又在农村与工厂等下层民众中生活了数十年，至今还有平民朋友，深知民间家庭、社群、人性、人心之主流，老百姓的生活信念与工作伦理还是儒家式的，主要价值理念仍然是以"仁爱"为中心的仁、义、礼、智、信等"五常"（内涵当然也与时迁移，有新的时代精神渗入）。

诚哉斯论！如果与自视居于人上的所谓"精英"们，像政治生活领域中贪腐的"老虎""苍蝇"，经济生活领域中唯利是图的不法奸商，文化生活领域中缺失道德良知、伤风败俗的学者文人相比，那么我们完全可以说，郭教授所举述的这些普通百姓真正具有儒家君子人格，体现并践履着儒学的精神价值。儒学离不开平民，因为儒学承载的修齐治平之道需要依靠平民去实践，离开了平民的真心拥护，儒学将会失去一切，将会彻底进入历史博物馆。谁是儒学传统的继承者？一言以蔽之，是活生生的现代平民。这既是客观描述，又是情感认同。谁是现代平民？他们是活在现代社会，为自己的衣食住行付出劳动的普通人；他们是确立和践行社会主义核心价值观，默默无闻奋战在工作第一线的普通人。这些普通人有血有肉，有情有义，有想法有追求，有"出乎其类，拔乎其萃"的顽强毅力，有实现伟大梦想的坚强意志。他们用自己的奋斗塑造了现代平民的

---

① 郭齐勇：《中国儒学之精神》，上海：复旦大学出版社，2009年版，第95页。
② 郭齐勇：《道不远人：郭齐勇说儒》，贵阳：孔学堂书局，2014年版，第30页。

光辉形象，他们用自己的言行树立了现代平民儒学的价值典范。

儒学不是博物馆里的陈迹，而是涵盖天道、心性和义理的生命学问。儒学研究方兴未艾，不是一味地钻故纸堆、爬梳史料，而是发掘它的时代价值，探寻它的准入路径，让它更好地为大众提供有益的帮助。构建现代平民儒学是文化综合创新的题中之意，是文化自信滋养的理论成果。我们坚信"文化自信，是更基础、更广泛、更深厚的自信，是更基本、更深沉、更持久的力量。坚定文化自信，是事关国运兴衰、事关文化安全、事关民族精神独立性的大问题"①。现代平民儒学的主旨，就是为人民谋幸福、为民族谋复兴、为世界谋大同。

"继承传统当然不意味着'复古'和'保守'。批评传统思想的负面，否定、清除其思想弊病，去芜存菁，作出创造性的选择和诠释，以符合现代社会和现代人的需要，正是我们的职责"②。既然要为人民谋幸福，就要注重方法，我们的方法就是"古今中外法"。为什么要讲求"古今中外法"？原因很简单，就是洗净那些附着在儒学外表的污垢，撤除那些阻碍儒学走向社会实践的脚手架，让儒学传统中的平民精神得到充分彰显，坚持以人民为中心的发展思想，构建符合新时代要求的体现中国特色、中国风格、中国气派的儒学形式。

现代平民不同于传统社会中的"愚夫愚妇"。在传统社会中，人们获取信息的途径比较少，科学技术较为落后，许多自然现象和社会问题无法得到合理解释。那时候，平民被士大夫称为"愚夫愚妇"，被视为教化对象，被当成奉养君子的劳动力。对此，儒家考虑的是如何"觉民行道"，或者说，如何调动广大民众的主观能动性，化被动为主动，让他们有勇气有信心有能力参与国家治理和社会治理。现代平民则不然，他们逐渐掌握了"互联网＋"的交往实践方式，能够及时捕捉信息，灵活地表达自己的意愿，不再是"愚夫愚妇"。"高手在民间"这句网络用语早已深入人心，成为广大民众的共识。由此可见，平民的前世今生非常值得玩味，从文化心理上看，现代平民这个社会群体其实是"古今中外"

---

① 习近平：《习近平谈治国理政》（第二卷），北京：外文出版社，2017年版，第349页。

② 郭齐勇：《中国儒学之精神》，上海：复旦大学出版社，2009年版，第323页。

垂直相交的十字形的写照。所谓"古今"，显而易见，是指现代平民保留了包括精华与糟粕在内的文化传统的残余成分，其中，平民儒学所占比重最大；所谓"中外"，毋庸置疑，是指现代平民在消费主义的支配下重新安排生活，对原有的生活方式作出了局部调整。可以说，现代平民在衣食住行上都呈现出了彻底的国际化，而头脑里面却萦绕着本民族的价值取向。就在构建人类命运共同体和增强文化自信的大时代中，我们不知不觉地变成了现代平民儒学的载体。

记得李大钊曾说过，任何人都应该认识民众势力的伟大，民众的势力是现代社会中一切构造的唯一基础。因此，他主张平民主义。这一思想给了我们很大的启示。在包括儒学现代性发展在内的当代中国思想文化建设中，我们要充分认识到现代平民的作用，而就我们今天讨论的主题来说，现代平民儒学是21世纪中国儒学创新发展的重要路径。

颜培森：非常感谢陈先生围绕"儒学传统与现代平民儒学"详尽回答了我所提出的有关问题。我非常希望在21世纪的今天，在中国特色社会主义现代化建设的新时代，在马克思主义基本原理与中国文化优良传统有机结合的过程中，现代平民儒学无论是在理论上还是在实践上，都能发挥其应有的作用。再次感谢陈先生！

儒学机构

曾子研究院：振宗圣儒风，志奋楫笃行

山东大学儒学高等研究院　陈萌萌

2023年6月2日，习近平总书记在文化传承发展座谈会上着重阐发了"第二个结合"的重大意义："在五千多年中华文明深厚基础上开辟和发展中国特色社会主义，把马克思主义基本原理同中国具体实际、同中华优秀传统文化相结合是必由之路。这是我们在探索中国特色社会主义道路中得出的规律性的认识，是我们取得成功的最大法宝。""第二个结合"阐明了中国特色社会主义道路与历久弥新的中华优秀传统文化之间珠联璧合、息息相通的关系，代表着中国共产党将文化建设摆在治国理政的突出位置，坚持自信自立、守正创新。

曾子绍述孔子之道，忠恕弘毅，躬耕不辍，被尊为"宗圣"，曾氏之儒对后世儒家产生了深远影响。为纵深推动曾子思想文化的创造性转化与创新性发展，贯彻落实山东大学校地合作、服务山东的办学方针政策，2017年，山东大学与山东省济宁市嘉祥县合作成立了曾子研究院，为嘉祥县政府直属事业单位；并成立了中国哲学史学会曾子研究会、山东曾子研究会，成功搭建了"一院两会"的曾子研究组织架构。曾子研究院聘任山东大学儒学高等研究院曾振宇教授为首任院长，聘任武汉大学国学院院长郭齐勇教授为名誉院长，聘请十余名儒学专家组建学术委员会。自此，山东大学曾子研究所、曾子研究院和中国哲学史学会曾子研究会三位一体、勠力同心，全面深入研究、传播和弘扬曾子学说及儒家思想，促进中华优秀传统文化创造性转化、创新性发展，全力打造国际曾子思想研究高地，谱写新时期曾子思想传承创新的华彩篇章。

一、开学养正，昭明有融：打造曾子思想学术研究高地

习近平总书记在中国人民大学考察时强调："哲学社会科学工作者要做到

方向明、主义真、学问高、德行正，自觉以回答中国之问、世界之问、人民之问、时代之问为学术己任，以彰显中国之路、中国之治、中国之理为思想追求，在研究解决事关党和国家全局性、根本性、关键性的重大问题上拿出真本事、取得好成果。"曾子研究院立足于山东省丰富的儒家文化资源，依托山东大学儒学高等研究院、中国哲学史学会曾子研究会以及国内外各大高校及科研院所雄厚的学术研究力量，近年来坚持致力于曾子及儒学文献典籍的搜集整理、曾子及儒学学术研究与交流传播以及曾子及儒学研究相关人才的吸纳与培养工作，立志打造我国曾子思想学术研究高地。近年来，曾子研究院主要在以下几方面贡献学术研究实绩：

（一）盛世修书：曾子及儒学文献的整理与研究工作

推进中华优秀传统文化创造性转化与创新性发展，是基于系统整理文化典籍、阐释辨析思想意蕴、转化创新时代价值的基础上实现的。2020年，曾子研究院院长、山东大学儒学高等研究院教授曾振宇及山东大学儒学高等研究院副教授江曦共同主编了《孝经文献丛刊》（第一辑），该丛刊系"十四五"国家重点出版规划项目。《孝经》作为儒家核心经典，在中华优秀传统文化体系中占有重要地位，孝德伦理既是我国传统社会主流意识形态的重要组成部分，也在当今社会思想道德建设中发挥着重要作用。《孝经文献丛刊》（第一辑）按时代分为《孝经古注说》《孝经宋元明人注说》《孝经清人注说》，精选五种具有代表性的《孝经》善本进行点校整理与研究工作。该丛刊注重历代《孝经》注本的保护传承与开发利用，积极挖掘曾子思想及儒家孝德伦理实现创造性转化和创新性发展的新动能，具有极高的学术研究价值。

儒家思想在中国思想史上占有相当重要的地位，亟须当代学者切实加以诠释与研究。2023年，由曾子研究院院长、山东大学儒学高等研究院教授曾振宇主编的《儒家思想的当代诠释》一书出版。该书入选"十四五"国家重点出版物出版规划项目，是教育部重大委托项目"儒家思想的当代诠释"结项成果、山东大学儒学高等研究院科研成果、教育部儒家文明协同创新中心（山东大学）科研成果、曾智明"曾子学术基金"科研成果、山东大学曾子研究所科研成果、曾子研究院科研成果。全书共22章，共计150余万字，由二十多位儒学研究专家合作撰写，脉络清晰地诠释了儒家的"仁""义""诚信""天下"等思想，实现了对儒家思想观念及其发展流变的诠释，以及对儒家思想时代价值的深入阐发。

习近平总书记多次指出，"汉字是中华文明的重要标志，也是传承中华文明的重要载体"，中国汉字是世界上迄今为止唯一流传下来的自源性文字符号系统，更是记录中华民族生产生活、思想文化、情感审美的载体。近年来，由曾子研究院院长、山东大学儒学高等研究院教授曾振宇担任主编，许嘉璐先生亲自作序的《汉字中国》大型丛书陆续出版。《汉字中国》在解读汉字的字形字义演变的基础上，深入探索中国哲学与文化的内涵，以此"解码"渗透在现代汉语词汇中的中华优秀传统文化之奥秘。丛书对于文化传承、文明探源的重要意义受到中宣部的重视，被纳入"学习强国"APP的教育素材。

跬步不息，终臻千里。近年来，曾子研究院陆续开启并完成各类曾子思想及儒学研究重大项目：《孝经文献丛刊》第二辑（五卷本）已交付出版社，《宗圣志》校勘整理项目业已成功结项，《曾子评传》等校勘整理项目、英译本《四书通解》以及《四书译注》《儒家往事》《观念史丛书》等项目也已经启动。曾子研究院在根据新时代需求、遵循历史时态规律、转换旧有存在形式、增添时代精神的基础上，聚力构建曾子文化传承体系，在守护中华文明印记中熔铸发展之魂。

（二）开宗明义：举办大型学术论坛及设立"曾子文化奖"

山东是儒家文化的发源地，更是中华文明的重要发祥地，发掘并深刻理解曾子思想的宝贵价值理念与人文精神、赓续弘扬齐鲁大地的文化影响力，是曾子研究院矢志不渝的如磐初心。近年来，曾子研究院与山东大学曾子研究所、中国哲学史学会曾子研究会三位一体，积极整合山东大学儒学高等研究院、教育部儒家文明协同创新中心等国内外高等院校与科研机构的师资力量，多次延请儒学大家在曾子故里山东嘉祥以及山东大学儒学高等研究院举办大型学术研讨活动，助推学界曾子思想研究迈上新台阶。

曾子研究院与山东大学曾子研究所、中国哲学史学会曾子研究会多次牵头举办大型学术论坛，助力曾子思想与儒家孝文化研究走上新高峰。2018年，曾子研究院联合山东大学儒学高等研究院儒家文明协同创新中心，成功举办"现代视域下的儒家孝文化"高峰论坛，围绕儒家孝文化与"宗圣"曾子的孝道思想展开深入研讨。2023年，山东大学儒学高等研究院与曾子研究所再次以曾子思想与儒家孝文化为主题，举办"古典与现代：中韩儒家孝文化学术研讨会"，曾振宇院长与韩国孝文化振兴院金德均教授等学者围绕曾子思想、儒家孝文化的演进脉络，以及中韩孝文化异同等话题展开学术交流。2023年3月，由国务院台湾事务办公室交流局、山东省人民政府台港澳事务办公室指导，济宁市人民政府台湾事务办公室、中共嘉祥县委、嘉祥县人民政府主办的"曾子思想研讨会暨首届曾子文化奖颁奖典礼"在嘉祥县隆重举办，来自海峡两岸的27位高端学者齐聚嘉祥，就曾子思想与中国文化展开学术讨论。本届研讨会有来自海内外的专家学者、山东省各级领导，以及台青台生代表出席开幕式，全国政协委员、香港金利来集团主席、曾智明"曾子学术基金"理事长曾智明发来贺信。

在山东大学与曾智明"曾子学术基金"的大力支持下，曾子研究院与山东大学曾子研究所、中国哲学史学会曾子研究会三位一体，面向山东大学全校师生举办"曾子讲坛"系列讲座，广泛延请海内外儒学大家为高校学子讲授曾子思想及儒学研究前沿成果。讲座内容既包括围绕曾子思想与儒家文化展开的"马丁·路德与曾子所论之孝及其挑战""《春秋》为刑书及六经的性质"等，亦涵盖当代中国哲学前沿问题如"具体世界的形而上学"等。"曾子讲坛"目前已在山东大学成功举办了十二期，曾邀请海内外知名学者如杨国荣、曾亦、蔡家和、黄保罗等教授"开坛论道"，在山东大学儒学高等研究院系列讲座中具有极大影响力，充分彰显了曾子思想的博大精深和中华美德的育人功能。

此外，曾子研究院聘请国内知名院校的儒学专家承担院内学术顾问工作，曾子研究院院长曾振宇，以及郭齐勇、杨国荣等教授均多次牵头主办或参加有关曾子思想与儒家文化的学术论坛及讲座。近年来，曾子研究院院长曾振宇教授多次应邀出席尼山世界文明论坛、齐鲁文化高峰论坛等文化学术交流活动，并受邀前往厦门大学、韩国成均馆大学等海内外知名高校与科研院所，讲授曾子思想及儒家孝德伦理。曾子研究院坚持凝心聚力、守正创新，围绕"四个讲清楚""两个结合"等重大论断，凝合国内外从事历史、哲学、儒学研究的知名专家学者，着力打造曾子思想研究与文化传播的优良平台，为推动文化繁荣、建设文化强国与中华民族现代文明贡献"宗圣力量"。

（三）精理为文：创办连续性出版物《曾子学刊》

《曾子学刊》是以书代刊的集刊，由曾子研究院、山东大学曾子研究所、中国哲学史学会曾子研究会与曾智明"曾子学术基金"联合主办，由山东大学儒学高等研究院教授、曾子研究院院长曾振宇主编，每年一期，着力打造曾子学研究的文化品牌，于2023年3月被评为"中国人文社会科学学术集刊 AMI 综合评价报告"入库集刊。

习近平总书记在给《文史哲》编辑部的回信中指出："高品质的学术期刊就是要坚守初心、引领创新，展示高水平研究成果，支持优秀学术人才成长，促进中外学术交流。"作为国内唯一致力于曾子思想研究的学术集刊，《曾子研究》编辑部匠心独具，在每辑选题与栏目设计上始终坚持哲学社会科学期刊从业者新时代下新的文化使命。刊物开篇为"学者访谈"栏目，选取当代儒学大家与在学术界影响重大的学术论著为访谈对象，以访谈的形式呈现当代儒学研究的奠基性理论与前沿性新论。每辑刊物在把握时代发展需要与学术研究动向的基础上提炼一个中心主题，并围绕该主题邀约征集高质量学术论文，以此打造曾子思想研究的重要学术交流平台，推动曾子研究的新观点、新成果不断涌现。

2023年年底，《曾子学刊》第五辑"曾子研究"专号由上海三联书店正式出版。本特辑邀约陈来、郭齐勇、杨国荣等国内外著名儒学专家撰文，收入了《孔子思想与道德文明》《曾子与儒学》《略论曾子》《日本学者室鸠巢〈大学新疏〉考论》《重新认识〈孝经〉与孝道传统》《儒家孝悌观念与当代的挑战》《明清时期曾府祭田研究》《〈古文孝经〉的版本与流传》等多篇高质量的学术论文，围绕《礼记·大学》专题、《孝经》专题、曾子孝道思想以及曾子学派的思想特征等话题展开学术讨论。《曾子学刊》始终坚持认真学习贯彻习近平总书记回信精神，致力于将自身打造成为国内乃至国际曾子思想研究的高端学术交流平台，在新的时代条件下努力推进儒家思想的传承与现代转化，增强文化自信。

二、根植沃土，化育繁花：打造曾子文化推广与人才培养高地

党的十八大以来，习近平总书记多次对山东发挥文化资源优势、推动文化传承发展提出殷切期望，赋予山东重大文化使命。近年来，曾子研究院与山东大学曾子研究所、中国哲学史学会曾子研究会三位一体，坚持扎根嘉祥大地，深耕齐鲁文化沃土，全力开发新时代文化发展的"嘉祥力量""宗圣力量"。曾子研究院凝合社会各方支持力量，致力于挖掘曾子思想的"源头活水"，激活文化"两创"的内生动力，积极发挥曾子思想及中华优秀传统文化的影响力，在服务国家文化战略上充分彰显中国自信、齐鲁底蕴、嘉祥特色。

（一）凝心聚力：联合企业与社会各界力量

2021年，山东大学与金利来集团达成合作，由金利来集团有限公司主席曾智明先生个人出资捐赠500万元设立曾智明"曾子学术基金"。"曾子学术基金"鼓励学术工作者产出优秀学术成果并加以奖励，支持曾子文献整理、曾子哲学思想研究、曾子文化宣传与传播等曾子研究系列著作的出版。曾智明"曾子学术基金"的设立旨在传承曾子思想、弘扬中华文化精粹，积极推动了曾子思想研究、儒家孝文化研究、曾子文化与优秀传统文化普及的工作。

曾智明"曾子学术基金"的设立，助推了山东大学曾子研究所与曾子研究院多项活动顺利举办。2023年，曾子研究院、山东大学曾子研究所、嘉祥县人民政府、中国哲学史学会曾子研究会共同设立"曾子文化奖"，由曾智明"曾子学术基金"提供相应奖金。"曾子文化奖"计划每两年评选一次，对21世纪以来已发表或已出版的曾子文化研究领域的优秀论文、著述进行表彰，旨在鼓励海内外

专家学者钻研深挖曾子文献、曾子思想、君子思想、儒家孝德伦理等学术领域。

（二）材茂行洁：助力政德培训与人才培养

近年来，曾子研究院认真贯彻落实习近平文化思想与习近平总书记关于政德教育、人才培养工作的重要指示，逐步建立起一支由高端学者引领、年龄结构合理的儒学研究队伍。曾子研究院着力打造高端儒学研究平台，深度挖掘和诠释曾子思想，充分发挥曾子思想与中华优秀传统文化在领导干部政德培训、嘉祥人才吸纳与培养工作中的积极作用。

曾子思想中蕴含的孝德观念、君子思想、修身工夫，是中华优秀传统文化中的思想精华与道德精髓，更是涵养党政青年人才"为政之德"的重要源泉。"青年人才培养计划"是嘉祥县依托特聘专家人才优势，积极探索新时代儒学人才培养的创造性举措。2023年，曾子研究院邀请山东大学儒学高等研究院曾振宇教授、中国人民大学国学院韩星教授、厦门大学哲学系冯兵教授授课，曾子研究院及县干部政德教育培训中心全体人员、县委党校全体教师、教育系统部分教师、济宁吉祥文化旅游有限公司和济宁明德文化旅游有限公司全体教员、山东曾子研究会部分成员参与本届"青年人才培养计划"。近年来，曾子研究院坚持凝合国内外高端学术力量，多次延请儒学大家围绕曾子孝道思想、君子修养工夫、儒家礼乐思想等话题阐发新见，立足嘉祥大地辐射学术力量与"宗圣影响"。在曾子研究院的助推下，嘉祥县"青年人才培养计划"为当地青年才俊与领导干部树立良好个人美德与社会公德，培养爱亲敬长、报效祖国的家国情怀，构建社会主义和谐社会，创造了更多契机与广阔平台。

2013年，习近平总书记在中央党校建校80周年暨春季学期开学典礼上指出，"中国优秀传统文化，领导干部也要学习，以学益智，以学修身"，并要求"领导干部多读优秀传统文化书籍，经常接受优秀传统文化熏陶"。领导干部讲政德，才能以德修身、以德润才、以德服人，曾子思想对于党员干部明晰道德准则、提升价值理想、涵养思想境界均有积极影响。近年来，曾子研究院积极配合济宁市委、市政府组织开展党员领导干部的政德培养工作，曾子研究院、山东大学曾子研究所、中国哲学史学会曾子研究会均被济宁市政德教育干部学院纳入教学科研规划中，承担"领导干部学国学"的教育教学任务。曾子研究院始终坚持贯彻落实习近平总书记重要讲话精神，凝合高校与科研院所的学术力量，将曾子思想中的孝恕忠信、内省慎独、修齐治平等思想精华转化落实到高素质干部队伍的培养建设工作中，不断提高领导干部的道德素养与治国理政水平。

（三）寓教于乐：助推曾子文化走进民生

近年来，山东聚焦打造文化"两创"新标杆，着力挖掘并弘扬"齐鲁文脉""孔孟儒风"，推动中华优秀传统文化融入日常生活。借助齐鲁大地悠久深厚的文化底蕴，曾子研究院作为曾子文化一大研究平台，凝合山东大学等国内外高校的学术力量，多次在曾子故里嘉祥县大学书院举办"曾子讲堂"，以文化人、以文育人、成风化俗，助推曾子思想融入日常、落在平常，推动社会主义核心价值观不断落细落实。

曾子研究院将"曾子讲堂"打造成面向人民群众、契合生活实践、化育民风民俗的学术性公益项目，并邀请山东大学、华东师范大学、中国人民大学等国内知名高校的儒学专家，在大学书院定期面向社会讲授曾子思想与儒家优秀传统文化。目前，大学书院已被纳入新时代文明实践基地、济宁市研学旅行示范基地、济宁市家庭家教家风建设基地、山东师德涵养基地，成为嘉祥弘扬曾子思想与中华优秀传统文化的重要场所。针对中小学生群体，"曾子讲堂"开设了一系列有关传统节日、经典吟诵等专题的文化讲座，推动曾子思想与儒家经典进校园、进课堂、进心田；开发集茶艺、拓印、活字印刷、篆刻、描红等于一体的传统文化体验式教学体系，不断探索创新传统文化教育的内容和形式；结合古代六艺——礼、乐、射、御、书、数传统文化，开展古琴演奏、经典诵读、书法、绘画、珠算等传统文化体验项目，让优秀传统文化真正地活起来、动起来。"曾子烹彘"宣扬了中华民族诚实守信的美德与家风，为弘扬中华传统美德、加强家庭家教家风建设，曾子研究院积极开展家长教育专题讲座，将曾子家风中诚实、忠恕、慎独的优良品德融入新时代家庭文明建设与教育智慧培养中。此外，曾子研究院积极推动曾子思想与儒家孝德伦理走进社区、走进乡村，通过寓教于乐的传播方式带领"曾子讲堂"文化品牌深入乡土大地，着力营造浓厚的"学宗圣、慕显达、讲孝悌、重修身"的文明乡风，实现乡村文化振兴。

三、文明互鉴，和谐共融：打造曾子思想国际交流与传播高地

2021年，习近平总书记在十九届中央政治局第三十次集体学习时的讲话中提到："要更好推动中华文化走出去，以文载道、以文传声、以文化人，向世界阐释推介更多具有中国特色、体现中国精神、蕴藏中国智慧的优秀文化。"近年来，曾子研究院在凝合国内外高校与科研院所的学术力量、打造国内曾子思想学术高地的基础上，进一步发掘曾子思想及儒家文明的现代价值，扩大曾子思想的海外影响力，以期促进儒家文明与世界文明的交流互鉴，为人类文明的未来发展探索"宗圣经验""儒家经验"。

为挖掘曾子文化在增进海峡两岸文化认同与国际文明互鉴中的重要价值，打造曾子及儒家思想的国际交流与传播高地，近年来，曾子研究院与山东大学曾子研究所、中国哲学史学会曾子研究会三位一体、通力合作，多次联合举办"海峡两岸曾子思想研讨会"，自2010年举办首届至今，会议已连续举办七届，持续在海峡两岸及海外平台传承发扬曾子思想、儒家孝德、君子修身论，现已成为两岸同胞与海外侨胞开展交流合作、文明互鉴、共同弘扬曾子思想与儒家文化的重要学术平台，是海峡两岸同胞交流合作的重要文化与情感纽带。曾子研究院期望借助历届"海峡两岸曾子思想研讨会"，推动两岸各方在文化领域展开更深入的合作，打造一个具有世界影响力的文明交流互鉴平台，为海峡两岸同胞的儒学研究提供更多支援和思想力量。

儒家文化在东盟地区有着悠久的传播历史，对东南亚文化产生深远影响，儒家文明在人类命运共同体的建设中日益彰显其重要作用。中国与东盟各国围绕儒家思想展开交流学习与文明互鉴，这对于推动儒学的创造性转化和创新性发展、在中国及东盟地区充分发挥儒家文明有关人类命运共同体的思想精华，

具有极其重要的意义。近年来，曾子研究院以现代视域研究儒家文明，多次助力举办"中国－东盟国际儒学论坛"，并计划每年在东盟某国举办一次儒学高峰论坛，从儒学视域出发为人类命运共同体的建设建言献策。2019年，曾子研究院与山东大学曾子研究所、中国哲学史学会曾子研究会、马来西亚道理书院联袂举办了第一届"中国－东盟国际儒学论坛"，中国驻槟城领事馆领事出席大会开幕式并致辞。2023年，由山东大学儒学高等研究院、英国欧亚高等研究院－马来西亚道理书院、山东大学曾子研究所、曾智明"曾子学术基金"联合主办，曾子研究院、中国哲学史学会曾子研究会协办，马来西亚陈氏书院承办的第二届"中国－东盟国际儒学论坛"在马来西亚首都吉隆坡隆重开幕，创会主席曾振宇教授和王琛发教授表示他们创办论坛的目的是打造具有世界影响力的学术交流平台，发掘儒家文化的现代价值，促进儒家文明与东南亚文明的交流互鉴，为人类文明的未来发展探寻思想经验。国内知名学者丁四新、景海峰、曾振宇等围绕"儒学的实践""人类命运共同体与儒学""儒学在东亚的发展"等议题展开了深入探讨与交流。

习近平总书记强调："儒家思想同中华民族形成和发展过程中所产生的其他思想文化一道，记载了中华民族自古以来在建设家园的奋斗中开展的精神活动、进行的理性思维、创造的文化成果，反映了中华民族的精神追求，是中华民族生生不息、发展壮大的重要滋养。"初心如磐践使命，踔厉奋发启新程。曾子研究院牢记总书记殷殷嘱托，以曾子故里嘉祥为工作起点并深耕齐鲁文化沃土，凝合山东大学、中国哲学史学会等国内高端学术力量以及曾智明"曾子学术基金"等社会各界组织机构的关注支持，坚持对曾子思想与儒家文化"古为今用、推陈出新，有鉴别地加以对待，有扬弃地予以继承"，打造"曾子思想学术研究""曾子文化推广与人才培养""曾子思想国际交流与文明互鉴"三大高地，助力谱写曾子学传承发展新篇章。

岳麓书院

山东大学儒学高等研究院 高璐璐

  书院作为中国古代特有的教育机构，一直是儒学教育的圣地和文化学术的重心。在我国诸多书院中，岳麓书院最负盛名，薪火相传，学脉绵延。

  创建于北宋开宝九年（976）的岳麓书院，不仅是我国古代四大书院之一，而且是我国书院文化的标杆，更是我国儒学传承发展的文化殿堂。它坐落于湖南长沙湘江西岸的岳麓山脚下，历经宋、元、明、清各朝，至1926年定名为湖南大学。从古代书院到现代大学，从传统书院到现代大学学院制，一脉相承，弦歌不辍，是湖湘文化的重镇和楚材培养的摇篮。而今，书院依托湖南大学的现代教育资源与自身厚重的文化底蕴，成功实现古代书院的现代转型，成为从事中国传统文化研究和培养研究型人才的现代书院，被誉为"千年学府"。

一、书院历史，弦歌千载

  背倚青山，前临湘水，岳麓书院坐西朝东，是典型的左庙右学规制。走进岳麓书院，一草一木、一砖一瓦，点缀着山间气象的生机与活力，蕴藏着千年学府的文脉与气息。

  沿着岳麓书院的建筑中轴线往上走，依次穿过前门、赫曦台、大门、二门、讲堂、御书楼、屈子祠，目光首先定格在岳麓书院的前门。前门的正上方，悬挂有"千年学府"匾额，两侧则挂有"千百年楚材导源于此，近世纪湘学与日争光"的对联。进入岳麓书院，看到的第一座建筑是赫曦台，站在赫曦台上便可望见书院真正的大门。大门采用南方将军门式结构，两旁置有双面浮雕的汉白玉抱鼓石，抱鼓石正面上刻"三狮戏球"，下刻"梅兰竹菊"，背面上雕寓意"锦上添花"的"锦鸡芙蓉"图，下雕寓意"路路连科"的"莲花鹭鸶"图。大门的正上方悬挂有宋真宗御赐的"岳麓书院"匾额，大门的两侧悬挂有"惟楚有材，于斯为盛"的楹联，该副对联是由清嘉庆年间山长袁名曜与生徒张中阶合撰的，上联出自"虽楚有材，晋实用之"（《左传·襄公二十六年》），下联出自"唐虞之际，于斯为盛"（《论语·泰伯》）。沿着中轴线继续走，穿过大门，就来到岳麓书院的二门。二门的正上方悬挂有"名山坛席"匾额，"名山"指岳麓山，"坛席"即坛位，该匾额意谓除地为坛，上设席位，以示学生对老师的礼遇。沿着中轴线继续走，来到岳麓书院的讲堂，讲堂又称"忠孝廉节堂"，位于书院的中心位置，它不仅是书院的核心建筑，而且是书院的教学重地。岳麓书院自创立之初便一直秉持着"讲于堂，习于斋"的讲学原则。值得注意的是，讲堂檐前悬有"实事求是"匾额。"实事求是"源于《汉书·河间献王德传》中的"修学好古，实事求是"，2020年9月，习近平总书记在考察岳麓书院时曾指出，岳麓书院是中国共产党实事求是思想路线的策源地。接下来是岳麓书院的御书楼，"御书楼"三字乃集朱熹字所成。岳麓书院藏书的来源十分广泛，大体可分为皇帝赐书、地方政府拨款购置、书院自购、社会人士捐置和书院自刊等途径。今天的御书楼仍作为图书馆供书院师生使用，是书院藏书所在地，藏书逾6万册。最后是纪念屈原的屈子祠。

　　从书院大门绕行至中轴线北侧，依次穿过大成门、文庙，最后到达大成殿。大成门左右两侧，悬挂着"道若江河随地可成洙泗，圣如日月普天皆有春秋"的对联。穿过大成门就来到文庙，文庙不仅是祭祀孔子的场所，而且是弘扬和发展儒学的重要场所，它发挥着崇尚圣人、推崇学统、劝诫规砺、践履识礼的独特作用。最后来到大成殿，大成殿是文庙主体建筑，"大成"一词源于"孔子之谓集大成。集大成也者，金声而玉振之也"（《孟子·万章下》）。"大成"用作殿名，始于北宋崇宁三年（1104），徽宗皇帝"诏辟雍文宣王以大成为名"。大成殿采用重檐歇山顶，黄色琉璃瓦，藻井天花，描龙画凤，属皇家规格。从2013年起，书院恢复中断百年的祭孔仪式，于每年9月28日在大成殿举行祭孔祀典。岳麓书院祭孔祀典为学术型祭孔，没有完全延续古礼，但保留了祭祀仪式的基本仪注，包括迎神、三献礼、读祝、望燎等。参与祭祀的人员以书院师生为主体，这是岳麓书院千年祭孔的传统。书院祭孔祀典活动起到了致敬先圣先贤、传承学脉、弘扬文化、培育人才的重要作用。

从书院大门绕行至中轴线南侧，便可遥望四时皆美的园林景观。园林位于书院中轴线后部南侧，景观以书院八景最为出名。八景分为前四景和后四景，前四景为柳塘烟晓、桃坞烘霞、风荷晚香、桐荫别径，后四景为花墩坐月、碧沼观鱼、竹林冬翠、曲涧鸣泉。八景之中，数花墩坐月、碧沼观鱼二景最为别致。

弦歌千载，长流书院历史。岳麓书院中轴线上，大门、讲堂、书楼等建筑层层推进、中正有序；祭祀区域，文庙庄重肃穆，专祠简朴明净；园林里，白墙青瓦，回廊相连，鸢飞鱼跃，泉洁林茂，四时风景皆美。[1]中轴对称、层层递进的书院院落，营造出庄严神秘的氛围，鲜明地体现了儒家文化的社会伦理关系。在书院建筑中，随处可见的碑刻、对联、匾额，闪耀着儒者的智慧之光，充分展现了儒家独特的教育理念和教育方式。置身于古老书院的岳麓学子，浸润在儒家思想与文化之中，书写着属于他们的新篇章。

二、千年学府，今朝韶华

古老书院生机盎然，千年学府今朝韶华。古色古香的岳麓书院弦歌不辍，再起新声，成为古代书院现代化转型的成功典范。千年书院，学规为纲，交流儒学，培育英才，传播国学，正可谓"院以山名，山以院盛，千年学府传于古；人因道立，道以人传，一代风流直到今"。

（一）书院学规，育人治学

"岳麓学府传千载，书院育材有良规"，岳麓书院的学规对内注重人格塑造与道德修养，对外注重经世致用的价值取向，具有鲜明的儒家思想的特征与湖湘文化的地域特色。时至今日，书院学规仍然发挥着育人治学的重要功能，在

---

[1] 谢丰、夏金龙：《弦歌千年　再启新篇——岳麓书院从传统书院到现代大学书院制的转型》，《中国民族》，2023年第7期。

新的时代条件下熠熠生辉。

学规是古代书院规章制度的总称，是规定约束书院师生思想行为之准则，具体包括学约、学则、学箴、戒条、揭示、教条等。岳麓书院的第一个正式学规是朱熹于南宋绍熙五年（1194）颁布的《白鹿洞书院揭示》，即岳麓书院现存的《朱子书院教条》。此揭示指明了五教之目、为学之序、修身之要、处事之要和接物之要，并且以学规的形式将儒家经典思想汇集并固定下来，从而成为后世学规的范本和办学准则。

随着书院的发展，《朱子书院教条》中的大部分内容已无法适应社会的发展，需要加以充实和改进。清康熙年间的山长李文炤根据当时的社会状况修订学规。李氏学规共有八条，其要点是：

1. 既以读书为业应当惟日不足，以竞分寸之阴，不可作无益有害之事，意见不合，应共相切磋。

2. 朋友攸摄，摄以威仪，不敬则不能和，同群之中，不应隙之相生。

3. 对圣贤之言，宜端生辩难，有不明之处，反复推详。

4. 每月各作三会，学内者，书二篇，经二篇，理论一篇，学外者，书二篇，小学论一篇，倘或未当，即携卷相商，以求至是。

5.《四书》为六经之精华，乃读书之本务，倘有疑处，即与之相商，其程朱语录、文集，可自为诵习。

6. 今之举业，各有专经，当博洽而旁通之，不可画地自限，而应互相质证。

7. 学者欲通世务，看史以《纲目》为断，作文宜取贾、韩、欧、曾数家文字熟读，制艺以归唐大家为宗，论诗专以少陵为则，而后可及于诸家。

8. 学问思辨，必以力行为归。

由此可见，李氏学规较之朱子教条，更加适应当时书院师生发展的需要，更加注重发挥学生的主动性和能动性，具有很强的经验性、适用性和针对性。

如今，岳麓书院讲堂现存的书院学规是由清乾隆年间的山长王文清制定的《岳麓书院学规》。该学规的正文从"育人"和"治学"两个方面入手，对书院学

子提出了切实可行的"为人"与"为学"的要求,传递出"怀古忧时,传道济民"的人才培养精神。《岳麓书院学规》碑释文曰:

> 时常省问父母,朔望恭谒圣贤;
>
> 气习各矫偏处,举止整齐严肃;
>
> 服食宜从俭素,外事毫不可干;
>
> 行坐必依齿序,痛戒讦短毁长;
>
> 损友必须拒绝,不可闲谈废时;
>
> 日讲经书三起,日看纲目数页;
>
> 通晓时务物理,参读古文诗赋;
>
> 读书必须过笔,会课按刻蚤完;
>
> 夜读仍戒晏起,疑误定要力争。

现存的《岳麓书院学规》,全文18句,每句6字,总共仅有108字,是岳麓书院以往众多学规中最为精练的。现如今,在每年的新生入学礼上,岳麓书院的全体师生仍然会共同朗读《岳麓书院学规》。每当新生们朗读学规时,整座书院都会沉浸在庄严神圣的气氛中。在琅琅诵读中,新生们感受到学规背后沉甸甸的责任与使命,其声音也汇聚成强大的力量,穿越时空的隧道,与历代书院学子的心灵产生共鸣。岳麓书院的学规并非一纸空文,它不仅传承着育人治学的书院精神,而且成为湖南大学学生的基本行为规范。学规凝聚着历代书院先贤的智慧与心血,承载着深厚的儒家文化底蕴和崇高的儒家教育理想。可以说,该学规文字精简而寓意深刻,语言通俗而哲理丰富,至今对于书院师生治学与修德具有规范意义和启发作用。

(二)儒学交流,与时偕行

岳麓书院以其深厚的儒家文化底蕴和卓越的文化学术成就,成为儒家教育的圣地和学术交流的重镇,这里不仅会聚着诸多知名儒者,而且也是学术交流与碰撞的热门场所。多年来,岳麓书院赓续传统,与时偕行,致力于儒学的交流与传播,弘扬和发展着中华优秀传统文化。

其一，朱张会讲，重现盛况。岳麓书院承袭朱张之绪，创新会讲形式，重现学术交流的盛况。

千年之前，在岳麓书院的讲堂之上，朱熹与张栻两位大儒交流学术，激烈辩论，碰撞思想，开示生徒。朱张围绕太极说、中和说、仁说等当时儒家热门的学术问题开展辩论讲学活动，长达两个月之久的会讲空前热烈，以至于出现"一时舆马之众，饮池水立涸"的景象。朱张会讲不仅首开讲学自由之风气，而且推动岳麓书院的学术文化交流活动走向繁荣。如今的岳麓书院以其新颖多样、为人喜闻乐见的形式创新发展着会讲传统。1999年，岳麓书院创立"千年论坛"，该论坛联合湖南卫视、湖南经视等媒体，以众多文化名家为论坛主讲人，首次以电视直播讲学的方式面向社会公众，引起了海内外的广泛关注和热烈讨论。2005年，岳麓书院推出"明伦堂讲会"，面向书院师生及社会大众，兼具学术性、前沿性、互动性，与会成员通过辩论交流的方式，求同存异，彰显会讲广开的讲学自由之精神。2013年，岳麓书院又举办了"岳麓书院讲坛"，在传承朱张会讲模式的基础上，借助传统媒体和新兴媒体形成"互联网＋国学"的讲学模式，通过线上线下两种途径开展学术交流活动，同时兼顾社会各界人士，既注重学术性，又不舍通俗化。迄今为止，"岳麓书院讲坛"已经举办了500多期，国内外学者400多人在讲坛进行讲学活动，其中凤凰卫视直播的100多场讲座中，单场在线听众80万人，线上线下听课人数达2000万。

其二，学术刊物，传播儒学。为了加强学术交流，推动儒学传播发展，岳麓书院创办了一系列优秀的学术刊物。

由湖南大学主办、岳麓书院院长肖永明教授主编的《湖南大学学报（社会科学版）》自1987年创刊之初便设立"岳麓书院与传统文化"专栏，该栏目依托岳麓书院的优势资源与学术平台，始终坚持以儒家思想研究为核心领域，同时涵盖经学、理学、简帛学、地域文化、书院研究、佛道研究诸领域，刊登了《批朱与述王：季本解经的两重进路及其思想意义——以〈大学私存〉为例》《朱熹融通知识与信仰的思想理路》《传统儒家人—物役用关系的多元诠释及其现代价值——以"络马首，穿牛鼻"问题为中心》《华夷同"道"：元代儒士的大一统观》《〈白鹿洞学规〉精神与台湾书院的具体实践》《明于人伦，赴以礼义：周代冠礼与当代成人礼建构》《论姚配中的"元"哲学建构与乾嘉易学哲学》《荀子非子思孟轲案再鞠》《朱熹、张栻解〈孟子〉"王何必曰利？亦有仁义而已矣"之比较》《论汉代〈老子注〉对自然的诠释》《明代书院与历史教育》《岳麓书院藏秦简始皇禁伐树木诏考异》等一系列具有学术价值的优秀文章，致力于挖掘和发展优秀传统文化，促进中华优秀传统文化的研究与传播。作为教育部首批名栏，"岳麓书院与传统文化"专栏深挖岳麓书院的文化底蕴，创新发展现代学术研究，汇聚海内外学者的研究成果，推动传统文化与现代社会融合发展，从而成为高校社科学报特色栏目的典范。同时，岳麓书院国学研究与传播中心主办的《原道》，自1994年创刊以来，始终秉持儒家立场情怀，以"士尚志，志于道"为宗旨，以深入研讨儒家思想与制度为核心旨趣，以促进儒家与其他思想的深度对话和理性探讨为学术取向，从思想与现实、理论与实践的互动关系中阐释和建构儒学新形态，涵盖中国哲学、中国宗教学、中国思想史诸领域。《原道》自2012年以来，连续入选 CSSCI 收录集刊，它深入挖掘和阐发儒家思想，独特理解和运用儒家智慧来审视和思考现代社会的问题，故而不仅仅是一本学术刊物，更是儒家思想在当代社会的有力传播者，学术水平和影响力得到了国内学术界的广泛认可。

总之，岳麓书院始终以文化学术交流活动为办学宗旨，肩负传道济民的使命担当，以多样的会讲方式和优秀的学术刊物推动儒学的传播与发展。

（三）人才培养，于斯为盛

在人才培养模式上，岳麓书院始终致力于探寻将古代书院的教育精髓与现代教育体制深层融合之道，成功实现从古代传统书院向现代大学书院制的转型。

古代的岳麓书院实行山长负责制。"山长"，从字义上讲，有山中长老的尊称之义。岳麓书院的山长，即岳麓书院院长，是书院教学的管理者，往往德行、学问及社会名望俱佳。岳麓书院的历任山长基本上是地方大儒，不仅治学严谨，而且管理有方。在山长的管理之下，岳麓书院探索出一套不同于传统官学的教学方式，即强调让学生自主学习、自主探究。同时，书院秉持"开放办学"的理念，不囿于地域和学派，常年接待来访学者，鼓励师生辩论交流，允许外来人员旁听，营造讲学自由的风气。

如今，岳麓书院实现从山长负责制向本科生导师制的转变。本科生导师制是岳麓书院将古代书院教育精神与现代教育理念深度融合的典范，作为一项创新的教育模式，本科生导师制以为学生提供个性化指导和深度学术熏陶为旨归。在深厚的书院历史文化底蕴下，本科生导师制这一制度的实施，不仅是对传统书院教育精神的传承，更是对现代高等教育理念的探索和发展。在这一制度下，本科生将与导师建立一对一的辅导关系，从导师那里获得学术研究的直接指导、人生规划的建议以及精神成长的支持。一方面，岳麓书院本科生导师制的实施，能够有效弥补传统课堂教学模式的不足，促进学生个性化发展，培养学生的创新精神和实践能力。通过与导师的深入交流，学生们将能够更加明确自己的学术兴趣和职业方向，为未来的学术研究和职业规划打下坚实的基础。另一方面，岳麓书院本科生导师制十分强调导师与学生的双向互动和共同成长。导师们将通过与学生的交流和学习，不断更新自己的教育理念和方法，提升自己的教育水平和能力。这种双向互动式的教学模式将有助于形成自由讨论的学术氛围，推动岳麓书院整体学术水平和教育质量的提升。可以说，岳麓书院本科生导师制是一项富有远见的创新性的教育改革措施，它结合了传统书院和现代大学两者的教育优势，不仅注重对学生进行全面而深入的教育指导，也为岳麓书院的发展注入新的活力和动力。

在现代高等教育背景下，岳麓书院承继并发展了"书院制"人才培养模式，该模式依托岳麓书院千年以来以人为中心的教育优势，打破文史哲的学科壁垒，贯通本硕博的教育层次，开设人文试验班，实行全程导师制。目前，岳麓书院已经形成从本科、硕士、博士到博士后的完整人才培养格局，拥有中国史、哲学两个一级学科博士点和博士后科研流动站，中国史、哲学两个一级学科硕士点，文物与博物馆学一个专业硕士点，设有历史学本科专业和人文科学试验班（南轩班）。同时，岳麓书院还积极与国内外知名大学进行合作与交流，借鉴现代大学的办学经验和管理模式，引进了先进的教学资源和科研力量，为学生提供更多与国际接轨的学术交流平台。可以说，岳麓书院实现了古代书院的现代化转型，是中国高等教育改革发展的缩影之一。

（四）国学研究，走向海外

岳麓书院一直以研究和传播国学为己任，致力于国学的传承和发展。岳麓书院国学研究与传播中心于2013年挂牌成立，它是经湖南省委省政府批准成立的湖南省先行建设的特殊国学机构，岳麓书院院长朱汉民教授担任国学研究与传播中心的首届主任。岳麓书院国学研究与传播中心主要围绕着开展国学研究、设立国学课题招标项目、资助出版国学专著、组织国学研习等活动、组织国学奖评选展开工作。

一是开展国学研究。国学研究与发展离不开专业人才，为了顺利开展国学研究，岳麓书院国学研究与传播中心邀请饶宗颐、张岂之、李学勤、袁行霈、汤一介、杜维明等著名国学专家出任中心的学术顾问，并且邀请卜宪群、王子今、刘海峰、李零、李存山、陈来、陈致、洪修平、莫砺锋、郭齐勇、黄俊杰、黄朴民、葛兆光、廖可斌及湖南省内的国学专家担任中心的学术委员会委员。同时，中心积极引进国学领域的人才，招聘专职、兼职的专家学者，打造一支专职与兼职相结合的国学研究团队，强化国学研究的学术力量。

二是设立国学课题招标项目。岳麓书院国学研究与传播中心设立国学课题招标项目，该项目每年一次，主要以中国经学研究、中国子学研究、中国史学研究、中国古典文学研究、湖湘文化研究、传统国学与中华民族价值体系重建等为选题方向，面向海内外国学研究的学术队伍及专家学者公开进行课题招标。

三是资助国学专著出版。岳麓书院国学研究与传播中心设立"国学文库"，用以资助优秀国学研究著作和博士学位论文出版。"国学文库"计划资助两类人群：一是当前国学研究领域的一线学者，二是未来作为国学研究主力的青年学子。通过"国学文库"计划的资助，岳麓书院一方面期望赓续国学研究的发展，另一方面助力支持青年学子的国学梦想。

四是组织国学研习等活动。岳麓书院国学研究与传播中心依托书院古建及中国书院博物馆的优势资源，积极与省内外高校和中小学展开合作，共同建立传统文化传播基地。该中心致力于推广和发展涵盖儒家思想的中华优秀传统文化，通过设置国学通识课，开展国学研习，组织国学进校园等一系列活动，让国学走入大众心中，走进人伦日用。

五是组织国学奖评选。2014年，岳麓书院举办了首届"全球华人国学大典"。两年一届的"全球华人国学大典"，以弘扬中华优秀传统文化为宗旨，公开评选和表彰深耕国学领域的人士，推动海内外华人传承发展优秀传统文化，促进国学传播走向国际化和全球化。此外，岳麓书院还积极与海内外高校进行学术交流与合作。

由上可见，岳麓书院国学研究与传播中心自成立以来，不仅聚焦优秀传统文化的传承与研究，致力于将自身打造成为弘扬和发展中华优秀传统文化的学术高地，还积极推动国学研究和传播走向海外，努力搭建一个影响辐射海内外的高端学术交流平台。

三、秉持初心，开创未来

2020年9月17日，习近平总书记在考察岳麓书院时发表重要讲话，对青年学子寄予殷切希望。总书记饱含深情地说："惟楚有材，于斯为盛"，同学们一定要不负时代重托，不负青春韶华，为建设社会主义现代化强国、实现中华民族伟大复兴贡献智慧和力量。在谈到岳麓书院在中华文化传承中的地位和影响时，习近平总书记既强调要坚持把马克思主义基本原理同中国具体实际相结合，又强调要将马克思主义基本原理同中华优秀传统文化相结合。总书记关于"两个结合"的重要指示更加明确了岳麓书院在转型发展过程中的定位，更加坚定了岳麓书院弘扬发展中华优秀传统文化的决心和信心。

　　沧桑书院，弦歌不辍；千年学府，今朝韶华。岳麓书院这座底蕴深厚而又生机勃勃的学府，见证了儒家思想与文化的起落兴衰，蕴藏着仁人志士所守护的绵延文脉，承载着文人学者的理想追求。在新的时代背景下，岳麓书院牢记总书记的嘱托，秉持儒学传承与发展的初心，于漫漫征途中坚守自身的文化定位，继续深入挖掘儒家思想的精髓，大力培养经世致用的人才，积极推动中华优秀传统文化的创造性转化、创新性发展，为建设中华民族现代文明贡献智慧和力量，推动中华优秀传统文化走出国门、面向世界。

日本足利学校的儒学研究概况 [*]

山东大学外国语学院　　王慧荣　　赵玉玮

儒学自传入日本以来，就与教育有着密不可分的联系，教育机构研究是日本儒学研究的重要切入点。从5世纪初日本贵族阶层主动学习、研究儒学，到大化改新之后模仿中国设立官学，日本逐步建立起以中央的大学寮和地方的国学为核心的教育体系。《大宝律令》（701）和《养老律令》（718）的颁布标志着日本官学教育制度已趋于完备。在日本官学发展史上，儒学教育始终是其核心的教育内容之一，与此同时，在官学之外，还存在着由贵族阶层或武士阶层知识精英创办的私学机构，在这些私学机构中，教育内容则因开设者不同而各异。早在奈良、平安时代，私学逐渐兴盛，代表性私学机构有和气清麻吕创办的弘文院、藤原氏的劝学院、菅原氏的文章院等。至镰仓、室町时代，武将北条实时在金泽创建的金泽文库以及下野国足利庄的足利学校成为武家社会文化与教育的重镇。到了江户时代，各儒学流派纷纷创办了教育机构，较为著名的有林氏的汤岛圣堂、中江藤树的藤树书院、伊藤仁斋的古学派私塾古义堂、荻生徂徕弟子创办的怀德堂等等。这些教育机构成为以大学、国学、藩校为代表的官学体系之外的重要补充，在日本教育史上发挥着重要作用，基于此，本文便主要考察了创办于日本中世的儒学教育机构——足利学校的儒学研究概况。

一、关于足利学校藏书的研究

足利学校是日本中世最具代表性的儒学教育机构，其教育活动以四书五经为中心，围绕儒学开展。其藏书除四书五经外，还有各种版本的注疏解说，是

* 本文为山东大学2022年度本科教改项目"综合日语2"（2022Y039）阶段性成果，获国家重大文化工程"全球汉籍合璧工程"专项经费资助（HBY201908）。

重要的教育资源，故而对其藏书状况进行考察和梳理，是学界重点关注的内容。大致而言，有关足利学校藏书的研究可以分为三类：

第一类是对足利学校所藏典籍资料进行文献调查与藏书目录汇编。相关的资料调查与整理自20世纪30年代开始着手进行，一直延续至今，代表性成果有足利学校遗迹图书馆编撰的《足利学校贵重特别书目解题（足利学校貴重特別書目解題）》（1937）、足利女子高等学校社会社编撰的《足利学校藏书目录（足利学校蔵書目録）》（1959）、长泽规矩也编撰的《足利学校遗迹图书馆古书分类目录（足利学校遺蹟図書館古書分類目録）》（1966）与《足利学校善本图录（足利学校善本図録）》（1973）、长泽规矩也与长泽孝三共同编撰的《新编史迹足利学校所藏古书分类目录（新編史跡足利学校所蔵古書分類目録）》（2009）、足利市教育委员会史迹足利学校事务所编撰的《史迹足利学校所藏古书追加目录（史跡足利学校所蔵古書追加目録）》（2013）与《史迹足利学校所藏古书追加目录（2）［史跡足利学校所蔵古書追加目録（2）]》（2022）等。

第二类是从文献学视角出发所作的版本考证等研究，共有7篇论文，分别是小林祥次郎的《足利学校本〈庄子抄〉的介绍（足利学校本『荘子抄』の紹介）》（1974）、长泽规矩也的《金泽文库本的范围——以足利学校的唐书为切入点（金沢文庫本の範囲——足利学校の唐書から考えて）》（1978）、结城陆郎的《足利学校本的研究（上）［足利学校本の研究（上）]》（1979）与《足利学校本的研究（下）［足利学校本の研究（下）]》（1979）、大泽庆子的《足利学校所藏旧冈谷家本白鹰图考（足利学校所蔵旧岡谷家本白鷹図について）》（2003）、野间文史的《足利学校遗迹图书馆藏〈附释音春秋左传注疏〉考（足利学校遺蹟図書館蔵『附釈音春秋左伝注疏』について）》（2004）、野泽隆幸的《可视化汉方史料馆（445）足利学校和明版〈政和本草〉［目でみる漢方史料館（445）足利学校と明版『政和本草』]》（2023）等。

第三类是以足利学校所藏的某部典籍为研究资料，于汉学、文学、医学、文化等领域开展的相关研究。其中的代表性著作有陈捷的《关于足利学校所藏〈论语义疏〉的借阅和誊写：明治前期清朝驻日大使馆的文化活动的考察（足利学校所藏『論語義疏』の借鈔をめぐって：明治前期清国駐日公使館の文化活動に関する一考察)》（1997）、须永美知夫的《足利学校新编论语（足利学校書き下し論語）》（2008）、足利市立美术馆编撰的《论语与足利学校（論語と足利学校)》（2013）等。代表性论文有外山映次的《人天眼目抄与国语（足利学校藏）［人天眼目抄とその国語（足利学校蔵)]》（1960）、仓泽昭寿的《足利学校所藏〈毛诗郑笺〉识语考——心甫荣传是足利学校的学徒吗（足利学校所蔵『毛詩鄭笺』識語考——心甫栄伝は足利学校の学徒か)》（2001）、山口谣司的《足利学校旧藏〈经籍访古志〉所载〈老子道德经〉考（足利学校旧蔵『経籍訪古志』所載の『老子道徳経』について)》（2004）等。

二、关于足利学校发展史的研究

足利学校被称作日本最古老的学校，其发展历史悠久，相关研究也较多。从研究著作来看，结城陆郎在《金泽文库与足利学校（金沢文庫と足利学校)》（1959）一书中，从足利学校的创设、上杉宪实再兴后的足利学校、足利学校中的教育三个方面着眼，对足利学校进行了全面细致的考察。该书研究内容涉及足利学校创设的学说、足利学校再兴后的鼎盛、足利学校的藏书以及教学情况等，是足利学校研究领域的奠基之作。川濑一马在《足利学校的研究（足利学校の研究)》（1974）中，对足利学校创立的多种学说、历代庠主（即校长）、室町时代的学徒与藏书情况、教学目的、存在意义、江户及明治时期的变迁等内容进行了详细的梳理，是一部内容翔实的论著。此外还有柏濑顺一的《近世后期的足利学校（近世後期における足利学校について)》（2000）、前泽辉政的《足利学校：起源与变迁（足利学校：その起源と変遷)》（2003）、仓泽昭寿的《足利学校记录（足利学校記録)》（2003）与《近世足利学校的历史（近世足利学校の歴史)》（2011）、柳田贞夫的《对于中世后期及近世前期足利学校历史考（中世後期と近世初頭における足利学校の歴史的検討へのアプローチ)》（2007）等多部著作问世。

从研究论文来看，和岛芳男的《足利学校新论（上）［足利学校新論（上）］》（1961）与《足利学校新论（下）［足利学校新論（下）］》（1961）两篇论文论述了足利学校的创立、鑁阿寺与足利学校的关系、上杉与北条二氏的关系、足利学校的学风、易学、历代庠主与学徒等内容。结城氏的论文《初期的足利学校（上）［初期の足利学校（上）］》（1977）与《初期的足利学校（下）［初期の足利学校（下）］》（1977）对此前的研究成果作了进一步的修正与增补。此外还有结城陆郎的《永享以前的足利学校（永享以前の足利学校）》（1951），桥本芳和的《小野篁足利学校创建与承和之变（小野篁足利学校創建と承和の変）》（1987）和《永享之乱与足利学校的再兴——关东统领上杉宪实的任免与〈五经注疏〉的捐赠契机（永享の乱と足利学校の再興——関東管領上杉憲実の出所進退と『五経註疏』寄進の契機）》（1986），林友春的《小野篁足利学校创建传说考（小野篁足利学校創建伝説考）》（1989），柏濑顺一的《近世后期足利学校名称的考察——"五个乡学校"的表述考（近世後期における足利学校の名称に関する一考察——「五箇郷学校」の表記について）》（2000）和《足利学校的寺院性质（足利学校の寺院的性格）》（2001），前田专学的《足利学校：过去与现在（足利学校：過去と現在）》（2012），川本慎自的《足利学校与伊豆、常陆、镰仓（足利学校と伊豆・常陸・鎌倉）》（2015），市桥一郎的《足利学校废校之年份考（足利学校廃校の年について）》（2016）、《从〈足利学校记录〉看近世中后期足利学校的图书馆机能（『足利学校記録』から見た中後期の近世足利学校の図書館機能）》（2017）和《近世以后足利学校所在文库的变迁（近世以降における足利学校所在文庫の変遷）》（2020）等。

除了上述关于足利学校各个发展时期的研究之外，还有从建筑史、图书馆史角度所作的研究。如菅野诚的著作《日本学校建筑史：从"足利学校"到现代的大学（日本学校建築史：「足利学校」から現代の大学施設まで）》（1973）从日本学校建筑史的角度考察足利学校。新藤透的两部著作《图书馆的日本史（図書館の日本史)》（2019）与《战国的图书馆（戦国の図書館）》（2020）则是将足利学校作为图书馆发展史中的一环，介绍了足利学校的历史沿革、藏书、教育等内容。吴座勇一的著作《欢迎来到日本中世（日本中世への招待）》（2020）则将足利学校的发展演变置于日本中世历史的场域中进行考察。

此外还有一些论文考察了足利学校发展史上的某些重要人物，代表性论文有桥本芳和的《关于近世初期足利学校庠主的基础性研究（近世初頭の足利学校庠主に関する基礎的研究）》（1985），仓泽昭寿的《足利学校与林家（足利学校と林家）》（2001）、《足利学校学徒考（足利学校学徒考）》（2002）和《纪要　足利学校第十九世庠主实严宗和年谱考（紀要　足利学校第19世庠主実巌宗和年譜考）》（2007），市桥一郎的《泽维尔与足利学校（ザビエルと足利学校）》（2005）、《将军吉宗与足利学校藏书（将軍吉宗と足利学校所蔵書籍）》（2016）和《足利学校与尾张藩初代藩主德川义直（足利学校と尾張藩初代藩主徳川義直）》（2017）等。

三、关于足利学校教育的研究

在足利学校的所有研究中，教育研究是一个重点，其成果是多角度多方面的，包括学科设置、教育理念、教育内容研究等，不仅涉及儒学、佛教教育，还涉及兵法及医学教育等，成果丰富。期刊《日本教育史学（日本の教育史学）》（1958年创刊）中收录的综述日本教育史研究状况的论文中，就有4篇涉及了中世教育史上的足利学校的教育研究[①]，足见足利学校作为日本中世重要的教育

---

① 这4篇论文分别是：

尾崎ムゲン：《日本教育史的研究动向》，《日本教育史学》，1988年，第204—207页。（尾崎ムゲン：「日本教育史の研究動向」，『日本の教育史学』，1988年，第204—207頁。）

平田宗史：《日本教育史的研究动向》，《日本教育史学》，1990年，第254—258页。（平田宗史：「日本教育史の研究動向」，『日本の教育史学』，1990年，第254—258頁。）

大戸安弘：《日本教育史的研究动向》，《日本教育史学》，2003年，第308—316页。（大戸安弘：「日本教育史の研究動向」，『日本の教育史学』，2003年，第308—316頁。）

太田素子：《日本教育史的研究动向》，《日本教育史学》，2005年，第174—178页。（太田素子：「日本教育史の研究動向」，『日本の教育史学』，2005年，第174—178頁。）

机构，在日本教育史上占据着十分重要的地位。

因此，在相关研究中，日本学界从教育史的研究立场出发，分析足利学校对日本教育发展贡献的研究成果最多。在研究著作方面，石川谦在《日本学校史的研究（日本学校史の研究）》（1960）一书中，将足利学校作为日本教育史发展的重要一环，进行了较为详细的论述。菅原正子在其著作《日本中世的学问和教育（日本中世の学問と教育）》（2014）中考察了日本中世各阶层的教育状况，认为足利学校的学问与教育是中世教育的重要组成部分。山本正身的《日本教育史：从历史思考教育的"现在"（日本教育史：教育の「今」を歴史から考える）》（2014）则概览了从古至今日本的教育历史，通过足利学校与金泽文库的相关内容论证中世教育的组织化倾向。

在研究论文方面，长野多美子的《足利学校的教育史意义（足利学校の教育史的意義）》（1972）考察了足利学校的教育形态、教育内容和学风、教育目的和意义，认为足利学校的教育始终以儒学为本位，之后顺应社会需要，又逐步添加了兵学、易学、天文学、医学等内容。结城陆郎的《中世学校的考察（中世学校の一考察）》（1976）将足利学校列为代表性的中世学校，肯定了其在学校发展史上的地位和作用。五味文彦的《聚焦地域历史（4）根来寺与足利学校：学校教育的起源［地域の歴史を見つめる（4）根来寺と足利学校：学校教育の始源］》（2011）与《从学校史看日本：从足利学校、寺子屋、私塾到现代教育（学校史に見る日本：足利学校・寺子屋・私塾から現代まで）》（2021）给予足利学校以学校教育之起源的高度评价，从学校发展历程的角度，联系现代教育对足利学校进行了考察。

儒学是足利学校的教育核心，因此，聚焦儒学、专门考察足利学校儒学教育相关内容的研究也不在少数，有论文11篇。如齐藤胜雄的《足利学校的教育方法概要——以室町时代为主，至江户时代中期（足利学校の教育方法の概要——室町時代を主として江戸時代中期頃までに及ぶ）》（1968）概述了足利学校的教育方法。大泽庆子的《足利学校孔子坐像考（足利学校孔子坐像考）》（2002）

专门探究了孔子坐像的问题。仓泽昭寿的《足利学校祭孔考——以〈足利学校录〉为中心（足利学校釈奠·釈菜考——『足利学校録』を中心に）》（2006）通过学校记录来研究孔子祭祀。佐藤胜男的《中世后期足利学校的教育内容、学风以及足利学校存在的历史性意义与地方教育行政的关系（後期の中世足利学校の教育内容と学風及び足利学校の歴史的存在と地元教育行政とのかかわり）》（2006）关联地方教育行政，从更小的视角出发考察足利学校的儒学教育。川本慎自的《足利学校的论语讲义与连歌师（足利学校の論語講義と連歌師）》（2014）则以《论语》讲义为切入点分析儒学教育。大泽伸启的《日本的〈论语〉受容与足利学校（日本における『論語』の受容と足利学校）》（2019）研究足利学校在日本对《论语》的接受方面所产生的影响。市桥一郎的《足利学校的祭孔用具（补遗）［足利学校釈奠器について（補遺）］》（2016）专门研究了祭祀孔子的用具，《关于日本孔子庙变迁的考察（日本の孔子廟の変遷についての一考察）》（2019）则探讨了孔子庙的时代变迁，《从〈寒松日历〉看近世初期足利学校的教育（『寒松日暦』から見た近世初頭の足利学校の教育について）》（2021）通过文本解读的方法进行儒学教育研究，《中世后半期足利学校的教育（中世後半に於ける足利学校の教育）》（2021）专门考察了中世后半期足利学校的儒学教育，《足利学校的祭孔（足利学校の釈奠）》（2022）则对孔子祭祀作了全面考察。

除儒学教育之外，足利学校教育研究还涉及其他学科及领域，如医学、兵法、汉文教育以及足利学校教育的现代意义等，有论文6篇，分别为服部敏良的《室町时代足利学校的医学教育考（室町時代における足利学校の医学教育について）》（1967）、桥本昭彦的《现代青少年的学习与足利学校的价值（現代の青少年の学びと足利学校の価値）》（2016）、石川维的《汉籍善本介绍：足利学校（1）新汉字汉文教育［漢籍善本紹介：足利学校（1）新しい漢字漢文教育］》（2020）与《汉籍善本介绍：足利学校（2）新汉字汉文教育［漢籍善本紹介：足利学校（2）新しい漢字漢文教育］》（2020）、市桥一郎的《从〈寒松日历〉看足利学校第十代庠主寒松的医疗教育和医疗活动（『寒松日暦』からみた足利学校

第十世庠主寒松の医療教育と医療活動)》(2020)、小和田哲男的《乱世的教育
(第12回)作为"兵法教育中心"的足利学校［乱世の教育(第12回)「兵法の
教育センター」だった足利学校］》(2021)。

结语

　　总体来看,目前学界关于足利学校的研究主要集中在藏书、学校发展史及
教育方面,对于其儒学教育,虽然众多著作和论文中都有提及,但仍有继续深入
探究的空间。日本学者久保天随将儒学传入日本至镰仓幕府建立间的数百年称
为"汉学输入时代"[①],这一时期既是日本儒学的奠基期,也是日本教育体系的
形成期;而镰仓时代和室町时代则是宋学输入、诸学竞起的时期,儒学的发展进
入了新的阶段。虽然从目前学界的研究来看,关于儒学教育机构的研究集中在
近世与近代[②],关于近世以前教育机构的研究成果相对较少,但笔者认为中世的

[①] 久保天随:《日本儒学史》,博文馆,1904年,第4页。(久保天随:『日本儒学史』,博文馆,1904年,第4頁。)

[②] 相关研究如:

铃木博雄:《徂徕学派在藩校的教育活动(藩校儒学派的教育活动研究1)》,《东京教育大学教育学部纪要》,1971年,第1—18页。［铃木博雄:「藩校における徂徕学派の教育活動(藩校における儒学派の教育活動に関する研究1)」,『東京教育大学教育学部紀要』,1971年,第1—18頁。］

铃木博雄:《折衷学派在藩校的教育活动(藩校儒学派的教育活动研究2)》,《东京教育大学教育学部纪要》,1972年,第53—66页。［铃木博雄:「藩校における折衷学派の教育活動(藩校における儒学派の教育活動に関する研究2)」,『東京教育大学教育学部紀要』,1972年,第53—66頁。］

小川和也:《19世纪的藩学与儒学教育——越后长冈藩儒秋山景山〈教育谈〉的世界》,见赵景达编:《儒教的政治思想、文化与近代东亚》,有志舍,2018年,第132—154页。(小川和也:「19世紀の藩学と儒学教育——越後長岡藩儒·秋山景山『教育談』の世界」,見趙景達編:『儒教の政治思想·文化と東アジアの近代』,有志舍,2018年,第132—154頁。)

木本毅:《江户时代近世教育及近代公教育的思想与哲学:私塾、乡学、寺子屋的儒学与朱子学(关于教育内容及制度的历史性考察)》,《和歌山信爱大学教育学部纪要》,2020年,第13—28页。［木本毅:「江戸期近世教育と近代公教育の思想と哲学:私塾·郷学·寺子屋における儒学·朱子学(教育の内容と制度の歴史的検証)」,『和歌山信愛大学教育学部紀要』,2020年,第13—28頁。］

土井进:《幕末维新时期兴让馆与开成学校的教育精神——基于儒学的人格主义教育和基于洋学的科学技术教育》,《长野保健医疗大学纪要》,2022年,第15—23页。(土井進:「幕末維新期の興譲館と開成学校の教育精神——儒学による人格主義教育と洋学による科学技術教育」,『長野保健医療大学紀要』,2022年,第15—23頁。)

儒学教育与近世的儒学教育是一脉相承的，因此，梳理关于中世儒学教育机构的研究成果，对于分析日本儒学教育发展史、探讨儒学在日本的接受史等都具有重要意义。